【제2판】

사회복지실천기술론

황인옥

KNOWLEDGE COMMUNITY 공동체

머리말

본 교재는 두 가지 측면에 초점을 맞추어 집필하였다. 첫째는 사회복지사들이 사회복지실천현장에서 필요한 다양한 사회복지실천기술의 개입기법들을 배우고 익혀서 적용할 수 있게 하기 위함이다. 저자도 오래전이긴 하지만 사회복지실천현장에서 근무하면서 사회복지사의 전문성에 대한 고민을 많이 하면서 사회복지 전문가가 되기 위해 어떤 지식과 기술들을 습득해야 할 것인지 심사숙고하였다. 본 교재는 지금도 사회복지실천현장에서 힘들게 일하면서 이와 같은 고민을 하는 여러 후배 사회복지사들에게 해답을 제공하기를 기대한다.

둘째는 사회복지실천기술론은 사회복지사 1급 시험과목이라는 것이다. 많은 예비사회복지사들은 지금도 사회복지사 1급 자격증을 취득하기 위해 고군분투하고 있을 것이다. 그래서 본 교재는 사회복지사 1급 시험에 초점을 맞추어 집필하였다. 2003년 제1회 사회복지사 1급 시험을 시작으로 지금까지 출제되었던 내용을 하나도 놓치지 않고 포함시키려고 노력하면서 저술하였다. 물론 사회복지사 시험에 초점을 맞추다 보니 다양한 모델에 대한 상세한 내용을 모두 다루지 못했다는 한계는 있다. 그렇다 하더라도 시험에 출제되는 내용들에 대해서는 하나도 놓치지 않고 포함시키려고 노력하였다. 부족한 부분에 대해서는 계속되는 개정 작업을 통해 추가할 계획이다. 또한 사회복지사 1급 시험을 준비하는 수험생에게 도움을 주기 위해 각 장의 마지막 부분에 2015년 이후 1급 시험 출제 문제를 함께 수록하였다.

이 책은 모두 3부로 나누어 제1부는 사회복지실천기술과 실천모델, 제2부는 사회복지실천대상과 개입기술, 제3부는 사회복지실천의 기록과 평가로 구성하였다. 제1부의 제1장은 사회복지실천기술에 대한 이해, 제2장은 정신역동모델, 제3장은 심리사회모델, 제4장은 인지행동모델, 제5장은 통합적 방법에 의한 모델, 제6장은 위기개입모델, 클라이언트중심모델 및 동기강화모델을 다루었다. 제2부에서는 제7장 개인대상 사회복지실천기술, 제8장 가족대상 사회복지실천기술, 제9장 집단대상 사회복지실천기술을 기술하였다. 제3부에서는 제10장 사회복지실천의 기록, 제11장 사회복지실천의 평가에 대

머리말

해 다루었다. 다만, 제2부에서 '지역사회대상 사회복지실천기술'이 중요함에도 불구하고 본 교재에는 포함시키지 않았다. 그 이유는 사회복지사 필수과목으로 지역사회복지론이 따로 하나의 교과목으로 자리 잡고 있고, 사회복지실천기술론 1급 시험에서는 이 부분이 출제되지 않기 때문이다.

저자는 이 책의 내용을 다루는 데 있어 사회복지계의 저명한 학자들이 이룩한 기존의 연구결과인 사회복지실천기술론 교재를 많이 참고하였다. 그러한 기존의 연구결과가 없었다고 한다면 본서의 개발에는 무척이나 많은 시간과 노력이 필요하였을 것이다. 그러한 연구결과를 제공한 많은 사회복지계의 인사들을 열거할 수 없지만, 그분들에 대한 존경과 감사의 마음을 항상 가지고 있다.

본서는 아직도 여러 가지 면에서 수정, 보완해야 할 것들이 많이 있을 것이다. 기탄없는 비판과 질정을 겸허히 수용하여 보다 좋은 교재로 거듭 태어날 것을 약속한다. 바쁜 와중에도 졸고를 마무리하고 나니 한편으로는 아쉬움이, 다른 한편으로는 성취감이 교차한다. 아직 부족한 점이 많지만, 감히 사회복지실천기술론을 집필하게 되어 부끄럽기 그지 없다. 그러나 이를 보다 발전할 수 있는 계기로 삼을 생각이다. 교재를 집필하게 격려해 주신 많은 동료 교수님들께 심심한 감사의 말씀을 전하고 싶다. 또한 사회복지실천기술론을 공부하는 학생들은 물론, 사회복지실천현장의 사회복지사들, 그리고 많은 독자들에게 유용한 안내서가 되었으면 한다.

끝으로 요즈음 출판계의 어려운 여건에도 불구하고 본서의 출간을 흔쾌히 수락해 주신 공동체 김동훈 대표님께 감사의 말씀을 드리고 아울러 편집과 교정에 세심한 배려를 제공한 편집부 관계자 여러분들에게도 심심한 감사의 말씀을 전한다.

2025년 8월 분성산 기슭에서

저자가

차 례

01 PART

사회복지실천기술과 실천모델

01 CHAPTER 사회복지실천기술에 대한 이해

학습목표

1. 사회복지 전문직의 정체성을 설명할 수 있다.
2. 사회복지실천기술의 개념과 특징을 설명할 수 있다.
3. 사회복지사의 전문적 지식과 기술을 설명할 수 있다.
4. 사회복지 전문직의 가치와 윤리를 설명할 수 있다.

1. 사회복지 전문직의 정체성

그린우드(Greenwood, 1957)는 직업의 전문직 여부를 판단할 수 있는 전문직의 속성을 〈표 1-1〉과 같이 다섯 가지로 제시하였으며, 사회복지직은 이미 전문직이라 규정하고, 계속 전문직화를 추구해 나가는 과정 속에 있다고 평가하였다(이영실 외, 2015).

〈표 1-1〉 그린우드(Greenwood, 1957)가 제시한 전문직의 속성

체계적 이론 (체계화된 지식기반과 기술)	우월성을 갖춘 기술의 사용 여부가 전문직과 비전문직을 구별하는 하나의 기준이 된다. 효과적 기술 사용 그 자체가 아니라 기술의 근원이 되는 체계적 이론이 존재하는 것은 전문직이 되기 위해 중요한 요소이기 때문이다.
전문적 권위와 신뢰	클라이언트와의 관계에서 사회복지사 혹은 사회복지직에 부여된 전문적 권위와 신뢰가 있어야 한다.
전문가집단의 힘과 특권, 사회적 승인(인정)	공동체나 일반사회의 인가 혹은 승인 여부에 따라 전문직에 부여되는 권한과 특권이 다르다. 보통 전문가를 배출하는 자격이 있는 학교를 결정하여 권한을 주거나 자격시험을 관장하는 등 독립적 권한을 부여한다.
윤리강령	사회적 인가 혹은 승인으로부터 얻어지는 전문직의 특권이 잘못 사용되는 것을 방지하고 규제하기 위해 체계화된 윤리강령이 있어야 한다.

전문직 문화 (전문적 가치와 규범의 공유)	전문직은 자체의 고유한 가치나 규범, 상징을 만들어서 공유하고 이를 보존한다. 전문직은 다른 목적을 위한 수단이 되어서는 안 되며, 사명감과 직업의식을 가지고 전문직 활동을 수행해야 한다.

사회복지직의 전문화를 위한 다양한 노력과 사회적 인증에도 불구하고 전문직 사회복지사의 정체성에 대한 의문은 다른 전문직뿐만 아니라 사회복지사 내부에서도 끊이지 않고 계속되고 있다. 특히 한국의 사회복지사는 서구의 복지선진국에 비해서 전문직 교육과정과 자격증 제도의 미비와 느슨함, 한국전쟁 이후의 외국원조기관에 의한 구호활동과 초창기의 열악한 사회복지환경에 대한 부정적 시각 등의 이유로 사회적 인식이나 처우가 다른 전문직과는 다르다(이영실 외, 2015).

따라서 사회복지사가 전문직으로서 고유한 정체성의 발전을 위한 과제를 그린우드(Greenwood, 1957)가 제시한 전문직의 속성을 중심으로 간단히 정리하면 다음과 같다.

첫째, 사회복지의 전문적 지식과 기술을 체계적으로 교육하고 훈련할 필요가 있다.

둘째, 다른 전문직과 차별화된 사회복지사의 전문적 지식과 기술을 강화하여 전문직 사회복지서비스를 활성화해야 한다.

셋째, 사회복지 윤리와 철학 교육을 강화해야 한다.

넷째, 사회복지현장실습 교육의 강화가 필요하다.

끝으로, 전문가 조직 강화를 통한 사회적 인정을 받기 위한 지속적인 노력이 필요하다.

2. 사회복지실천기술의 개념과 특징

사회복지실천기술은 사회복지와 실천, 그리고 기술이 합쳐져 만들어진 복합명사이다. 여기서 기술(skill)의 사전적 정의는 '어떤 일을 하거나 어떤 대상을 다루는 방법이나 능력'이다. 이렇게 볼 때, 사회복지실천기술의 사전적 정의는 '사회복지를 실천하거나 사회복지의 대상을 다루는 방법이나 능력'을 의미한다고 할 것이다.

이러한 사회복지실천기술의 개념은 여러 학자들에 의해 다르게 정의되고 있는데, 이를 살펴보면 다음과 같다(이영실 외, 2015; 전남련 외, 2014).

모랄레스와 셰퍼(Morales & Sheafor, 1988)는 사회복지실천기술을 "지식과 개입기법을 효과적으로 사용할 수 있는 능력"이라고 하였고, 존슨(Johnson, 2001)은 "사회복지사가 실천활동을 수행함에 있어 지식을 효과적으로 이용하고 적용할 수 있게 해주는 능력이나 방법"이라고 정의하고 있다. 그리고 김융일 등(2000)은 사회사업기술이란 "클라이언트(개인, 그룹, 지역사회)와의 관계 속에서 클라이언트와 관련된 특별한 상황 아래서 사회사업의 가치들과 지식에 근거한 변화를 위한 심리사회적 개입을 할 수 있는 사회복지사의 능력을 의미한다"고 하였고, 전재일과 이성희(2004)는 사회복지실천기술이란 "클라이언트와의 관계에서 사회복지실천의 가치와 지식에 기초하여 클라이언트와 관련된 특별한 상황의 변화를 위하여 심리사회적 개입을 할 수 있는 사회복지사의 능력을 의미한다"고 하였다.

본서에서는 이상과 같은 학자들의 견해를 종합하여 사회복지실천기술이란 "사회복지실천의 가치와 지식에 근거하여 클라이언트의 특별한 상황의 변화를 위해 선택하는 사회복지사의 방법이나 능력"이라고 정의하고자 한다.

이러한 정의를 바탕으로 한 사회복지실천기술의 특징은 다음과 같다(이영실 외, 2015 재정리).

첫째, 사회복지실천기술은 사회복지실천의 가치와 지식에 근거를 두어야 하고, 사회복지의 가치와 윤리를 반영한다.

둘째, 사회복지실천은 클라이언트의 상황에 따라 다른 기술을 적용하기 때문에 클라이언트의 특성을 반영하고 그들의 특정 상황에 맞는 실천기술을 선택하여 활용하는 능력이 필요하다.

셋째, 사회복지실천기술은 특정 이론에만 근거한 것이 아니고 사회복지의 다양한 관점과 이론을 토대로 하기 때문에 특정 상황이나 문제에 맞게 적절하게 선택해서 사용할 수 있어야 한다.

넷째, 사회복지실천기술은 지식을 기반으로 하기 때문에 개발될 수 있고 학습이 가능하다.

3. 사회복지사의 전문적 지식과 기술

1) 사회복지실천을 위한 전문적 지식과 기술

미국사회복지사협회(NASW, 1981)에서는 사회복지실천에 필요한 구체적인 이론과 기술을 포괄적으로 포함하는 전문적 지식을 〈표 1-2〉와 같이 제시하고 있다(이영실 외, 2015). 미국사회복지사협회에서는 전문적 지식을 사회복지 기초영역, 사회복지 실천영역, 사회복지 행정영역, 사회복지 관련영역 등 크게 4개의 영역으로 구분하고, 각 영역에 따른 지식으로 모두 18가지를 제시하였다.

〈표 1-2〉 미국사회복지사협회의 사회복지실천을 위한 전문적 지식

영 역	지 식
사회복지 기초영역	• 인간의 성장과 발달이론 • 다양한 연구방법 및 기법 지식 • 실천에 적합한 전문적 · 과학적 조사 지식 • 사회통계, 심리학적 통계방법론 및 기법
사회복지 실천영역	• 소집단이론과 행동역학 지식 • 지역사회자원과 서비스 지식 • 사회복지실천이론 및 기법 지식 • 가족과 사회의 상호작용이론 지식 • 사회계획의 개념과 기법에 대한 지식 • 집단 상호작용과 치료적 개입이론 지식 • 지역사회조직이론 및 기법에 관한 지식 • 심리적 사정과 개입의 이론과 방법, 진단에 대한 지식 • 사회복지실천의 슈퍼비전 및 슈퍼비전의 이론과 개념 지식
사회복지 행정영역	• 사회복지행정의 개념과 이론 지식 • 인력관리의 개념과 이론에 관한 지식
사회복지 관련영역	• 사회서비스 프로그램과 그 목적 지식 • 기본적 사회경제이론과 정치이론 지식 • 사회의 문화집단 지식과 그 집단의 가치와 생활, 현대사회의 이슈

일반적으로 사회복지실천지식의 구성수준은 구체성의 정도에 따라 패러다임, 관점(시각), 이론, 모델, 실천지혜 등으로 구분한다(사회복지교육연구센터 편저, 2017a; 생각의마을, 2016).

- **패러다임**(paradigm) : 역사와 사상의 흐름에 영향을 받는 추상적 개념의 틀로서, 세계관과 현실에 대한 인식의 방향을 결정하는 데 영향을 미친다.
- **관점**(시각, perspective) : 패러다임보다 조금 구체성이 높은 개념적 준거틀로서, 관심 영역과 가치, 대상들을 규정하고, 개인과 사회에 관한 주관적 인식의 차이를 보여주는 사고체계이다. 사회복지실천에는 병리적 관점, 강점관점, 생태체계적 관점 등이 있다.
- **이론**(theory) : 어떤 현상을 설명하기 위한 가설이나 개념, 의미의 집합체로서 관점(시각)보다 조금 더 구체화된다. 정신분석이론, 인지행동이론, 일반체계이론 등이 사회복지실천의 이론으로 사용된다.
- **모델**(model) : 일관된 실천활동의 원칙과 방식을 구조화시킨 실천지식으로, 실천과정에 직접적으로 필요한 기술적 적용방법을 제시한 것이다. 이론은 사회복지실천 상황에서 사회복지사에게 구체적인 실천방법을 알려주지 못하는 반면, 모델은 이론을 기반으로 한 구체적인 개입기술을 포함하고 있기 때문에 사회복지사가 구체적으로 실천활동을 할 수 있게 한다. 모델은 이론을 기반으로 해서 도출되기도 하고(예 행동주의이론에서 행동수정모델이 만들어짐), 다양한 이론들이 절충되어 하나의 모델이 만들어지기도 한다(예 심리사회모델, 과제중심모델 등).
- **실천지혜** : 직관, 암묵적 지식이라고도 하며, 실천현장에서 개인의 가치체계와 경험으로부터 만들어진 지식의 종류이다. 실천지혜는 이론적 토대가 없고 실천현장에서 활동을 통해 경험적으로 얻어진 지식이라는 점에서 현장에서 유용하나 공인된 지식은 아니다. 그러나 실천지혜가 실천현장에 미치는 영향은 무시할 수 없다.

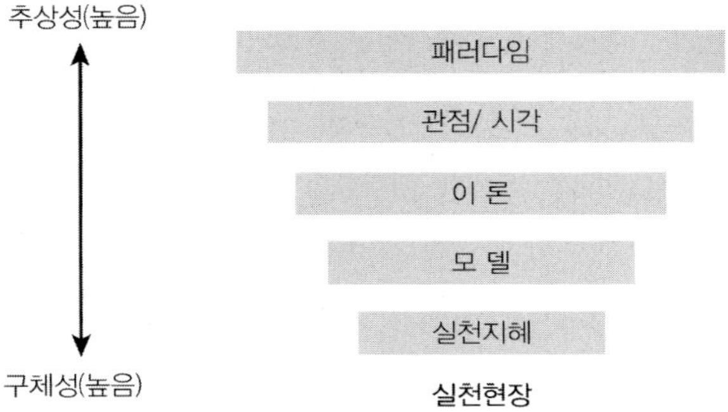

▌그림 1-1▐ 사회복지실천지식의 구성수준

출처 : 사회복지교육연구센터 편저(2018a); 생각의마을(2017).

사회복지실천을 효과적으로 실천하기 위해 사회복지사는 앞에서 언급한 전문지식도 필요하지만, 미국사회복지사협회(NASW, 1981)는 사회복지실천을 위한 사회복지사의 필수적인 실천기술 12가지를 〈표 1-3〉과 같이 제시하였다(김현호 외, 2013).

〈표 1-3〉 사회복지사의 실천기술

1) 전문가로서 이해와 목적을 가지고 경청하는 기술
2) 사정 및 보고서를 준비하기 위해 관련된 사실과 정보를 수집하는 기술
3) 전문적 원조관계를 형성·발전시키며, 그 관계 속에서 자신을 활용하는 기술
4) 언어적·비언어적 행동을 관찰하고 해석하며 성격심리학과 사정방법에 대한 지식을 활용하는 기술
5) 클라이언트가 스스로 자신의 문제를 해결하고 신뢰를 얻을 수 있도록 도와주는 기술
6) 민감한 정서적 주제를 지지적 방법으로 다루는 기술
7) 클라이언트의 요구에 대해서 창의적으로 해결책을 찾는 기술
8) 치료적 관계의 종결 여부를 결정하고 실행하는 기술
9) 조사연구의 수행 및 결과, 전문적 자료를 해석하는 기술
10) 갈등관계에 놓인 양측을 화해시키거나 협상하는 기술
11) 조직 간의 연계와 협조 서비스를 제공하는 기술
12) 후원자, 시민, 그리고 입법관계자 등에게 사회적 욕구를 해석하고 전달하는 기술

사회복지사들은 사회복지실천의 지식과 기술을 다양한 방법으로 습득할 수 있는데, 다음은 사회복지실천의 지식과 기술을 습득하는 방법에 관한 몇 가지 예를 나타낸 것이다.

사회복지실천의 지식과 기술을 습득하는 방법의 예 〈2020 실천기술론〉

① 사례회의(case conference)를 개최하여 통합적 지원방법에 대해 논의한다.
② 가족치료모델을 이해하기 위해 해결중심 가족치료 세미나에 참석한다.
③ 윤리적 가치갈등의 문제에 대하여 직장동료한테 자문을 구한다.
④ 초점집단면접(Focus Group Interview)을 실시하여 이용자 인식을 확인한다.

2) 사회복지실천의 전문적 기반

사회복지실천의 전문적 기반은 과학적 기반(과학성)과 예술적 기반(예술성)으로 나누어 설명할 수 있는데, 과학적 기반과 예술적 기반은 조화를 이루어야 한다. 즉, 사회복지실천은 과학적 지식에만 의존해서도 안 되고, 예술성만을 강조해서도 안 된다. 따라서 사회복지사에게는 과학성과 예술성의 상호보완적이고 통합적인 실천역량이 요구된다.

(1) 과학적 기반(과학성)

사회복지실천의 과학적 기반(과학성)이 의미하는 바는 사회복지사는 과학적 지식과 기술을 갖추어야 한다는 것이다. 이론과 실천의 준거틀을 적절하게 이용하는 것은 과학적 기반에 해당한다. 사회복지사가 갖추어야 할 과학적 지식과 기술의 예를 들면 다음과 같다.

① 기초과학, 사회학, 심리학, 경제학, 인류학, 행정학, 정치학 등에 관한 지식
② 의학, 정신의학, 가족치료 등과 같은 전문지식과 관련된 지식
③ 사회적 조건과 사회문제에 관한 지식
④ 사회복지정책과 행정 및 프로그램에 관한 지식
⑤ 지역사회자원과 서비스 및 지역사회조직이론 및 기법에 관한 지식
⑥ 사회적 현상에 관한 전문적 지식
⑦ 환경에 대한 과학적 지식

⑧ 인간행동이론을 바탕으로 한 기술과 실천이론, 이론적 설명, 인간관계와 상호작용 등에 관한 지식과 기술

⑨ 연구자료 수집 및 분석, 실험적 조사, 경험적 사실의 수집, 객관적 관찰 등에 관한 지식과 기술

(2) 예술적 기반(예술성)

사회복지실천에서의 예술적 기반(예술성)은 클라이언트의 정서적 측면에 개입하는 사회복지사의 심리적 특성이나 직관적인 능력 등을 적절히 활용하는 것을 말한다. 사회복지 전문가로서 가지는 가치관은 예술적 기반에 해당된다. 사회복지사가 갖추어야 할 예술적 기반에는 다음과 같은 것을 들 수 있다.

① 전문적 관계 형성

전문적 관계란 사회복지사가 클라이언트를 원조하기 위하여 맺는 관계를 의미하며, 이러한 전문적 관계를 형성하기 위해서는 감정이입, 온화함, 진실성 등의 대인관계기술이 필요하다.

- 감정이입 : 클라이언트의 정서 상태 또는 상황에 일치하고, 클라이언트의 정서 상태나 상황에서 생기는 정서를 이해하는 것을 의미한다.
- 온화함 : 성격이나 태도가 온순하고 부드러워서 클라이언트를 존중하고 수용하면서 의사소통하는 것을 의미한다.
- 진실성 : 진심으로 클라이언트를 돌보고 관심을 가져야 함을 의미한다.

② 동정과 용기

- 동정 : 클라이언트의 어려운 사정을 이해하고 정신적으로나 물질적으로 도움을 베푸는 것을 의미한다.
- 용기 : 어렵고 힘든 일에 대해서도 씩씩하게 직면할 수 있는 능력 또는 힘을 의미한다.

③ 창의성(창의적 사고)

창의성 또는 창의적 사고는 기존의 사고에서 벗어나 새로운 유형으로 사고하는 능력을 의미한다. 이러한 창의적 사고를 갖기 위해서는 상상력, 융통성, 인내심 등을 갖추어야 한다.

- 상상력 : 클라이언트의 문제에 대한 다양한 접근방법을 확인하고 해결할 수 있는 능력을 의미한다.
- 융통성 : 클라이언트의 사정과 형편에 따라 적절하게 처리하는 재주를 의미한다.
- 인내심 : 괴로움이나 어려움을 참고 견디면서 지속적으로 행동할 수 있는 마음을 의미한다.

④ 희망과 열정

- 희망 : 인간이 기본적으로 선하고 긍정적인 방식으로 변화할 수 있는 능력이 있음에 대한 믿음을 의미한다.
- 열정 : 클라이언트가 직면한 어려움에 열렬한 애정을 가지고 열중하는 마음을 의미한다.

⑤ 건전한 판단력

건전한 판단력이란 어떤 일에 대해 인식하여 논리나 기준 등에 따라 판정할 수 있는 건전한 능력을 의미한다. 사회복지사의 전문적 판단은 명확하고 날카로운 사고력에 달려 있으며 많은 경험과 학습을 통해 얻을 수 있다.

⑥ 이해력과 감수성

- 이해력 : 어떤 사리를 분별하여 해석하는 힘을 의미한다.
- 감수성 : 어떤 문제를 받아들이고 느끼는 성질이나 성향을 의미한다.

⑦ 전문적 가치

사회복지의 전문적 가치에는 기본권리에 대한 존중, 사회적 책임감, 개인적 자유에 관한 헌신성, 자기결정에 대한 지지, 사회적 형평성의 원리 등이 포함된다.

- 기본권리에 대한 존중(개인의 존엄성과 독특성에 대한 존중) : 헌법 제10조

행복추구권과 제34조 인간다운 생활권은 물론 헌법에서 규정하고 있는 모든 인간의 기본적인 권리를 존중하는 마음 자세를 가져야 한다.

- **사회적 책임감** : 개인의 복지는 사회와 개인 공동의 책임이라는 것을 인식해야 한다.
- **개인적 자유에 관한 헌신성** : 개인과 개인 사이에는 다양한 차이가 있음을 인정하고 사회는 그 성원에 대한 통제를 최소화해야 한다.
- **자기결정에 대한 지지** : 인간은 자신의 삶을 선택할 권리를 가져야 한다.
- **사회적 형평성의 원리** : 사회적 불평등을 시정하기 위해 공공 서비스의 혜택이 사회적 불우집단에 더 많이 돌아가도록 해야 한다.

4. 사회복지 전문직의 가치와 윤리

1) 가치와 윤리의 개념

가치는 좋고 바람직한 것에 대한 믿음이다. 따라서 가치는 믿음 또는 신념과 관련이 있다. 즉, 가치는 '좋다/ 싫다', '바람직하다/ 나쁘다' 등과 같이 선호하는 것과 관련이 있으며, 의사결정에 영향을 미친다.

이에 반해 윤리는 옳고 그름을 판단하는 도덕적 지침이다. 윤리는 사회복지사의 올바른 판단과 결정을 위한 도덕적 지침(기준)이다. 따라서 윤리는 전문적 실천활동의 지침을 제공하므로, 행동과 관련이 있다. 이러한 윤리는 사회복지분야에서 취약계층의 권리 보호를 위해 특히 강조된다.

사회복지실천윤리에서 가치의 문제를 중요하게 다루는 것은 사회복지사의 가치에서 윤리적 원칙들이 나오기 때문이다(엄명용 외, 2005). 따라서 서로 다른 가치관들 사이의 관계 정립을 위해 윤리가 필요하다. 또한 윤리는 가치에서 나오기 때문에 윤리는 가치와 조화를 이루어야 한다. 이러한 가치와 윤리는 개인에 따라, 그리고 사회나 문화에 따라 변할 수 있다.

2) 사회복지 전문직의 가치와 윤리강령의 핵심가치

사회복지실천의 본질적인 3대 요소는 사회복지 전문직의 가치, 전문적 활동에 필요한 지식, 그리고 이러한 가치와 지식을 현장에 옮기는 과정에서 필요한 기술 또는 기법이라 할 수 있다. 사회복지실천은 사회복지 전문직에서 요구되는 가치, 클라이언트가 갖고 있는 가치, 사회복지사 개인이 갖고 있는 가치 등이 서로 혼합된 상황에서 전문지식과 기술, 기법들을 활용하기 때문에(엄명용 외, 2005) 사회복지사로서 어떤 가치를 갖고 있느냐는 매우 중요한 문제이다.

전문직 가치란 어떠한 직업이 전문직으로 인정되는 과정에서 그 전문직의 독특한 실천활동과 관련하여 요구되는 가치로, 해당 전문직 활동의 평가와 책임 소재의 근거가 된다. 사회복지 전문직의 가치에는 기본권리에 대한 존중, 사회적 책임감, 개인적 자유에 관한 헌신성, 자기결정에 대한 지지, 사회적 형평성의 원리 등이 포함된다(이에 대한 설명은 사회복지실천의 예술적 기반 참조). 그 밖에 많이 거론되는 가치로는 인간의 존엄성, 비밀보장과 사생활보장, 동등한 기회보장, 비차별성, 다양성의 존중 등이 있다.

레비(C. Levy, 1973)는 실천가치에 우선하는 사회복지 전문직 자체의 가치를 사람우선 가치, 결과우선 가치, 수단우선 가치의 3개 그룹으로 구분하여 설명하고 있다.

첫째, 사람우선 가치는 전문직 수행의 대상인 사람 자체에 대해 전문직이 갖추고 있어야 할 기본적 가치관이다. 개인의 가치와 인간 존엄성에 대한 믿음, 개인의 건설적인 변화에 대한 능력과 욕구, 상호책임성, 소속의 욕구, 공통적인 인간의 욕구, 그리고 개개인의 독특성에 대한 가치 등이 거론된다.

둘째, 결과우선 가치는 사람에 대해 서비스를 제공했을 때 초래하는 결과에 대한 가치관이다. 이는 사회가 개인의 발전을 위해 동등한 사회 참여 기회를 제공해야 한다는 사회적 책임에 대한 믿음이다. 또한 빈곤, 질병, 차별대우, 부적절한 주거환경 및 불공평한 교육기회 등에 대한 문제를 해결하거나 미연에 방지해야 할 사회적 책임에 대한 가치이다.

셋째, 수단우선 가치이다. 서비스를 수행하는 방법 및 수단과 도구에 대한 가치관이다. 이는 사람은 존경과 존엄으로 다루어져야 하며, 자기결정권이 존중되어야 하고, 사회변화에 참여하도록 북돋워져야 하며, 하나의 독특한 개인으로 인정되어야 한다는 믿음과 같은 것이다(양옥경 외, 2005).

한편, NASW 윤리강령에서 제시하는 사회복지 전문직의 핵심가치와 윤리적 원칙들을 살펴보면 〈표 1-4〉와 같이 요약할 수 있다(전남련 외, 2014; NASW, 1999). 윤리강령의 핵심가치는 여섯 가지이며, 서비스 제공(가치 1), 사회정의 증진(가치 2), 인간의 존엄성과 가치 존중(가치 3), 인간관계의 중요성 인식(가치 4), 신뢰성 확립(가치 5), 능력 증진(가치 6) 등이 그것이다.

〈표 1-4〉 NASW 윤리강령의 핵심가치와 윤리적 원칙

구 분	윤리강령의 핵심가치	윤리적 원칙
가치 1	서비스 제공	사회복지사의 일차적 목적은 어려움에 처한 사람들을 돕고 사회문제를 다루는 것이다.
가치 2	사회정의 증진	사회복지사는 사회적 불의에 도전한다.
가치 3	인간의 존엄성과 가치 존중	사회복지사는 타고난 인간의 존엄성과 가치를 존중해야 한다.
가치 4	인간관계의 중요성 인식	사회복지사는 인간관계의 중요성을 인식해야 한다.
가치 5	신뢰성 확립	사회복지사는 신뢰받을 수 있게 행동해야 한다.
가치 6	능력 증진	사회복지사는 자신의 능력범위 내에서 실천활동을 해야 하며, 자신의 전문적 기술을 개발하고 향상해야 한다.

3) 사회복지의 윤리적 갈등과 윤리적 의사결정의 우선순위

윤리적 갈등(윤리적 딜레마, ethical dilemmas)은 사회복지사가 전문가로서 지켜야 하는 윤리적 의무와 책무가 서로 충돌함에 따라 어떠한 실천행동을 선택하는 것이 윤리적으로 올바른 것인지 판단하기 힘든 상태를 말한다. 두 가지 이상의 도덕 원칙 또는 의무가 대안선택의 과정에서 동등하게 유용하다고 여겨지지만, 이 원칙들이 서로 모순되거나 충돌하는 상황에서는 최선의 선택을 해야 한다.

사회복지실천에서의 윤리적 갈등은 다양한 상황에서 발생할 수 있다.

① 가치상충

두 가지 이상의 가치가 상충될 때 윤리적 갈등이 발생할 수 있다. 자주 문제가 되는 가치는 클라이언트의 '자기결정권'과 '비밀보장'의 상충이다(최선화, 2010). 사회복지사가 겪게 되는 윤리적 갈등의 예를 들면 〈표 1-5〉와 같다.

〈표 1-5〉 윤리적 갈등의 예

예 1	16세의 임신한 소녀가 어머니에게 임신한 사실을 비밀로 해달라고 했을 때 사회복지사가 갖게 되는 윤리적 갈등은? 답 비밀보장
예 2	자살을 하려는 클라이언트가 있을 때 사회복지사가 겪게 되는 윤리적 갈등은? 답 생명보호

② 의무상충

사회복지사가 자신이 속한 기관에 대한 의무와 클라이언트에 대한 의무가 상충할 때 겪게 되는 윤리적 갈등을 말한다. 예를 들어, 기관의 목표(혹은 정책)가 클라이언트 이익에 위배될 때 의무상충으로 윤리적 갈등이 발생할 수 있다. 그리고 소속기관의 예산 절감 요구로 클라이언트에게 필요한 서비스를 제공하지 못할 때 사회복지사가 겪게 되는 갈등은 의무상충이다.

③ 클라이언트체계의 다중성

클라이언트가 여러 명일 경우 누구를 클라이언트로 보고 누구의 이익을 우선적으로 고려하여 개입해야 하는지를 판단하기 어려워 겪게 되는 윤리적 갈등을 말한다. 예를 들어, 아동학대, 부부폭력, 남편의 정신질환 등 다양하고 복합적인 문제를 가진 가족에게 개입하는 경우이다(생각의마을, 2018b).

④ 결과의 모호성

윤리적 결정에 따른 결과의 모호성으로 윤리적 갈등이 발생할 수 있다.

즉, 사회복지사가 내린 결정의 결과가 불투명할 경우 어떤 결정을 내려야 할지에 대한 윤리적 갈등을 말한다. 예를 들어, 부모의 경제적인 이유 때문에 아이를 해외로 입양시키는 것이 그 아이를 위해 최선의 결정인지 확신할 수 없어서 의사결정을 못하는 경우이다(생각의마을, 2018b).

⑤ 힘 또는 권력의 불균형

사회복지사와 클라이언트의 관계가 권력적으로 평등하지 않기 때문에 생기는 갈등을 말한다. 예를 들어, 의사결정을 내리기 어려워하거나 문제해결능력이 부족한 아동이 자신의 결정과 선택을 전문가에게 의존함으로써 클라이언트의 자기결정권이 포기되는 경우이다(생각의마을, 2018b).

사회복지실천에서 경험하는 윤리적 갈등은 주로 윤리적 원칙들이 상충되고 원칙들 간에 불가피하게 선택이 필요한 상황에서 발생한다. 이에 로웬버그와 돌고프(Lowenberg & Dolgoff, 1996)는 윤리적 의무들이 서로 갈등을 빚는 상황에서 어떤 원칙이나 법적 의무를 우선시해야 하는지 결정하는 것을 돕기 위해 '윤리적 의사결정의 우선순위(윤리원칙 준거틀)'와 '윤리적 의사결정모델'을 활용할 것을 권고하였다(이영실 외, 2015).

〈표 1-6〉에서 보는 바와 같이 '윤리적 의사결정의 우선순위(윤리원칙 준거틀)'는 윤리원칙을 서열화하여 한 가지 이상의 윤리원칙이 상충되었을 때에는 상위의 원칙이 우선적으로 고려되어야 한다는 것이다(이영실 외, 2015). 예를 들어, 사회복지사가 클라이언트의 생명을 보호해야 할 것인가, 비밀보장을 해주어야 할 것인가의 문제로 딜레마에 빠져있다면 생명을 우선 보호해야 한다는 것이다. 생명보호의 원칙(윤리원칙 1)은 비밀보장의 원칙(윤리원칙 6)보다 윤리적 중요성이 더 높은 상위의 원칙이기 때문이다.

〈표 1-6〉 로웬버그와 돌고프(Lowenberg & Dolgoff, 1996)의 윤리적 의사결정의 우선순위(윤리원칙 준거틀)

윤리원칙 1	생명보호의 원칙	인간의 생명보호를 다른 모든 것보다 최우선으로 한다.
윤리원칙 2	평등과 불평등의 원칙	동등한 사람은 평등하게 처우되어야 하는 권리를 가진다.

윤리원칙 3	자율성과 자유의 원칙	자율성과 독립성, 자유를 신장시키는 실천적 결정을 해야 한다(자기결정의 원칙). 도움을 요청해 온 클라이언트의 의사를 존중해 주는 것
윤리원칙 4	최소한 불이익의 원칙 (= 최소 손실의 원칙)	선택 가능한 대안이 유해할 때 가장 최소한으로 유해한 것을 선택해야 한다.
윤리원칙 5	삶의 질 원칙	지역사회는 물론이고 개인과 모든 사람의 삶의 질을 좀 더 증진시킬 수 있는 것을 선택해야 한다.
윤리원칙 6	사생활과 비밀보장의 원칙	사회복지사가 클라이언트에 대해서 알게 된 사실을 다른 사람에게 공개해서는 안 된다.
윤리원칙 7	진실성과 정보개방의 원칙	클라이언트와 여타의 관련된 당사자에게 오직 진실만을 이야기하며 모든 관련 정보를 완전히 공개해야 한다.

그리고 윤리적 의사결정모델은 단지 윤리적 의사결정에만 한정되어 사용하는 것이 아니라 일반적 의사결정단계의 한 모델로서 사회복지실천에서 윤리적 의사결정을 내리는 데 훌륭한 지침이 된다(이영실 외, 2015). 〈표 1-7〉은 로웬버그와 돌고프(Lowenberg & Dolgoff, 1996)의 윤리적 의사결정모델을 나타낸 것이다.

〈표 1-7〉 로웬버그와 돌고프(Lowenberg & Dolgoff, 1996)의 윤리적 의사결정모델

1단계	문제가 무엇인지 그리고 문제를 야기하는 요인은 무엇인지 확인한다.
2단계	클라이언트 · 피해자인지, 지지체계, 다른 전문가 등 해당 문제와 관련된 사람과 단체는 누구인지 확인한다.
3단계	2단계에서 확인된 다양한 주체들이 주어진 문제와 관련해서 어떤 가치가 있는지 확인한다.
4단계	문제를 해결하거나 문제의 정도를 경감할 수 있는 개입목표를 명확히 한다.
5단계	대안적인 개입전략과 개입대상을 확인한다.
6단계	확인된 목표에 따라 설정된 개입방안의 효과성과 효율성을 평가한다.
7단계	누가 의사결정에 참여할 것인지 결정한다.
8단계	가장 적절한 전략이나 개입방법을 선택한다.
9단계	선택된 전략이나 개입방법을 실행한다.
10단계	실행을 검토하고 예기치 않은 결과들에 특별한 주의를 기울인다.
11단계	결과를 평가하고 부가적 문제들을 확인한다.

4) 사회복지사 윤리강령

(1) 윤리강령의 개념과 기능

한국사회복지사협회에서는 1982년 1월 15일 사회복지사 윤리강령을 제정하였는데, 이후 1988년 1차 개정, 1992년 2차 개정, 2001년 3차 개정, 2021년 4차 개정, 2023년 4월 11일 5차 개정을 하여 현재에 이르고 있다. 사회복지사 윤리강령(code of ethics)은 사회복지 전문직 성립의 조건으로 전문직 단체가 그 중핵적인 가치관을 명문화한 것으로, 한국사회복지사협회가 그 회원인 사회복지 전문직의 행동기준과 원칙을 제시한 행동강령이다. 이러한 사회복지사 윤리강령은 법령으로 제정된 것이 아니므로 법적 구속력을 가지지는 않는다. 사회복지사 윤리강령에는 전문과 사회복지사가 준수해야 할 5개의 윤리기준을 제시하고 있다.

윤리강령의 기능은 다음과 같다.

① 사회복지사들의 윤리적 민감성을 고양시켜 윤리적 실천을 제고한다.
② 실천현장에서 윤리적 갈등이 생겼을 때 지침과 원칙을 제공한다.
③ 사회복지사 스스로 자기규제를 함으로써 클라이언트를 보호하고 전문성을 확보한다.
④ 사회복지사의 비윤리적 실천으로부터 클라이언트를 보호한다.
⑤ 전문가로서 사회복지사의 기본업무 및 자세를 알려준다.
⑥ 외부통제로부터 전문직을 보호한다.

(2) 사회복지사 윤리강령의 내용

[전문]

사회복지사는 인본주의 · 평등주의 사상에 기초하여, 모든 인간의 존엄성과 가치를 존중하고 천부의 자유권과 생존권의 보장 활동에 헌신한다.

특히 사회적 · 경제적 약자들의 편에 서서 사회정의와 평등 · 자유와 민주주의 가치를 실현하는 데 앞장선다. 또한 도움을 필요로 하는 사람들의 사회적 지위와 기능을 향상시키기 위해 저들과 함께 일하며, 사회제도 개선과 관련된 제반 활동에 주도적으로 참여한다. 사회복지사는 개인의 주체성과 자기결정권을 보장하는 데 최선을 다하고, 어떠한 여건에서도 개인이 부당하게 희생되는 일이 없도록 한다.

이러한 사명을 실천하기 위하여 전문적 지식과 기술을 개발하고, 사회적 가치를 실현하는 전문가로서의 능력과 품위를 유지하기 위해 노력한다. 이에 우리는 클라이언트·동료·기관 그리고 지역사회 및 전체사회와 관련된 사회복지사의 행위와 활동을 판단·평가하며 인도하는 윤리기준을 다음과 같이 선언하고 이를 준수할 것을 다짐한다.

[윤리강령의 목적]

한국사회복지사 윤리강령은 사회복지 전문직의 가치와 윤리적 실천을 위한 기준을 안내하고, 윤리적 이해가 충돌할 때 고려해야 할 사항을 제시하고자 한다.

한국사회복지사 윤리강령의 목적은 다음과 같다.

1. 윤리강령은 사회복지 전문직의 사명과 사회복지실천의 기반이 되는 핵심가치를 제시한다.
2. 윤리강령은 사회복지 전문직의 핵심가치를 실현하기 위한 윤리적 원칙을 제시하고, 사회복지실천의 지침으로 사용될 윤리기준을 제시한다.
3. 윤리강령은 사회복지실천현장에서 발생하는 윤리적 갈등 상황에서 의사결정에 필요한 사항을 확인하고 판단하는 데 필요한 윤리기준을 제시한다.
4. 윤리강령은 사회복지사가 전문가로서 품위와 자질을 유지하고, 자기 관리를 통해 클라이언트를 보호할 수 있도록 안내한다.
5. 윤리강령은 사회복지의 전문성을 확보하고 외부통제로부터 전문직을 보호할 수 있는 기준을 제공한다.
6. 윤리강령은 시민에게 전문가로서 사회복지사의 역할과 태도를 알리는 수단으로 작용한다.

[윤리강령의 가치와 원칙]

사회복지사는 인간 존엄성과 사회정의라는 사회복지의 핵심가치에 기반을 두고 사회복지 전문직의 사명을 다하기 위해 노력해야 한다. 이러한 핵심가치와 관련해 사회복지 전문직이 준수해야 할 윤리적 원칙을 제시한다.

핵심가치 1. 인간 존엄성

윤리적 원칙 : 사회복지사는 인간의 존엄성과 가치를 인정하고 존중한다.

- 사회복지사는 개인적 · 사회적 · 문화적 · 정치적 · 종교적 다양성을 고려하며 개인의 인권을 보호하고 존중한다.
- 사회복지사는 클라이언트의 자율성을 존중하고, 자기결정을 지원한다.
- 사회복지사는 클라이언트가 역량을 강화하고, 자신과 환경을 변화시킬 수 있도록 지원한다.
- 사회복지사는 사회복지실천과정에서 클라이언트의 개입과 참여를 보장한다.

핵심가치 2. 사회정의

윤리적 원칙 : 사회복지사는 사회정의 실현을 위해 앞장선다.

- 사회복지사는 개인적 · 집단적 · 사회적 · 문화적 · 정치적 · 종교적 차별에 도전하여 사회정의를 촉진한다.
- 사회복지사는 부적절하고 억압적이며 불공정한 사회제도와 관행을 변화시키기 위해 사회의 다양한 구성원들과 협력한다.
- 사회복지사는 포용적이고 책임 있는 사회를 만들어 가기 위해 연대 활동을 한다.

[사회복지사의 윤리기준]

Ⅰ. 기본적 윤리기준

1. 전문가로서의 자세

1) 인간 존엄성 존중

가. 사회복지사는 모든 인간의 존엄, 자유, 평등을 위해 헌신해야 하며, 사회적 약자를 옹호하고 대변하는 일을 주도해야 한다.

나. 사회복지사는 모든 인간의 고유한 존엄성과 가치를 인정하고 존중하며, 이를 기반으로 사회복지를 실천한다.

다. 사회복지사는 클라이언트의 성, 연령, 정신 · 신체적 장애, 경제적 지위, 정치적 신념, 종교, 인종, 국적, 결혼 상태, 임신 또는 출산, 가족 형태 또는 가족 상황,

성적 지향, 젠더 정체성, 기타 개인적 선호 · 특징 · 조건 · 지위 등을 이유로 차별을 하지 않는다.

라. 사회복지사는 다양한 문화의 강점을 인식하고 존중하며, 문화적 역량을 바탕으로 사회복지를 실천한다.

마. 사회복지사는 문화적으로 민감한 실천을 제공하기 위해, 사회복지실천과정에서 자신의 개인적 · 사회적 · 문화적 · 정치적 · 종교적 가치, 신념과 편견이 클라이언트와 동료 사회복지사에게 미칠 수 있는 영향을 고려하여 자기 인식을 증진하기 위해 힘쓴다.

2) 사회정의 실현

가. 사회복지사는 사회정의 실현과 클라이언트의 복지 증진에 헌신하며, 이를 위한 국가와 사회의 환경변화를 위해 노력한다.

나. 사회복지사는 사회, 경제, 환경, 정치적 자원에 대한 평등한 접근과 공평한 분배가 이루어지도록 노력한다.

다. 사회복지사는 개인적 · 집단적 · 사회적 · 문화적 · 정치적 · 종교적 특성에 근거해 개인이나 집단을 차별 · 억압하는 것을 인식하고, 이를 해결 또는 예방하기 위해 노력해야 한다.

2. 전문성 개발을 위한 노력

1) 직무 능력 개발

가. 사회복지사는 클라이언트에게 최상의 서비스를 제공하기 위해, 지식과 기술을 개발하는 데 최선을 다하며 이를 활용하고 공유할 책임이 있다.

나. 사회복지사는 사회적 다양성의 특징(성, 연령, 정신 · 신체적 장애, 경제적 지위, 정치적 신념, 종교, 인종, 국적, 결혼 상태, 임신 또는 출산, 가족 형태 또는 가족 상황, 성적 지향, 젠더 정체성, 기타 개인적 선호 · 특징 · 조건 · 지위 등), 차별, 억압 등에 대해 교육을 받고 이에 대한 이해를 증진하기 위해 노력한다.

다. 사회복지사는 변화하는 사회복지 관련 쟁점에 대응할 수 있도록 실천기술을 향상하고, 새로운 실천기술이나 접근법을 적용하기 위해 적절한 교육, 훈련, 연수, 자문, 슈퍼비전 등을 받도록 노력한다.

라. 사회복지사는 사회복지실천에 필요한 정보통신 관련 지식과 기술을 습득하기 위해 노력하며, 이를 사용하는 과정에서 발생할 수 있는 윤리적 문제를 인식하고 정보통신 관련 지식과 기술을 활용하도록 한다.

2) 지식기반의 실천 증진

가. 사회복지사는 사회복지실천과정에서 평가와 연구 조사를 함으로써, 사회복지실천의 지식기반 형성에 기여하고, 궁극적으로 사회복지실천의 질적 향상을 위해 노력한다.

나. 사회복지사는 평가나 연구 조사를 할 때, 연구 참여자의 권리를 보장하기 위해, 연구 관련 사항을 충분히 안내하고 자발적인 동의를 얻어야 한다.

다. 사회복지사는 연구 과정에서 얻은 정보를 비밀보장의 원칙에서 다루며, 비밀보장의 한계, 비밀보장을 위한 조치, 조사 자료 폐기 등을 연구 참여자에게 알려야 한다.

라. 사회복지사는 평가나 연구 조사를 할 때, 연구 참여자의 보호와 이익, 존엄성, 자기결정권, 자발적 동의, 비밀보장 등을 고려하며, 「생명윤리 및 안전에 관한 법률」 등 관련 법령과 규정에 따라 연구윤리를 준수한다.

3. 전문가로서의 실천

1) 품위와 자질 유지

가. 사회복지사는 전문가로서의 품위와 자질을 유지하고, 자신이 맡고 있는 업무에 대해 책임을 진다.

나. 사회복지사는 자신의 이익을 위해 사회복지 전문직의 가치와 권위를 훼손해서는 안 된다.

다. 사회복지사는 전문가로서 성실하고 공정하게 업무를 수행한다.

라. 사회복지사는 부정직한 행위, 범죄행위, 사기, 기만행위, 차별, 학대, 따돌림, 괴롭힘 등 불법적이고 부당한 일을 행하거나 묵인해서는 안 된다.

마. 사회복지사는 자신의 소속, 전문 자격이나 역량 등을 클라이언트에게 정직하고 정확하게 알려야 한다.

바. 사회복지사는 클라이언트, 학생, 훈련생, 실습생, 슈퍼바이지, 직장 내 위계적 권력 관계에 있는 동료와 성적 관계를 형성해서는 안 되며, 이들에게 성추행과 성희롱을 포함한 성폭력, 성적·인격적 수치심을 주는 행위를 해서는 안 된다.

사. 사회복지사는 한국사회복지사협회 등 전문가 단체의 활동에 적극적으로 참여하여, 사회정의 실현과 사회복지사의 권익옹호를 위해 노력한다.

2) 자기 관리

가. 사회복지사는 정신적·신체적 건강 문제, 법적 문제 등이 사회복지실천과정에

서의 전문적 판단이나 실천에 부정적 영향을 주거나 클라이언트의 이익을 저해하지 않도록, 동료, 기관과 함께 적절한 조치를 하도록 노력한다.

나. 사회복지사는 클라이언트에게 최상의 사회복지서비스를 제공하기 위해 사회복지사 자신의 정신적 · 신체적 건강, 안전을 유지 · 보호 · 관리하도록 노력한다.

3) 이해 충돌에 대한 대처

가. 사회복지사는 클라이언트의 이익을 우선으로 고려하고, 이해 충돌이 있을 때는 아동, 소수자 등 취약한 자의 이해와 권리를 우선시한다.

나. 사회복지사의 개인적 신념과 사회복지사로서 직업적 의무 사이에 이해 충돌이 발생할 때 동료, 슈퍼바이저와 논의하고, 부득이한 경우 클라이언트가 적절한 지원을 받을 수 있도록 클라이언트를 다른 사회복지사에게 의뢰하거나 다른 사회복지서비스로 연결한다.

다. 사회복지사는 전문적 가치와 판단에 따라 업무를 수행하는 과정에서, 기관 내외로부터 부당한 간섭이나 압력을 받아서는 안 된다.

4) 경제적 이득에 대한 실천

가. 사회복지사는 클라이언트의 지불 능력에 상관없이 복지서비스를 제공해야 하며, 이를 이유로 차별해서는 안 된다.

나. 사회복지사는 필요한 경우에 제공된 서비스에 대해 공정하고 합리적으로 이용료를 책정할 수 있다.

다. 사회복지사는 업무와 관련해 정당하지 않은 방법으로 경제적 이득을 취해서는 안 된다.

Ⅱ. 클라이언트에 대한 윤리기준

1. 클라이언트의 권익옹호

사회복지사는 클라이언트의 이익을 최우선의 가치로 삼고 이를 실천하며, 클라이언트의 권리를 존중하고 옹호한다.

2. 클라이언트의 자기결정권 존중

1) 사회복지사는 사회복지실천과정에서 클라이언트의 자기결정을 존중하고, 클라이언트를 사회복지실천의 주체로 인식하여 클라이언트가 자기결정권을 최대한 행사할 수 있도록 돕는다.

2) 사회복지사는 의사결정이 어려운 클라이언트에 대해서는 클라이언트의 이익과

권리를 보장하기 위한 적절한 조치를 취해야 한다.

3. 클라이언트의 사생활보호 및 비밀보장

사회복지사는 클라이언트의 사생활을 존중하고 보호하며, 전문적 관계에서 얻은 클라이언트 관련 정보에 대해 비밀을 유지한다. 그러나 클라이언트 자신과 타인에게 해를 입히거나 범죄행위와 관련된 경우에는 예외로 할 수 있다.

4. 정보에 입각한 동의

사회복지사는 클라이언트의 알 권리를 인정하고 동의를 얻어야 하며, 클라이언트가 받는 서비스의 목적과 내용, 범위, 합리적 대안, 위험, 서비스의 제한, 동의를 거절 또는 철회할 수 있는 클라이언트의 권리 등에 대해 정확하고 충분한 정보를 제공한다.

5. 기록・정보 관리

1) 클라이언트에 대한 사회복지실천 기록은 사회복지사의 윤리적 실천의 근거이자 평가・점검의 도구이기 때문에 중립적이고 객관적으로 작성해야 한다.
2) 사회복지사는 클라이언트가 자신과 관련된 기록의 공개를 요구하면 정당한 비공개 사유가 없는 한 정보에 접근할 수 있도록 해야 한다.
3) 사회복지사는 클라이언트에 대한 문서 정보, 전자 정보, 기타 민감한 개인정보를 보호해야 한다.
4) 사회복지사가 획득한 클라이언트 관련 정보나 기록을 법적 사유 또는 기타 사유로 제3자에게 공개할 때는 클라이언트에게 안내하고 동의를 얻어야 한다.

6. 직업적 경계 유지

1) 사회복지사는 클라이언트와의 전문적 관계를 자신의 개인적 이익을 위해 이용해서는 안 된다.
2) 사회복지사는 업무 외의 목적으로 정보통신기술을 사용해 클라이언트와 의사소통을 해서는 안 된다.
3) 사회복지사는 어떠한 상황에서도 클라이언트와 사적 금전 거래, 성적 관계 등 부적절한 행동을 해서는 안 된다.
4) 동료의 클라이언트를 의뢰받을 때는 기관 및 슈퍼바이저와 논의하는 과정을 거쳐야 하며, 클라이언트에게 설명하고 동의를 얻은 후 서비스를 제공한다.
5) 사회복지사는 정보처리기술을 이용하는 것이 클라이언트의 권리를 침해할 위험성이 있다는 사실을 인식하고 직업적 범위 안에서 활용한다.

7. 서비스의 종결

1) 사회복지사는 클라이언트에게 제공되는 서비스가 더 이상 클라이언트의 이해나 욕구에 부합하지 않으면 업무상 관계와 서비스를 종결한다.
2) 사회복지사는 개인적 또는 직업적 이유로 클라이언트와의 전문적 관계를 중단하거나 종결할 때 사전에 클라이언트에게 충분히 설명하고, 다른 기관 또는 다른 전문가에게 의뢰하는 등 필요한 조치를 취한다.
3) 사회복지사는 클라이언트의 고의적·악의적·상습적 민원 제기에 대해 소속기관, 슈퍼바이저, 전문가 자문 등의 논의 과정을 거쳐 서비스를 중단하거나 거부권을 행사할 수 있다.

Ⅲ. 사회복지사의 동료에 대한 윤리기준

1. 동료

1) 사회복지사는 존중과 신뢰를 기반으로 동료를 대하며, 전문가로서의 지위와 인격을 훼손하는 언행을 하지 않는다.
2) 사회복지사는 사회복지 전문직의 권익 증진을 위해 동료와 다른 전문직 동료와도 협력하고 협업한다.
3) 사회복지사는 동료의 윤리적이고 전문적인 행위를 촉진해야 하며, 동료가 전문적인 판단과 실천이 미흡하여 문제를 발생시켰을 때 윤리강령과 제반 법령에 따라 대처한다.
4) 사회복지사는 다른 전문직의 동료가 행한 비윤리적 행위에 대한 윤리강령과 제반 법령에 따라 대처한다.
5) 사회복지사는 동료의 직무 가치와 내용을 인정하고 이해하며, 상호 간에 민주적인 직무관계를 이루도록 노력해야 한다.
6) 사회복지사는 동료들에게 정보통신기술을 사용한 비윤리적 행위를 하지 않는다.
7) 사회복지사는 동료가 적법하게 업무를 수행하는 과정에서 부당한 조치를 당하면 동료를 변호하고 원조해 주어야 한다.
8) 사회복지사는 동료에게 행해지는 어떤 형태의 차별, 학대, 따돌림 또는 괴롭힘과 자신의 전문적 권위를 행사하는 다른 동료와의 부적절한 성적 행동에 가담하거나 이를 용인해서는 안 된다.
9) 사회복지사는 슈퍼바이지, 학생, 훈련생, 실습생, 자신의 전문적 권위를 행사하는 다른 동료와의 성적 행위나 성적 접촉과 성적 관계에 관여해서는 안 된다.

2. 슈퍼바이저

1) 슈퍼바이저는 슈퍼바이지가 전문적 업무 수행을 할 수 있도록 지원하고 슈퍼바이지는 슈퍼바이저의 전문적 지도와 조언을 존중해야 한다.
2) 슈퍼바이저는 전문적 기준에 따라 슈퍼비전을 수행하며, 공정하게 평가하고 평가 결과를 슈퍼바이지와 공유한다.
3) 슈퍼바이저는 개인적인 이익 추구를 위해 자신의 지위를 이용해서는 안 된다.
4) 슈퍼바이저는 사회복지사 수련생과 실습생에게 인격적 · 성적으로 수치심을 주는 행위를 해서는 안 된다.

Ⅳ. 기관에 대한 윤리기준

1) 사회복지사는 기관의 사명과 비전을 확인하고, 정책과 사업 목표를 달성하기 위해 노력해야 한다.
2) 사회복지사는 소속기관의 활동에 적극적으로 참여함으로써 기관의 성장과 발전을 위해 노력해야 한다.
3) 사회복지사는 기관의 부당한 정책이나 요구에 대해 전문직의 가치와 지식을 근거로 대응하고, 제반 법령과 규정에 따라 해결하도록 노력해야 한다.

Ⅴ. 사회에 대한 윤리기준

1) 사회복지사는 자신이 일하는 지역사회를 이해하고, 클라이언트가 지역사회에서 서로 도우며 함께 살아가도록 지원해야 한다.
2) 사회복지사는 정치적 영역이 클라이언트의 권익과 사회복지실천에 미치는 영향을 인식하여 사회정의 실현을 위한 사회정책의 수립과 법령 제 · 개정을 지원 · 옹호해야 한다.
3) 사회복지사는 사회재난과 국가 위급 상황에서 문제를 해결하기 위해 적극적으로 활동해야 한다.
4) 사회복지사는 지역사회, 국가, 나아가 전 세계와 그 구성원의 복지 증진, 삶의 질 향상을 위해 적극적으로 노력해야 한다.
5) 사회복지사는 인간과 자연이 서로 떨어져 살 수 없음을 깨닫고, 인간과 자연환경, 생명 등 생태에 미칠 영향을 생각하며 실천해야 한다.

[사회복지사 선서문]

나는 모든 사람들이 인간다운 삶을 누릴 수 있도록, 인간 존엄성과 사회정의의 신념을 바탕으로, 개인 · 가족 · 집단 · 조직 · 지역사회 · 전체사회와 함께 한다.

나는 언제나 소외되고 고통받는 사람들의 편에 서서, 저들의 인권과 권익을 지키며, 사회의 불의와 부정을 거부하고, 개인이익보다 공공이익을 앞세운다.

나는 사회복지사 윤리강령을 준수함으로써, 도덕성과 책임성을 갖춘 사회복지사로 헌신한다.

나는 나의 자유의지에 따라 명예를 걸고 이를 엄숙하게 선서합니다.

01 CHAPTER

기출문제

1. 사회복지 전문직의 정체성 ~ 2. 사회복지실천기술의 개념과 특징

01 사회복지 전문직에 관한 설명으로 옳은 것을 모두 고른 것은? 〈2019 실천론〉

ㄱ. 전문적인 이론체계를 갖고 있음
ㄴ. 개인의 변화와 사회적 변혁에 관심을 둠
ㄷ. 미시 및 거시적 개입방법을 모두 이해해야 함
ㄹ. 타 분야 전문가와의 협업을 위해 고유한 정체성의 발전은 불필요함

① ㄱ, ㄴ　② ㄱ, ㄷ　③ ㄴ, ㄷ
④ ㄱ, ㄴ, ㄷ　⑤ ㄱ, ㄷ, ㄹ

3. 사회복지사의 전문적 지식과 기술

01 사회복지 전문직의 가치체계를 모두 고른 것은? 〈2018 실천기술론〉

ㄱ. 사회적 형평성의 원리
ㄴ. 개인의 복지에 대한 사회와 개인 공동의 책임
ㄷ. 개인의 존엄성과 독특성에 대한 존중
ㄹ. 자기결정의 원리

① ㄱ, ㄴ　② ㄷ, ㄹ　③ ㄱ, ㄷ, ㄹ
④ ㄴ, ㄷ, ㄹ　⑤ ㄱ, ㄴ, ㄷ, ㄹ

02 실천지식의 구성수준을 추상성에서 구체성의 방향으로 순서대로 나열한 것은? 〈2018 실천기술론〉

① 패러다임 – 관점 – 이론 – 모델 – 실천지혜
② 패러다임 – 이론 – 관점 – 모델 – 실천지혜
③ 관점 – 패러다임 – 이론 – 모델 – 실천지혜
④ 실천지혜 – 모델 – 이론 – 관점 – 패러다임
⑤ 실천지혜 – 이론 – 모델 – 관점 – 패러다임

정답 01 ④ 01 ⑤ 02 ①

03 사회복지실천의 지식과 기술을 습득하는 방법으로 옳은 것을 모두 고른 것은?

〈2020 실천기술론〉

ㄱ. 사례회의(case conference)를 개최하여 통합적 지원방법에 대해 논의한다. ㄴ. 가족치료모델을 이해하기 위해 해결중심 가족치료 세미나에 참석한다. ㄷ. 윤리적 가치갈등의 문제에 대하여 직장동료한테 자문을 구한다. ㄹ. 초점집단면접(Focus Group Interview)을 실시하여 이용자 인식을 확인한다.

① ㄱ, ㄷ ② ㄴ, ㄹ ③ ㄱ, ㄴ, ㄷ
④ ㄴ, ㄷ, ㄹ ⑤ ㄱ, ㄴ, ㄷ, ㄹ

04 사회복지실천기술의 전문적 기반에 관한 설명으로 옳지 않은 것은? 〈2021 실천기술론〉

① 이론과 실천의 준거틀을 적절하게 이용하는 것은 예술적 기반에 해당된다.
② 연구자료를 수집하고 분석하는 것은 과학적 기반에 해당된다.
③ 사회복지 전문가로서 가지는 가치관은 예술적 기반에 해당된다.
④ 감정이입적 의사소통, 진실성, 융통성은 예술적 기반에 해당된다.
⑤ 사회복지사에게는 과학성과 예술성의 상호보완적이고 통합적인 실천역량이 요구된다.

05 사회복지실천에 관한 설명으로 옳지 않은 것은? 〈2022 실천기술론〉

① 과학성과 예술성을 통합적으로 활용한다.
② 사회복지의 관점과 이론을 토대로 한다.
③ 심리학, 사회학 등 타 학문과 배타적 관계에 있다.
④ 클라이언트의 특성을 반영한다.
⑤ 사회복지 가치와 윤리를 반영한다.

06 사회복지실천현장의 지식 유형에 관한 설명으로 옳지 않은 것은? 〈2023 실천기술론〉

① 이론은 현상을 설명하기 위한 가설이나 개념의 집합체이다.
② 관점은 개인과 사회에 관한 주관적 인식의 차이를 보여주는 사고체계이다.
③ 실천지혜는 실천활동의 원칙과 방식을 구조화한 것이다.
④ 패러다임은 역사와 사상의 흐름에 영향을 받는 추상적 개념 틀이다.
⑤ 모델은 실천과정에 직접적으로 필요한 기술적 적용방법을 제시한 것이다.

정답 03 ⑤ 04 ① 05 ③ 06 ③

07 사회복지사가 가져야 할 지식의 내용으로 옳은 것을 모두 고른 것은?
〈2024 실천기술론〉

ㄱ. 인간행동과 발달	ㄴ. 인간관계와 상호작용
ㄷ. 사회복지정책과 서비스	ㄹ. 사회복지사 자신에 관한 지식

① ㄱ ② ㄱ, ㄴ ③ ㄴ, ㄷ
④ ㄱ, ㄷ, ㄹ ⑤ ㄱ, ㄴ, ㄷ, ㄹ

08 실천지혜(practice wisdom)에 관한 설명으로 옳지 않은 것은? 〈2025 실천기술론〉

① 암묵적 지식과 같은 의미이다.
② 사회복지사의 직관에 영향을 받는다.
③ 실천활동을 조작화하고 구조화한 것이다.
④ 개인의 가치체계와 경험으로부터 만들어진다.
⑤ 현장에서 유용하나 공인된 지식은 아니다.

4. 사회복지 전문직의 가치와 윤리

01 레비(C. Levy)가 구분한 사회복지 전문직 가치로 옳은 것은? 〈2015 실천론 기출〉

① 수단우선 가치, 결과우선 가치, 해결우선 가치
② 수단우선 가치, 결과우선 가치, 평가우선 가치
③ 사람우선 가치, 결과우선 가치, 수단우선 가치
④ 사람우선 가치, 평가우선 가치, 해결우선 가치
⑤ 사람우선 가치, 결과우선 가치, 평가우선 가치

02 로웬버그와 돌고프(Lowenberg & Dolgoff)가 제시한 윤리적 의사결정의 우선순위를 순서대로 바르게 나열한 것은? 〈2016 실천론〉

ㄱ. 생명보호의 원칙	ㄴ. 자기결정의 원칙
ㄷ. 삶의 질 향상의 원칙	ㄹ. 정보개방의 원칙

① ㄱ → ㄴ → ㄷ → ㄹ ② ㄱ → ㄷ → ㄹ → ㄴ
③ ㄴ → ㄱ → ㄹ → ㄷ ④ ㄷ → ㄴ → ㄱ → ㄹ
⑤ ㄹ → ㄱ → ㄷ → ㄴ

정답 07 ⑤ 08 ③ 01 ③ 02 ①

03 **가치와 윤리에 관한 설명으로 옳지 않은 것은?** 〈2016 실천론〉

① 가치는 좋고 바람직한 것에 대한 믿음이다.
② 윤리는 옳고 그름을 판단하는 도덕적 지침이다.
③ 가치와 윤리는 불변의 특징을 지닌다.
④ 가치는 신념과 관련이 있고, 윤리는 행동과 관련이 있다.
⑤ 사회복지사 윤리강령은 법적 구속력을 가지지 않는 특징이 있다.

04 **사회복지사의 가치갈등이나 윤리적 딜레마에 관한 설명으로 옳지 않은 것은?** 〈2019 실천론〉

① 윤리기준은 지속적으로 변화된다.
② 가치갈등에 대응하는 첫 단계는 가치갈등의 존재를 인식하는 것이다.
③ 윤리적 결정에 따른 결과의 모호성으로 윤리적 딜레마가 발생할 수 있다.
④ 기관의 목표가 클라이언트 이익에 위배될 때 가치상충으로 윤리적 딜레마가 발생할 수 있다.
⑤ 윤리적 결정을 위해 로웬버그와 돌고프(F. Loewenberg & R. Dolgoff)의 일반결정모델을 활용할 수 있다.

05 **사회복지사 윤리에 관한 설명으로 옳은 것을 모두 고른 것은?** 〈2019 실천론〉

ㄱ. 사회복지사는 원조과정에서 자신의 이익을 위해 행동해서는 안 됨 ㄴ. 로웬버그와 돌고프의 윤리원칙 준거틀은 생명보호를 최우선으로 함 ㄷ. 윤리강령은 윤리적 갈등이 생겼을 때 법적 제재의 근거를 제공함 ㄹ. 사회복지사는 국가자격이므로 사회복지사 윤리강령은 국가가 채택함

① ㄱ, ㄴ ② ㄱ, ㄷ
③ ㄱ, ㄴ, ㄷ ④ ㄱ, ㄴ, ㄹ
⑤ ㄴ, ㄷ, ㄹ

정답 03 ③ 04 ④ 05 ①

06 사회복지사가 경험할 수 있는 윤리적 딜레마 상황을 모두 고른 것은? 〈2020 실천론〉

> ㄱ. 실천 결과의 모호성
> ㄴ. 사회복지사와 클라이언트 간의 힘의 불균형
> ㄷ. 클라이언트체계의 다중성
> ㄹ. 기관에 대한 의무와 클라이언트에 대한 의무의 상충

① ㄱ, ㄹ
② ㄴ, ㄷ
③ ㄴ, ㄹ
④ ㄱ, ㄴ, ㄷ
⑤ ㄱ, ㄴ, ㄷ, ㄹ

07 돌고프, 로웬버그와 해링턴(R. Dolgoff, F. Lowenberg & D. Harrington)의 윤리적 의사결정과정의 순서로 옳은 것은? 〈2020 실천론〉

> ㄱ. 가장 적절한 전략이나 개입방법을 선택한다.
> ㄴ. 해당문제와 관련된 사람과 제도를 확인한다.
> ㄷ. 확인된 목표에 따라 설정된 개입방안의 효과성과 효율성을 평가한다.
> ㄹ. 문제를 해결하거나 문제의 정도를 경감할 수 있는 개입목표를 명확히 한다.

① ㄴ – ㄱ – ㄹ – ㄷ
② ㄴ – ㄹ – ㄱ – ㄷ
③ ㄴ – ㄹ – ㄷ – ㄱ
④ ㄹ – ㄴ – ㄱ – ㄷ
⑤ ㄹ – ㄷ – ㄴ – ㄱ

08 그린우드(E. Greenwood)가 제시한 전문직의 속성 중 다음 설명에 해당하는 것은? 〈2021 실천론〉

> • 자기규제를 통해 클라이언트를 보호한다.
> • 전문가가 지켜야 할 전문적 행동기준과 원칙을 기술해 놓은 것이다.

① 윤리강령
② 전문직 문화
③ 사회적인 인가
④ 전문적인 권위
⑤ 체계적인 이론

정답 06 ⑤ 07 ③ 08 ①

09 소속기관의 예산 절감 요구로 클라이언트에게 필요한 서비스를 제공하지 못할 때, 사회복지사가 겪게 되는 가치갈등은? 〈2021 실천론〉

① 가치상충
② 의무상충
③ 결과의 모호성
④ 힘 또는 권력의 불균형
⑤ 클라이언트체계의 다중성

10 로웬버그와 돌고프(F. Loewenberg & R. Dolgoff)의 윤리적 원칙 심사표에서 '도움을 요청해 온 클라이언트의 의사를 존중해 주는 것'에 해당하는 윤리적 원칙은? 〈2022 실천론〉

① 자율성과 자유의 원칙
② 평등과 불평등의 원칙
③ 최소 손실의 원칙
④ 사생활과 비밀보장의 원칙
⑤ 진실성과 정보개방의 원칙

11 윤리강령의 기능으로 옳은 것을 모두 고른 것은? 〈2022 실천론〉

ㄱ. 외부통제로부터 전문직 보호
ㄴ. 윤리적 갈등이 생겼을 때 지침과 원칙 제공
ㄷ. 사회복지사의 자기규제를 통한 클라이언트 보호
ㄹ. 전문가로서 사회복지사의 기본업무 및 자세 알림

① ㄱ, ㄷ
② ㄱ, ㄹ
③ ㄱ, ㄴ, ㄹ
④ ㄴ, ㄷ, ㄹ
⑤ ㄱ, ㄴ, ㄷ, ㄹ

12 레비(C. Levy)가 제시한 사회복지 전문직의 가치 중 결과우선가치에 해당하는 것은? 〈2023 실천론〉

① 자기결정권 존중
② 인간 존엄성에 대한 믿음
③ 비심판적 태도
④ 동등한 사회 참여 기회 제공
⑤ 개별성에 대한 인정

정답 09 ② 10 ① 11 ⑤ 12 ④

13 로웬버그와 돌고프(F. Loewenberg & R. Dolgoff)의 윤리적 원칙 중 다음 사례에서 아동학대전담공무원이 결정을 할 때 최우선적으로 고려해야 할 원칙은? 〈2024 실천론〉

> 아동학대가 발생한 가정의 학대피해아동을 원가정에서 생활하도록 할 것인가 또는 학대피해아동쉼터에서 생활하도록 할 것인가에 대해 1차 결정을 해야 한다.

① 평등과 불평등의 원칙
② 최소 손실의 원칙
③ 사회정의 실현의 원칙
④ 진실성과 정보개방의 원칙
⑤ 사생활보호와 비밀보장의 원칙

14 한국사회복지사 윤리강령에서 '사회복지사의 윤리기준' 중 '클라이언트에 대한 윤리기준' 영역에 해당하지 않는 것은? 〈2024 실천론〉

① 서비스의 종결
② 기록 · 정보 관리
③ 직업적 경계 유지
④ 정보에 입각한 동의
⑤ 이해 충돌에 대한 대처

15 한국사회복지사 윤리강령에서 '클라이언트에 대한 윤리기준'에 해당하지 않는 것은? 〈2025 실천론〉

① 서비스의 종결
② 클라이언트의 자기결정권 존중
③ 클라이언트의 권익옹호
④ 인간 존엄성 존중
⑤ 기록 · 정보 관리

정답 13 ② 14 ⑤ 15 ④

CHAPTER 02

정신역동모델

학습목표

1. 정신역동모델의 개요 및 기본개념을 설명할 수 있다.
2. 정신역동모델의 개입목표 및 개입과정을 설명할 수 있다.
3. 정신역동모델의 다양한 개입기법을 설명할 수 있다.

1. 정신역동모델의 개요 및 기본개념

지그문트 프로이트
(Sigmund Freud, 1856~1939)

- 오스트리아의 정신과 의사, 심리학자
- 학력 : 빈 대학교 의학 박사
- 주요 저서 : 꿈의 해석(1900), 정신분석 입문(1917) 등 다수
- 사진 출처 : https://en.wikipedia.org/wiki/Sigmund_Freud(검색일 : 2017. 2. 14)

정신역동(psychodynamics)은 정신역학, 정신분석학이라고도 하며, 프로이트(Freud, 1902)와 그의 동료, 제자들의 학문적 업적에 기반을 두고 있어 프로이트 심리학이라고도 한다. 심리치료에 새로운 지평을 제공한 프로이트의 정신분석이론은 성격발달에 대한 모델인 동시에 인간본성에 대한 철학이며, 정신치료의 한 방법이다(이영실 외, 2015).

정신역동모델은 프로이트의 정신분석이론을 비롯하여 정신분석이론의 영향을 받아 탄생한 이론을 모두 포함하는 용어이다. 아들러(Adler)의 개인심리이론, 융(Jung)의 분석심리이론 등이 포함되는데, 프로이트의 이론을 확장시킨 이론도 있고 프로이트 이론에 대한 반발로 생겨난 이론도 있다. 정신역동모델의 구체적인 내용은 조금씩 다르지만 심리적 결정론에 근거하고 무의식을 기초로 인간의 심리 현상과 행동을 설명한다는 공통점이 있다(생각의마을, 2017a). 즉, 정신역동모델은 현재의 문제를 과거의 경험에서 찾는다는 것과 무의식은 인간행동의 동기가 되므로 클라이언트의 무의식적 충동을 강조한다는 것을 중심으로 사람의 성격을 설명한다.

정신역동모델은 1920년대 진단주의 학파에 영향을 미쳐 진단주의 학파의 이론적 기초가 되었다(표 2-1 참조). 특히 개별사회사업의 이론적 기초를 형성하는 데 막대한 영향을 미쳤다. 이러한 영향에도 불구하고 정신분석모델은 인간의 정신내적 현상을 지나치게 강조하고 결정론적 인간관에 따라 문제를 해결하려는 경향이 많다는 비판을 받기도 하였다.

〈표 2-1〉 진단주의와 기능주의 비교

진단주의	기능주의
• 1920년대 프로이트의 정신분석이론에 영향을 받음 • 인간을 결정론적 관점에서 바라보며, 인간은 무의식의 힘에 의하여 좌우된다고 봄 • 클라이언트의 생활력(life history)을 강조함 • 클라이언트의 성격 구조를 과거에서 현재까지의 생활을 통해 분석하고, 나아가 현재의 자아기능을 해명하여 자아의 강화를 도모함 • 홀리스의 심리사회모델(교재 3장)에 영향을 미침 • 대표적인 학자는 메리 리치몬드, 고든 해밀턴, 플로랜스 홀리스 등	• 1930년대 오토 랭크(O. Rank)의 영향으로 미국의 대공황 이후 등장 • 인간의 성장 가능성을 중시하고 자유의지를 강조함 • 시간 제한적인 단기개입을 선호 • 기관의 기능과 서비스를 최대한 활용하여 문제를 해결하는 것을 선호함 • 현재의 경험과 개인의 동기에 대한 이해를 중시 • '지금-이곳'에 초점 • 인간과 환경의 관계 분석 • 펄만의 문제해결모델, 로저스의 클라이언트중심모델로 발전함
• 두 학파 간의 논쟁은 1950년대에 와서 종식되었다. 1957년 펄만이 두 학파를 절충하여 문제해결모델을 만들었다.	

정신역동모델에서 사용하는 기본개념은 다음과 같다.

① 의식의 수준(지형학적 관점)

② 성격의 구조(구조적 관점)

③ 심리성적 발달단계(유전학적 관점)

④ 방어기제

1) 의식의 수준(지형학적 관점)

프로이트는 인간의 정신을 일종의 지도로 제시하여 의식의 수준을 의식, 전의식, 무의식으로 나누었다.

▌그림 2-1▐에서 보는 바와 같이 '빙산의 일각'이라는 표현처럼, 수면 아래에 잠겨있는 빙하는 무의식의 영역이며, 수면 위에 드러나 있는 일부분의 빙산은 의식의 영역이다.

의식(consciousness)은 자신이 주의를 기울이는 순간 바로 알아차릴 수 있는 정신작용의 부분으로, 외부로 드러난 사고, 지각, 느낌, 기억 등이다. 예를 들어, "10초 동안 1에서 10까지 세어보세요"라는 지시를 따르면 의식이 있는 것이다.

전의식(preconsciousness)은 개인이 어떤 순간에 바로 알아차릴 수는 없지만 약간의 노력으로 의식화될 수 있는 정신작용의 부분으로, 의식과 무의식의 중간 지점에 있으면서 둘의 교량 역할을 한다. 이러한 전의식은 의식의 영역으로 쉽게 바뀔 수 있다. 예를 들어, "오늘 점심식사로 먹은 것은 무엇입니까?"라는 질문에 기억을 해내고 대답하는 것이다.

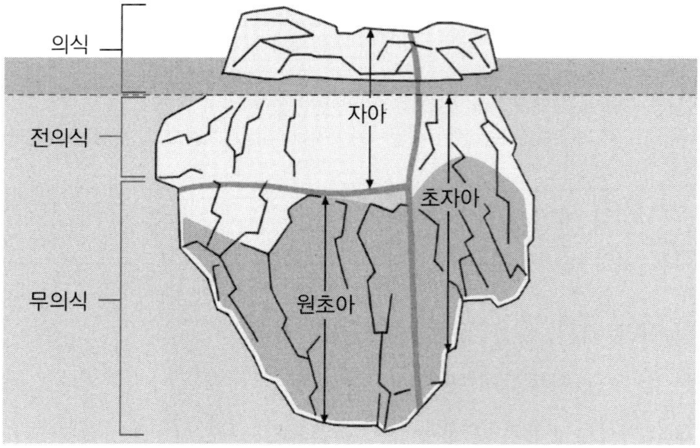

▌그림 2-1▐ 프로이트의 의식의 수준과 성격의 구조

무의식(unconsciousness)은 본능, 억압된 관념이나 감정 등이 잠재되어 있는 곳으로, 정신의 가장 깊은 곳에 위치해 있으며, 자신이 전혀 의식하지 못하는 정신작용의 부분이다. 프로이트는 '무의식은 정신분석의 초점이 되는 부분이다. 무의식은 인간행동의 동기가 된다. 그러나 무의식은 우리가 인식하거나 직접 확인할 수는 없다.'고 강조하였다. 무의식은 주로 원초아(id)와 초자아(superego)로 구성되어 있으며, 정신역동모델에서는 자유연상과 꿈의 해석 등 무의식의 세계를 중요시하고, 클라이언트의 무의식적 충동을 강조한다. 방어기제는 무의식의 일부분으로 나타난다.

2) 성격의 구조(구조적 관점)

프로이트는 인간의 성격(personality)이 원초아, 자아, 초자아로 구성되어 있다고 보았다.

원초아(id)는 인간이 태어날 때부터 존재하는 본능적 욕구(예 먹고 싶은 욕구, 성적 욕구, 공격 욕구, 의존 욕구 등)를 관장하는 곳으로, 대부분 인식되지 않으며 무의식적이다. 원초아는 '쾌락의 원리(pleasure principle)'를 따르는데, 즉 본능적 욕구인 쾌락을 추구하고 고통을 회피하는 방향으로 움직인다.

자아(ego)는 성격의 실행자이자 집행자로서, 내부세계와 외부세계의 기능이 잘 집행되도록 중재하는 역할을 한다. 자아는 원초아와 초자아를 중재하며, '현실원리(reality principle)'에 따라 본능적인 욕구를 충족시키기 위해 현실적이고 합리적인 방법을 발견할 때까지 기다리거나 욕구 충족을 보류시킨다. 예를 들어, 배가 너무 고픈 상황에서 음식에 대한 이미지나 환상을 갖는 것이 아니라 음식을 먹을 수 있는 환경이 마련될 때까지 기다리거나 욕구 충족을 보류시키는 것이다.

초자아(superego)는 정신구조의 최고단계로서, 양심을 통해 자아를 감시하고 통제하는 '도덕성의 원리(morality principle)'에 의해 지배를 받는다. 원초아가 쾌락을 추구하고 자아가 현실을 검증한다면, 초자아는 이상을 추구한다. 프로이트는 가장 이상적인 성격을 원초아, 자아, 초자아가 조화를 이루는 상태로 보았다. 즉, 초자아가 자아를 승인하는 합법적이고 도덕적인 방법으로 원초아의 욕구를 만족시켜 주는 상태를 말한다.

3) 심리성적 발달단계(유전학적 관점)

프로이트는 인간의 성격이 심리성적 발달단계에 따라 형성된다고 보았다. 즉, 인간은 유아기부터 청소년기까지 구강기, 항문기, 남근기, 잠재기, 생식기 등 5단계에 걸쳐 성격이 발달하며, 앞의 세 단계가 성격형성에 결정적인 역할을 하게 된다고 보았다. 그는 청소년기 이후의 단계에 대해서는 그다지 중요하게 생각하지 않았다. 각 발달단계는 인간이 태어날 때부터 갖고 있는 성적 에너지인 리비도(libido, 성본능, 성충동)가 발달해 나감으로써 그 관심영역을 점차 확대시켜 나가고 성격이 형성된다. 정신역동모델은 발달단계상의 고착과 퇴행을 고려한다.

(1) 구강기(출생~1세)

구강기(oral stage)는 '구순기'라고도 하며, 성적 에너지인 리비도가 구강영역에 집중되는 시기이다. 유아의 일차적 활동은 젖을 먹는 것에 집중되어 있으며, 그 활동은 입, 입술, 혀 같은 기관에 집중해 있다. 생존을 위해 타인에게 전적으로 의존한다. 구강기적 성격은 의타심이 많고 타인을 지배하려는 성향이 있다.

(2) 항문기(1~3세)

항문기(anal stage)는 리비도가 입에서 항문으로 옮겨가는 시기로서, 대소변의 배출과 보유에서 상당한 쾌감을 얻는 시기이다. 이 시기에는 배변훈련을 받게 되는데, 배변훈련이 성공하면 사회적 승인을 얻는 쾌감을 경험하고 창조적이고 생산적인 성격특성이 발달한다. 그러나 부모가 지나치게 엄격하고 강압적인 배변훈련을 할 경우 유아는 일부러 지저분한 행동을 하고 부모에게 대항하기도 한다. 항문기의 경험을 통해 유아는 의존에서 벗어나 자기 조절, 자립, 자부, 자존 등을 배우게 된다. 그러나 부모가 너무 일찍 또는 너무 심한 배변훈련을 시켜 항문기 때 고착되면 고집이 세고 인색하며, 복종적이고, 시간을 엄수하며, 지나치게 청결한 특징을 보이거나 정반대로 잔인하고 파괴적이며 난폭하고 적개심이 강하며 불결한 특징을 보이기도 한다(전남련 외, 2014).

(3) 남근기(3~6세)

남근기(phallic stage)는 리비도가 성기로 집중되는 시기로서, 성기의 자극으로부터 쾌감을 느끼는 시기이다. 이 시기 아동의 주요 활동은 성기를 자극하고 자신의 몸을 보여주거나 혹은 다른 사람의 몸을 보면서 쾌감을 얻는 것이다. 아동은 자기중심적인 성향이 있으며, 사랑하고 사랑받기를 원하며 특히 칭찬을 갈망한다.

이 시기의 남아는 오이디푸스 콤플렉스(Oedipus complex)를, 여아는 엘렉트라 콤플렉스(Electra complex)를 경험한다. 〈표 2-2〉는 오이디푸스 콤플렉스와 엘렉트라 콤플렉스의 특징을 비교한 것이다.

〈표 2-2〉 오이디푸스 콤플렉스와 엘렉트라 콤플렉스

오이디푸스 콤플렉스	엘렉트라 콤플렉스
• 남자아이가 어머니를 성적으로 사랑하게 되면서 경험하는 딜레마 • 아버지를 경쟁자로 생각하고 적대적인 감정을 갖게 되어 아버지가 자신의 성기를 제거할지도 모른다는 거세불안을 느낌 • 엄마의 사랑을 받기 위해서는 아버지처럼 되어야 한다는 현상, 즉 아버지를 닮아가려는 동일시 현상이 일어나게 됨	• 여자아이가 아버지와 성적으로 사랑에 빠지고 그 때문에 어머니에게 적개심을 품음 • 여아는 자신의 성기가 남자와 다른 것을 알게 되고 그 거세의 책임을 어머니에게 돌려 어머니에 대한 적대감을 갖게 됨 • 이 시기에 남근을 부러워하고 남자아이보다 열등하다고 생각하는 남근 선망(penis envy)의 심리 상태를 보임

이 시기의 중요한 과제는 동일시를 통해서 남성이나 여성으로서의 역할을 학습하고, 사회적 규범과 가치기준을 내면화하는 초자아를 형성, 발달시키는 것이다. 이 시기에 고착되거나 욕구가 좌절되면 건강한 성을 즐기고, 이성애

적 관계를 발전시키는 성인으로 성장하는 데 장애가 발생할 수 있다(이영실 외, 2015).

(4) 잠재기(6~12세)

잠재기(latency stage)는 '잠복기'라고도 하며, 성적 관심은 수면상태로 들어가 활동하지 않고, 성적 에너지인 리비도는 승화되어 지적인 탐구가 활발해지고 친구와 어울리면서 운동이나 놀이 등 사회적으로 받아들여질 수 있는 일에 자신의 욕구를 집중시킨다. 그리하여 이 시기의 아이들은 침착성과 자기통제력을 발달시킨다(김현호 외, 2013).

(5) 생식기(12세~성인기 이전)

생식기(genital stage)는 '성기기'라고도 하며, 잠복되었던 성적 에너지가 무의식에서 의식의 세계로 나오는 시기이다. 이 시기는 자기애착적 시기에서 이성애착적 시기로 이동하는 시기이며 성적 긴장의 급격한 증가가 일어나지만 도덕적 가치와 사회규범에 의해 제한된다. 이는 원본능의 충동이 초자아와 충돌함을 의미하는 것으로 갈등과 혼란, 심리적 불균형을 낳기도 한다(이영실 외, 2015). 이 시기는 남녀 모두에게 2차 성징이 나타나고, 이 시기에 순조로운 발달을 하게 되면 타인에 관심을 갖고 협동의 자세를 갖는다.

4) 방어기제

정신역동모델은 방어기제(defense mechanism)에 대한 이해가 필요하다. 방어기제란 불안이나 스트레스를 처리(또는 회피)하려는 자아의 무의식적 노력을 의미하고, 병리적이라기보다는 정상적인 반응이다. 여기서 불안은 인간에게 닥친 위험을 알리는 신호로서, 원초아와 초자아 사이에 발생하는 불안과 긴장 해소를 위해 방어기제를 사용한다. 그러나 방어기제는 무의식의 영역에서 이루어지므로 본인은 의식하지 못한다. 또한 한 번에 여러 가지의 방어기제가 동원되는 것이 대부분이다.

대표적인 방어기제를 간단히 정리해 보면 〈표 2-3〉과 같다.

〈표 2-3〉 방어기제의 정의

방어기제	정 의
억압	• 불안에 대한 일차적 방어기제 • 불쾌한 경험이나 받아들여지기 어려운 욕구, 반사회적인 충동 등을 무의식 속으로 몰아넣거나 억누르는 것
억제	• 억압과 같이 고통스러운 경험을 잊고자 하는 방어기제로서, 억압이 무의식적인 작용인 데 반해, 억제는 의식 혹은 반의식적인 수준에서 일어남
부정	• 무의식적으로 현실을 거부함으로써 현실과 관련된 정신적 고통을 피해보려고 하는 것
반동형성	• 무의식 속의 받아들여질 수 없는 생각, 소원, 충동 등을 정반대의 것으로 표현하는 경우
동일시	• 부모나 주위의 중요 인물의 태도와 행동을 닮는 것 혹은 똑같이 되려는 것
투사	• 자신의 용납할 수 없는 충동을 다른 사람의 탓으로 돌리는 것
합리화	• 용납할 수 없는 태도나 행동에 대해 그럴듯한 설명이나 이유를 대는 것
퇴행	• 현재의 발달단계보다 더 이전의 발달단계로 후퇴하는 행동을 하는 것
보상	• 자신이 가지고 있는 결함을 다른 측면으로 보충하려는 마음의 작용
승화	• 사회적으로 허용되지 않는 충동을 허용되는 행위로 전환하는 것 • 성숙하고 건설적인 방어기제에 해당함

2. 정신역동모델의 개입목표 및 개입과정

1) 개입목표

정신역동모델의 개입목표는 클라이언트가 과거의 경험에서 갖게 된 불안이나 무의식적 갈등을 의식화하여 이러한 것들이 어떻게 현재 자신에게 영향을 미치고 있는지를 통찰하도록 돕는 것이다. 여기서 통찰(insight)이란 이전에는 이해하지 못했던 무의식적 갈등의 요소를 알아차리고 깨닫게 되는 것을 말한다(생각의마을, 2017a).

따라서 정신역동모델은 클라이언트가 자신을 통찰할 수 있어야 하므로 자기분석이 가능한 클라이언트에게 적합하고 효과적이다. 그리고 성장의지가 높은 클라이언트에게도 효과적이다. 즉, 정신역동모델을 적용하기에 적당한 사례로는 ① 통찰능력이 있는 사람, ② 자기분석에 관심이 많은 사람, ③ 자기분석을 통해 성장욕구가 있는 사람, ④ 내면갈등을 이해하여 부모와 관계 회복을 꾀하는 사람 등이 있다. 그러나 개인과 환경 간 복합적인 문제에 대한 해결의지가 높은 사례는 3장에서 다루게 될 심리사회모델을 적용하기에 적당한 사례라 할 수 있다.

2) 개입과정

사회복지실천에 있어서 정신역동모델의 개입과정은 다음의 4단계, 즉 관계형성단계 → 동일시를 통한 자아구축단계 → 클라이언트가 독립된 자아정체감을 형성하도록 원조하는 단계 → 클라이언트의 자기이해를 원조하는 단계를 거쳐서 이루어진다(사회복지교육연구센터, 2010; 이영실 외, 2011).

(1) 관계형성단계

관계형성단계는 본격적 원조과정으로 들어가기 위해서 치료자인 사회복지사와 클라이언트가 신뢰관계를 형성하는 단계이다. 원조과정의 초기에 발생하는 불안에 직면한 클라이언트에게 명확한 해석이나 통찰기법을 적용하는 것이 어려우므로 신뢰관계를 우선 형성하여 클라이언트가 덜 방어적인 태도를 갖게 하는 것이 중요하다.

(2) 동일시를 통한 자아구축단계

동일시를 통한 자아구축단계는 클라이언트와 사회복지사 사이에 친밀관계가 형성되는 단계이다. 클라이언트는 자신을 사회복지사와 동일시하기 시작하여 사회복지사의 생각과 태도 중 많은 부분을 받아들이기도 하고, 자신의 갈등과 관련 있는 과거의 어떤 중요한 인물에 대한 정서적 반응을 사회복지사에게 옮기게 되는 전이현상을 보이기도 한다. 이러한 동일시와 전이 등과 같은 방어기제를 분석, 이해하여 클라이언트가 겪고 있는 갈등의 본질을 잘 파악하여야 한다. 또한 사회복지사는 클라이언트에게 좀 더 큰 현실감을 부여함으로써 세상을 현실적으로 볼 수 있게 원조한다.

(3) 클라이언트가 독립된 자아정체감을 형성하도록 원조하는 단계

사회복지사의 전문적 원조를 받은 후에는 클라이언트가 독립된 하나의 인격체로서 세상을 향해 나아가야 하기 때문에 독립된 정체감을 확립하는 것이 필요하지만 어렵기 때문에 퇴행을 보일 수도 있다. 사회복지사는 클라이언트가 성인으로의 성장을 위한 투쟁을 이해해 주는 강하고 공정하며 일관성 있는 부모의 모습을 보여주어야 한다.

(4) 클라이언트의 자기이해를 원조하는 단계

클라이언트의 자기이해를 원조하는 단계는 클라이언트가 자신의 행동과 그 행동의 과거의 뿌리를 이해할 수 있도록 원조하는 단계로서 클라이언트의 무의식적 갈등과 미해결된 문제를 해결하는 단계이다. 사회복지사는 클라이언트가 자신의 방어기제에 대해 의식하며, 유치한 정서적 행동에 빠지지 않으면서 좌절과 실패에 대응하는 방법을 생각할 수 있게 원조한다.

3. 정신역동모델의 개입기법

정신역동모델의 개입기법으로는 자유연상, 저항의 분석, 꿈의 분석, 전이의 분석과 역전이의 이용, 해석, 직면, 명료화, 훈습, 경청 등의 기술을 사용한다.

1) 자유연상

자유연상(free association)이란 클라이언트의 의식에 떠오르는 것이면 모든 것을 이야기하도록 하는 개입기술이다. 즉, 클라이언트의 마음속에 떠오르는 감정, 생각, 기억, 환상, 꿈 등의 모든 것을 무엇이든지 자유롭게 말하도록 하는 것이다(주제와 관련 없는 내용이라도 억제시켜서는 안 된다). 이 기법은 클라이언트의 무의식적 사건을 표면으로 끌어내는 데 효과적인 방법이다.

예를 들어, 클라이언트가 편안히 쉬는 자세로 눈을 감게 한 다음 특정한 자극을 주지 않고 마음에 떠오르는 것을 차례차례 말하게 한다. 클라이언트가 "바다에 가고 싶어요."라고 말하면 사회복지사는 "바다 하면 무엇이 생각납니까?"라고 질문한다. 그리고 이 질문에 대한 클라이언트의 반응을 또 다른 연상에 연계하도록 하는 것이다.

2) 저항의 분석

정신역동모델에서는 저항에 대한 이해가 필요하다. 저항(resistance)이란 불안으로부터 자신을 방어하는 것을 말한다. 저항의 유형들로는 클라이언트의 긴 침묵, 상담시간에 이유 없이 수시로 늦는 것, 자신에 대해 이야기하면서 남이 말하듯 하는 것 등이 있다. 저항분석의 목적은 클라이언트가 저항의 이유를 각성하고 저항을 처리하여 치료과정에 협조할 수 있도록 도우려는 것이다.

'정신분석은 전이와 저항의 작업이다'라고 할 만큼 저항을 분석하고 다루는 것은 정신분석의 중요한 작업이다. 따라서 사회복지사는 저항을 체계적으로 다룰 수 있어야 한다(정원철, 2005). 클라이언트가 저항을 하는 경우, ① 다른 사회복지사에게 의뢰하거나, ② 클라이언트가 불만을 표현하도록 도운다거나, ③ 슈퍼바이저에게 조언을 구하거나, ④ 클라이언트가 저항하지 않도록 설득하는 등의 방법을 사용할 수 있다.

3) 꿈의 분석

정신역동모델은 꿈의 분석 기법을 사용한다. 꿈의 분석(dream analysis)은 꿈을 통해 나타나는 무의식적인 소망과 욕구를 찾아내고 해석하여 클라이언트에게 통찰력을 갖도록 하는 기법이다. 이러한 클라이언트의 꿈이나 자유연상의 의미를 해석하는 목적은 통찰력을 제고하기 위한 것이다.

프로이트는 꿈의 내용이 종종 개인의 무의식과 관련된 일종의 단서를 제공한다고 한다. 꿈에 나타난 물체나 사람은 종종 무의식적인 성적 상징물로 표현된다(Burger, 2000). 특히, 개인의 해결되지 못한 갈등이 숙면시간에 나타나게 되는데, 클라이언트가 언급하는 꿈 가운데 해결되지 못한 갈등을 알고 있는 사회복지사는 꿈과 해결되지 못한 갈등 간의 관계에 대한 분석을 하게 된다(전남련 외, 2014).

4) 전이의 분석과 역전이의 이용

정신역동모델은 전이에 대한 이해가 필요하다. 왜냐하면 클라이언트가 사회복지사에게 가지는 전이를 치료기법으로 활용하기 때문이다. 전이(transference)는 클라이언트가 과거의 중요한 인물에 대해 느꼈던 감정을 사회복지사에게 옮기는 것이다. 사회복지사는 전이의 분석을 통해 클라이언트의 통찰력을 증진시킨다. 즉, 클라이언트가 과거의 중요한 인물에 대해 느꼈던 감정을 사회복지사에게 재현하는 현상을 분석하여 과거 문제를 해석하고 통찰하도록 한다. 예를 들어, 클라이언트가 사회복지사를 마치 자신의 남편과 같이 느끼면서 말하고 행동하는 것이다. 이러한 전이는 반복적이며 퇴행하는 특징을 갖는다.

이에 반해, 역전이(counter-transference)는 전이의 반대 상황으로, 사회복지사가 과거에 다른 사람에게 가졌던 감정을 현재의 클라이언트에게 느끼는 것을 말한다. 예를 들어, 클라이언트의 욕구가 너무 많다고 판단하여 거부하거나, 클라이언트를 너무 승인하고 보상하려고 하거나, 클라이언트와 애정관계를 발전시키거나, 클라이언트에게 가용적인 충고를 주려고 할 때 발생할 수 있다(이윤로, 2007; 전남련 2014). 이러한 역전이는 클라이언트의 사고나 감정을 모니터링할 수 있게 되므로 개입에 중요한 역할을 한다는 긍정적인 측면이 있다. 그러나 일반적으로 정신분석의 과정을 방해한다는 점은 부정적인 측면이다.

다음은 역전이 현상의 예를 나타낸 것이다.

역전이 현상의 예

팀원들은 A팀장이 B클라이언트를 항상 감싸기만 하는 것을 마음에 들어 하지 않는다. 팀장은 알코올 중독자인 아버지와의 갈등이 해결되지 않은 경험이 있다. A팀장은 '겪어보지 않으면 모른다.'며 자신의 경험에 비추어 알코올 중독자인 아버지에게 가정폭력을 당한 B클라이언트가 규칙을 안 지키는 것 등을 다른 클라이언트와는 다르게 허용해 준다.

5) 해 석

정신역동모델에서 해석(interpretation)은 클라이언트의 통찰력 향상을 위해 사회복지사의 지식과 직관력에 근거하여 설명을 하는 것이다. 특히, 클라이언트의 꿈이나 자유연상, 저항과 전이의 의미를 해석하는 목적은 통찰력을 제고(향상)하기 위한 것이다.

해석은 행동에 대한 단순한 설명이 아니라 치료적 관계에서 나타나는 클라이언트의 특정 생각이나 행동의 의미를 설명함으로써 자아가 더 깊은 무의식의 자료를 탐색할 수 있도록 원조하는 기능을 한다. 적절한 해석이 이루어지기 위해서 사회복지사는 클라이언트의 상태를 민감하게 지각하고 있어야 한다(생각의마을, 2017a). 따라서 클라이언트와 라포가 형성된 후에 해석을 제공하는 것이 관계형성에 도움이 된다.

다음은 2019년 사회복지사 1급 기출문제의 예시이다.

다음에서 설명하는 면접기술은? 〈2019 실천론〉

- 클라이언트가 보여준 언행들의 의미와 관계에 대한 가설을 제시함
- 클라이언트가 자신의 행동, 감정, 생각을 새로운 시각으로 볼 수 있게 함

① 해석 ② 요약
③ 직면 ④ 관찰
⑤ 초점화

정답 : ①

6) 직 면

직면은 클라이언트의 말(이야기)과 행동 사이의 불일치나 모순이 있을 때 그 불일치나 모순을 직접 말해주어 자기모순을 직시하게 하는 기법이다. 클라이언트가 모르고 있거나 인정하기를 거부하는 생각과 느낌에 대해 주의를 집중시키는 기법으로, 미처 깨닫지 못했거나 사용하지 않은 능력과 자원을 지적하여 주목하게 하는 것도 포함된다. 따라서 클라이언트의 말과 행동 간에 모순이 있으나 클라이언트가 이를 부인하고 인정하기를 거부하는 경우에 사용될 수 있다.

그러나 직면 기법은 클라이언트가 극심한 정서적 긴장 상태에 있을 때는 사용하지 않는 것이 좋다. 이 경우 오히려 클라이언트에게 방어적 반응을 불러일으킬 수 있기 때문이다. 따라서 직면은 클라이언트가 긴장 상태가 아닌 경우와 클라이언트와의 신뢰관계가 충분히 형성된 뒤에 사용하는 것이 유용하다.

다음은 직면의 다양한 예를 나타낸 것이다.

직면의 예

예 1.

"시어머니가 돌아가셔서 슬프다고 하셨지만 표정은 그렇게 보이지 않습니다."

예 2.
"잠시 무엇을 했는지 한번 살펴봅시다. 지난 번 하겠다고 한 것과는 반대의 일을 하고 있네요."

예 2.
"영수야! 너는 성적이 좋길 바라는데, 공부는 하지 않고서 성적은 좋길 바라는구나."

7) 명료화

명료화(clarification)는 '명확화'라고도 하며, 클라이언트의 메시지가 추상적이거나 혼란스러운 경우 보다 구체적으로 표현하도록 하는 것이다. 즉, 클라이언트가 말한 내용을 사회복지사가 잘 이해했는지 확인하는 기법으로, 이 기술은 클라이언트가 한 말을 사회복지사가 보다 이해하기 쉬운 말과 생각으로 정리를 하는 것이며, 클라이언트의 혼란스럽고 갈등이 되는 느낌을 가려내어 분명히 해주는 기술이다.

다음은 명료화의 다양한 예를 나타낸 것이다.

명료화의 예

예 1.
"며느리에게 심하게 하셨다는데 구체적으로 어떻게 하셨다는 말씀인가요?"

예 2.
아동의 어머니가 사회복지사에게 "우리 아들은 초등학생인데 아직도 혼자 아무것도 못해요"라고 말했다. 그러자 사회복지사는 "구체적으로 어떤 것을 못하는지 자세하게 설명해 주시겠어요?"라고 하였다.

예 3.
클라이언트 : 우리 아이가 학교에서 어울리지 못해요. 문제가 있는 것 같아요.
사회복지사 : 아이가 어떤 부분에 있어 문제가 있다는 거죠? 어울리지 못한다는 것이 구체적으로 무엇을 말하는 건가요?

8) 훈 습

정신역동모델은 훈습의 기술을 사용한다. 훈습(working through)은 저항이나 전이에 대한 이해를 반복해서 심화, 확장하도록 한다. 저항이나 전이를 통해 이해한 것을 정서적으로 수용하며 이해의 과정에서 생긴 저항을 극복하는 과정이기도 하다. 구체적으로 설명하면, 사회복지사는 클라이언트가 자신의 내면적 문제나 갈등의 원인에 대해 통찰하여 현실 상황에서 그와 유사한 문제를 겪게 될 때 이를 스스로 해결해 나갈 수 있도록 하기 위해 일정한 상황을 반복 경험함으로써 이해하고 수용하는 과정을 거칠 수 있게 하는데, 이러한 과정을 훈습이라고 한다(생각의마을, 2017a). 즉, 훈습은 클라이언트가 문제에 대한 통찰의 수준을 높여 경험적 확신을 갖도록 전이와 저항에 대한 분석과 해석을 반복적으로 진행하는 것이다. 이러한 훈습을 통해 클라이언트의 불안은 최소화되고 적합한 방법으로 자신의 문제를 이해할 수 있는 능력을 기르게 된다.

9) 경 청

경청(listening)은 정신분석이론에 근거한 사회복지사의 중요한 과업 중 하나이다. 클라이언트가 주제를 꺼내면 사회복지사는 질문을 통해 주제가 보다 상세하게 표현될 수 있도록 돕는다. 사회복지사는 클라이언트의 표현에 대해 공감적인 태도를 보이고 주의 깊게 듣는다.

02 CHAPTER

기출문제

01 정신역동모델에 관한 설명으로 옳은 것은? 〈2015 실천기술론〉

① 초자아는 내부세계와 외부세계의 기능이 잘 집행되도록 중재하는 역할을 한다.
② 항문보유적 성격은 의타심이 많고 타인을 지배하려는 성향이 있다.
③ 기능주의 학파의 이론적 기초가 되었다.
④ 클라이언트의 꿈, 자유연상의 의미를 해석하는 목적은 통찰력을 제고하기 위한 것이다.
⑤ 사회복지사가 클라이언트에게 갖는 전이를 치료기법으로 활용한다.

02 정신역동모델에 관한 설명으로 옳지 않은 것은? 〈2016 실천기술론〉

① 현재의 문제를 과거의 경험에서 찾는다.
② 자유연상, 훈습, 직면의 기술을 사용한다.
③ 자기분석이 가능한 클라이언트일수록 효과적이다.
④ 클라이언트의 무의식적 충동과 미래의 의지를 강조한다.
⑤ 전이의 분석을 통해 클라이언트의 통찰력을 증진시킨다.

03 정신역동모델에 관한 설명으로 옳지 않은 것은? 〈2017 실천기술론〉

① 심리적 결정론에 근거한다.
② 발달단계상의 고착과 퇴행을 고려한다.
③ 성장의지가 높은 클라이언트에게 효과적이다.
④ 통찰보다는 치료적 처방제공에 초점을 둔다.
⑤ 원초아와 초자아 사이에 발생하는 불안과 긴장 해소를 위해 방어기제를 사용한다.

해설 정신역동모델의 개입목표는 클라이언트가 과거의 경험에서 갖게 된 불안이나 무의식적 갈등을 의식화하여 이러한 것들이 어떻게 현재 자신에게 영향을 미치고 있는지를 통찰하도록 돕는 것이다.

정답 01 ④ 02 ④ 03 ④

04 직면(confrontation) 기법에 관한 설명으로 옳지 않은 것은? 〈2017 실천론〉

① 클라이언트의 말과 행동 간에 모순이 있으나 클라이언트가 이를 부인하고 인정하기를 거부하는 경우에 사용될 수 있다.
② 클라이언트가 극심한 정서적 긴장 상태에 있을 때는 사용하지 않는 것이 좋다.
③ 클라이언트에게 방어적 반응을 불러일으킬 수 있다.
④ 클라이언트가 자신의 결정이나 행동이 실제로 합리적임에도 이에 대한 확신을 갖지 못하고 주저할 때 사용된다.
⑤ 클라이언트와의 신뢰관계가 충분히 형성된 뒤에 사용하는 것이 유용하다.

05 사회복지실천의 전문화 과정에서 기능주의와 진단주의에 관한 설명으로 옳은 것은? 〈2018 실천론〉

① 기능주의의 대표적인 학자는 메리 리치몬드(M. Richmond)이다.
② 기능주의는 과거의 심리사회적 문제가 현재의 기능에 영향을 미친다는 관점을 갖는다.
③ 기능주의는 인간의 성장 가능성과 자유의지를 강조한다.
④ 진단주의는 시간 제한적이고 과제중심적인 단기개입을 선호한다.
⑤ 진단주의는 기관의 기능과 서비스를 최대한 활용하여 문제를 해결하는 것을 선호한다.

06 정신역동모델의 개념과 개입기술에 관한 설명으로 옳은 것을 모두 고른 것은? 〈2019 실천기술론〉

ㄱ. 해석의 목적은 통찰력 향상에 있다. ㄴ. 훈습은 모순이나 불일치를 직시하도록 원조하는 단회성기법이다. ㄷ. 전이는 반복적이며 퇴행하는 특징을 갖는다. ㄹ. 자유연상을 시행하는 경우 주제와 관련 없는 내용은 억제시킨다.

① ㄱ, ㄴ　② ㄱ, ㄷ　③ ㄴ, ㄹ
④ ㄱ, ㄴ, ㄷ　⑤ ㄱ, ㄴ, ㄷ, ㄹ

해설 훈습(working through)은 저항이나 전이에 대한 이해를 반복해서 심화, 확장하도록 하는 것이다.

정답 04 ④　05 ③　06 ②

07 다음에서 설명하는 면접기술은? 〈2019 실천론〉

- 클라이언트가 보여준 언행들의 의미와 관계에 대한 가설을 제시함
- 클라이언트가 자신의 행동, 감정, 생각을 새로운 시각으로 볼 수 있게 함

① 해석 ② 요약 ③ 직면
④ 관찰 ⑤ 초점화

08 정신역동모델에 관한 설명으로 옳은 것은? 〈2020 실천기술론〉

① 통찰보다는 치료적 처방에 초점을 둔다.
② 무의식적 충동과 미래 의지를 강조한다.
③ 사회구성주의적 관점의 영향을 받았다.
④ 기능주의 학파의 이론적 기초가 되었다.
⑤ 자유연상, 훈습, 직면의 기술을 사용한다.

09 면접을 위한 의사소통기술 중 클라이언트의 혼란스럽고 갈등이 되는 느낌을 가려내어 분명히 해주는 기술은? 〈2020 실천론〉

① 재명명 ② 재보증 ③ 세분화
④ 명료화 ⑤ 모델링

10 정신역동모델의 개념과 개입기법에 관한 설명으로 옳은 것을 모두 고른 것은? 〈2021 실천기술론〉

ㄱ. 전이는 정신역동 치료에 방해가 되므로 이를 이용해서는 안 된다.
ㄴ. 무의식적 갈등이나 불안을 표현하도록 하여 자신의 문제에 대해 이해하고 통찰할 수 있도록 한다.
ㄷ. 클라이언트와 라포가 형성되기 전에 해석을 제공하는 것이 관계형성에 도움이 된다.
ㄹ. 훈습을 통해 클라이언트의 불안은 최소화되고 적합한 방법으로 자신의 문제를 이해할 수 있는 능력을 기르게 된다.

① ㄱ, ㄷ ② ㄴ, ㄹ ③ ㄱ, ㄴ, ㄷ
④ ㄴ, ㄷ, ㄹ ⑤ ㄱ, ㄴ, ㄷ, ㄹ

정답 07 ① 08 ⑤ 09 ④ 10 ②

11 기능주의 학파(functional school)에 관한 내용으로 옳지 않은 것은? 〈2022 실천론〉

① 개인의 의지 강조
② 인간의 성장 가능성 중시
③ '지금-이곳'에 초점
④ 인간과 환경의 관계 분석
⑤ 과거경험 중심적 접근

12 정신역동모델의 개입기법에 관한 설명으로 옳은 것을 모두 고른 것은? 〈2023 실천기술론〉

ㄱ. 직면 : 클라이언트의 이야기와 행동 간 불일치를 보일 때 자기모순을 직시하게 한다.
ㄴ. 해석 : 치료적 관계에서 나타나는 클라이언트의 특정 생각이나 행동의 의미를 설명한다.
ㄷ. 전이분석 : 클라이언트가 과거의 중요한 인물에 대해 느꼈던 감정을 치료사에게 재현하는 현상을 분석하여 과거 문제를 해석하고 통찰하도록 한다.
ㄹ. 명료화 : 저항이나 전이에 대한 이해를 심화·확장하여 통합적으로 이해하도록 한다.

① ㄱ
② ㄴ, ㄹ
③ ㄷ, ㄹ
④ ㄱ, ㄴ, ㄷ
⑤ ㄱ, ㄴ, ㄷ, ㄹ

13 기능주의(functionalism)에서 강조한 내용으로 옳은 것을 모두 고른 것은? 〈2024 실천론〉

ㄱ. 개인의 의지
ㄴ. 개인에 대한 심리 내적 진단
ㄷ. 전문가와 클라이언트 사이의 원조관계
ㄹ. 기관의 기능

① ㄱ, ㄴ
② ㄷ, ㄹ
③ ㄱ, ㄷ, ㄹ
④ ㄴ, ㄷ, ㄹ
⑤ ㄱ, ㄴ, ㄷ, ㄹ

정답 11 ⑤ 12 ④ 13 ③

14 정신역동모델 개입과정을 순서대로 옳게 나열한 것은? 〈2024 실천기술론〉

> ㄱ. 동일시를 위한 자아구축단계
> ㄴ. 클라이언트의 자기이해를 원조하는 단계
> ㄷ. 관계형성단계
> ㄹ. 클라이언트가 독립된 자아정체감을 형성하도록 원조하는 단계

① ㄱ → ㄷ → ㄹ → ㄴ
② ㄴ → ㄷ → ㄱ → ㄹ
③ ㄴ → ㄹ → ㄷ → ㄱ
④ ㄷ → ㄱ → ㄹ → ㄴ
⑤ ㄷ → ㄴ → ㄱ → ㄹ

15 정신역동모델의 개입기술에 관한 설명으로 옳은 것은? 〈2025 실천기술론〉

① 전이는 현재의 인물에게 느끼는 사랑이나 증오의 감정을 과거의 인물에게 전치하는 것을 말한다.
② 훈습은 경험적 확신을 갖도록 전이와 저항에 대한 분석과 해석을 반복적으로 진행하는 것이다.
③ 직면은 클라이언트의 말과 행동 사이의 불일치나 모순이 있을 때에 우회적 방법으로 알리는 것이다.
④ 해석은 클라이언트의 공감능력을 키우는 효과가 있다.
⑤ 자유연상은 클라이언트가 수치스럽게 생각하거나 도움이 안 되는 내용을 선택할 수 있다.

정답 14 ④ 15 ②

03 CHAPTER 심리사회모델

학습목표

1. 심리사회모델의 개요 및 기본개념을 설명할 수 있다.
2. 심리사회모델의 개입목표 및 개입과정을 설명할 수 있다.
3. 심리사회모델의 다양한 개입기법을 설명할 수 있다.

1. 심리사회모델의 개요 및 기본개념

심리사회모델은 그 기원을 19세기 초 메리 리치몬드(Mary Richmond)에서 찾을 수 있다. 리치몬드는 1917년 『사회진단(Social Diagnosis)』이라는 저서와 1922년 『What is Social Case Work?』라는 저서를 통해 'case work'의 개념화를 시도하는 정의를 제시함으로써 개별사회사업(case work)의 개념을 이론적으로 체계화하였다(이영실 외, 2015).

플로랜스 홀리스
(Florence Hollis, 1907~1987)
사진 출처 : http://www.naswfoundation.org(검색일 : 2017. 2. 14)

이후 고든 해밀턴(Gordon Hamilton, 1940)은 '심리사회적'이라는 용어를 사용하였고, '상황 속의 인간' 개념을 처음 언급하였다. 1960년대에는 플로랜스 홀리스(Florence Hollis)가 심리사회모델을 최종 집대성하여 체계화시켰다. 그리고 심리사회모델은 가렛(Annette Garrett), 레이놀즈(Bertha Reynolds) 등에 의해 계속 발전되었다.

우즈와 홀리스(Woods & Hollis, 1990)는 심리사회모델의 배경이 된 이론들로 ① 정신분석이론, ② 대상관계이론, ③ 생태체계이론, ④ 자아심리이론, ⑤ 역할이론, ⑥ 의사소통이론 등을 제시하였다. 이 이론들 중 정신분석이론과 대상관계이론은 심리사회모델에 특히 큰 영향을 미쳤다(윤선오 · 김현진, 2013). 각 이론들이 심리사회모델에 영향을 미친 이유를 간단히 살펴보면 다음과 같다(생각의마을, 2017a; 이영호, 2015).

첫째, **정신분석이론** : 2장에서 살펴보았듯이, 1920년대 '진단주의 학파'에 영향을 미쳤고, 이후 심리사회모델로 집대성된다. 정신분석이론의 영향을 받은 심리사회모델은 클라이언트와 클라이언트의 문제를 이해할 때 인간의 심리 내적 요인에 관심을 두었으며, 클라이언트의 과거가 현재에 미치는 영향을 중요시하였다. 이러한 영향은 심리사회모델의 '발달적 고찰' 기법에 반영되었으며, 과거 사실에 대한 세심한 개인력 조사에도 영향을 주었다.

둘째, **대상관계이론** : 생애 초기에 경험하는 애착 대상과의 관계가 이후의 대인관계와 의사소통 유형에 영향을 미침을 강조함으로써 심리사회모델의 '발달적 고찰' 기법에 영향을 주었다.

셋째, **생태체계이론** : 환경에 대한 개입을 강조하는데, 인간과 환경 간 상호작용을 중요시하는 측면이 '인간-상황에 대한 고찰' 기법에 영향을 주었다.

넷째, **자아심리이론** : 무의식보다 자아를 중요시하여 심리사회모델에서 자아의 수행능력, 자아의 현실 판단능력 등을 향상시킴으로써 문제해결능력을 향상시키는 데 영향을 주었다.

다섯째, **역할이론** : 인간이 왜 그러한 행동을 하는가에 대해 인간을 둘러싼 사회환경과 관련시켜 설명한다. 이러한 측면은 심리사회모델에서 인간을 이해하기 위해서는 그를 둘러싼 환경이 어떠하며, 그 환경과 인간이 어떻게 상호작용하는지 이해해야 함을 강조하는 데 영향을 주었다.

여섯째, **의사소통이론** : 의사소통과정을 통해 클라이언트가 가진 문제를 파악하고, 클라이언트의 개인적 문제와 상황적 측면을 충분히 고려하여 사정하고, 이를 통해 제대로 된 개입이 가능하다는 것이 심리사회모델에 영향을 미쳤다.

심리사회모델의 특징을 정리하면 다음과 같다.

첫째, '환경(상황) 속의 인간(person in environment)'을 강조한다. 이러한 관점에 근거하여 심리사회모델은 개인, 환경 간 상호작용 증진을 위해 개인의 역량을 강화하고, 환경변화를 시도한다. 즉, 문제해결방안을 개인의 변화와 함께 주변 환경의 변화에서도 찾는다. 다시 말해, 심리사회모델은 인간과 환경의 상호작용에 대한 이해를 강조하고, 인간의 발달과정과 환경적 영향을 중시한다. 다만, 심리사회모델은 상황 속 인간을 고려하되 환경보다 개인의 내적 변화를 중시한다.

둘째, 클라이언트의 현재와 과거의 경험에 초점을 둔다. 즉, 심리사회모델은 클라이언트의 현재 행동을 파악할 때 과거의 경험을 중요시한다.

셋째, 클라이언트의 성격유형과 심리 내적 역동에 초점을 둔다. 이는 심리사회모델의 개입기법 중 '성격-역동에 관한 고찰'에 해당하는 것이다.

넷째, 사회적 맥락[1)]을 고려하여 문제를 사정한다.

다섯째, 사회복지사와 클라이언트 간의 관계형성을 중요시한다.

여섯째, 클라이언트의 수용, 개별화, 자기결정을 강조한다.

여기서 수용, 개별화, 자기결정은 심리사회모델에서 사용하는 기본개념에 해당한다.

첫째, 수용(accommodate)은 클라이언트의 일탈행동이나 태도에 대한 승인이 아니라 클라이언트가 가진 실제로 있는 그대로의 모습을 받아들이는 것을 말한다. 즉, 클라이언트가 이야기한 것을 이해하고 받아들였다는 것을 표현하면서 클라이언트의 사고의 흐름을 방해하지 않는 것이다.

둘째, 개별화(individualization)는 클라이언트를 개별적인 욕구를 지닌 존재로 이해하는 것 혹은 클라이언트 개개인의 독특한 자질을 알고 이해하는 것을 말한다. 동일한 유형의 문제 상황이라도 상황이 발생한 배경이 다를 수 있기 때문에 클라이언트의 환경에 따라 차별적으로 다루어야 한다.

셋째, 자기결정(self-determination)은 클라이언트가 스스로 선택하고 결정하도록 돕는 것을 말한다. 이때 사회복지사는 자신을 중심으로 서비스 계획이

1) 맥락(脈絡)은 서로 연관되어 있는 것을 이어주는 것을 의미한다.

나 지원내용과 방법 등을 결정한다든지 직간접적으로 클라이언트를 조정해서는 안 되고, 클라이언트의 자기결정을 최대한 존중해 주어야 한다.

2. 심리사회모델의 개입목표 및 개입과정

1) 개입목표

심리사회모델의 개입목표는 인간과 환경 간의 상호작용 증진을 위해 개인의 역량을 강화하고, 환경변화를 시도하는 것이다. 따라서 환경과 동떨어진 개인이 아니라, 환경 속에 있는 개인을 파악하고, 개입할 때에도 클라이언트가 제대로 기능할 수 있도록 사회복지사가 직접적으로 개입하는 경우와 클라이언트가 환경에 잘 적응할 수 있도록 간접적으로 원조하는 경우가 있을 수 있다(이영호, 2015).

2) 개입과정

사회복지실천에 있어서 심리사회모델의 개입과정은 다음 네 가지 단계를 거쳐서 이루어진다(이영실 외, 2015; Hollis, 1970).

(1) 초기단계

심리사회모델의 개입 초기단계에서는 '사실 수집'에 초점을 둔다. 문제와 관련된 클라이언트의 초기 발달과정 및 원가족에 대한 정보를 수집하고, 클라이언트와 클라이언트의 상황에 대한 사실을 관찰하고 조사하여 논리적으로 정리한다. 클라이언트는 이 과정을 통해 자신의 문제를 인식하고 다시 생각해 보는 기회를 갖는다.

초기단계에서의 기본과제는 다음과 같다. 첫째, 접촉하는 이유를 클라이언트에게 이해시키는 일이다. 둘째, 클라이언트가 사회복지사의 원조를 활용할 수 있도록 사회복지사와 클라이언트 관계를 확립시키는 일이다. 셋째, 클라이언트를 원조에 참가시키는 일이다. 넷째, 치료를 시작하는 일이다. 다섯째, 심리사회적 진단과 치료에 필요한 정보를 수집하는 일이다.

(2) 사정단계

사정단계는 수집된 정보에 대해 비판적으로 검토하는 것으로서 수집된 사실로부터 추론을 전개하는 과정이다. 이 단계에서 사회복지사는 '클라이언트의 행동과 사회적 현실에 대해서 무엇을 알고 있는가?', '클라이언트가 겪고 있는 문제는 무엇인가?', '문제의 원인은 무엇인가?', '변화되고 수정될 수 있는 것은 무엇인가?' 등을 이해하고 어떤 개입을 하는 것이 적절한지를 결정하기 위해 문제의 배경을 알고 적절한 자료수집을 통해서 추론해야 한다. 이러한 사정과정을 통해 사회복지사는 개인과 개인을 둘러싼 환경을 통합한 전체 틀 속에서 여러 체계들이 어떻게 상호작용하여 문제를 발생시켰는지 알아내야 한다.

(3) 개입단계

개입단계에서는 개입의 목표와 방법을 수립한다. 그러나 개입의 목표와 방법은 상황에 의해 변화될 수 있으므로 고정시키거나 변화할 수 없다는 결정은 곤란하다. 목표와 방법은 클라이언트에게 유익하여야 하며 사회복지사는 클라이언트에게 우선적으로 이익을 제공하여야 한다. 〈표 3-1〉은 개입의 목표와 방법의 예이다.

〈표 3-1〉 개입의 목표와 방법의 예

목 표	계 획
자신의 감정 표현하기	① 일기 쓰기 ② 자신의 감정을 노래나 춤으로 표현하기
언어습관 고치기	○○사회복지관의 '언어 프로그램'에 참여

부모와의 관계 향상 - 회복	① 서로에게 편지 쓰기 ② 문자메시지 연락이나 통화 자주하기 ③ 대화의 시간 갖기
부모와의 관계 향상 - 가족이 함께 활동하기	① 약속 : 외식하는 날 정하기 ② 가족여행 가기 ③ 가족신문 만들기

출처 : 전남련 외(2007).

개입과정에서는 사회복지사가 ① 개별적 개입을 할 것인지, ② 환경에 개입할 것인지, 아니면 ③ 통합적으로 개입할 것인지에 따라 방법을 선택하여야 한다.

개별적 개입이 필요할 때는 클라이언트에 대한 직접원조가 포함된다. 즉, 클라이언트 자신이 계속 사용할 필요가 있는 자원체계와 자주 접촉할 수 있는 기술을 획득하게 원조하며, 가족이나 기타 대인관계 문제는 직접적 접근방법을 사용하여야 한다.

클라이언트의 정서적 문제나 가족관계, 대인관계에서의 문제 등 개입방법을 선택할 수 있고, 클라이언트의 사회환경에 개입해야 하는 간접적 개입이 필요한 경우에는 사회복지사가 자원동원자, 자원개발자, 조정자, 옹호자 등의 다양한 역할을 할 수 있다.

통합적 개입은 개인과 환경의 변화를 위해 양자 모두에 개입하는 것이다. 개인, 부부, 가족 혹은 환경체계들에 개입하게 되며, 필요한 경우 집단사회복지실천의 방법을 사용하기도 한다.

(4) 종결단계

클라이언트의 문제가 해결되거나 개선되어 개인 및 가족의 기능이 회복 혹은 원하는 목표에 도달하였다면 종결한다. 개입목표가 어느 정도 달성되었다고 클라이언트와 사회복지사가 동의하면 개입이 종결된다. 종결은 '이별'에 대한 감정과 사회복지사와 형성된 관계 및 감정을 다루어 주고 정리하여 분리에 대한 충격을 최소화해야 한다. 또한 종결 이후 사후관리(follow-up)를 통해 클라이언트의 현재 적응 상태를 점검하는 것도 좋은 방법이다.

3. 심리사회모델의 개입기법

심리사회모델의 개입기법은 직접적 개입기법과 간접적 개입기법으로 구분된다. 직접적 개입기법으로는 지지하기, 직접적 영향주기, 탐색 · 기술 · 환기, 개인-환경에 관한 고찰, 유형-역동에 관한 고찰, 발달적 고찰 등이 있다. 그리고 간접적 개입기법으로는 환경조정하기가 있다.

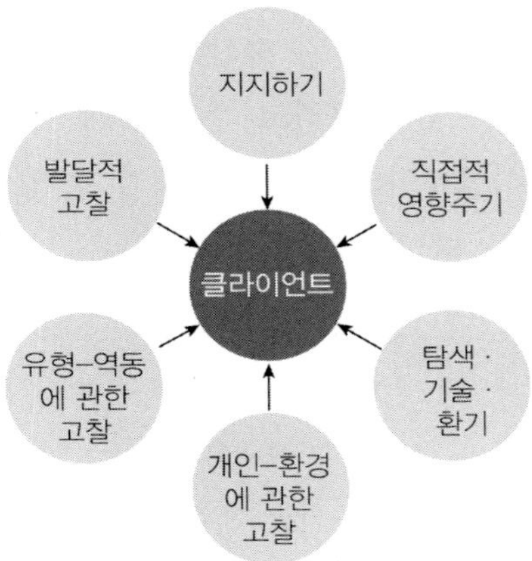

| 그림 3-1 | 심리사회모델의 여섯 가지 직접적 개입기법

1) 직접적 개입기법 - 여섯 가지

(1) 지지하기

지지하기(sustainment)는 심리사회모델의 개입기법 중 가장 기본적이고 핵심적인 기법이며 이해, 격려, 확신감을 표현하는 기법이다. 지지하기는 클라이언트의 불안감, 자아존중감의 결핍, 자신감 결핍 등을 감소시키기 위해서 사용한다. 사회복지사가 클라이언트를 수용하고 돕겠다는 의사를 표현하며 클라이언트에게 문제해결능력을 가지고 있다는 확신을 표현해 주는 것으로, 지지를 받은 클라이언트는 그가 느끼는 불안을 줄이고 자아존중감을 높일 수 있다(생각의마을, 2017a).

지지하기의 개입기법은 재보증, 격려, 인정, 수용과 같은 언어적 의사소통뿐만 아니라 클라이언트가 하는 말을 잘 듣고 경청하기, 어깨를 두드리는 등의 가벼운 접촉하기 등도 포함한다.

첫째, 재보증(reassurance)은 클라이언트가 가진 죄의식이나 불안, 분노에 대해 이해를 표현하여 안심시키는 것으로, 클라이언트의 불안감이나 불확실한 감정을 줄이고 편안한 감정을 가질 수 있도록 돕는 기법이다. 재보증은 합리적인 생각과 결정에 대해 클라이언트가 의구심을 갖거나 자신 없어 할 때 사용하는 기법으로, 클라이언트가 자신의 결정이나 행동이 실제로 합리적임에도 이에 대한 확신을 갖지 못하고 주저할 때 사용된다. 그러나 지나친 재보증은 오히려 클라이언트의 불안을 증가시킬 수 있으므로 주의해야 한다.

다음은 재보증의 예를 나타낸 것이다.

재보증의 예

- "염려하지 마세요. 상황은 좋아질 거예요."
- "좀 더 말해보세요. 그것은 자연스러운 감정이에요."

둘째, 격려는 클라이언트의 능력에 대해 신뢰를 표현하고 미래의 일에 대해 자신감을 갖도록 인정하고 칭찬해 주는 것이다.

다음은 격려의 예를 나타낸 것이다.

격려의 예

- "계약기간 동안 업무를 잘 해내셨군요. 이번에도 잘 감당할 수 있을 것이라 믿어요."

셋째, 인정은 클라이언트가 어떤 행동을 하거나 중단한 이후 이에 대해 긍정적으로 평가해 주는 기법이다.

넷째, 수용은 온정과 친절한 태도로 클라이언트의 감정이나 주관적인 상태에 감정이입을 하며 공감해 주는 기법이다.

(2) 직접적 영향주기(=지시하기)

직접적 영향주기(direct influence)는 클라이언트의 특정 행동을 촉진시키기 위하여 조언, 지시, 제안, 충고, 강조, 독려 등을 제시하는 방법이다. 직접적 영향주기 기법은 문제해결을 위해 사회복지사의 의견을 강조한다.

클라이언트가 몹시 불안해할 때는 지시(direction)를 사용한다. 이러한 경우 클라이언트를 처음 접촉할 때나 위기에 직면하고 있을 때에는 지시를 할 필요가 있지만, 그가 점차 자신감을 가지게 됨에 따라 지시적 방법을 이해에 기초를 두는 방법으로 대처해 나가는 것이 적절하다(이애재, 2013).

이러한 직접적 영향주기는 아무때나 사용하면 적절하지 않을 수 있다. 따라서 직접적 영향주기는 사회복지사와 클라이언트 간의 강한 신뢰관계를 바탕으로 클라이언트에게 제안과 설득 등을 제공하는 것이 좋다.

직접적 영향주기의 예를 들면, "만약 내가 당신이라면…", "당신은 …해야 할 것으로 생각합니다", "…그 외 다른 도리가 없다고 봅니다" 등과 같이 말하는 것이다.

다음은 직접적 영향주기의 예를 나타낸 것이다.

직접적 영향주기(지시하기)의 예

- "어머니에게 편지를 써보지 않으실래요?"
- 해야 할 행동에 대해 구체적으로 지시하기
- 클라이언트의 알코올 중독으로 상습적 가정폭력에 노출되어 있는 클라이언트의 부인을 사회복지사가 보호소에 입소하게 하였다.
- "제 생각에는 담임선생님을 만나보시는 것이 좋을 것 같아요."
- "지금까지의 방법이 효과적이지 않다면 다른 방법을 시도해 보면 어떨까요? 제 생각에는 지금쯤 변화가 필요하니 가족상담에 참여해 보시면 어떨까 합니다."

(3) 탐색, 기술(묘사), 환기

탐색(exploration), 기술(description), 환기(ventilation)는 클라이언트와 환경과의 상호작용에 대한 사실을 기술하고 감정을 자유롭게 표현하도록 하여 카타르시스를 경험하도록 하는 것이다. 여기서 '탐색'과 '기술(묘사)'은 클라이언트의 문제와 관련하여 클라이언트, 클라이언트의 환경, 혹은 클라이언트와 환경과의 상호작용에 관한 사실을 진술하고 설명하도록 원조하는 것이며(이영호, 2015), '환기'는 클라이언트의 억압된 감정을 표출함으로써 감정의 강도를 약화시키거나 해소시키는 것이고, 클라이언트의 부정적인 감정이 문제해결에 방해가 될 경우 감정의 강도를 약화시키는 기법이다. 또한 '환기'는 자기 상황과 감정을 말로 표현하게 함으로써 감정전환을 도모하는 기법이다. 즉, 클라이언트의 상황에 관한 사실을 드러내고 감정의 표현을 통해 감정의 전환을 제공한다. 환기는 클라이언트의 억압된 또는 부정적인 감정이 문제해결을 방해하거나 감정 자체에 문제가 있는 경우 이를 표출하게 하여 감정을 해소시키려 할 때 활용하고, 클라이언트가 말하는 것만으로도 치료효과를 얻을 수 있다.

심리사회모델에서는 특히 분노, 상실에 대한 애도반응, 죄책감, 불안 등의 감정에 주의를 기울인다. 이런 감정들은 표현할 수 있는 준비가 되었을 때 말로 표현되어야만 클라이언트가 환기를 경험할 수 있다. 때로는 환기를 경험하는 것 자체로 문제가 해결되는 경우가 종종 있다. 감정을 환기하면 클라이언트는 즉각적으로 긴장이 완화되고, 감정적으로 편안함을 느낀다(이영호, 2015).

다음은 탐색, 기술, 환기의 예를 나타낸 것이다.

탐색, 기술, 환기의 예

- 사회복지사와 여성 A와의 상담에서 사회복지사의 질문에 여성 A가 눈물을 보였다. 이에 "눈물을 흘리는 이유가 무엇입니까?"라고 물었다.
- "힘드셨을 것 같네요. 그때 기분이 어떠셨나요?"
- "현재의 문제에 대하여 조금만 더 이야기를 해주세요. 당신과 가족이 함께 있을 때 어떤 일이 발생하나요?"
- "가족과 함께 있을 때 무슨 일이 일어났나요? 그때 기분이 어땠나요?"

(4) 개인-환경에 관한 고찰(=인간-상황에 대한 고찰)

개인-환경에 관한 고찰(person-situation reflection)은 인간-상황에 대한 고찰이라고도 하며, 심리사회모델의 기법 가운데 가장 심리사회적인 기법이다(생각의마을, 2017a). 개인-환경에 관한 고찰은 클라이언트의 현재 또는 최근 사건을 고찰하게 하여 현실적인 해결방법을 찾는 것으로, 사건에 대한 클라이언트의 지각방식 및 행동에 대한 신념, 외적 영향력 등을 평가한다.

개인-환경 간의 관계에는 다른 사람에 대한 생각, 자기 건강에 대한 생각, 일반적 상황에 대한 생각 등과 관련한 질문을 통해 클라이언트의 인지 및 지식상태를 알아보는 외부성찰(extra reflection), 클라이언트 자신의 행위·생각·감정 등의 세밀한 속성 혹은 숨겨진 감정과 반응을 지각할 수 있도록 하는 내부성찰(intra reflection), 그리고 자신의 행동이 자신 또는 타인에게 어떤 영향을 주는지를 생각해 보게 하는 외부와 내부의 중간 정도에 해당하는 성찰이 있다(엄명용 외, 2015).

다음은 개인-환경에 관한 고찰의 예를 나타낸 것이다.

개인-환경에 관한 고찰의 예

- "딸을 그렇게 빗나가게 만든 것이 무엇인가요? 딸의 어떤 행동이 당신을 어렵게 만드나요?"
- "남편에게 매우 화가 난 아내에게 "남편의 어떤 행동이 은지 씨를 힘들게 하나요?"

(5) 유형-역동에 관한 고찰(=유형-역동의 반영적 고찰)

유형-역동에 관한 고찰(pattern-dynamic reflection)은 유형-역동의 반영적 고찰이라고도 하며, 클라이언트의 행동 경향, 클라이언트의 생각이나 감정의 반복되는 유형, 사건에 대한 생각들을 클라이언트 스스로 찾아낼 수 있도록 하는 기법이다. 즉, 이 기법은 클라이언트에게서 반복적으로 일어나는 성격, 행동, 감정의 주요 경향에 관한 자기이해를 돕는다.

다음은 유형-역동에 관한 고찰의 예를 나타낸 것이다.

유형-역동에 관한 고찰의 예

- "가까워지기 어려운 사람들과 친밀감을 높이기 위해 당신이 자주 사용하는 행동패턴이 있다고 생각하십니까?"
- "두 분 언성이 높아지면 아이는 어떤 행동을 보이나요?"
- "민정 씨가 육아와 집안일이 너무 힘들 때 남편에게 화를 내는 것 같지 않나요?"

(6) 발달적 고찰(=발달과정의 반영적 고찰)

발달적 고찰(development reflection)은 발달과정의 반영적 고찰이라고도 하며, 클라이언트가 과거(혹은 유년기) 문제와 현재 행동의 인과관계를 지각하도록 함으로써 클라이언트의 변화를 유도하려는 것이다. 이러한 발달적 고찰 기법은 현재 클라이언트 성격이나 기능에 영향을 미친 가족의 기원이나 초기 경험을 탐색한다. 이때 과거의 상황과 개인의 감정이 연결되도록 돕는다. 때로는 특정한 초기 경험과 현재 행동이나 태도 간 관계를 인식할 수 있도록 촉진시키는 질문을 던진다. 해석보다는 질문이 보통 더 바람직하다(이영실 외, 2015).

다음은 발달적 고찰의 예를 나타낸 것이다.

발달적 고찰의 예

- "이전에도 이러한 문제를 경험한 적이 있습니까?"
- "이 문제가 학창시절과 어떤 관련이 있다고 생각하십니까?"
- "어린 시절에도 이런 느낌을 느끼신 적이 있나요?"
- 성인기 이전의 생애경험이 현재의 기능에 미치는 영향에 대해 고찰한다.
- "예전에도 이와 같은 행동을 해본 적이 있나요?"

2) 간접적 개입기법 : 환경조정하기

심리사회모델의 간접적 개입기법은 클라이언트를 둘러싼 인적 · 물적 환경을 변화시키는 것이다. 클라이언트 자체의 변화를 유도하는 것은 직접적 개입이고, 클라이언트와 관계된 환경을 변화시키는 활동은 간접적 개입이다.

간접적 개입의 방법으로는 다음과 같은 것들이 있다(생각의마을, 2017a).

첫째, 클라이언트와 관계된 사람들과의 관계에 개입하여 클라이언트와 주변 사람들과의 관계를 개선한다.

둘째, 클라이언트에게 필요한 지역자원을 발굴하여 제공하거나 자원을 이용할 수 있도록 연계한다.

셋째, 클라이언트에 대해 옹호활동을 하거나 중재활동을 한다.

다음은 간접적 개입의 예를 나타낸 것이다.

간접적 개입의 예(생각의마을, 2017a)

저소득층 가정의 클라이언트 동수 씨는 만성질환으로 인해 직업을 유지하기 어려워 지속적으로 경제적 어려움을 겪고 있었다. 사회복지사는 무료로 치료를 받을 수 있도록 동수 씨가 거주하는 지역에 있는 의료자원을 찾아 연결해 주었다.

03 CHAPTER

기출문제

01 심리사회모델의 기법에 관한 설명으로 옳지 않은 것은? 〈2016 실천기술론〉

① 지지하기 : 클라이언트가 표현한 표적문제와의 명백한 연관성을 탐색한다.
② 직접적 영향 : 문제해결을 위해 사회복지사의 의견을 강조한다.
③ 발달적 고찰 : 성인기 이전의 생애경험이 현재의 기능에 미치는 영향에 대해 고찰한다.
④ 탐색-기술-환기 : 클라이언트와 환경과의 상호작용에 대한 사실을 기술하고 감정을 표현하도록 한다.
⑤ 인간-상황에 대한 고찰 : 사건에 대한 클라이언트의 지각방식 및 행동에 대한 신념, 외적 영향력 등을 평가한다.

해설 ① '지지하기'는 재보증, 격려, 경청하기, 가벼운 접촉 등의 방법을 사용한다. '클라이언트가 표현한 표적문제와의 명백한 연관성을 탐색한다.'는 5장 과제중심모델의 개입과정 중 제1단계 '표적문제규명'에 해당한다.

02 사회복지실천기술의 예시가 옳은 것을 모두 고른 것은? 〈2017 실천기술론〉

ㄱ. 격려기술 - 계약기간 동안 업무를 잘 해내셨군요. 이번에도 잘 감당할 수 있을 것이라 믿어요.
ㄴ. 재보증기술 - 염려하지 마세요. 상황은 좋아질 거예요.
ㄷ. 환기기술 - 힘드셨을 것 같네요. 그때 기분이 어떠셨나요?
ㄹ. 직면기술 - 잠시 무엇을 했는지 한번 살펴봅시다. 지난 번 하겠다고 한 것과는 반대의 일을 하고 있네요.

① ㄱ, ㄴ
② ㄴ, ㄷ
③ ㄷ, ㄹ
④ ㄱ, ㄷ, ㄹ
⑤ ㄱ, ㄴ, ㄷ, ㄹ

정답 01 ① 02 ⑤

03 **개인대상 사회복지실천기술에 관한 내용의 연결이 옳지 않은 것은?** 〈2018 실천기술론〉

① 재보증 : 클라이언트의 불안감이나 불확실한 감정을 줄이고 편안한 감정을 가질 수 있도록 돕는 기법
② 명료화 : 클라이언트가 말한 내용을 사회복지사가 잘 이해했는지 확인하는 기법
③ 환기 : 클라이언트의 부정적 감정이 문제해결에 방해가 될 경우 감정의 강도를 약화시키는 기법
④ 인정 : 클라이언트가 어떤 행동을 하거나 중단한 이후 이에 대해 긍정적으로 평가해 주는 기법
⑤ 도전 : 클라이언트가 부여하는 의미를 수정해서 클라이언트의 시각을 변화시키는 기법

해설 ② 명료화는 2장 참조, ⑤는 재명명, 재정의 기법에 대한 설명으로 7장 참조.

04 **음주문제와 가정불화로 직장에 적응하지 못해 의뢰된 클라이언트에게 심리사회모델을 적용할 때 그 개입기법으로 적절하지 않은 것은?** 〈2019 실천기술론〉

① 음주와 관련된 감정을 표출하도록 한다.
② 문제해결을 위해 직접 충고한다.
③ 클라이언트의 인지오류와 신념체계를 탐색한다.
④ 직장 상사와의 갈등이 현재에 미친 영향을 파악한다.
⑤ 유년기 문제와 현재 행동의 인과관계를 지각하도록 한다.

해설 '③ 클라이언트의 인지오류와 신념체계를 탐색한다.'는 4장 인지행동모델의 개입기법이다.

05 **심리사회모델의 기법에 관한 설명으로 옳지 않은 것은?** 〈2020 실천기술론〉

① 발달적 성찰 : 현재 클라이언트 성격이나 기능에 영향을 미친 가족의 기원이나 초기 경험을 탐색한다.
② 지지하기 : 클라이언트의 현재 또는 최근 사건을 고찰하게 하여 현실적인 해결방법을 찾는다.
③ 탐색－기술－환기 : 클라이언트의 상황에 관한 사실을 드러내고 감정의 표현을 통해 감정의 전환을 제공한다.
④ 수용 : 온정과 친절한 태도로 클라이언트의 감정이나 주관적인 상태에 감정이입을 하며 공감한다.
⑤ 직접적 영향 : 사회복지사와 클라이언트 간의 신뢰관계를 바탕으로 클라이언트에게 제안과 설득을 제공한다.

정답 03 ⑤ 04 ③ 05 ②

해설 ② '클라이언트의 현재 또는 최근 사건을 고찰하게 하여 현실적인 해결방법을 찾는다.'는 개인(인간)-환경에 관한 고찰이다.

06 심리사회모델의 개입기법에 관한 설명으로 옳지 않은 것은? 〈2022 실천기술론〉

① 직접적 개입과 간접적 개입으로 구분된다.
② 직접적 영향은 주변인에게 영향력을 행사하여 환경을 변화시키는 기법이다.
③ 탐색-기술(묘사)-환기는 자기 상황과 감정을 말로 표현하게 함으로써 감정전환을 도모하는 기법이다.
④ 지지는 이해, 격려, 확신감을 표현하는 기법이다.
⑤ 유형의 역동 성찰은 성격, 행동, 감정의 주요 경향에 관한 자기이해를 돕는다.

07 다음 사례에서 활용한 심리사회모델의 개입기법은? 〈2023 실천기술론〉

> "지금까지의 방법이 효과적이지 않다면 다른 방법을 시도해 보면 어떨까요? 제 생각에는 지금쯤 변화가 필요하니 가족상담에 참여해 보시면 어떨까 합니다."

① 지지하기 ② 직접적 영향주기
③ 탐색-기술-환기 ④ 인간-환경에 관한 고찰
⑤ 유형-역동성 고찰

08 다음에서 설명하고 있는 면접기술은? 〈2023 실천론〉

> • 클라이언트가 말하는 것만으로도 치료효과를 얻을 수 있다.
> • 클라이언트의 억압된 또는 부정적인 감정이 문제해결을 방해하거나 감정 자체에 문제가 있는 경우 이를 표출하게 하여 감정을 해소시키려 할 때 활용한다.

① 해석 ② 환기 ③ 직면
④ 반영 ⑤ 재보증

정답 06 ② 07 ② 08 ②

09 심리사회모델에 관한 설명으로 옳은 것을 모두 고른 것은? 〈2024 실천기술론〉

> ㄱ. 심리사회모델을 체계화하는 데 홀리스(F. Hollis)가 공헌하였다.
> ㄴ. "직접적 영향주기"는 언제나 사용 가능한 기법이다.
> ㄷ. "환기"는 클라이언트의 긍정적 감정을 표출시킨다.
> ㄹ. 간접적 개입기법으로 "환경조정"을 사용한다.

① ㄱ, ㄹ
② ㄴ, ㄷ
③ ㄷ, ㄹ
④ ㄴ, ㄷ, ㄹ
⑤ ㄱ, ㄴ, ㄷ, ㄹ

10 다음 사례에서 활용한 심리사회모델의 개입기법은? 〈2025 실천기술론〉

> 가까워지기 어려운 사람들과 친밀감을 높이기 위해 당신이 자주 사용하는 행동패턴이 있다고 생각하십니까?

① 직접적 영향주기
② 탐색－기술(묘사)－환기
③ 지지하기
④ 유형－역동성 고찰
⑤ 발달적 고찰

정답 09 ① 10 ④

04
CHAPTER

인지행동모델

학습목표

1. 인지행동모델의 개요 및 기본개념을 설명할 수 있다.
2. 인지행동모델의 개입목표 및 개입과정을 설명할 수 있다.
3. 인지행동모델의 다양한 개입기법을 설명할 수 있다.

1. 인지행동모델의 개요 및 기본개념

인지행동모델은 다양한 클라이언트와 다양한 문제에 모두 적용될 수 있는 통합 이론의 필요성과 클라이언트와 환경 간의 상호작용에 대해 포괄적으로 이해할 수 있는 이론과 모델의 필요성이 대두되면서 등장하게 되었다. 인지행동모델은 인간의 내면을 강조한 결정론적인 정신분석모델의 시각에 반대하고, 환경적 개입을 강조한 행동주의이론을 결합하고 절충한 모델이다.

인지행동모델은 인지이론과 행동주의이론을 통합한 것으로 두 이론에 바탕을 두고 있으며, 이 두 이론은 각각의 독특한 특성을 갖는다. 인지이론에서는 인간의 환경에 대한 사고 · 인식 · 해석이 정서와 행동의 결정요인이라고 보는 반면, 행동주의이론에서는 인간의 행동은 모방과 관찰을 통해 학습된 것이기 때문에 행동수정을 통해 변화를 가져올 수 있다고 간주한다. 따라서 인지이론에서는 왜곡된 인식이나 해석으로 인해 인간의 문제가 발생한다고 보는 반면, 행동주의이론에서는 클라이언트가 잘못된 혹은 부정적인 행동을 모방 · 학습한 결과로 역기능적인 행동을 보인다고 주장한다(엄명용 외, 2015; Payne, 1997).

1960년 이후 다양한 인지행동모델들이 등장하였으며, 인지행동모델들은 다음과 같은 기본적인 가정을 공유한다(Dryden & Ellis, 1988; 김혜란 · 홍선미 · 공계순, 2002; 전남련 외, 2014 수정 · 보완).

첫째, 인지 활동은 행동에 영향을 미친다.

둘째, 인지 활동은 모니터링되고 변경될 수 있다.

셋째, 바람직한 행동변화는 인지변화를 통해 영향을 받는다.

넷째, 인간행동은 의지에 의해 결정된다.

다섯째, 인간행동은 전 생애에 걸쳐 학습된다.

인지행동모델의 특징은 다음과 같다(김용환 외, 2013; 이영실 외, 2015; 생각의 마을, 2017a 수정 · 보완).

① 클라이언트의 주관적인 경험, 문제 및 관련 상황에 대한 인식과 책임을 강조한다. 따라서 클라이언트의 경험이나 의미를 치료자의 관점에서 해석하고 이해하는 것이 아니라 클라이언트가 경험하고 느끼고 해석하는 방식, 신념체계 등을 존중하고 이해하여야 한다.

② 클라이언트와 사회복지사의 협력적 노력이 요구되고, 더 나아가 사회복지사의 적극적 역할수행이 필요하다. 클라이언트는 문제에 대한 통제력이 자신에게 있다고 전제하고, 클라이언트의 인지가 변화되기 위해서는 클라이언트의 적극적 참여와 협조적 태도가 요구되며, 클라이언트는 자기 자신, 다른 사람, 세계를 보는 시각 등을 사회복지사에게 제공한다. 그리고 사회복지사는 문제와 치료, 개입, 사정, 전략, 도구 등에 대한 정보를 적극적으로 클라이언트에게 제공함으로써 치료에 중요한 요소인 '신뢰'가 형성될 수 있다.

③ 인지체계의 변화를 위해 구조화된 접근을 강조한다. 구조화된 접근이란 사전에 구성된 내용과 양식, 개입과정이 있다는 의미이다.

④ 클라이언트는 수동적 존재가 아니며 외부환경과 상호작용하며 행동하는 존재이다. 즉, 클라이언트는 사회복지사에 의해 '치료되는' 수동적 존재가 아니라 스스로가 능동적이고 적극적인 문제해결에의 참여가 중요하다.

⑤ 대체 사고와 행동을 학습하는 교육적 접근을 강조한다. 사회복지사는 클라이언트의 왜곡된 인지를 대체하는 인지를 가질 수 있도록 하여 행동의 변화를 유도하고, 인지행동모델의 원리를 교육함으로써 교육적인 접근으로 자기 치료가 가능하도록 한다. 따라서 클라이언트가 자신의 문제를 이해하고 인지행동모델 개입의 원리를 이해하여 참여하는 것은 개입의 성공에 매우 중요하다.

⑥ 시간 제한적인 단기개입모델이다. 따라서 제한된 시간 내에 특정 문제에 초점을 두고 접근한다. 인지행동모델은 길어야 6개월, 기본적으로 3~4개월 간 단기로 개입이 수행된다.

⑦ 비합리적인 신념체계의 변화를 강조한다. 엘리스(Ellis)의 합리적 정서행동치료의 초점은 개인에게 있는 비합리적인 신념체계를 끌어내어 합리적인 신념체계로 바꾸도록 도와주는 것이다. 더 나아가 사건을 이해하는 신념체계가 감정에 어떤 영향을 주는지 파악하고자 한다.

⑧ 행동적 과제의 부여를 중요시한다. 인지행동모델의 개입기법 중 행동적 전략 기법은 주로 사회기술훈련을 실시하는 것으로 과제부여, 모델링, 역할연습 등이 있다. 이 중 클라이언트는 과제수행을 통해 새로운 행동을 배우거나 과거의 부정적 반응을 제거할 수 있기 때문에 행동적 과제의 부여를 중요시한다.

⑨ 불안감을 경험하는 상황에 노출시킨다. 인지행동모델의 개입기법 중 부정적 감정을 지닌 물체와의 접촉 빈도를 점차 높여 감정을 상쇄시키는 '체계적 둔감법', 클라이언트가 겪은 충격적인 경험을 안전한 조건에서 다시 겪게 하여 공포나 불안 등 충격적인 정서 반응을 감소시키는 '홍수법'과 같은 개입기법은 클라이언트를 불안감을 경험하는 상황에 노출시키는 기법들이다.

⑩ 질문을 통해 자기 발견과 타당화의 과정을 거친다. 인지행동모델은 소크라테스식 문답법을 활용하는데, 이는 상대방에게 계속 질문을 해서 결국에는 진리를 깨달을 수 있도록 도와주는 방법이다. 클라이언트의 문제를 논박함으로써 인지적 왜곡이나 오류가 있음을 밝혀내고, 질문을

통해 자기 발견과 타당화의 과정을 거치게 되어 사건이나 행동의 의미를 재발견하는 것이다.

⑪ 클라이언트가 호소하는 문제와 현재를 중심으로 개입하고, 목표지향적으로 접근한다. 인지행동모델은 단기접근이기 때문에 클라이언트의 과거 경험이나 무의식적 행동에 관심을 두는 것이 아니라 현재 클라이언트가 불편함을 호소하는 문제 중심으로 개입하고, 목표지향적으로 접근한다.

한편, 인지행동모델의 한계점은 다음과 같다.

① 지적 능력이 낮은 클라이언트에게는 효과성이 제한적이다.
② 즉각적인 위기개입을 해야 하는 클라이언트에게 적용하기 어렵다.
③ 특정 개입기술 사용에서 윤리적 문제가 발생할 수 있다.
④ 새로운 시도에 대한 의지가 약한 클라이언트에게 적용이 어렵다.
⑤ 현재에만 집중함으로써 과거에 발생된 상처, 억압된 분노, 적개심을 과소평가한다.
⑥ 인지와 감정의 상호작용을 설명하는 데 개념적 명료성이 떨어진다.

인지행동모델에 영향을 준 인물과 이론으로 행동주의자 울프(Wolpe, 1958)의 '체계적 둔감법'을 비롯하여 엘리스(Ellis, 1962)의 '합리적 정서행동치료', 벡(Beck, 1970)의 '인지치료', 즈릴라(D'Zurilla, 1971)의 '문제해결치료', 칸퍼(Kanfer, 1975)의 '자기통제', 마이켄바움(Meichenbaum, 1977)의 '인지행동수정', 반두라(Bandura, 1977)의 '사회학습이론'과 '자기효능감' 등을 들 수 있다.

본서에서는 엘리스(Ellis)의 합리적 정서행동치료와 벡(Beck)의 인지치료의 개념을 살펴보고자 한다.

1) 엘리스의 합리적 정서행동치료

알버트 엘리스(Albert Ellis, 1913~2007)
정신분석의 단점을 극복한 인지행동주의 접근의 선구자
사진 출처 : https://en.wikipedia.org/wiki/Albert_Ellis
(검색일 : 2017. 2. 14)

엘리스(Ellis, 1962)의 합리적 정서행동치료(REBT : Rational Emotive Behavior Therapy)는 정신역동모델의 치료에 대한 거부(반대)로 등장하였으며, 과거가 아닌 현재의 문제 상황에서 해결책을 발견할 수 있다고 확신하여 개발되었다.

(1) 기본가정

첫째, 인간은 합리적인 동시에 비합리적이다.

둘째, 정서적인 혹은 심리적인 장애, 신경증적 행동은 비합리적이고 비논리적인 사고의 결과이다.

셋째, 비합리적인 사고는 생물학적 경향성을 띠며, 부모와 그 문화에서 특별하게 획득한 비논리적 학습에 기원한다.

넷째, 부정적이고 자기패배적인 사고와 정서는 비논리적이고 비합리적인 것보다는 논리적 · 이성적인 사고를 하도록 사고와 지각을 재구성하는 방법으로 해결해야 한다(손광훈, 2013; 양옥경 외, 2005).

이상과 같이 합리적 정서행동치료는 인간은 비합리적 존재임을 가정하고, 생각(사고)이 바뀌면 역기능이 해소될 수 있다고 가정한다. 다시 말해, 비합리적 신념을 밝히고 재구조화는 것, 비합리적인 신념을 합리적 신념으로 바꾸어 주는 것이 치료의 초점이다.

(2) 비합리적 신념

비합리적 신념은 '반드시 ○○해야 한다', '절대로', '모든', '완전히', '전혀', '파멸적인' 등과 같이 당위적 사고 형태를 띤다. 엘리스는 인간의 사고와 감정은 서로 연관되어 있으며, 부정적 감정과 심리적 증상들(왜곡된 지각)은 비합리적 신념에서 비롯된다고 보았다. 그리고 부정적인 섭식장애는 왜곡된 지각에서 비롯된다고 보았다.

11가지의 비합리적 신념은 다음과 같다(생각의마을, 2017a; Ellis, 1962).

- **인정의 욕구** : 모든 사람으로부터 사랑과 인정을 받아야 한다는 생각
- **과도한 자기 기대감** : 자기 자신이 가치 있는 사람이 되기 위해서는 모든 영역에서 완벽하게 잘 해내서 반드시 성공해야 한다는 생각
- **비난 성향** : 자신에게 해를 끼치거나 악행을 저지르는 사람은 나쁘므로 이들은 반드시 비난과 처벌을 받아야 한다는 생각
- **좌절적인 반응** : 일이 뜻대로 되지 않을 때 인생은 아무런 가치가 없다는 믿음
- **정서적 무책임** : 인간의 불행은 외부환경에서 비롯되므로 그것을 통제할 수 없다는 믿음
- **문제회피** : 어려움은 직면하는 것보다 회피하는 것이 더 쉽다는 믿음
- **의존성** : 사람은 다른 사람에게 의존해야 하며, 자신이 의존할 수 있는 강한 누군가가 필요하다는 믿음
- **무력감** : 사람의 행동은 과거에 의해서 결정되므로 과거의 영향으로부터 벗어날 수 없다는 생각
- **과도한 불안** : 위험하고 두려운 일은 항상 신경 써야 하고, 일어날 수 있는 가능성을 염두에 두어야 한다는 믿음
- **지나치게 다른 사람을 염려하기** : 다른 사람의 문제나 어려움에 대해서도 신경을 쓰고 염려해야 한다는 생각
- **완벽주의** : 모든 문제는 완전한 해결책이 있으며, 그 해결책을 찾지 못하면 파멸이라는 믿음

(3) 합리적 정서행동치료의 개입과정 : ABCDEF 모델

엘리스의 ABCDEF 모델은 인간이 비합리적인 신념으로 인해서 부적응적인 정서와 행동에 고착되는 것을 잘 설명해 주고 있다.

- A : 선행사건(실재하는 사건, Accident)으로서, 개인에게 정서적 혼란을 야기하는 어떤 사건을 말한다.
- B : 신념체계(Belief)로서, A에 대해서 가지고 있는 신념, 생각, 특히 비합리적 신념을 의미한다.
- C : 결과(Consequence)로서, 정서적 · 행동적 결과를 말한다.
- D : 논의, 논박(Dispute)으로, 비합리적 신념체계를 논박하는 것을 의미한다.

> ① 논리적 논박(논리성) - 비합리적 생각이 논리적이지 못하다는 것을 이해하도록 돕는 것. 그 생각의 근거는 무엇인지, 그 생각이 맞다고 어떻게 확신할 수 있는지를 묻는다.
> ② 경험적 논박(현실성) - 비합리적 사고가 거의 항상 현실과 일치하지 않음을 보여주는 것. 실제로 그것이 어떻게 가능한지, 현실적으로 일어날 수 있는 가능성이 얼마나 되는지를 묻는다.
> ③ 실용적 논박(실용성) - 비합리적 사고로 야기되는 정서적 · 행동적 결과를 보여주는 데 초점을 맞춤. 그 생각으로 얻을 수 있는 것은 무엇인지, 얼마나 문제해결에 도움이 되는지, 그 생각이 소망과 목적을 획득하는 데 도움이 되는지를 묻는다.

- E : 효과(Effect)로서, D를 통하여 합리적인 신념으로 재구조화된 이후에 갖게 되는 태도와 감정의 결과, 효과를 말한다.
- F : 새로운 감정(Feeling)으로서, D를 통해 바뀐 효과적인 합리적 신념에서 비롯된 새로운 감정을 말한다.
- 사회복지사는 클라이언트에게 A-B-C의 관계를 설명하고, B의 비합리적인 생각을 D의 논박을 통해 재구조화(E)하도록 한다. 이를 통해 새로운 감정(F)이 생성된다.
- B(비합리적 신념)는 C(결과)를 유발하는 원인이 되고, 이 모델에서 B(비합리적 신념)가 가장 중요하다.

2) 벡의 인지치료

아론 벡(Aaron Beck, 1921~2021)
인지치료의 대표적 학자
우울증 척도 개발
사진 출처 : https://en.wikipedia.org/wiki/Aaron_Beck
(검색일 : 2017. 2. 14)

인지치료(Cognitive therapy)는 개인이 정보를 수용하여 처리하고 반응하기 위한 지적인 능력을 개발시키는 방법을 말한다. 인지치료는 클라이언트의 역기능적이고 자동적인 사고, 역기능적인 도식과 신념, 이것이 일상생활이나 대인관계에 미치는 영향력을 중요시한다. 엘리스(Ellis)의 모델은 한 개인이 가지는 비합리적 신념을 문제의 핵심으로 보지만, 벡(Beck)은 왜곡된 사고를 문제의 핵심으로 본다.

(1) 주요 개념

벡은 사고과정을 세 가지로 개념화하였는데, 도식(핵심믿음체계, 중간믿음체계), 자동적 사고, 인지적 오류이다.

① **도식**(schema, 스키마)

도식은 정보를 받아들이고 조직화하는 인지구조로서, 개인이 세계를 바라보는 특유의 방식으로, 치료의 핵심이 된다. 도식은 유지된 기간과 믿음 수준에 따라 핵심믿음체계와 중간믿음체계로 구분된다.

핵심믿음체계는 클라이언트의 경험을 조직하는 인지구조의 기초로서 개인의 왜곡이나 편견을 형성하는 근간을 이룬다. 아주 근원적이고 깊은 수준의 믿음이기 때문에 자신도 인식하지 못하는 경우가 많다.

중간믿음체계는 핵심믿음체계와 자동적 사고 사이에 존재하며 가정, 태도, 규칙들로 구성되어 있다. 핵심믿음체계에 의해 영향을 받고, 자동적 사고에 영향을 미친다.

② **자동적 사고**(=역기능적 사고)

자동적 사고는 어떤 상황을 접했을 때 자동적으로 떠오르는 생각을 의미한다. 대부분 부정적인 내용이며 역기능적으로 작용한다. 스스로 의식하기는 힘들며 사회복지사의 도움이 필요하다.

❙그림 4-1❙은 자동적 사고, 핵심믿음체계, 중간믿음체계의 예이다.

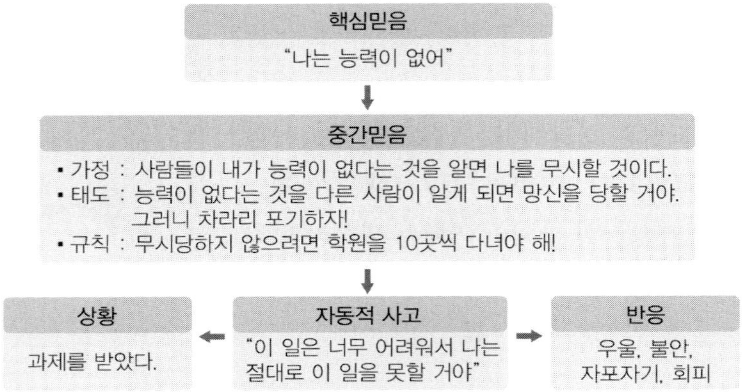

❙그림 4-1❙ 자동적 사고, 핵심믿음체계, 중간믿음체계의 예

출처 : 생각의마을(2016).

③ 벡의 인지치료 개입과정

벡의 인지치료 개입과정은 부정적인 자동적 사고 확인 → 인지, 정서, 행동의 관계에 대해 인식하게 하기 → 자동적 사고의 타당성 검토 → 합리적인 사고 연습 → 합리적 사고에 대한 피드백과 강화의 순으로 이루어진다.

(2) 인지적 오류(=왜곡된 사고)

① 임의적 추론

임의적 추론은 충분하고 적절한 증거가 없는데도 결론에 도달하는 것 또는 정반대의 증거나 증거가 없음에도 불구하고 어떤 결론을 내리는 것이다. 다음은 임의적 추론의 예를 나타낸 것이다.

임의적 추론의 예

- 나는 되는 일이 없어.
- 취업면접에서 면접관이 저에게 악수를 청하지 않으면 불합격일 거라고 생각했어요.
- 내가 뚱뚱해서 지나가는 사람들이 나만 쳐다봐.
- 선생님은 나를 미워하니까 성적도 나쁘게 줄 거야.
- 시험 보는 날인데 아침에 미역국을 먹었으니 나는 떨어질 거야.
- 입사시험 면접을 잘 마쳤음에도 불구하고 K씨는 부모님께 시험에 떨어질 것이라고 말씀드렸다.

② **선택적 사고**(요약, 추론, 추상화)

선택적 사고는 상황에 대한 자신의 관점을 지지하기 위해 특정 자료들을 걸러내거나 무시하는 것 또는 하나의 사건 혹은 별개의 사건들의 결론을 주관적으로 내리는 것이다. 전체적인 상황이나 맥락을 무시하고 너무 부분에만 초점을 두고 결론을 내리는 것도 선택적 사고이다. 다음은 선택적 사고의 예를 나타낸 것이다.

선택적 사고(요약)의 예

- 지난달에 어머니도 오시지 않은 것을 보면 이제 저에 대한 사랑이 식은 것이 분명해요.
- 영화 관람이 즐거웠는지는 문제가 안 된다. 우리가 20분간 싸운 것이 중요하다.
- 내가 이 항목에서 낮은 점수를 받은 것은 내가 일을 엉망으로 한다는 것을 의미한다.
- 지난번 과제에 나쁜 점수를 받았어. 이건 내가 꼴찌라는 것을 의미해.

③ **과잉 일반화**

과잉 일반화는 하나 또는 별개의 사건들을 가지고 결론을 내린 후 비논리적으로 확장하는 것이다. 혹은 단일 사건에 기초하여 극단적인 신념을 가지고 그것들과 유사하지 않은 사건들이나 장면에 부적절하게 적용하는 것을 말한다. 다음은 과잉 일반화의 예를 나타낸 것이다.

과잉 일반화의 예

- 자신이 원하는 곳에 취업원서를 넣었다가 낙방한 사람이 자신은 무능력하고 되는 일이 없는 무가치한 사람이라고 결론을 지었다.
- 내가 너무 못생겨서 남자친구가 떠났으니 결혼도 하기 어렵겠지.
- 미진이만 나를 싫어하는 게 아니라, 친구들 모두가 나를 싫어한다.

④ 극대화와 극소화

극대화와 극소화는 '과장과 축소'라고도 하며, 어떤 사건의 의미나 중요성을 실제보다 지나치게 확대하거나 축소하는 것이다. 다음은 극대화와 극소화의 예를 나타낸 것이다.

극대화와 극소화의 예

- 사회복지사 1급 자격시험에 떨어진다면 나는 사람도 아니야.
- 사회복지사 1급은 누구나 쉽게 합격할 수 있다.
- 시험에 한번 떨어진 것을 '인생의 끝'이라고 확대 해석하거나, 시험에 일등으로 합격했을 때에 '운이 좋아서'라고 축소하는 것

⑤ 개인화

개인화는 자신과 관계없는 외부 사건을 자신의 탓으로 여기는 경우이다. 다음은 개인화의 예를 나타낸 것이다.

개인화의 예

- (결과가 좋지 않을 때마다) 나 때문이야.
- 내가 아버지 곁에 있었더라면 아버지가 돌아가시지 않았을 거예요.
- 내가 신고만 빨리 했어도 지하철 화재로 사람이 죽지 않았을 텐데.
- 그때 내가 전화만 받았다면 동생이 사고를 당하지 않았을 텐데. 나 때문이야.

⑥ 이분법적 사고

이분법적 사고는 실패나 성공 등 극단적인 흑과 백으로 구분하려는 성향 또는 상반된 사고의 경향성을 보이는 것이다. 다음은 이분법적 사고의 예를 나타낸 것이다.

이분법적 사고의 예

- (얼굴도 쳐다보지 않는 친구를 보고) 쟤는 나를 싫어하는 것 같아.
- 이런 대접을 받고 사는 나는 실패한 인생이에요.
- 최고가 아니면 모두 실패자인 거야.
- 이 일을 완벽하게 하지 못하면 실패한 것이야.

2. 인지행동모델의 개입목표 및 개입과정

1) 개입목표

인지행동모델의 개입목표는 클라이언트의 인지에 깊숙이 박혀 있는 비합리적 신념과 패배적 사고의 수정이다. 이는 개인이 가지고 있는 비합리적 신념이나 인지적 오류 등 자기패배적인 사고를 발견하고 변화하게 함으로써 클라이언트의 부정적 정서나 행동을 수정하게 하는 것이다.

따라서 인지행동모델은 지적 능력을 가진 클라이언트에게 적용이 보다 용이하다. 그리고 새로운 시도에 대한 의지가 강하고, 과제수행에 대한 책임감이 강하며, 사고의 융통성이 있는 클라이언트에게 적합하고 효과적이다. 또한 왜곡된 사고에 의한 정서적 문제의 개입에 효과적이다.

다음의 예는 실천모델에 따른 적용방법의 차이를 보여 주는 것이다.

초등학교 2학년 철수가 몇 개월 동안 친구들과 어울리지 못하고 외톨이로 지내는 문제로 학교사회복지사에게 의뢰되었다. 적용 가능한 실천모델에 관한 설명으로 옳은 것을 모두 고른 것은?
〈2014 기출〉

ㄱ. 인지행동모델－친구에 대한 부정적인 생각을 변화시키고 친구와 사귀는 방법을 학습하도록 한다.
ㄴ. 행동수정모델－친구와 다정하게 이야기하는 장면을 보여주고 역할연습을 한다.
ㄷ. 심리사회모델－철수의 성장과정에서 형성된 가족관계 양상을 파악한다.
ㄹ. 해결중심모델－철수가 수행해야 할 행동과제를 준다.

정답 ㄱ, ㄴ, ㄷ, ㄹ 모두 옳음.

2) 개입과정

인지행동모델의 개입과정은 초기단계, 개입단계, 종결단계로 진행된다.

(1) 초기단계

초기단계에서는 접수 및 호소문제 듣기, 문제의 우선순위 결정, 부정적 인지의 사고체계 탐색, 정보수집 등이 이루어진다(생각의마을, 2017a; 이영실 외, 2015).

첫째, **접수 및 호소문제 듣기** : 클라이언트가 호소하거나 어려움을 겪는 문제에 대해 듣고 클라이언트의 관점에서 이해한다.

둘째, **문제의 우선순위 결정** : 개입에서 우선적으로 다루어야 할 문제의 우선순위를 정한다.

셋째, **부정적 인지의 사고체계 탐색** : 문제의 원인이 되는 비합리적 신념, 인지적 오류 등을 찾아낸다.

넷째, **정보수집** : 문제의 발생빈도, 정도나 강도, 지속기간 등에 관해 정보를 수집한다.

(2) 개입단계

개입단계에서는 클라이언트의 대처능력 향상을 위하여 인지적 전략, 행동적 전략, 정서적 전략 등 세 가지 전략을 사용한다(이영실 외, 2015; 생각의마을,

2017a 수정 · 보완).

첫째, **인지적 전략** : 클라이언트의 비합리적 신념이나 인지적 오류를 분석하여 합리적인 신념이나 순기능적 인지체계로 전환하도록 한다. 인지적 전략의 기법으로는 비합리적 신념 논박하기, 소크라테스식 대화법(문답법) 활용, 인지적 과제부여, 독서 및 시청각 치료기법 등이 있다.

둘째, **행동적 전략** : 클라이언트가 새롭게 습득해야 할 행동을 목표로 설정하여 행동을 연습하도록 가르치고 격려한다. 특정 상황에서 떠오르는 생각을 점검하기 위해 행동기록일지를 작성하도록 하는 것도 좋은 방법이다. 행동적 전략 기법은 주로 사회기술훈련(social skills training)을 실시하는 것으로, 과제부여, 모델링, 행동시연, 역할연습, 강화와 처벌의 사용, 직접적 지시 등이 있다.

셋째, **정서적 전략** : 불안과 관련된 신체적 변화를 인식하는 법을 가르쳐 주고 근육긴장을 완화시킴으로써 불안을 줄이는 이완절차를 알려준다. 심상법, 호흡법 등을 적용한다.

반면, 행동수정모델의 개입단계는 A-B-C 관계로 나누어 적용되는 선행조건(A)에 대한 개입과 행동영역(B)에 대한 개입, 그리고 후속결과(C)에 대한 개입으로 구분하여 살펴보면 다음과 같다(엄명용 외, 2001; 이영실 외, 2011 수정 · 보완).

첫째, 선행조건(A)에 대한 개입은 ① 선행조건의 통제와 ② 새로운 선행조건 창조로 구분된다.

① 선행조건의 통제는 다시 ㉠ 선행조건의 회피, ㉡ 행동연쇄를 변화시키기, ㉢ 선행조건을 압축하기, ㉣ 선행조건의 재인식으로 구분된다.

㉠ **선행조건의 회피** : 바람직하지 못한 표적행동을 가져오는 상황이나 사고로부터 거리를 둠으로써 문제행동이 일어나는 것을 방지하는 것으로, 이 기술은 과식, 음주, 흡연과 같은 행동을 수정하는 데 효과가 있다. 예를 들어, 클라이언트의 과식이 회식 때마다 되풀이된다면, 체중 5kg을 줄일 때까지 회식을 피하도록 권고하는 것을 들 수 있다. 고등학생인 영수는 담배 가게를 지나칠 때마다 흡연 욕구를

참지 못해 간헐적 흡연을 하고 있다. 사회복지사가 영수를 돕기 위해 등하교 때 담배 가게가 있는 골목을 피해 다니도록 했다면 이는 선행조건의 회피 기법을 활용한 것이다.

ⓒ **행동연쇄를 변화시키기** : 행동이 거의 자동적으로 이어서 일어나면서 먼저 일어난 행동이 다음 행동의 촉발요인이 되고, 이 행동이 다시 그다음 행동의 촉발요인이 되는 경우를 말한다. 행동고리를 변화시키기 위해서는 다음 행동으로 넘어가기 전에 멈춤을 이용하거나 행동의 연결을 끊는 것이 좋다.

ⓒ **선행조건을 압축하기** : 문제행동에 이르게 하는 상황의 범주를 아주 특수하고 작은 범위로 한정하는 기술이다. 예를 들어, 담배를 끊고 싶은 줄담배 흡연자에게 담배는 지하실에서만 피도록 협의하여 흡연의 선행조건을 지하실로 압축하면 담배를 피기가 어려워지기 때문에 수월하게 금연할 수 있게 된다.

ⓡ **선행조건의 재인식** : 일정한 선행조건에 접했을 때 문제행동을 하도록 인식하는 클라이언트의 인식체계를 변화시키는 것이다. 예를 들어, 고등학생인 영수는 과체중, 자기주장 부족 등의 문제를 호소하고 있다. 사회복지사가 영수를 돕기 위해 음식에 대한 인식을 수정하게 하였다면 이는 선행조건의 재인식 기법을 활용한 것이다.

② 새로운 선행조건 창조에는 ㉠ 언어적 지시와 ㉡ 사고중단이 있다. ㉠ 언어적 지시의 예로는 자신이 언쟁으로 치닫고 있다고 느낄 때 '침착하자, 화제를 바꾸자'고 자신에게 말함으로써 부정적인 행동을 피하는 것이고, ㉡ 사고중단은 바람직하지 못한 생각이 들 때 바로 스스로에게 '멈춰!'라고 말하는 것이다.

둘째, 행동영역(B)에 대한 개입이다. 여기에는 ① 대체행동의 사용과 ② 행동형성이 있다.

① 대체행동의 사용은 말 그대로 대체할 수 있는 행동을 제시하는 것이다. 예를 들어, 클라이언트가 흡연 욕구를 참지 못할 때는 껌을 씹게 한다든지 은단을 먹도록 함으로써 보다 효과적으로 행동을 통제할 수 있다.

② 행동형성은 행동조성이라고도 하며, 목표행동을 세분화하여 연속적, 단계적으로 강화하는 것으로, 강화원리를 따른다. 즉, 특정 행동 수준까지 끌어올리기 위해 작은 단위의 행동으로 나누어 과제를 주는 것으로, 클라이언트에게 처음에는 그 행동의 일부분만을 수행하도록 하고, 차차 그 범위를 넓혀나가는 방법이다. 예를 들어, 자기주장 능력을 개발하기 위해 하기 쉬운 것부터 어려운 것의 순서로 자기주장 행동을 수행하게 하였다. 그리고 처음 유치원에 가는 아이의 적응을 위해 첫날에는 부모와 함께 가기, 다음에는 유치원 놀이터에서 놀기, 다른 아이 교실 내 활동 모습 관찰, 엄마와 함께 교실 내 활동, 혼자 활동의 순으로 점차 그 범위를 넓혀나가는 것이다.

셋째, 후속결과(C)에 대한 개입이다. 후속결과는 행동의 결과에 따라 그 행동이 지속될 것인지 중단될 것인지를 결정하는 중요한 요인이 된다. 바람직하지 못한 행동을 제거할 때에는 소거, 처벌 등의 기술이 사용되며, 바람직한 행동을 증가시킬 때에는 강화의 기술이 사용된다.

(3) 종결단계

종결단계에서는 개입의 효과성 및 목표달성 정도를 평가한다. 또한 문제가 되었던 비합리적 신념, 자동적 사고, 인지적 왜곡 등이 합리적 신념과 순기능적 인지체계로 수정되었는지를 확인하고 평가한다.

3. 인지행동모델의 개입기법

인지행동모델의 개입기법으로는 내적 의사소통의 명료화, 설명, 과제, 역설적 지시, 인지 재구조화, 모델링, 역할연습, 사회기술훈련, 체계적 둔감화, 홍수법, 경험적 학습, 타임아웃, 강화, 처벌, 소거 등이 있다.

1) 내적 의사소통의 명료화

내적 의사소통의 명료화(clarifying internal communication)는 클라이언트 스스로 자신에 대해 독백하고 사고하는 것으로, 클라이언트가 자신의 생각을 말로 표현하고, 피드백을 통해 사고의 명료화를 돕는 것이다. 이를 통해 클라이언트는 자기 자신과 다른 사람에게 하는 말 속에 숨겨진 인지적 오류와 비합리적 신념에 대해 더 잘 이해할 수 있게 된다(엄명용 외, 2015). '내적 의사소통의 명료화'를 통해 자신의 독백과 생각의 비합리성을 이해할 수 있다. 내적 의사소통은 자기대화(self-talk, 자기독백)라고도 한다.

2) 설 명

설명(explanation)은 클라이언트의 정서가 어떻게 행동에 영향을 미치는지에 대해 ABC모델을 통해 가르쳐주는 기법이다. 즉, 선행사건(A, Accident)이 있은 후에 클라이언트는 자신의 신념(B, Belief)에 대해 스스로에게 이야기하며, 이 신념, 인지, 자기대화로부터 야기된 감정적 결과(C, Consequence)를 설명하는 것이다.

3) 과 제

과제(written homework) 혹은 숙제는 클라이언트의 적극적인 협조와 참여를 기반으로 한다. 클라이언트는 과제수행을 통해 새로운 행동을 배우거나 과거의 부정적 반응을 제거할 수 있다.

4) 역설적 지시

역설적 지시(paradoxical intention)는 역설적 개입, 역설적 의도와 같은 의미로 사용된다. 역설적 지시는 기존에 시도한 방법과 상반된 방법을 사용하여,

문제가 되는 상황을 강화하기 위해 역설적으로 지시(개입)하는 방법이다. '역설적'이라는 표현을 하는 것은 목표와 반대되는 것, 즉 문제행동이나 증상을 계속하거나 더 많이 실행하라고 지시하기 때문이다. 이러한 역설적 지시는 인지적 오류와 문제행동을 스스로 깨달을 수 있도록 하는 것이다. 즉, 특정 행동에 대한 불안을 유발하는 행동을 하도록 지시하는 것으로, 클라이언트가 특정 행동에 불안을 보일 때 특정 행동을 증가시키게 하여 인지적 오류를 깨닫게 하고 불안을 감소시킨다. 다음은 역설적 지시의 예를 나타낸 것이다.

역설적 지시의 예

결혼 후 분가한 민수는 부모의 지나친 간섭에 시달려 왔다. 사회복지사는 민수에게 자신의 느낌과 주장을 부모 앞에서 당당히 말하게 하고, 부모에게는 자녀의 이야기를 경청하고 수용하도록 하였으나 문제는 지속되었다. 사회복지사는 대안으로 민수에게 다음과 같은 과제를 주었다. "지금부터는 부모에게 사사건건 의논하며 조그마한 도움이라도 모두 요청해 보세요."

5) 인지 재구조화

인지 재구조화(cognitive restructuring)는 비합리적 신념체계를 찾아 합리적 신념체계로 수정하는 것이다. 이 기법은 역기능적인 사고와 신념을 현실에 맞는 것으로 대치하도록 하여 기능 향상을 돕는다. 다음은 인지 재구조화의 예를 나타낸 것이다.

인지 재구조화의 예

초등학교 2학년 철수가 몇 개월 동안 친구들과 어울리지 못하고 외톨이로 지내는 문제로 학교사회복지사에게 의뢰되었다. 학교사회복지사는 친구에 대한 부정적인 생각을 변화시키고 친구와 사귀는 방법을 학습하도록 하였다.

6) 모델링

모델링(modeling)은 클라이언트가 타인이 하는 바람직한 행동을 보고 모방함으로써 행동의 변화를 가져오는 개입 기술로, 관찰학습과정을 통해 이루어진다. 사회복지사는 클라이언트가 활용하기를 바라거나 필요로 하는 절차에 대해 시범을 보이고, 클라이언트가 이를 똑같이 따라해 보도록 한다. 즉, 바람직한 대처행동을 시연하는 것이다.

일반적인 모델링의 절차는 다음과 같다.

① 모델에 대한 관심과 주의를 환기하고 동기부여를 한다.
② 모델(타인을 흉내 낼 단서)을 제시한다.
③ 모방할 행동에 대한 관찰학습기회를 제공하고 모델을 따라 하도록 한다.
④ 따라 한 행동(학습된 모델)을 강화한다. 행동뿐만 아니라 행동에 대한 감정과 태도변화를 도모한다.
⑤ 시행착오를 줄이고 성공경험을 촉진한다.

다음은 대중 앞에서 발표할 때 만성적 긴장과 불안을 호소하는 클라이언트의 문제를 해결하기 위한 모델링 등 다양한 기법의 예를 나타낸 것이다.

모델링의 예

① 사회복지사는 대중 앞에서 발표를 잘하는 사람의 동영상을 클라이언트에게 여러 차례 보여주었다. ② 이후 사회복지사 앞에서 간단한 발표를 반복적으로 연습하게 한 후, 2~3명 앞에서 발표하게 하였다. ③ 발표에 앞서 사회복지사는 20초 복식호흡과 함께 평화로운 하늘의 구름을 연상하도록 지시하였다. 그 후, ④ 그룹의 크기를 조금씩 키워가면서 발표하도록 하였고, 나중에는 200여 명 앞에서 발표를 하도록 하였다. ⑤ 이때도 복식호흡과 심상훈련을 하게 하였다.

위의 예는 2018년 사회복지사 1급 시험문제에 출제된 것으로, ①과 ②는 모델링과 시연*, ③과 ⑤는 이완훈련, ④는 체계적 둔감화 기법을 사용한 것이다.

* 시연 : 클라이언트가 힘들어하는 행동에 대해 실생활에서 실행 전에 반복적으로 연습하는 것

7) 역할연습

역할연습(role-playing)은 클라이언트의 관심이 되는 특정 상황을 클라이언트가 있는 자리에서 재현하도록 요청하는 행동기법이다. 이것은 발생한 사건을 상담자가 더 잘 이해하는 데 도움이 된다(이영실 외, 2011). 다음은 역할연습의 예를 나타낸 것이다.

역할연습의 예

초등학교 2학년 철수가 몇 개월 동안 친구들과 어울리지 못하고 외톨이로 지내는 문제로 학교사회복지사에게 의뢰되었다. 학교사회복지사는 친구와 다정하게 이야기하는 장면을 보여주고 철수에게 역할연습을 하게 하였다.

8) 사회기술훈련

사회기술훈련(social skills training)은 대인관계에서 어려움이나 불편함을 느끼는 사람들을 대상으로 대인관계기술 향상을 목표로 하는 훈련 프로그램이다. 사회기술훈련은 의사소통기술이 부족한 클라이언트나 대인관계가 만족스럽지 못한 클라이언트, 지적 장애가 있는 클라이언트 등에게 유용한 훈련이다. 사회기술훈련으로는 과제부여(제시), 모델링, 행동시연, 역할연습, 강화와 처벌의 사용, 직접적 지시, 코칭, 자기옹호기술, 자기주장기술, 의사소통기술 등이 있다.

사회기술훈련은 사회학습이론에 근거하고, 사회화 집단[1]에서 많이 사용하며, 특히 사회복귀지원 프로그램에 적용이 가능하다. 다음과 같은 효과적인 사회기술훈련을 위한 요소가 훈련과정에 필수적으로 포함되어야 한다.

첫째, 성원이 훈련의 필요성을 이해해야 한다.

둘째, 문제가 발생하는 실제 상황을 자세하게 파악해야 한다.

셋째, 특정 행동의 복잡한 유형을 세분하여 이해하고 훈련해야 한다.

1) 사회화 집단은 사회적응을 위해 일상생활훈련이나 사회기술훈련을 받는 집단으로, 제9장 집단대상 사회복지실천기술을 참조하기 바란다.

넷째, 반복적인 예행연습을 통해 원하는 기술 수준에 도달하도록 해야 한다.

다섯째, 난이도가 낮은 과제로부터 높은 과제를 주는 조성화의 원칙을 준수해야 한다.

여섯째, 역할연기를 할 때 긍정적 강화를 부여한다.

일곱째, 모델링을 통해 시범을 보여줄 수 있고, 비디오 등 영상을 활용한다.

여덟째, 사회기술훈련 시간 끝에 실제 생활에서 적용할 수 있는 과제를 부여한다.

사회기술훈련의 단계는 다음과 같다.

제1단계	성원들에게 사회기술훈련의 필요성 및 대상이 되는 사회기술의 내용 설명
제2단계	사회기술의 구성요소 설명
제3단계	사회기술 시연 및 토론
제4단계	역할극을 통해 사회기술의 개별 요소에 대해 연습
제5단계	역할극에 대한 평가 및 피드백 제공
제6단계	실제 상황에 새로 습득한 사회기술 적용

9) 체계적 둔감화(탈감법)

체계적 둔감화(systematic desensitization)는 부정적 감정을 지닌 물체와의 접촉 빈도를 점차 높여 부정적 감정을 조금씩 상쇄시켜 나가는 방법 또는 두려움이 적은 상황부터 큰 상황까지 단계적으로 노출시켜 문제를 극복하도록 하는 것으로, 고전적 조건화[2]에 근거한다. 구체적으로 설명하면, 클라이언트에게 가장 덜 위협적인 상황에서 가장 위협적인 상황까지 순서대로 제시하면서, 불안자극과 불안반응 간의 연결이 없어질 때까지 불안을 일으키는 자극

2) 고전적 조건화(古典的 條件化, classical conditioning)란 자극과 반응 사이의 자연적인 생리적 관계를 이용하여 서로 관계가 없는 상이한 자극에 대해서 동일한 반응을 학습시킨 파블로프(Pavlov)의 유명한 실험을 근거로 하고 있다. 즉, 개에게 음식을 제공했을 때 침을 흘린다는 것은 자연적인 생리적 현상인데, 종을 치면서 음식을 주는 일을 반복하게 되면 종소리라는 자극과 침을 흘리는 반응 사이에 연관이 형성되어 결국 종만 쳐도 개가 침을 흘린다는 것이다. 여기서 음식물과 타액 반응을 각각 무조건 자극, 무조건 반응이라고 하고, 종소리를 듣고 침을 흘렸을 때는 각각 조건자극, 조건반응이라고 부른다(한국교육심리학회, 2000).

들을 반복적으로 이완상태와 짝짓는 것이다(엄명용 외, 2015; Corey, 1991; Lantz, 1996). 다음은 체계적 둔감화의 예를 나타낸 것이다.

체계적 둔감화의 예

소극적이고 다른 아동과 잘 어울리지 못해 유치원에 가기 싫어하는 어린아이가 있다. 아이의 엄마는 아동을 우선 유치원 놀이터에 데리고 가서 놀았고 유치원 선생님들은 점점 더 아이가 유치원 환경에 적응하도록 행동을 하였다. 클라이언트의 문제행동이 발생하였지만 사회복지사는 클라이언트가 싫어하는 문제행동과 연관될 수 있는 행동을 하도록 과제를 부여했다.

10) 홍수법

홍수법(flooding)은 클라이언트가 겪은 충격적인 경험을 안전한 조건에서 다시 겪게 하여 공포나 불안 등 충격적인 정서 반응을 감소시키는 개입기법이다. 체계적 둔감법과는 달리, 한 번에 매우 강한 자극에 노출시켜 공포 반응이 사라질 때까지 지속한다. 이러한 홍수법은 강박장애의 치료에 효과적인 것으로 알려져 있다. 예를 들어, 고소공포증 환자의 경우 가상현실을 사용하여 가상으로 높은 곳에 있는 것처럼 경험하게 하여 치료한다(생각의마을, 2017a).

11) 경험적 학습

경험적 학습(experiential learning)은 왜곡된 인지에 도전하여 변화를 유도하는 것으로 인지적 불일치 원리를 적용한다(Lantz, 1996). 인지적 불일치란 자신의 행동, 행위 또는 생활양식에 부합하지 않는 태도나 신념을 변화시키려는 경향을 의미한다. 이 기술은 클라이언트에게 자신이 인지적 오류에 부합하지 않는 특정한 행동을 하도록 함으로써 클라이언트가 자신의 인지적 오류를 발견하고 수정하도록 하며, 자기주장훈련, 모델링, 역할극, 사회기술훈련, 심리극 등을 활용할 수 있다(엄명용 외, 2015).

12) 타임아웃

타임아웃(time-out)은 바람직하지 않은 행동을 중단시키기 위한 기법으로 부적 처벌의 원리를 이용한 것이다. 잘못된 행동을 했을 때 아동에게 상이 되는 환경으로부터 잠시 떨어져 있게 함으로써 문제행동을 감소시킨다. 타임아웃을 적용할 때는 잘못된 행동이 무엇인지 미리 알려주어야 하며, 시행 시간은 짧을수록 좋다. 아이를 너무 오랫동안 격리시키면 아이들은 그 의미를 잊기 때문이다(생각의마을, 2018a).

13) 강화, 처벌, 소거

행동수정모델에서 강화(reinforcement)는 바람직한 행동을 증가(+)시키기 위해 사용하는 방법이고, 처벌(punishment)은 바람직하지 못한 행동을 감소(−)시키기 위해 사용하는 방법이다. 즉, 처벌받는 행동은 발생빈도가 줄어든다.

그리고 '정적'이라는 의미는 무언가를 제공(+)한다는 의미이고(정적=제공), '부적'이라는 의미는 무언가를 제거(−)한다는 의미이다(부적=제거). 이러한 기호를 사용하여 강화와 처벌의 두 가지 의미를 살펴보면 다음과 같다.

먼저, 강화에는 정적 강화(positive reinforcement)와 부적 강화(negative reinforcement)가 있다. 정적 강화(++)는 긍정적인 요소 혹은 무언가를 제공(+)해서 행동을 증가시키는 것(+)이다.

다음은 정적 강화의 예를 나타낸 것이다.

정적 강화의 예

- 긍정적인 강화는 행동의 발생빈도와 정도를 증가시킨다.
- 칭찬을 해줌으로써 행동의 발생 가능성을 증대시켰다.

부적 강화(−+)는 부정적인 요소나 불쾌한 자극 혹은 무언가를 제거(−)함으로써 행동을 증가시키는 것(+)이다.

다음은 부적 강화의 예를 나타낸 것이다.

부적 강화의 예

- 숙제를 줄임으로써 행동의 발생 가능성을 증대시켰다.

다음으로, 처벌에는 정적 처벌(positive punishment)과 부적 처벌(negative punishment)이 있다. 정적 처벌(+−)은 불쾌한 자극 혹은 무언가를 제공(+)해서 잘못된 행동을 수정하는 것이다(−).

다음은 정적 처벌의 예를 나타낸 것이다.

정적 처벌의 예

- 체벌을 제시함으로써 행동의 발생 가능성을 감소시킨다.
- 강화를 제공함으로써 행동을 감소시킨다.

부적 처벌(−−)은 불쾌한 자극 혹은 무언가를 제거함으로써(−) 행동의 발생 가능성을 감소시키는 것(−)이다.

다음은 부적 처벌의 예를 나타낸 것이다.

부적 처벌의 예

- 용돈을 주지 않음으로써 행동의 발생 가능성을 감소시켰다.

끝으로, 소거(extinction)는 더 이상 강화를 받지 못해 행동이나 반응이 사라지거나 약해지는 것 또는 바람직하지 않은 행동을 중지시키기 위해 강화를 주지 않는 것이다. 소거는 아무런 강화를 주지 않는 것으로 부적 처벌과는 다르다. 또한 간헐적으로 강화된 행동은 소거하기 어렵다.

소거와 부적 처벌을 구분하는 예는 다음과 같다. 개가 엎드릴 때마다 먹이를 자꾸 준다면 엎드리는 행동이 강화가 된다. 개는 먹이를 먹으려고 엎드리는 것이고, 그때 엎드려도 먹이라는 강화물을 계속 주지 않는다면 엎드리는 행동은 사라지게 된다(소거). 이에 반해, 뼈다귀를 물어뜯고 있는 개를 불러서 주인에게 다가올 때마다 개가 물고 있는 뼈다귀를 주인이 뺏어버리면(긍정적인 요소 제거, －), 그 다음부터 주인이 불러도 개는 다가가지 않는다(행동 감소, －)(부적 처벌).

다음은 소거의 예를 나타낸 것이다.

소거의 예

아이가 버릇없이 굴 때마다 어머니는 아이를 달래주거나 야단을 쳤다. 그래도 아이의 행동이 변화되지 않자, 어머니는 생각을 바꿔 아이를 달래주지도, 야단치지도 않았다. 그 결과, 아이의 버릇없는 행동이 감소되었다.

04 CHAPTER

기출문제

01 인지행동모델에 관한 설명으로 옳은 것을 모두 고른 것은? 〈2015 실천기술론〉

> ㄱ. 주관적 경험을 강조한다.
> ㄴ. 비합리적인 신념체계의 변화를 강조한다.
> ㄷ. 대체 사고와 행동을 학습하는 교육적 접근을 강조한다.
> ㄹ. 인지체계 변화를 위한 비구조화된 접근을 강조한다.

① ㄱ, ㄴ, ㄷ　② ㄱ, ㄷ　③ ㄴ, ㄹ
④ ㄹ　⑤ ㄱ, ㄴ, ㄷ, ㄹ

02 인지행동모델의 한계점에 관한 설명으로 옳지 않은 것은? 〈2015 실천기술론〉

① 지적 능력이 낮은 클라이언트에게는 효과성이 제한적이다.
② 즉각적인 위기개입을 해야 하는 클라이언트에게 적용하기 어렵다.
③ 사회복지사의 적극적 역할수행이 어렵다.
④ 특정 개입기술 사용에서 윤리적 문제가 발생할 수 있다.
⑤ 새로운 시도에 대한 의지가 약한 클라이언트에게 적용이 어렵다.

03 다음 사례에서 사회복지사가 민수에게 준 과제에 해당하는 개입기법은? 〈2015 실천기술론〉

> 결혼 후 분가한 민수는 부모의 지나친 간섭에 시달려 왔다. 사회복지사는 민수에게 자신의 느낌과 주장을 부모 앞에서 당당히 말하게 하고, 부모에게는 자녀의 이야기를 경청하고 수용하도록 하였으나 문제는 지속되었다. 사회복지사는 대안으로 민수에게 다음과 같은 과제를 주었다. “지금부터는 부모에게 사사건건 의논하며 조그마한 도움이라도 모두 요청해 보세요.”

① 실연　② 균형 깨기　③ 경계 만들기
④ 역설적 지시　⑤ 문제의 외재화

정답 01 ① 02 ③ 03 ④

04 다음 사례에서 활용한 개입기법에 해당하지 않는 것은? 〈2015 실천기술론〉

> 고등학생인 영수는 과체중, 자기주장 부족 등의 문제를 호소하고 있다. 또한 담배 가게를 지나칠 때마다 흡연 욕구를 참지 못해 간헐적 흡연을 하고 있다. 사회복지사는 영수를 돕기 위해 음식에 대한 인식을 수정하게 하였고, 자기주장 능력을 개발하기 위해 하기 쉬운 것부터 어려운 것의 순서로 자기주장 행동을 수행하게 하였다. 아울러 등하교 때 담배 가게가 있는 골목을 피해 다니도록 했다. 그리고 흡연 욕구를 참지 못할 때는 껌을 씹게 하였다.

① 선행조건의 회피　② 선행조건의 소거　③ 선행조건의 재인식
④ 대체행동의 사용　⑤ 행동형성

해설 사회복지사는 영수를 돕기 위해 음식에 대한 인식을 수정하게 하였고(③ 선행조건의 재인식), 자기주장 능력을 개발하기 위해 하기 쉬운 것부터 어려운 것의 순서로 자기주장 행동을 수행하게 하였다(⑤ 행동형성). 아울러 등하교 때 담배 가게가 있는 골목을 피해 다니도록 했다(① 선행조건의 회피). 그리고 흡연 욕구를 참지 못할 때는 껌을 씹게 하였다(④ 대체행동의 사용).

05 인지행동모델에 관한 설명으로 옳은 것을 모두 고른 것은? 〈2016 실천기술론〉

> ㄱ. 행동적 과제의 부여를 중요시한다.
> ㄴ. 클라이언트의 주관적 경험과 인식을 강조한다.
> ㄷ. 인지체계의 변화를 위해 구조화된 접근을 한다.
> ㄹ. 불안감을 경험하는 상황에 노출시킨다.

① ㄱ, ㄴ, ㄷ　② ㄱ, ㄷ　③ ㄴ, ㄹ
④ ㄹ　⑤ ㄱ, ㄴ, ㄷ, ㄹ

06 사회기술훈련에 관한 설명으로 옳은 것을 모두 고른 것은? 〈2016 실천기술론〉

> ㄱ. 사회화 집단에서 많이 사용한다.
> ㄴ. 사회학습이론에 근거한다.
> ㄷ. 사회복귀지원 프로그램에 적용이 가능하다.
> ㄹ. 역할연습을 활용한다.

① ㄱ, ㄴ, ㄷ　② ㄱ, ㄷ　③ ㄴ, ㄹ
④ ㄹ　⑤ ㄱ, ㄴ, ㄷ, ㄹ

정답 04 ② 05 ⑤ 06 ⑤

07 사회복지실천모델에서 사용하는 기술에 관한 설명으로 옳은 것은? 〈2017 실천기술론〉

① 예외질문 – 문제가 해결된 미래에 대해 상상하도록 함으로써 변화의 목표를 찾아낸다.

② 명료화 – 저항이나 전이에 대한 이해를 반복, 심화, 확장하여 통합한다.

③ 행동조성 – 목표행동을 세분화하여 연속적, 단계적으로 강화하는 것이다.

④ 유형 역동성 고찰 – 상황을 드러내고, 그에 따른 감정을 표현함으로써 감정전환을 도모한다.

⑤ 체계적 탈(둔)감법 – 특정 행동에 대한 불안을 유발하는 행동을 하도록 지시하는 것이다.

해설 ① '문제가 해결된 미래에 대해 상상하도록 함으로써 변화의 목표를 찾아낸다.'는 기적질문이다(8장 참조).
② '저항이나 전이에 대한 이해를 반복, 심화, 확장하여 통합한다.'는 훈습 기술이다(2장 참조).
④ 유형 역동성 고찰 – '상황을 드러내고, 그에 따른 감정을 표현함으로써 감정전환을 도모한다.'는 탐색, 기술, 환기 기술에 해당한다(3장 참조).
⑤ 체계적 탈(둔)감법은 '부정적 감정을 지닌 물체와의 접촉 빈도를 점차 높여 감정을 상쇄시키는 것'을 말한다. '특정 행동에 대한 불안을 유발하는 행동을 하도록 지시하는 것이다'는 역설적 지시 기법이다.

08 인지행동모델에 관한 설명으로 옳지 않은 것은? 〈2017 실천기술론〉

① 인간행동은 의지에 의해 결정된다.

② 인간행동은 전 생애에 걸쳐 학습된다.

③ 주관적인 경험의 독특성을 인정하지 않는다.

④ 구조화된 접근을 강조한다.

⑤ 지적 능력을 가진 클라이언트에게 적용이 보다 용이하다.

09 행동수정모델의 개입기술에 관한 설명으로 옳은 것을 모두 고른 것은? 〈2017 실천기술론〉

ㄱ. 처벌받는 행동은 발생빈도가 줄어든다. ㄴ. 간헐적으로 강화된 행동은 소거하기 어렵다. ㄷ. 긍정적인 강화는 행동의 발생빈도와 정도를 증가시킨다. ㄹ. 부적 처벌은 체벌을 제시함으로써 행동의 발생 가능성을 감소시킨다.

① ㄹ　② ㄱ, ㄷ　③ ㄴ, ㄹ
④ ㄱ, ㄴ, ㄷ　⑤ ㄱ, ㄴ, ㄷ, ㄹ

정답 07 ③　08 ③　09 ④

해설 ㄹ. '체벌을 제시함으로써 행동의 발생 가능성을 감소시킨다'는 정적 처벌(+−)에 해당함

10 인지행동모델의 특성을 모두 고른 것은? 〈2018 실천기술론〉

> ㄱ. 객관적 경험의 일반화
> ㄴ. 사건을 이해하는 신념체계가 감정에 어떤 영향을 주는지 파악
> ㄷ. 문제에 대한 통제력이 자신에게 있다고 전제
> ㄹ. 질문을 통해 자기 발견과 타당화의 과정을 거침

① ㄱ, ㄹ ② ㄴ, ㄹ ③ ㄱ, ㄴ, ㄷ
④ ㄴ, ㄷ, ㄹ ⑤ ㄱ, ㄴ, ㄷ, ㄹ

11 대중 앞에서 발표할 때 만성적 긴장과 불안을 호소하는 클라이언트의 문제를 해결하기 위한 다음의 실천활동에 포함되지 않은 기법은? 〈2018 실천기술론〉

> 사회복지사는 대중 앞에서 발표를 잘하는 사람의 동영상을 클라이언트에게 여러 차례 보여주었다. 이후 사회복지사 앞에서 간단한 발표를 반복적으로 연습하게 한 후, 2~3명 앞에서 발표하게 하였다. 발표에 앞서 사회복지사는 20초 복식호흡과 함께 평화로운 하늘의 구름을 연상하도록 지시하였다. 그 후, 그룹의 크기를 조금씩 키워가면서 발표하도록 하였고, 나중에는 200여 명 앞에서 발표를 하도록 하였다. 이때도 복식호흡과 심상훈련을 하게 하였다.

① 시연 ② 모델링 ③ 이완훈련
④ 정적 강화 ⑤ 체계적 둔감화

12 다음의 사례에서 사용한 행동주의모델 전략은? 〈2018 실천기술론〉

> 아이가 버릇없이 굴 때마다 어머니는 아이를 달래주거나 야단을 쳤다. 그래도 아이의 행동이 변화되지 않자, 어머니는 생각을 바꿔 아이를 달래주지도, 야단치지도 않았다. 그 결과, 아이의 버릇없는 행동이 감소되었다.

① 멈춤 ② 소거
③ 사회기술훈련 ④ 행동형성
⑤ 대리적 조건 형성

정답 10 ④ 11 ④ 12 ②

13 인지행동모델에 관한 설명으로 옳은 것은? 〈2019 실천기술론〉

① 탈이론적이다.
② 비구조화된 접근을 강조한다.
③ 주관적 경험과 인식을 중시한다.
④ 클라이언트가 수동적으로 참여한다.
⑤ 클라이언트의 무의식적 언행에 초점을 맞춘다.

해설 ① 인지행동모델은 인지이론과 행동주의이론을 통합한 이론으로, 이론에 바탕을 두고 있다.
② 인지체계의 변화를 위해 구조화된 접근을 강조한다.
③ 클라이언트의 주관적 경험과 인식 및 책임을 강조한다.
④ 클라이언트는 수동적 존재가 아니며 외부환경과 상호작용하며 행동하는 존재이다. 즉, 클라이언트는 사회복지사에 의해서 '치료되는' 수동적 존재가 아니라 스스로가 능동적이고 적극적인 문제해결에의 참여가 중요하다.
⑤ 클라이언트의 무의식적 언행에 초점을 맞추는 모델은 정신역동모델이다.

14 인지행동모델의 개입기법에 관한 설명으로 옳지 않은 것은? 〈2019 실천기술론〉

① 행동형성은 강화원리를 따른다.
② 모델링은 관찰학습과정을 통해 이루어진다.
③ 경험적 학습에는 인지 불일치 원리가 적용된다.
④ 타임아웃은 정적 강화 원리를 이용한 것이다.
⑤ 체계적 탈감법은 고전적 조건화에 근거한다.

해설 ④ 타임아웃은 정적 강화의 접근을 일정 시간 차단함으로써 바람직하지 못한 행동을 하지 못하게 하는 행동수정의 한 형태로 '부적 처벌의 원리'를 이용한 것이다.

15 인지적 왜곡이나 오류의 유형에 관한 설명으로 옳은 것은? 〈2020 실천기술론〉

① 과잉 일반화는 정반대의 증거나 증거가 없음에도 불구하고 어떤 결론을 내리는 것이다.
② 임의적 추론은 상반된 사고의 경향성을 보이는 것이다.
③ 개인화는 하나 또는 별개의 사건들을 가지고 결론을 내린 후 비논리적으로 확장하는 것이다.
④ 선택적 사고는 상황에 대한 자신의 관점을 지지하기 위해 특정 자료들을 걸러내거나 무시하는 것이다.
⑤ 과장과 축소는 하나의 사건 혹은 별개의 사건들의 결론을 주관적으로 내리는 것이다.

정답 13 ③ 14 ④ 15 ④

해설 ① 임의적 추론, ② 이분법적 사고, ③ 과잉 일반화, ⑤ 선택적 사고 또는 선택적 추상화에 대한 설명이다.

16 사회기술훈련에서 활용되는 기법을 모두 고른 것은? 〈2020 실천기술론〉

ㄱ. 코칭	ㄴ. 과제제시
ㄷ. 모델링	ㄹ. 자기옹호

① ㄱ, ㄷ ② ㄴ, ㄹ ③ ㄱ, ㄴ, ㄷ
④ ㄴ, ㄷ, ㄹ ⑤ ㄱ, ㄴ, ㄷ, ㄹ

17 인지행동모델에 관한 설명으로 옳지 않은 것은? 〈2021 실천기술론〉

① 구조화된 접근을 한다.
② 클라이언트의 무의식적 행동에 관심을 둔다.
③ 교육적 접근을 강조한다.
④ 클라이언트의 주관적인 경험, 문제 및 관련 상황에 대한 인식을 중시한다.
⑤ 클라이언트와 사회복지사의 협조적인 노력을 중시하고, 클라이언트의 능동적인 참여를 권장한다.

18 인지행동모델에서 비합리적인 사고에 대해 '실용성에 관한 논박기법'을 사용한 질문은? 〈2022 실천기술론〉

① 그 생각이 옳다는 것을 어떻게 아세요?
② 지금 느끼는 감정을 명확하게 설명할 수 있으세요?
③ 그 일이 실제로 일어날 가능성이 얼마나 될까요?
④ 그 생각이 문제해결에 얼마나 도움이 될까요?
⑤ 그 생각의 논리적 근거는 무엇입니까?

해설 ① 논리적 논박(논리성), ② 명료화(명확화) 기법, ③ 경험적 논박(현실성), ④ 실용적 논박(실용성), ⑤ 논리적 논박(논리성)

정답 16 ⑤ 17 ② 18 ④

19 인지행동모델의 개입방법에 해당되는 것을 모두 고른 것은? 〈2022 실천기술론〉

ㄱ. 내적 의사소통의 명료화	ㄴ. 모델링
ㄷ. 기록과제	ㄹ. 자기지시

① ㄱ, ㄴ ② ㄷ, ㄹ ③ ㄱ, ㄴ, ㄷ
④ ㄴ, ㄷ, ㄹ ⑤ ㄱ, ㄴ, ㄷ, ㄹ

20 사회기술훈련에서 사용되는 행동주의모델기법을 모두 고른 것은? 〈2022 실천기술론〉

ㄱ. 정적 강화	ㄴ. 역할연습
ㄷ. 직면	ㄹ. 과제를 통한 연습

① ㄱ, ㄴ ② ㄱ, ㄷ ③ ㄱ, ㄴ, ㄹ
④ ㄴ, ㄷ, ㄹ ⑤ ㄱ, ㄴ, ㄷ, ㄹ

21 인지행동모델에 관한 설명으로 옳지 않은 것은? 〈2023 실천기술론〉

① 개인의 주관적 경험의 독특성을 중시한다.
② 클라이언트의 강점과 자원이 문제해결의 주요 요소이다.
③ 제한된 시간 내에 특정 문제에 초점을 두고 접근한다.
④ 과제 활용과 교육적인 접근으로 자기 치료가 가능하도록 한다.
⑤ 클라이언트의 적극적 참여와 협조적 태도를 중시한다.

22 인지적 오류(왜곡)에 관한 예로 옳지 않은 것은? 〈2023 실천기술론〉

① 임의적 추론 : 내가 뚱뚱해서 지나가는 사람들이 나만 쳐다봐.
② 개인화 : 그때 내가 전화만 받았다면 동생이 사고를 당하지 않았을 텐데. 나 때문이야.
③ 이분법적 사고 : 이 일을 완벽하게 하지 못하면 실패한 것이야.
④ 과잉 일반화 : 시험 보는 날인데 아침에 미역국을 먹었으니 나는 떨어질 거야.
⑤ 선택적 요약 : 지난번 과제에 나쁜 점수를 받았어. 이건 내가 꼴찌라는 것을 의미해.

정답 19 ⑤ 20 ③ 21 ② 22 ④

23 사회복지실천의 개입기법에 관한 설명으로 옳지 않은 것은? 〈2023 실천기술론〉

① 소거 : 부적 처벌의 원리를 이용하여 바람직하지 않은 행동을 중단시키는 것
② 시연 : 클라이언트가 힘들어하는 행동에 대해 실생활에서 실행 전에 반복적으로 연습하는 것
③ 행동조성 : 특정 행동 수준까지 끌어올리기 위해 작은 단위의 행동으로 나누어 과제를 주는 것
④ 체계적 둔감법 : 두려움이 적은 상황부터 큰 상황까지 단계적으로 노출시켜 문제를 극복하도록 하는 것
⑤ 내적 의사소통의 명료화 : 클라이언트가 자신의 생각을 말로 표현하고, 피드백을 통해 사고의 명료화를 돕는 것

24 사회기술훈련의 단계를 순서대로 옳게 나열한 것은? 〈2023 실천기술론〉

ㄱ. 역할극	ㄴ. 적용
ㄷ. 시연	ㄹ. 평가

① ㄱ → ㄷ → ㄴ → ㄹ ② ㄱ → ㄷ → ㄹ → ㄴ
③ ㄴ → ㄷ → ㄹ → ㄱ ④ ㄷ → ㄱ → ㄴ → ㄹ
⑤ ㄷ → ㄱ → ㄹ → ㄴ

25 인지행동모델 개입기법에 관한 설명으로 옳은 것은? 〈2024 실천기술론〉

① 행동시연 : 관찰학습과정을 통해 클라이언트가 시행착오를 거치지 않고 행동할 수 있도록 한다.
② 유머사용 : 인지적 기법의 하나로서 비합리적인 신념에서 오는 불안을 감소시키는 데 유용하다.
③ 내적 의사소통 명료화 : 클라이언트 스스로 자신에 대해 독백하고 사고하는 과정이다.
④ 역설적 의도(paradoxical intention) : 클라이언트의 역기능적 사고를 인식하고 이를 현실적인 사고로 대치한다.
⑤ 이완훈련 : 클라이언트가 가장 덜 위협적인 상황에서 가장 위협적인 상황까지 순서대로 제시한다.

정답 23 ① 24 ⑤ 25 ③

26 클라이언트가 타인이 하는 바람직한 행동을 보고 모방함으로써 행동의 변화를 가져오는 개입기술은? 〈2024 실천론〉

① 초점화
② 모델링
③ 환기
④ 직면
⑤ 격려

27 다음 사례에 해당하는 인지적 오류는? 〈2025 실천기술론〉

입사시험 면접을 잘 마쳤음에도 불구하고 K씨는 부모님께 시험에 떨어질 것이라고 말씀드렸다.

① 이분법적 사고
② 개인화
③ 과잉 일반화
④ 재앙화
⑤ 임의적 추론

정답 26 ② 27 ⑤

05 CHAPTER 통합적 방법에 의한 모델

학습목표

1. 과제중심모델의 개요 및 기본개념, 개입목표 및 개입과정, 개입기법을 설명할 수 있다.
2. 역량강화모델의 개요 및 기본개념, 개입목표 및 개입과정을 설명할 수 있다.

1. 과제중심모델

1) 과제중심모델의 개요 및 기본개념

과제중심모델(task-centered model)은 1970년대 초 시카고 대학의 리드와 엡스타인(Reid & Epstein)에 의하여 개발된 모델로서, 펄만(H. Perlman, 1957)의 문제해결접근의 요소, 스텃(E. Studt, 1968)의 클라이언트 과제에 대한 개념 및 케이스워크 기법 등의 영향을 받았다. 이 모델은 그동안의 심리치료에서 장기간을 필요로 했던 정신분석이나 정신역동 치료방법에서 벗어나 현재 갈등에 초점을 맞추어 시간제한적인 단기치료에 대한 관심이 고조되면서 보다 집중적인 구조화된 개입 형태를 바라는 경향에서 등장하게 되었다. 또한 이 모델은 장기치료가 반드시 단기치료보다 우세하지 않다는 점과 이론보다는 경험적 자료를 통해 개입의 기초를 마련하려는 움직임 등으로 등장하게 되었다(이영실 외, 2015; 전남련 외, 2014).

과제중심모델의 특징은 다음과 같다.

첫째, 시간제한적인 단기개입모델이다. 과제중심모델은 아무리 길어도 4개월 이내에 종료되는 시간제한적 모델이기 때문에 합의된 목표가 있고, 개입의 책무(임)성을 강조한다. 특히 사회복지사는 사회복지실천과정을 기록하고 모니터링하며, 개입과정과 결과를 평가함으로써 개입의 책무성을 높인다.

둘째, 특정한 단일 이론이나 모델에 근거하지 않고, 다양한 접근방법을 선택적으로 사용하는 종합적이고 통합적인 개입모델이다. 과제중심모델은 어떤 특정한 이론이나 개입방법을 고집하지 않고, 일반체계이론, 의사소통이론, 인지이론, 학습이론의 기본원칙을 통합하는 절충주의적 접근을 시도한다. 또한 과제중심모델은 행동주의 기법, 인지이론과 방법, 가족치료접근법 등을 이론에 통합시켜 성장·발달하였다. 즉, 과제중심모델은 다양한 이론과 모델을 절충적으로 활용한다.

셋째, 시작–표적문제의 규명–계약–실행–종결단계와 같은 구조화된 접근을 강조한다. 시간제한적인 단기치료의 기본원리를 지키기 위해서는 정해진 시간 동안 수행해야 할 내용과 각 단계별 구조화된 전략을 따라야 한다. 따라서 과제중심모델은 다른 모델에 비해 상대적으로 실천과정이 매우 구조화되어 있다.

넷째, 클라이언트의 경험적 자료를 통해 개입의 기초를 마련한다. 즉, 과제중심모델은 이론보다는 조사에 근거한 경험적 자료를 중심으로 진행한다.

다섯째, 사회복지사와 클라이언트의 관계는 협력적 관계이다. 또한 사회복지사와 클라이언트는 모두 적극적으로 참여해야 한다.

여섯째, 클라이언트의 자기결정권을 존중하고 강조한다.

일곱째, 클라이언트의 환경에 대한 개입[1]을 강조한 실천모델이다.

여덟째, 클라이언트가 인식한 문제에 초점을 두고, 클라이언트의 욕구를 최대한 반영한다.

아홉째, 과거보다 현재에 초점을 둔다.

이상과 같은 다양한 특징을 가진 과제중심모델에서 사용하는 기본개념으로는 표적문제와 과제가 있다.

---

1) 클라이언트의 환경에 대한 개입을 강조한 모델로는 심리사회모델, 생태체계모델, 행동주의모델, 과제중심모델 등이 있다.

(1) 표적문제

표적문제(target problem)는 클라이언트가 해결하기를 원하는 문제로서 개입의 초점이 되는 문제이다. 따라서 클라이언트의 문제인식을 반영하여 표적문제를 설정한다. 클라이언트는 다수의 문제를 가지고 있을 수 있는데, 이들 문제 중에서 표적문제는 우선순위를 고려하여 3개까지 정한다. 이는 클라이언트가 문제로 인식하고 이를 해결하기를 원하며, 사회복지사도 전문적 판단에 의해 문제라고 인정하면서, 개입의 초점으로 서로 동의한 문제이다(생각의 마을, 2017a). 여기서 가장 중요한 고려 사항은 표적문제의 우선순위를 정할 때 클라이언트의 견해를 최대한 반영하는 것이다. 사회복지사와 클라이언트의 의견이 다를 경우 클라이언트의 관심사를 우선적으로 고려하면서 사회복지사 자신의 지식과 기술을 고려한다. 그리고 표적문제는 전문적 용어보다는 일상적인 용어로 기술되는 것이 바람직하다.

과제중심모델에서는 문제의 대상을 다음 일곱 가지로 분류하고 있다(이영실 외, 2015).

첫째, **대인관계의 갈등** : 부부, 부모-자녀, 형제간 등 가족 내 갈등 외에도 교사와 학생, 의사와 환자, 고용자와 피고용자 등의 관계에서의 갈등이 있다.

둘째, **사회적 관계에 대한 불만** : 클라이언트는 친한 친구, 가족성원, 혹은 의미 있는 사람과의 관계에서 신뢰 등이 무너지면 상대방에게 불만을 노출하는 등 사회적 관계의 불만이 더욱더 증가하게 된다.

셋째, **조직체와의 문제** : 클라이언트는 직장 등 조직 성원과의 업무나 대인관계에서 적응을 하지 못하여 조직체와의 문제를 일으킬 수 있다.

넷째, **역할수행상의 어려움** : 사회복지사는 클라이언트의 배우자의 역할이나 부모역할 등과 같은 가족성원으로서 역할수행상의 어려움을 주로 다룬다.

다섯째, **사회적 변천에 따르는 문제** : 병원이나 시설에서의 퇴원, 다른 지방으로의 전출, 부모가 되는 일, 이혼하는 일 등 클라이언트의 생애주기에 따라 그에게 급격한 변화가 다르게 일어날 수 있다.

여섯째, **정서적 고통** : 클라이언트는 불안, 우울, 그 밖의 혼란된 감정 상태에 노출되기 쉽다.

일곱째, **자원과 기술의 부족** : 클라이언트의 문제는 자원 혹은 기술의 부족으로 이해한다. 여기서 자원은 금전, 주택, 교통, 직업 등 유형의 자원이나 특수한 자원이 결여되는 경우이다.

(2) 과제

과제(또는 과업, task)는 개입의 목표를 달성하기 위해서 클라이언트와 사회복지사가 함께 계획하고 의논해서 만든 것으로, 사회복지사보다 클라이언트가 제시하는 문제나 욕구를 고려하여 선정하고, 과제 수는 가급적 3개를 넘지 않게 하며, 클라이언트의 동의가 필요하다. 사회복지사는 클라이언트가 동의한 과제를 중심으로 개입한다.

과제는 클라이언트가 수행해야 하는 과제도 있고, 사회복지사가 수행해야 하는 과제도 있다. 따라서 계약 내용에 사회복지사의 과제를 포함한다. 클라이언트의 과제는 문제해결을 위해 수행하는 다양한 활동으로 면접 내에서도 이루어지고 면접 외 상황 혹은 면접과 면접 사이에서도 이루어진다. 사회복지사의 과제는 클라이언트의 과제수행을 원조하고 지지하는 활동, 클라이언트의 가족이나 친구 같은 주변 사람들 혹은 다른 기관과 협상하고 의견을 나누는 것을 포함한다.

다음은 표적문제와 과제의 예를 나타낸 것이다.

표적문제와 과제의 예

- 표적문제 : 분노조절이 안 된다.
- 과제 : 1. 심호흡을 10회 하기
  2. 원인파악 위해 주 1회 상담하기

과제에는 일반적 과제와 조작적 과제가 있다. 일반적 과제는 행동의 방향을 대략적으로 기술하는 과제로, 방향은 있지만 구체적인 방법은 설정하지 않은 상태의 과제이다. 이에 반해, 조작적 과제는 클라이언트가 수행해야 하는 구체적 활동으로, 명확한 활동에 대한 정보를 포함하고 있기 때문에 일종의 하위과제 형태를 띤다. 따라서 조작적 과제는 일반적 과제에 비해 구체적이다.

〈표 5-1〉은 일반적 과제와 조작적 과제의 예를 나타낸 것이다.

〈표 5-1〉 일반적 과제와 조작적 과제의 예

일반적 과제	조작적 과제
담배를 끊는다.	• 자조모임에 가입한다. • 담배가 생각날 때마다 사탕을 먹는다. • 금연패치를 한다.
부모-자녀 간 의사소통 증진	• 매일 식사 때 자녀에게 한 가지씩 칭찬하기 • 식사 때 긍정적 대화 나누기

2) 과제중심모델의 개입목표 및 개입과정

(1) 개입목표

과제중심모델에서는 클라이언트가 활용할 자원이 부족하거나 기술이 없기 때문에 문제가 발생한다고 가정하고, 계약한 구체적인 문제해결에 초점을 두고 접근한다. 따라서 개입목표는 클라이언트가 문제해결에 필요한 기술이나 자원을 얻을 수 있도록 원조하는 것이다.

(2) 개입과정

과제중심모델의 개입과정은 시작-표적문제의 규명-계약-실행-종결단계와 같은 구조화된 접근을 강조한다(그림 5-1 참조).

시 작	기관으로부터 클라이언트 의뢰 또는 클라이언트의 자발적 지원
⬇	
제1단계 : 문제규명	클라이언트의 표적문제 확인
⬇	
제2단계 : 계약	계약체결(표적문제의 우선순위, 목표, 과제, 기간, 참가자 등)
⬇	
제3단계 : 실행	문제해결과정
⬇	
제4단계 : 종결	종결

▎그림 5-1▎ 과제중심모델의 과정

출처 : 이영실 외(2015); Reid & Epstein(1992).

① 시작단계

시작단계에서 자발적 클라이언트와 비자발적 클라이언트에게서 확인해야 할 사항은 다음과 같다.

시작단계	
자발적 클라이언트의 경우 확인 사항 • 클라이언트가 스스로 원해서 사회복지사를 찾아 온 경우에는 바로 제1단계인 문제규명 단계로 넘어감	다른 기관으로부터 의뢰된 비자발적 클라이언트의 경우 확인 사항 • 의뢰기관의 의뢰 이유 • 의뢰기관에서 제시하는 개입의 목표 • 목표달성을 위한 의뢰기관의 자원

② 제1단계 : 표적문제의 규명단계

제1단계인 표적문제의 규명단계에서는 클라이언트의 문제인식을 반영하여 표적문제를 설정한다. 표적문제는 클라이언트가 변화를 원하고, 사회복지사의 전문적 판단에 의해 문제라고 인정이 되며, 개입의 초점으로 서로 동의한 문제이다. 이러한 표적문제는 클라이언트의 우선순위(3개까지)를 설정하게 되는데, 표적문제의 우선순위 결정에서 고려해야 할 사항으로는 긴급성, 변화가능성, 해결가능성, 클라이언트의 선택 등이 있다.

다음은 표적문제의 규명단계의 과업을 나타낸 것이다.

제1단계 : 표적문제의 규명단계의 과업

- 의뢰기관에서 위임한 문제를 파악한다. = 의뢰자가 제시한 문제를 확인한다.
- 클라이언트가 규정한 문제를 파악한다. = 클라이언트의 노력으로 해결 가능한 문제를 선정한다.
- 표적문제를 구체적으로 설정한다.
- 클라이언트의 우선순위(3개까지)를 설정한다.
- 우선순위에 따라 개입문제를 규명한다.
- 신속하게 예비적인 초기사정을 시행한다. = 개입 초기에 빠른 사정을 한다.

〈표 5-2〉는 규명된 표적문제의 예를 나타낸 것이다.

〈표 5-2〉 규명된 표적문제

문 제	내 용
문제 1	주거환경이 열악하다.
문제 2	뇌졸중으로 인한 편마비로 보행과 팔 사용이 어렵다.
문제 3	여가시간을 보낼 취미생활이 없다.
표적문제	1) 현 주거지의 환경을 개선하거나 새로운 거주지로 이사한다. 2) 꾸준한 운동과 여가시간을 보낼 수 있는 방법을 찾는다.

출처 : 김현호 외(2013).

③ 제2단계 : 계약단계

제2단계는 계약단계로서, 표적문제, 목표 등이 명시된 계약서를 작성한다. 계약(contracting)은 클라이언트와 사회복지사의 동의로 서면 혹은 구두로 이루어진다. 비자발적 클라이언트의 경우 보호자와 계약을 체결하고, 계약은 당사자 간의 판단에 의해 언제든지 바뀔 수 있다. 다음은 계약서에 포함되어야 할 내용을 나타낸 것이다.

제2단계 : 계약서에 포함되어야 할 내용

- 표적문제(우선순위 3개까지)
- 클라이언트의 구체적 목표
- 클라이언트의 과제
- 사회복지사의 과제
- 개입기간, 지속시간 및 면접 일정
- 참여자

〈표 5-3〉은 계약서의 예를 나타낸 것이다.

〈표 5-3〉 계약서 예

계약서	
어르신이 바라는 점	주거환경 개선, 건강회복, 여가활동
문제점	• 주거환경이 열악하다. • 뇌졸중으로 인한 편마비로 보행과 팔 사용이 어렵다. • 여가시간을 보낼 취미생활이 없다.
목 표	• 욕구에 맞는 집에 대한 정보 알아보기 • 바닥에 있는 습기 제거와 곰팡이로 인한 유해한 공기 정화하기 • 아침저녁으로 운동을 통해 건강 악화를 예방하기 • 라디오 사용법을 숙지하여 취미생활 실시하기
어르신의 과제	• 새 거주지 정보 수집하기 • 환기와 청소를 정기적으로 실시하기 • 아침저녁으로 팔다리 운동하기 • 복지관 물리치료실 이용하기 • 라디오 사용법 배우기
사회복지사의 과제	• 현재 거주지에 대한 재정 파악하기 • 새 거주지의 정보 수집하기 • 운동에 필요한 정보와 시간표를 작성하고 관리하기 • 취미생활을 할 수 있는 여건 조성하기
개입계획	20××년 ×월 ×일 ~ 20××년 ×월 ×일(12주), 주 1회 이상 개별면담 * 기간은 사정에 따라 수정 변경될 수 있음
면담 장소	○○노인복지관 상담실
일 시	매주 수요일 오후 4시 ~ 5시(1시간)

위와 같은 상황에 합의하며 합의 사항을 준수하기로 약속합니다.

20××년 ×월 ××일

클라이언트 ○ ○ ○ (인)
보 호 자 ○ ○ ○ (인)
○○노인복지관 사회복지사 ○ ○ ○ (인)

출처 : 김현호 외(2013).

④ 제3단계 : 실행단계

제3단계는 실행(개입)단계이다. 실행(implementation)은 개입과정에서 가장 많은 시간을 할애하는 단계이다(8회기 개입이라면 제2회기부터 제7회기까지가 실행단계에 해당). 다음은 실행(개입)단계에서 이루어지는 활동을 나타낸 것이다.

제3단계 : 실행(개입)단계에서 이루어지는 활동

- 표적문제의 규정 및 확정(3개까지)
- 표적문제의 재규정 및 명명(변경해야 할 특수조건 및 행동)
- 표적문제에 대한 초점화된 집중
- 점검(모니터링)
  - 과제수행의 정도 점검
  - 표적문제의 변화 과정 확인
  - 새로운 문제 혹은 수정된 문제 점검(제시된 문제가 클라이언트의 욕구와 일치하지 않은 경우 조정한다)
- 대안수립
  - 가능한 범위 내에서 문제해결 행동 발굴 및 규명
- 실행 가능한 클라이언트의 수행 과제 개발
  - 과제 형성
  - 과제에 대한 클라이언트의 동의 및 이해 확보
  - 과제의 근거 및 동기 요인에 대한 클라이언트의 동의 및 이해 확보
  - 과제의 요약
  - 예상되는 문제에 대한 재검토
  - 클라이언트의 과제수행 계획 수립
- 과제수행 지원 및 실행(이행)
  - 남은 회기 점검
  - 자원 획득 및 사용
  - 사회기술훈련 실시
  - 과제수행의 장애물 예측 및 발굴
  - 장애요인 제거, 완화, 변경
  - 과제수행의 실질적 장애물의 규명과 해결
  - 과제수행의 인지적 장애물 경감(두려움, 의심, 지식 부족 등)
  - 사회복지사의 과제에 대해 계획하고 진술(예 지역사회에서 지원할 수 있는 방법을 확인한다)
  - 클라이언트가 동의한 과제를 중심으로 개입
- 다음의 경우에 계약 수정(혹은 일부 변경)
  - 만족스럽게 진행되지 않는 경우
  - 진행 상황이 기대치를 추월하는 경우
  - 새로운 문제가 발생한 경우
  - 과제들이 제대로 수행되지 않는 경우
  - 지지와 자원이 비효율적인 경우
  - 문제가 다른 양상을 띠는 경우
  - 사회복지사의 과제가 비효율적이거나 실현 가능하지 않은 경우

⑤ 제4단계 : 종결단계

제4단계는 종결단계로서, 종결(termination)은 문제가 해결되었거나 계약이 종료되면 이루어진다. 또한 종결 시 해결되지 않은 문제들이 남은 경우에는 어떻게 할 것인가에 대한 논의가 있어야 한다. 다음은 종결단계에서 이루어지는 활동을 나타낸 것이다.

제4단계 : 종결단계에서 이루어지는 활동
• 달성된 사항과 이후의 전망 검토 : 개입과정을 통해 성취한 것에 대한 점검 • 치료 연장 : 클라이언트가 승인하는 경우 • 모니터링 : 법률, 법원, 명령, 공식적 기관의 요구가 있는 경우 • 사회복지사 자신의 활동에 대한 평가

3) 과제중심모델의 개입기법

과제중심모델의 개입기법은 크게 간접적 행동변화 기법과 직접적 행동변화 기법으로 구분된다(설진화, 2011; 윤선오 · 김현진, 2013; 이영실 외, 2015).

(1) 간접적 행동변화 기법

간접적 행동변화 기법으로는 의사소통기술, 탐색, 구조화, 상황분석 등이 있다.

① 의사소통기술

과거에 대한 클라이언트의 노력은 과제중심모델에서 결정적인 것으로, 클라이언트는 '나는 그것을 성취하기를 원한다'라고 말할 수 있어야 한다. 따라서 클라이언트가 무엇을 추구하고 바라고 있는가를 클라이언트와 함께 언어화하는 것이 이 모델에서 가장 중요하다.

② 탐색

탐색은 모든 대인관계 치료모델에서 사용하는 기본적인 기법으로, 클라이언트로부터 자료 및 정보를 이끌어 내려는 사회복지사의 노력을 말한다. 과제중심모델에서는 탐색과정을 통해 클라이언트의 문제를 끌어내고 이를 명료화하여 과제의 방향과 가능성을 검토하게 된다.

③ 구조화

구조화는 클라이언트와의 상호작용 구조와 방향에 대한 사회복지사의 의사소통으로 구성된다.

④ 상황분석

문제의 상황은 문제를 유지시키는 원인과 문제를 다룰 때 동원될 수 있는 자원으로 구성된다. 상황요인은 가족, 집단, 공동체, 조직 등이 포함된 다차원적 틀 속에서 이루어지며 표적문제와 관련하여 검토된다.

(2) 직접적 행동변화 기법

직접적 행동변화 기법으로는 인식증진, 격려, 지시 등이 있다.

① 인식증진

인식증진은 개입과정에서의 해석, 명료화, 직면, 반성 등과 같은 수준의 기법에 해당한다. 클라이언트의 인식증진을 원조하기 위해서는 개별화된 교육적 노력이 필요하며, 특수한 기능과 상황에서의 인식증진에 대한 사회복지사의 집중적 노력이 필요하다.

② 격려

격려는 클라이언트가 세운 계획이나 실행하려는 계획, 수행한 행동에 대해 찬성을 표하거나 긍정적 반응을 표현하는 것을 말한다.

③ 지시

지시는 장기치료보다 단기치료에서 더 많이 사용되며, 오직 클라이언트 과제의 진보를 촉진할 목적으로 사용된다.

2. 역량강화(권한부여)모델

1) 역량강화모델의 개요 및 기본개념

역량강화모델(empowerment model)은 권한부여모델이라고도 하며, 클라이언트를 문제중심으로 보지 않고, 필요한 자원을 활용하거나 문제에 대처할 수 있도록 역량을 지지하여 강화시켜 주어 자립을 가능하게 하는 실천모델이다. 역량강화모델은 1970년대 이후 생태체계관점 및 강점관점의 중요성이 대두되면서 역량강화에 대해 연구해 온 학자들에 의해 형성되었다. 이 모델은 새롭게 등장한 모델이라기보다는 사회복지실천의 전통에 내재되어 있던 강점중심의 개입이 재조명됨으로써 구체적인 모델로 탄생한 것으로 볼 수 있다(생각의마을, 2017a).

역량강화모델은 생태체계관점과 강점관점을 적용한 모델이다. 먼저, 생태체계관점은 인간과 물리적·사회적 환경 사이의 상호 교환을 개념적 기반으로 하는 많은 이론들의 공통된 관점으로(Germain & Gitterman, 1980), 인간행동에 대한 다양한 이론을 통합하고 있으며, 특히 생태학과 일반체계이론의 개념들을 통합하고 있다(양옥경 외, 2005; 전남련 외, 2014). 생태체계관점의 특징은 다음과 같다. ① 환경에 대한 개입을 강조한다. ② 맥락[2]적 사고를 한다. ③ 다체계적 접근을 한다. ④ 인간과 환경 간의 균형을 강조한다. ⑤ 문제에 대한 포괄적인 이해의 틀을 제공한다. ⑥ 인간과 환경은 상호작용하며, 주기적으로 상호 교류하는 하나의 체계이다.

다음으로 강점관점은 샐리비(D. Saleebey)와 밀리(K. Miley)가 대표적인 학자이며, 돕는 목적은 클라이언트의 삶에 함께하며 가치를 확고히 하도록 지원하는 것이다. 그리고 강점관점에서는 실천의 초점을 문제가 아닌 도전으로, 병리가 아닌 강점으로, 과거가 아닌 현재와 미래로 전환한다. 강점관점을 병리적 관점과 비교하면 〈표 5-4〉와 같다.

---

2) 맥락(脈絡)은 서로 연관되어 있는 것을 이어주는 것을 의미한다.

〈표 5-4〉 병리적 관점과 강점관점의 비교

병리적 관점	구 분	강점관점
‘진단에 따른 증상을 가진 사람’으로 규정한다. 클라이언트는 문제를 가진 병리적이고 역기능적인 사람이므로 전문가가 개입해야 할 대상으로 본다.	개 인	‘개인의 독특한 존재, 즉 강점을 가진 기질 및 재능과 자원을 가진 사람’으로 규정한다. 클라이언트에게 희망과 용기를 강조하면서 자신의 문제를 해결할 능력이 있다고 본다.
클라이언트의 문제에 초점을 둔다.	초 점	클라이언트의 강점과 가능성에 초점을 둔다.
‘클라이언트의 어린 시절 상처’는 성인기의 병리를 예측할 수 있는 전조로 본다.	아동기의 외상	‘클라이언트의 외상과 학대 경험과 같은 어린 시절 상처’는 클라이언트에게 도전과 기회의 원천이 될 수 있다고 본다.
사회복지사는 클라이언트의 삶의 전문가이므로 클라이언트에게 전문가의 지식과 기술을 활용한다.	전문가와의 관계	사회복지사와 클라이언트의 협력 작업이 이루어질 때 클라이언트에게 최선의 도움이 주어질 수 있다고 보면서 사회복지사와 클라이언트 간의 상호 협력적인 파트너십을 강조한다.
전문가를 중심으로 개입한다.	개 입	클라이언트의 견해와 입장을 더 중요시하고 반영한다.
사회복지사가 만든 치료계획이다.	치료의 핵심	개인, 가족, 지역사회의 참여이다.
선택, 통제, 헌신, 개인적 발달의 가능성은 병리에 의해 제한된다.	가능성	선택, 통제, 헌신, 개인적 발달의 가능성은 열려있다.
변화를 위한 자원은 전문가의 지식과 기술이다.	자 원	모든 환경 속에는 활용 가능한 자원이 있다고 보고, 가능한 모든 자원을 확보하여 클라이언트의 역량강화의 활용을 도모한다.

출처 : 생각의마을(2016), 사회복지교육연구센터 편저(2018b)를 대폭 수정・보완함.

이상과 같이 역량강화모델은 생태체계관점과 강점관점에 바탕을 둔 실천모델이다. 이러한 역량강화모델의 특징을 정리하면 다음과 같다.

① 클라이언트의 문제보다는 강점을 강조한다. 역량강화모델은 전통적인 접근과는 달리 문제보다는 강점을, 처방에 따른 치료보다는 능력 향상을 강조한다. 이와 더불어 사회복지사는 클라이언트가 의미 있는 선택을 할 수 있게 자아효능감을 증진하고 자신의 강점을 찾도록 돕는다.

② 사회복지사의 전문가적 전문성보다는 사회복지사와 클라이언트 간의 상호 협력적인 파트너십을 강조한다. 즉, 역량강화모델에서는 클라이언트를 문제해결의 협력적 파트너로 인식・인정한다. 따라서 사회복지사는 클라이언트와 문제해결방안을 함께 수립한다. 또한 클라이언트와

사회복지사의 역할을 정하고 협력한다.

③ 클라이언트를 개입의 객체로 보지 않고(클라이언트를 일방적 수혜자로 인식하지 않는다), 사회변화를 위한 행동에 참여하는 주체로 본다. 또한 클라이언트를 자신 문제의 전문가로 인정한다. 그리고 역량강화를 위한 클라이언트 중심의 개입을 강조한다. 따라서 변화를 위한 클라이언트의 역할이 매우 중요하다.

④ 클라이언트를 서비스에 대한 권리를 가진 '소비자(consumer)'로 본다. 따라서 서비스에 대한 클라이언트의 권리를 인정하고 클라이언트의 책임을 강조한다. 그리고 사회복지사는 클라이언트의 권리를 옹호한다.

⑤ 클라이언트의 참여를 중시하고 자기결정권을 강조한다.

⑥ 클라이언트의 잠재적인 역량에 초점을 둔다. 즉, 클라이언트를 잠재력 있는 인간이며, 문제해결을 위한 자원으로 인식한다.

⑦ 클라이언트의 자원을 인정하고, 클라이언트가 활용 가능한 자원을 확보·동원하거나 통제하도록 원조하는 것을 강조한다. 이와 더불어 클라이언트로 하여금 주변의 자원을 보게 하며 나아가 클라이언트 자신을 자원으로 보도록 돕는다.

⑧ 사회복지사는 클라이언트의 감정을 구체화한다.

⑨ 사회복지사는 클라이언트 자신의 삶과 상황에 대해 더 많은 통제력을 갖도록 돕는다. 즉, 사회복지사는 클라이언트가 자신의 삶을 스스로 통제할 수 있도록 원조한다.

⑩ 역량강화는 개인, 대인관계, 제도적(구조적, 사회·정치적) 차원 등 모든 사회체계 수준에서 이루어진다. 개인 차원의 역량강화는 개인의 역량, 지배감, 강점, 변화능력에 영향력을 주는 것이고, 대인관계 차원의 역량강화는 다른 사람에 대해 영향력을 미칠 수 있도록 하는 것이다. 이는 어느 일방에 의해 주거나 혹은 받기만 하는 것이 아니라 상호 교환하는 관계를 형성하는 것이다. 그리고 제도적 차원의 역량강화는 사회적·정치적 상황과 같은 사회구조나 제도를 바꿈으로써 좀 더 힘을 얻고, 새로운 기회를 창출할 수 있다는 것이다(사회복지교육연구센터, 2018a).

2) 역량강화모델의 개입목표 및 개입과정

(1) 개입목표

역량강화모델의 개입목표는 억압받고 무기력한 상황에 놓여 있는 클라이언트가 자신의 잠재된 역량을 개발하고 힘을 키워 필요한 자원을 획득하여 자신의 역량을 강화할 수 있도록 원조하는 것이다.

역량강화모델의 개입 대상은 주로 빈민, 이민자, 유색인종, 장애인, 낙인이나 차별 받는 사람 등 사회적으로 억압받고 소외된 사람들이다. 따라서 사회복지사는 사회적으로 억압받는 집단에 대한 역사적 관점을 이해하고, 문제보다는 가능성에 초점을 두고, 클라이언트의 강점, 재능, 지식, 능력, 자원 등을 동원하여 그의 목표와 비전을 성취할 수 있도록 협력해야 한다.

(2) 개입과정

역량강화모델의 개입과정은 대화단계, 발견단계, 발전단계의 실천과정 순서로 진행된다.

① 대화단계

대화단계는 사회복지사와 클라이언트가 대화를 통한 협력관계(파트너십)를 형성하고, 현재 상황을 명확하게 하며, 방향 및 목표를 설정하는 단계이다. 다음은 대화단계의 과업을 나타낸 것이다.

대화단계의 과업

- 클라이언트와의 협력관계(파트너십) 형성하기
- 현재 상황의 이해 및 명확화 : 클라이언트가 겪고 있는 도전적 상황 이해 및 확인하기
- 방향 정하기 및 목표 설정 : 이용 가능한 자원체계의 능력을 분석하고 목표를 구체화한다.

② 발견단계

발견단계는 가능성을 발견하는 단계로서, 클라이언트의 강점과 자원을 사정하여 클라이언트와 주변에 대해 발견하고 계획을 작성하는 단계이다. 다음은 발견단계의 과업을 나타낸 것이다.

발견단계의 과업

- 강점 확인 : 클라이언트의 강점 탐색, 조사 및 규명하기
- 자원능력 사정 : 클라이언트의 다양한 자원 탐색, 사정 및 확보
- 수집된 정보를 조직화하기
- 해결방안 수립 : 클라이언트가 달성하려는 희망사항 진술, 달성 가능한 행동계획 수립 등
- 계약하기 : 변화를 위한 계약 맺기

③ 발전단계

발전단계는 발견단계에서 수립한 계획을 행동으로 실천하는 단계로서, 자원 활성화와 기회를 확장하는 단계이다. 다음은 발전단계의 과업을 나타낸 것이다.

발전단계의 과업

- 새로운 자원 활성화하기 : 활용 가능한 자원의 활용 방안 모색
- 기회 확장하기 : 옹호활동을 통해 클라이언트의 자원 및 기회를 확대시키기
- 성공을 인정하기 : 역량강화의 확인
- 성과의 집대성 : 달성한 것을 통합하기

05 CHAPTER

기출문제

1. 과제중심모델

01 과제중심모델에서 문제규명단계의 과업으로 옳지 않은 것은? 〈2015 실천기술론〉

① 클라이언트가 규정한 문제를 파악한다.
② 클라이언트의 수행 과제를 개발한다.
③ 의뢰기관에서 위임한 문제를 파악한다.
④ 예비적인 초기사정을 시행한다.
⑤ 우선순위에 따라 개입문제를 규명한다.

02 과제중심모델에 관한 설명으로 옳지 않은 것은? 〈2016 실천기술론〉

① 클라이언트의 자기결정권을 존중한다.
② 계약 내용에 사회복지사의 과제를 포함한다.
③ 클라이언트와 사회복지사의 관계는 협력적 관계이다.
④ 단기치료의 기본원리를 강조한 비구조화된 접근이다.
⑤ 클라이언트의 문제인식을 반영하여 표적문제를 설정한다.

03 과제중심모델에 관한 설명으로 옳지 않은 것은? 〈2017 실천기술론〉

① 단기간의 종합적인 개입모델이다.
② 클라이언트가 동의한 과제를 중심으로 개입한다.
③ 경험적 자료보다는 발달이론을 중심으로 개입한다.
④ 계약한 구체적인 문제해결에 초점을 두고 접근한다.
⑤ 클라이언트의 문제는 자원 혹은 기술의 부족으로 이해한다.

정답 01 ② 02 ④ 03 ③

04 **표적문제(target problem) 선정 시 고려할 사항으로 옳은 것은?** 〈2017 실천론〉

① 표적문제는 가능한 많이 선정하는 것이 좋다.
② 사회복지사와 클라이언트 중 어느 한쪽에서 문제로 인식하는 것은 모두 표적문제로 선정한다.
③ 표적문제의 우선순위를 정할 때 사회복지사의 전문적 판단을 중심으로 한다.
④ 표적문제를 선정할 때 사회복지사 자신의 지식과 기술을 고려한다.
⑤ 표적문제는 전문적 용어로 기술되는 것이 바람직하다.

05 **표적문제의 우선순위 결정에서 고려해야 할 사항으로 옳지 않은 것은?** 〈2018 실천론〉

① 긴급성 ② 변화가능성 ③ 측정가능성
④ 해결가능성 ⑤ 클라이언트의 선택

06 **과제중심모델의 개입과정 중 중기(실행)단계에서 해야 할 과업이 아닌 것은?** 〈2018 실천기술론〉

① 표적문제의 변화 과정 확인 ② 실질적 장애물의 규명과 해결
③ 표적문제에 대한 초점화된 집중 ④ 표적문제의 설정
⑤ 과제 계획과 이행

07 **철수는 무단결석과 친구를 괴롭히는 문제로 담임선생님에 의해 학교사회복지사에게 의뢰되었다. 철수와의 상담을 과제중심모델로 진행할 때 그 개입방법에 해당하지 않는 것은?** 〈2019 실천기술론〉

① 철수의 성격유형과 심리역동을 탐색한다.
② 지역사회에서 지원할 수 있는 방법을 확인한다.
③ 담임선생님이 제시한 문제를 확인한다.
④ 철수의 노력으로 해결 가능한 문제를 선정한다.
⑤ 제시된 문제가 철수의 욕구와 일치하지 않은 경우 조정한다.

해설 ① '철수의 성격유형과 심리역동을 탐색한다'는 심리사회모델의 개입기법이다. ② 실행단계 '과제수행 지원 및 실행 – 사회복지사의 과제에 대해 계획하고 진술'에 해당, ③ 표적문제의 규명단계 '의뢰기관(자)에서 위임한 문제를 파악한다'에 해당, ④ 표적문제의 규명단계 '클라이언트가 규정한 문제를 파악한다'에 해당, ⑤ 실행단계 '점검 – 새로운 문제 혹은 수정된 문제 점검'에 해당함.

정답 04 ④ 05 ③ 06 ④ 07 ①

08 **과제중심모델에 관한 설명으로 옳지 않은 것은?** 〈2021 실천기술론〉

① 개입 초기에 빠른 사정을 한다.
② 구조화된 접근을 한다.
③ 다양한 이론과 모델을 절충적으로 활용한다.
④ 조사에 근거한 경험적 자료를 중심으로 진행한다.
⑤ 사회복지사는 적극적으로 개입하지 않고 클라이언트가 주체적인 역할을 하도록 한다.

09 **과제중심모델에서 과제에 관한 설명으로 옳지 않은 것은?** 〈2022 실천기술론〉

① 사회복지사보다 클라이언트가 제시하는 문제나 욕구를 고려하여 선정한다.
② 조작적 과제는 일반적 과제에 비해 구체적이다.
③ 과거보다 현재에 초점을 둔다.
④ 과제 수는 가급적 3개를 넘지 않게 한다.
⑤ 과제달성 정도는 최종평가 시 결정되므로 과제수행 도중에는 점검하지 않는다.

10 **다음 설명에 해당하는 모델로 옳은 것은?** 〈2024 실천기술론〉

• 구조화된 개입	• 개입의 책임성 강조
• 클라이언트의 자기결정권 강조	• 클라이언트의 환경에 대한 개입

① 심리사회모델 ② 위기개입모델 ③ 해결중심모델
④ 인지행동모델 ⑤ 과제중심모델

11 **과제중심모델에 관한 설명으로 옳은 것은?** 〈2025 실천기술론〉

① 개인의 신념체계의 변화를 강조한다.
② 특정 이론보다는 경험적 자료를 통해 개입의 기초를 마련한다.
③ 인간의 신념이나 생각은 정서와 행동에 영향을 미친다고 가정한다.
④ 클라이언트가 무력한 상태에서 힘을 가진 상태로 이동하는 것을 목표로 한다.
⑤ 변화는 항상 일어나며 불가피한 것으로 본다.

정답 08 ⑤ 09 ⑤ 10 ⑤ 11 ②

2. 역량강화(권한부여)모델

01 임파워먼트모델에 관한 설명으로 옳은 것을 모두 고른 것은? 〈2015 실천기술론〉

ㄱ. 해결해야 할 문제를 강조한다.
ㄴ. 클라이언트의 잠재역량과 자원을 인정한다.
ㄷ. 클라이언트를 개입의 객체로 보고 자기결정권을 강조한다.
ㄹ. 사회복지사와 클라이언트 간의 상호 협력적인 파트너십을 강조한다.

① ㄱ, ㄴ, ㄷ ② ㄱ, ㄷ ③ ㄴ, ㄹ
④ ㄹ ⑤ ㄱ, ㄴ, ㄷ, ㄹ

02 임파워먼트(empowerment) 관점의 문제해결과정에서 대화 및 발견단계의 과업이 아닌 것은? 〈2015 실천론〉

① 방향 정하기 ② 기회 확장하기 ③ 강점 규명하기
④ 상황 이해하기 ⑤ 자원능력 사정하기

03 생태체계관점에 대한 설명으로 옳지 않은 것은? 〈2015 실천론〉

① 맥락적 사고를 한다.
② 다체계적 접근을 한다.
③ 인간과 환경 간의 균형을 강조한다.
④ 사회구조 개선을 위한 개입방법을 제시한다.
⑤ 문제에 대한 포괄적인 이해의 틀을 제공한다.

04 역량강화모델(empowerment model)에 관한 설명으로 옳지 않은 것은? 〈2016 실천기술론〉

① 클라이언트의 잠재적인 역량에 초점을 둔다.
② 변화를 위한 클라이언트의 역할이 중요하다.
③ 발견단계－대화단계－발전단계의 실천과정 순서로 진행된다.
④ 이용 가능한 자원체계의 능력을 분석하고 목표를 구체화한다.
⑤ 클라이언트의 참여를 중시하고 자기결정권을 강조한다.

정답 01 ③ 02 ② 03 ④ 04 ③

05 강점관점에 관한 내용으로 옳은 것을 모두 고른 것은? 〈2016 실천론〉

ㄱ. 의료모델의 강조	ㄴ. 역량강화(empowerment)의 활용
ㄷ. 전문가 중심주의	ㄹ. 희망과 용기의 강조

① ㄱ, ㄴ, ㄷ ② ㄱ, ㄷ ③ ㄴ, ㄹ
④ ㄹ ⑤ ㄱ, ㄴ, ㄷ, ㄹ

06 강점관점에 관한 설명으로 옳지 않은 것은? 〈2017 실천론〉

① 개인을 진단에 따른 증상을 가진 자로 규정한다.
② 개입의 초점이 가능성에 있다.
③ 외상과 학대 경험은 클라이언트에게 도전과 기회의 원천이 될 수 있다.
④ 모든 환경 속에는 활용 가능한 자원이 있다.
⑤ 사회복지사와 클라이언트의 협동 작업이 이루어질 때 클라이언트에게 최선의 도움이 주어질 수 있다.

07 역량강화(empowerment) 실천활동으로 옳은 것을 모두 고른 것은? 〈2017 실천론〉

ㄱ. 클라이언트와 협력
ㄴ. 생태체계적 관점 적용
ㄷ. 사회변화를 위한 행동에 참여
ㄹ. 억압받는 집단에 대한 역사적 관점 이해

① ㄹ ② ㄱ, ㄷ ③ ㄴ, ㄹ
④ ㄱ, ㄴ, ㄷ ⑤ ㄱ, ㄴ, ㄷ, ㄹ

08 다음의 설명에 해당하는 사회복지실천모델은? 〈2018 실천기술론〉

- 의미 있는 선택을 할 수 있게 자아효능감을 증진하고 자신의 강점을 찾도록 돕는다.
- 클라이언트를 잠재력 있는 인간이며, 문제해결을 위한 자원으로 인식한다.
- 클라이언트 자신의 삶과 상황에 대해 더 많은 통제력을 갖도록 돕는다.

① 해결중심모델 ② 심리사회모델 ③ 임파워먼트모델
④ 과제중심모델 ⑤ 위기모델

정답 05 ③ 06 ① 07 ⑤ 08 ③

09 **임파워먼트모델에서 사회복지사의 활동으로 옳지 않은 것은?** 〈2018 실천론〉

① 활용 가능한 자원 확보
② 역량강화를 위한 실천가 중심의 개입
③ 클라이언트와 사회복지사의 역할 정하기
④ 권리와 함께 클라이언트의 책임 강조
⑤ 클라이언트 감정의 구체화

10 **강점관점에 관한 설명으로 옳은 것을 모두 고른 것은?** 〈2018 실천론〉

> ㄱ. 클라이언트를 희생자로 인식한다.
> ㄴ. 대표적인 학자로 셀리비(D. Saleebey)와 밀리(K. Miley)가 있다.
> ㄷ. 외상, 학대, 질병 등과 같은 힘겨운 일들을 도전과 기회로 고려한다.
> ㄹ. 개입의 초점은 클라이언트의 역기능과 증상의 영향을 감소시키는 것이다.

① ㄴ ② ㄷ ③ ㄴ, ㄷ
④ ㄱ, ㄴ, ㄷ ⑤ ㄴ, ㄷ, ㄹ

11 **병리관점과 비교한 강점관점의 특징으로 옳은 것은?** 〈2019 실천론〉

① 클라이언트의 문제에 초점을 둠
② 사회복지사는 클라이언트 삶의 전문가임
③ 변화를 위한 자원은 전문가의 지식과 기술임
④ 실천의 초점을 과거에서 현재와 미래로 전환함
⑤ 강점은 용기와 낙관주의 같은 개인 내적인 요소로 한정함

12 **임파워먼트모델에 관한 설명으로 옳은 것을 모두 고른 것은?** 〈2019 실천론〉

> ㄱ. 임파워먼트는 개인, 대인관계, 제도적 차원에서 이루어짐
> ㄴ. 클라이언트를 문제해결의 협력적 파트너로 인정함
> ㄷ. 클라이언트를 위해 자원을 동원하거나 권리를 옹호함
> ㄹ. 모델의 이념적 근원은 레이놀즈(B. Reynolds)의 활동에서 찾을 수 있음

① ㄱ, ㄴ ② ㄴ, ㄷ ③ ㄷ, ㄹ
④ ㄱ, ㄴ, ㄷ ⑤ ㄱ, ㄴ, ㄷ, ㄹ

해설 ㄹ. 레이놀즈(B. Reynolds)는 홀리스(F. Hollis)와 더불어 진단주의를 기반으로 하는 심리사회모델을 계속 발전시킨 인물이다.

정답 09 ② 10 ③ 11 ④ 12 ④

13 임파워먼트모델에 관한 설명으로 옳지 않은 것은? 〈2020 실천론〉

① 클라이언트와 문제해결방안을 함께 수립한다.
② 개인, 대인관계, 제도적 차원에서 임파워먼트가 이루어진다.
③ 클라이언트와 협력관계를 확립하는 것을 중요시한다.
④ 클라이언트의 문제와 부적응의 개입에 초점을 맞춘다.
⑤ 개입과정은 대화-발견-발달단계로 진행된다.

14 클라이언트를 문제중심으로 보지 않고, 필요한 자원을 활용하거나 문제에 대처할 수 있도록 지지하여 자립을 가능하게 하는 실천모델은? 〈2020 실천기술론〉

① 과제중심모델 ② 심리사회모델 ③ 역량강화모델
④ 위기개입모델 ⑤ 인지행동모델

15 임파워먼트모델의 실천단계를 대화단계, 발견단계, 발전단계로 나눌 때, 대화단계에서 실천해야 할 과정을 모두 고른 것은? 〈2021 실천론〉

ㄱ. 방향 설정	ㄴ. 자원 활성화
ㄷ. 강점의 확인	ㄹ. 기회의 확대
ㅁ. 파트너십 형성	ㅂ. 현재 상황의 명확화

① ㄱ, ㄴ, ㄷ ② ㄱ, ㄷ, ㄹ ③ ㄱ, ㅁ, ㅂ
④ ㄴ, ㄷ, ㄹ ⑤ ㄴ, ㄷ, ㄹ, ㅁ, ㅂ

16 역량강화모델(empowerment model)에 관한 설명으로 옳은 것을 모두 고른 것은? 〈2021 실천기술론〉

ㄱ. 클라이언트를 자신 문제의 전문가로 인정한다.
ㄴ. 사회복지사와 클라이언트 간의 상호 협력적 파트너십을 강조한다.
ㄷ. 클라이언트를 개입의 객체가 아닌 주체로 보기 때문에 자기결정권이 잘 보호될 수 있다.
ㄹ. 클라이언트가 가진 문제의 원인에 초점을 두고 개입한다.

① ㄱ, ㄷ ② ㄴ, ㄹ ③ ㄱ, ㄴ, ㄷ
④ ㄱ, ㄷ, ㄹ ⑤ ㄴ, ㄷ, ㄹ

정답 13 ④ 14 ③ 15 ③ 16 ③

17 강점관점에 관한 설명으로 옳지 않은 것은? 〈2022 실천론〉

① 개입의 초점은 가능성에 있다.
② 클라이언트를 재능과 자원을 가진 사람으로 규정한다.
③ 개입의 핵심은 개인, 가족, 지역사회의 참여이다.
④ 사회복지사는 클라이언트의 진술에 대해 회의적이기 때문에 재해석하여 진단에 활용한다.
⑤ 돕는 목적은 클라이언트의 삶에 함께하며 가치를 확고히 하도록 지원하는 것이다.

18 다음에서 설명하고 있는 사회복지실천모델은? 〈2023 실천론〉

- 비장애인이 대부분인 사회에서 장애인 클라이언트의 취약한 권리에 주목하였다.
- 사회복지사와 클라이언트 집단은 장애인의 권익을 옹호하는 데 협력하였다.
- 대화, 발견, 발전의 단계를 통해 클라이언트 집단은 주도적으로 불평등한 사회제도를 개선하였다.

① 의료모델 ② 임파워먼트모델 ③ 사례관리모델
④ 생활모델 ⑤ 문제해결모델

19 강점관점에 관한 설명으로 옳은 것을 모두 고른 것은? 〈2024 실천론〉

ㄱ. 개입의 핵심은 개인과 가족, 지역사회의 참여이다.
ㄴ. 클라이언트의 능력보다 전문가의 지식이 우선시된다.
ㄷ. 사회복지사는 클라이언트의 진술을 긍정적으로 재해석하여 활용한다.
ㄹ. 현재 강점을 갖게 된 어린 시절의 원인 사건에 치료의 초점을 맞춘다.

① ㄱ ② ㄱ, ㄹ ③ ㄴ, ㄷ
④ ㄱ, ㄷ, ㄹ ⑤ ㄱ, ㄴ, ㄷ, ㄹ

20 임파워먼트모델에 관한 설명으로 옳은 것은? 〈2024 실천론〉

① 병리적 관점에 기초를 둔다.
② 어떤 경우에도 환경의 변화를 추구하지 않는다.
③ 클라이언트의 적극적인 참여를 강조한다.
④ 전문성을 기반으로 사회복지사는 클라이언트를 통제한다.
⑤ 클라이언트에 대한 정확한 진단을 최우선으로 한다.

정답 17 ④ 18 ② 19 ① 20 ③

21 임파워먼트모델에서 클라이언트와 사회복지사에 관한 설명으로 옳지 않은 것은?

〈2025 실천론〉

① 클라이언트가 원하는 변화를 위해 양자 간 협력적 관계를 형성한다.
② 클라이언트를 서비스에 대한 권리를 가진 소비자로 본다.
③ 클라이언트를 경험과 역량을 가진 원조과정의 파트너로 본다.
④ 클라이언트의 참여를 중시하고 자기결정권을 강조한다.
⑤ 사회복지사는 치료자이고, 클라이언트는 서비스의 수동적 수혜자로 여긴다.

22 임파워먼트모델의 실천기법으로 옳은 것을 모두 고른 것은? 〈2025 실천기술론〉

ㄱ. 강점 사정하기	ㄴ. 자원 확보하기
ㄷ. 촉진적 개입하기	ㄹ. 합류하기

① ㄱ, ㄴ ② ㄴ, ㄷ ③ ㄱ, ㄴ, ㄷ
④ ㄱ, ㄷ, ㄹ ⑤ ㄱ, ㄴ, ㄷ, ㄹ

23 임파워먼트모델의 각 단계와 실천과업을 연결한 것으로 옳은 것을 모두 고른 것은?

〈2025 실천론〉

ㄱ. 대화(dialogue)단계 – 성공의 확인
ㄴ. 발견(discovery)단계 – 자원역량 사정
ㄷ. 발달(development)단계 – 파트너십 형성
ㄹ. 발달(development)단계 – 강점의 확인

① ㄴ ② ㄹ ③ ㄴ, ㄷ
④ ㄱ, ㄷ, ㄹ ⑤ ㄴ, ㄷ, ㄹ

정답 21 ⑤ 22 ③ 23 ①

06 CHAPTER

위기개입모델, 클라이언트중심모델 및 동기강화모델

학습목표

1. 위기개입모델의 개요 및 기본개념, 개입목표 및 개입과정을 설명할 수 있다.
2. 클라이언트중심모델의 개요 및 기본개념, 개입목표 및 개입과정을 설명할 수 있다.
3. 동기강화모델의 개요 및 기본개념, 개입목표 및 개입과정을 설명할 수 있다.

1. 위기개입모델

1) 위기개입모델의 개요 및 기본개념

위기개입모델(crisis intervention model)은 제2차 세계대전 이후에 전쟁으로 인한 후유증과 이별이나 사별에 따른 심리적 문제 등에 대한 신속하고 숙련된 전문서비스가 요구됨에 따라 연구에 탄력을 받기 시작하였다. 위기개입모델은 사회복지이론은 물론 심리학, 사회학, 정신분석학 등에 그 뿌리를 두고 있다. 그중에서도 긴장이론과 린더만(Lindermann, 1944)의 사별에 따른 슬픔 반응에 관한 연구, 캐플란(Caplan, 1964) 등의 지역사회 수준에서의 예방정신의학 연구 등이 위기개입이론의 토대를 형성하면서 1950~1960년대에 급격하게 성장하였다(이문국 외 역, 1998; 이영호, 2015).

위기란 균형 상태의 혼란 혹은 개인의 현재 자원과 대처기제로는 감당하기 어려운 사건이나 상황을 지각하거나 경험하는 것이다. 생활 속에서 직면하는 위기의 특성은 다음과 같다. ① 시간제한적이다. ② 무력감을 초래하기도 한다. ③ 개인적 성장을 촉진할 수도 있다. ④ 위기에 대한 지각은 모든 사람이

다르다. ⑤ 만병통치나 빠른 해결책이 부재하다.

위기의 유형은 발달적 위기, 상황적 위기, 실존적 위기, 환경적 위기 등 네 가지로 설명할 수 있다(한인영 외 공역, 2002, 이영호, 2015 수정 · 보완).

첫째, **발달적 위기** : 인간이 성장하고 발달해 가는 과정에서 자연스럽게 발생하는 사건으로, 개인의 생애주기에 따른 위기와 가족의 생애주기에 따른 위기이다. 예를 들어, 대학 졸업, 청소년의 정체성 위기, 결혼, 자녀의 출산, 중년기의 직업 변화, 은퇴, 노년의 위기 등 개인의 생애주기에 따른 위기가 있다.

둘째, **상황적 위기** : 사람이 예견하거나 통제할 수 없는 사건으로, 누구에게나 언제라도 일어날 수 있는 위기이다. 예를 들어, 2014년 4월 16일 세월호 참사, 가족의 갑작스러운 죽음, 교통사고, 사별, 이혼, 실업, 그리고 자살 등이 있다. 남편의 갑작스러운 사망으로 인해 극심한 우울과 불안을 호소하는 클라이언트를 위해 사회복지사가 우선적으로 취해야 하는 것은 위기개입이다.

셋째, **실존적 위기** : 목적이나 책임감, 독립성, 자유, 헌신, 책임 이행과 같은 중요한 삶의 이슈에 동반되는 갈등과 불안을 포함하는 위기이다. 예를 들어, 중년의 남자가 조직에서 자신이 영향력이 없음을 깨달으면서 경험하는 정신적 위기, 개인의 특정 전문성이나 조직에서 중요한 영향을 주지 못한다는 불안, 60대에 인생이 덧없다고 느끼는 허무감과 같은 위기 등이 있다.

넷째, **환경적 위기** : 개인이나 집단에 자연이나 인간이 일으킨 재해가 갑자기 덮쳤을 때 발생하는 위기이다. 예를 들어, 태풍이나 홍수, 지진, 화산폭발, 눈보라, 산불 등과 같은 자연재해나 건물 붕괴, 다리 붕괴, 사람과 동물에 의한 전염병 등의 인간에 의한 재해를 포함한다.

한편, 골란(Golan, 1978)은 위기발달단계를 다음과 같이 5단계로 제시하였다. 위기발달단계는 위기반응단계 혹은 위기구성요소로도 표현된다(생각의마을, 2017a; 이애재, 2013; 이영호, 2015; 전남련 외, 2014).

골란의 위기발달단계 혹은 위기구성요소

위험한 사건 → 취약단계 → 위기촉진요인 → 위기단계 → 재통합단계

(1) 위험한 사건

위험한 사건은 특정한 스트레스 사건으로서 외부적인 사건일 수도 있고 내부적인 압력일 수도 있다. 연속적으로 축적된 사건일 수도 있고 하나의 재앙사건일 수도 있다. 예기될 수 있는 사건으로는 첫아기의 탄생, 아내에서 어머니로 역할 이행, 막내 아이의 독립 등이 있고, 예기치 않은 사건으로는 별거, 이혼, 사망, 질병이나 사고 등이나 자연적 재해가 있다.

(2) 취약단계

혼란단계라고도 하며, 위험한 사건을 경험함으로써 균형을 잃은 상태이다. 취약단계에서 클라이언트는 지금까지 사용해 오던 문제해결 기제를 적용해본다. 그러나 이러한 방법이 효과적이지 않으면 새로운 방법을 시도하기도 한다.

(3) 위기촉진(촉발)요인

위기촉진요인은 취약단계를 불균형의 상태로 전환시키는 일련의 연쇄적인 스트레스 유발 사건들을 말한다. 예를 들어, 최근에 실직한 중년 남성이 운전하던 도중 교통사고를 당하여 가까스로 유지해 오던 평형상태가 깨질 때 교통사고는 위기촉진요인이 된다.

(4) 위기단계

위기단계는 실제로 위기가 존재하는 상태로서 위기개입이 필요한 단계이다. 혼돈, 불안, 염려, 절망, 분노와 같은 감정을 동반하는 격심한 정서적 혼란상태를 경험할 수 있다. 일반적으로 불균형의 위기상태는 4주에서 6주간

지속되는데, 이 기간에 위기개입이 이루어져야 효과적으로 문제를 해결할 수 있다. 따라서 위기개입모델은 단기개입모델이며, 단기개입을 강조하고 단기개입 서비스를 제공한다.

(5) 재통합단계

위기개입이 이루어져 긴장과 불안이 점차 가라앉고 개인의 기능이 다시 회복되는 단계이다. 위기를 성공적으로 극복하면 자기효능감과 자아존중감을 증진시킨다. 그러나 이 기간 동안 부적응적인 행동유형을 학습하면(예 술로 대체하거나 '아무것도 소용없다, 난 못한다' 등의 학습된 무기력감을 경험하는 것), 위기상황 이전보다 전반적인 기능이 나빠진다.

골란의 위기발달단계 중 실제로 위기개입이 이루어지는 단계는 위기단계이다. 이러한 위기개입이 이루어질 때 여덟 가지의 개입원칙이 있다(생각의마을, 2017a; 이영호, 2015).

첫째, **신속한 개입** : 시간제한적인 본질 때문에 즉각적인 개입이 필요하다. 위기단계에서 6주 이내에 해결한다.

둘째, **제한된 목표** : 위기개입의 최소한의 목표는 파멸의 예방, 균형상태 회복, 위기 이전 상태로 돌아가게 하는 것이다.

셋째, **초점적 문제해결** : 구체적이고 관찰 가능한 문제에 초점을 두면서 문제해결을 위해 클라이언트가 조종할 수 있을 만큼 현실을 직면하도록 돕는다. 이를 위해 위기개입의 표적문제는 구체적이어야 한다.

넷째, **희망과 기대** : 위기에 처한 사람에게 비현실적인 기대를 갖게 해서는 안 되지만, 절망하고 있는 클라이언트에게 문제해결 및 기능회복에 대한 희망을 고취시키는 것이 중요하다.

다섯째, **행동지향성** : 위기에 개입하는 사회복지사는 적극적이고 직접적인 역할을 수행한다. 사회복지사의 역할은 행동기술에 초점을 두어 클라이언트가 위기에 대처하는 행동을 할 수 있도록 적극적으로 돕고 격려하며 면접을 이끌어 가는 것이다.

여섯째, **지지** : 클라이언트에게 실용적 정보를 제공하고 정서적으로 지지하며, 사회적 지지체계를 개발하고 형성하도록 해야 한다.

일곱째, **자아상** : 클라이언트와 신뢰관계를 조성하여 클라이언트가 긍정적이고 건강한 자아상을 확립하도록 원조해야 한다.

여덟째, **자립** : 클라이언트가 문제해결능력을 가질 수 있도록 클라이언트의 생각을 적극적으로 반영하며, 클라이언트가 자신감을 회복하여 자립할 수 있도록 원조한다.

2) 위기개입모델의 개입목표 및 개입과정

(1) 개입목표

라포포트(Rapoport, 1970)는 위기개입의 목표를 여섯 가지로 제시하고, 처음의 네 가지는 반드시 달성해야 할 목표이지만, 마지막 두 가지는 상황이나 클라이언트의 특성 등이 허락하는 경우에 달성할 수 있는 목표라 했다(생각의 마을, 2017a; 이영호, 2015).

① 위기증상을 제거 혹은 완화한다.
② 위기 이전의 기능수준으로 회복한다.
③ 불균형 상태를 가져온 촉발사건을 어느 정도 이해한다.
④ 클라이언트나 가족이 지역사회 자원을 통해 얻을 수 있는 치료방법을 모색한다.
⑤ 현재의 스트레스를 과거의 경험이나 갈등 상황과 연결하여 이해한다. 그렇다 하더라도 위기개입모델에서는 클라이언트의 과거를 탐색하는 데 우선순위를 두지 않는다.
⑥ 새로운 인식, 사고, 정서를 가질 수 있도록 원조하고, 위기상황 이후에도 사용할 수 있는 새로운 적응적 대처기제를 개발한다.

이를 정리하면, 위기개입모델의 일차적 목표는 위기사건 자체 해결에 있는 것이 아니라, 위기에 대한 반응에 더 초점을 둔다. 또한 신속한 개입을 통한 위기증상 제거와 위기 이전의 기능수준으로 회복시키며, 더 나아가 위기상황 이후에도 사용할 수 있는 새로운 형태의 적응적 대처방식을 개발하는 데 있다.

다음은 위기개입모델을 적용해야 할 사례의 예를 나타낸 것이다.

위기개입모델을 적용해야 할 사례의 예

① 성폭력 피해 대학생인 A씨는 심적 고통을 받고 있으며 서비스 제공자와의 만남도 거부하고 있다. 이에 사회복지사는 A씨가 절망감에 극단적인 선택을 할 가능성이 높다고 생각하여 안전확보를 위한 지지체계를 구성하였다.

② 20대인 A씨는 최근 코로나19에 감염되어 실직한 이후 경제적 어려움과 신체적 후유증으로 인해 일상을 유지하기 힘들 정도로 우울감을 경험하며 때때로 자살까지 생각하곤 한다.

(2) 개입과정

아귀레라와 메식(Aguilera & Messick)은 문제해결모델에 근거하여 위기개입 과정을 사정, 계획, 개입, 위기대비 계획 등의 4단계로 제시하였다(양옥경 외, 2005; 어대훈, 2016).

① 사정단계

사회복지사는 사정단계에서 클라이언트의 정서적 고통을 완화하거나 경감시키는 것과 동시에 개인과 문제에 대한 사정을 수행하게 된다. 다음은 좋은 사정을 위해서 고려해야 할 세부영역을 나타낸 것이다.

사정을 위해 고려해야 할 세부영역

- 위기와 선행사건에 관한 이해
- 현재의 위기와 선행사건에 관한 클라이언트의 인식 파악
- 지지적 자원에 대한 분석
- 과거의 문제 경험과 대처기술 평가
- 클라이언트의 자해 또는 타해의 위험성 파악

② 계획단계

촉발사건과 위기에 대한 정확한 사정이 이루어지면, 위기로 인해 나타난 증상들을 감소시키기 위해 가능한 개입계획을 수립하게 된다. 다음은 계획단계의 과업을 나타낸 것이다.

계획단계의 과업

- 클라이언트의 기능손상 정도와 회복 가능성 평가
- 가능한 잠재적 대안 고려, 대안의 장단점 평가, 행동계획 수립
- 클라이언트가 대처기제를 찾도록 원조, 사회적 지지망 활용, 현실적 목표를 세울 수 있는 기술 등이 요구

③ 개입단계

사정에 근거하여 설정한 목적과 목표를 달성하기 위하여 구체적으로 개입함으로써 행동변화를 초래하고자 한다. 다음은 개입단계의 과업을 나타낸 것이다.

개입단계의 과업

- 클라이언트의 부정적 감정표현 지지
- 현재 위기와 관련된 과거 경험 탐색
- 대처기제 탐색(클라이언트의 일상생활에 활용할 수 있는 자원과 지지체계를 찾아냄)
- 목표달성을 위한 구체적인 과제들에 대해 작업
- 위기사건 이후 상황과 관련된 자료 보충
- 사회적 활동재개 원조

④ 위기대비 계획단계

위기대비 계획은 클라이언트가 미래의 다른 위기를 준비하도록 돕는 것을 의미한다. 다음은 위기대비 계획단계의 과업을 나타낸 것이다.

위기대비 계획단계의 과업

- 위기를 다루는 과정에서 배운 내용 정리
- 미래에 위기를 맞았을 때 학습한 대처기술 활용을 원조
- 평가와 사후관리
- 타 기관에 의뢰한 경우도 사후관리 필요

2. 클라이언트중심모델

1) 클라이언트중심모델의 개요 및 기본개념

클라이언트중심모델(client-centered model)은 1940년대에 칼 로저스(Carl Rogers)가 인간의 성장과 변화에 대해 인본주의적 또는 인간중심적 관점으로 접근한 모델이다. 이 모델에서 모든 인간은 정상이든 비정상이든 각자의 계속적인 성장에 관심을 갖고 있으며, 이러한 성장을 위한 잠재능력을 갖고 있다는 인간관을 가정하고 있다. 따라서 상담이나 심리치료는 개개인 속에 이미 존재하고 있는 잠재능력을 제약되고 왜곡된 상태로부터 해방시킴으로써 기능을 발휘할 수 있는 인간으로의 성장을 원조하는 것으로 보았다(김현호 외, 2013; 임은희, 2005; Rogers, 1961).

이러한 클라이언트중심모델의 특징을 정리하면 다음과 같다.

첫째, 인간의 문제보다는 인간의 성장 자체에 초점을 둔다. 즉, 현재 직면한 문제와 앞으로의 문제를 극복할 수 있도록 성장과정을 도와준다.

둘째, 이상적 삶을 사는 사람을 충분히 기능하는 인간으로 기술한다.

셋째, 사회복지사와 클라이언트와의 협력적 관계를 강조한다.

넷째, 과거의 경험보다 현재의 경험을 강조한다.

다섯째, 비심판적 태도는 원조관계에 유용하다는 것을 강조한다.

여섯째, 클라이언트 자기결정권의 중요성을 강조한다.

일곱째, 문제해결에 대한 클라이언트의 책임을 강조한다.

여덟째, 사회복지사는 클라이언트에게 권위적인 역할이 아닌 클라이언트를 있는 그대로 수용하고 비지시적이며, 진실성 있게 무조건적인 긍정적 존중의 자세를 가져야 한다.

클라이언트중심모델을 이해하기 위해서는 칼 로저스가 사용한 주요 개념을 이해하는 것이 중요하다(김현호 외, 2013; 전남련 외, 2014).

첫째, **실현화 경향** : 인간이 본래 가지고 있는 성장하고 발전하려는 경향을 의미한다. 이는 자율성을 향한 발달이며, 타율성이나 외부 세력에 의한 통제로부터 벗어나려고 하는 인간 본래의 자아실현의 욕구성취를 지향하게 하는 동기가가 된다.

둘째, **자아실현 욕구** : 개인이 자신의 잠재력을 최대한 발휘하려는 본능적 욕구이다. 자아실현 욕구는 보다 기본적인 실현화 경향의 하위체제로 간주된다. 실현화 경향은 기본적인 인간의 동기이며, 자아실현은 이러한 경향의 산물이다. 즉, 자아가 형성됨에 따라 일부 실현화 경향이 자아실현으로 표현된다.

셋째, **긍정적 관심에 대한 욕구** : 인간은 누구나 타인에게 수용되고 사랑받기를 원하는 욕구가 있다. 즉, 다른 사람들로부터 긍정적인 관심으로 존경받고 사랑받고자 하는 욕구이다. 인간은 필요로 하는 사랑과 애정을 받기 위해 자기 자신에게 '덜 맞추고' 타인의 평가에 '더 맞추어' 행동하게 된다.

넷째, **조건부 가치** : 타인의 사랑이나 인정을 받기 위해 그들의 기준이나 조건에 맞추어 살아가는 상태를 의미한다. 예를 들어, "성적이 좋아야 부모님이 날 인정한다"는 믿음은 조건부 가치의 전형이다.

한편, 클라이언트중심모델의 개입기법에는 진실성, 무조건적인 긍정적 존중, 공감 등이 있다.

(1) 진실성

진실성(genuineness)은 전문적 관계의 기본 요소로서, 자기 인식을 바탕으로 사회복지사의 감정과 반응을 있는 그대로 클라이언트에게 전달하는 능력을 의미한다. 즉, 사회복지사가 클라이언트와의 관계에서 나타내는 반응이 매 순간 그가 내적으로 경험하고 느끼는 바와 합치되는 상태를 의미한다. 다시 말해 사회복지사가 상담관계 속에서 클라이언트에게 가식적인 모습을 보이거나 '~체' 하지 않고 한 인간으로서 자신의 모습을 진솔하게 나타내는 것을 말한다. 그런 의미에서 진실성은 진정성, 진솔성이라고도 하며, 진실한 사회복지사는 속으로 생각하고 느끼는 것과 드러나는 언행이 거의 일치하며 자신의 마음속 깊은 곳의 느낌을 각성하고 그것을 받아들이고, 또 그것에 맞추어 적절한 언어적, 비언어적 의사소통을 정확하게 구사할 수가 있다(정원철, 2005).

(2) 무조건적인 긍정적 존중

무조건적 긍정적 존중(unconditional positive regard)이란 속으로든 겉으로든 판단적인 행동을 보이지 않는 것을 의미한다. 즉, 클라이언트의 신분, 외모, 사고나 행동에 대해 판단하거나 가치를 부여하지 않고 있는 그대로 내담자를 수용하는 것이며, 더 나아가 치료의 결과가 좋거나 나쁠 것이라고 미리 단정하지 않고 상담에 임하는 것까지를 포함한다(정원철, 2005).

(3) 공감

공감은 클라이언트중심모델의 핵심이자 꽃으로 평가된다. 공감(empathy)이란 '여기와 지금'에서 나타나는 클라이언트의 감정과 경험을 사회복지사가 감수성 있고 정확하게 이해하는 것을 뜻한다. 달리 말해 클라이언트의 현재 내면적 감정을 그것이 마치 사회복지사 자신의 감정인 것처럼 느끼고 클라이언트에게 반응하는 것을 말한다(정원철, 2005). 예를 들어, 사회복지사는 비자발적 클라이언트에게 공감을 표현할 때, 원하지 않는 면담이 클라이언트에게 힘들다는 것을 이해하고, 클라이언트의 어려움을 도울 수 있다는 것을 알려주며, 클라이언트의 저항을 온화한 태도로 수용하면서 클라이언트의 문제 및 행동을 객관적으로 분석할 수 있어야 한다.

2) 클라이언트중심모델의 개입목표 및 개입과정

(1) 개입목표

클라이언트중심모델의 개입목표는 클라이언트 개인의 독립과 통합이다. 즉, 칼 로저스는 개입을 통해 클라이언트가 자기를 발견하여 자기이해를 통한 자아실현을 성취하는 것으로 보았다. 자기이해가 충분히 성취되었을 때 클라이언트는 자신의 삶 속의 일들을 결정하고 책임지게 되며 스스로 미래를 맞이할 수 있다고 보았다. 이것은 결국 클라이언트 자신의 긍정적인 변화를 가져와 자아실현 상태에 이른다는 것이다. 따라서 사회복지사는 클라이언트가 개입을 주도하여 일관성 있게 개입할 수 있도록 원조하는 역할을 한다(구혜영, 2010; 김현호 외, 2013).

(2) 개입과정

클라이언트중심모델의 개입과정은 다음의 7단계로 분류하고 있다(임안나 외, 2011; 전남련 외, 2014).

① 제1단계

경직된 상태에 있는 개인이 자발적으로 상담하러 오기란 그리 쉽지 않은 일이다. 따라서 이 단계에서의 의사소통은 피상적이며, 클라이언트는 자신에 대해 기꺼이 털어놓지 않는다.

② 제2단계

이 단계에서는 클라이언트가 자기 자신의 문제가 아닌 외적인 것에 대해 말하기 시작한다. 즉, 그 문제나 갈등이 하나의 객관적인 다른 사람의 문제처럼 지각되고 있다.

③ 제3단계

제2단계에서 약간 느슨해지고 유동적으로 된 태도의 변화가 방해받지 않고, 자신이 타인에게 있는 그대로 수용되고 있다고 느낄 수 있게 되면, 보다 많은 감정과 사적 표현을 하게 된다. 문제가 개인의 외부가 아닌 내부에 있다는 사실을 인정하기 시작한다.

④ 제4단계

자신이 지속적으로 수용되고 있음을 느낄 때 보다 자유로운 감정의 흐름이 가능해진다. 클라이언트의 혐오감, 두려움, 증오 등의 현재 느낌이나 경험이 표현된다. 그러나 아직 극렬한 감정들이 적나라한 자신의 감정으로 표출되지는 않는다.

⑤ 제5단계

수용적 분위기 속에서 감정들이 지금-여기의 느낌 상태로 표현된다. 비록 두려움과 의심은 있으나 이전에는 부인되었던 감정들이 비로소 자각되기 시작한다. 자신이 갖고 있는 문제들에 대하여 자신이 분명하게 책임을 가지고 있음을 인정한다.

⑥ 제6단계

이전에는 부인되었던 감정들을 이제는 즉각적이고 수용적으로 경험하게 된다. 그런 경험들은 부인되거나 두려움을 일으키거나 혹은 맞서 싸워야 할 어떤 것이 아니라 있는 그대로 받아들여진다. 이러한 경험들은 개인을 해방시키고 자기를 더 이상 대상으로 인식하지 않게 한다.

⑦ 제7단계

7단계에 이르면 클라이언트는 사회복지사의 도움이 필요하지 않게 된다. 클라이언트는 즉각적 감정표현을 하며, 편안한 삶을 산다. 수용 · 통합할 수 없었던 부정적 감정(불안, 공포, 수치심, 죄책감, 혐오감 등)을 표현한다. 자아는 경험과정에서 신뢰할 수 있게 되며 개인은 자유롭게 경험하면서 만족스럽게 역할수행을 하는 인간으로 발전한다.

3. 동기강화모델

1) 동기강화모델의 개요 및 기본개념

동기강화모델(motivational interviewing-based model)은 동기면담모델, 동기상담모델, 동기강화상담모델 등 다양한 용어로 사용되고 있다. 1980년대 초 윌리엄 밀러(William Miller)와 스티븐 롤닉(Stephen Rollnick)이 중독분야에서 활동하며 중독치료에 관한 책을 저술하면서 개발되었다. 알코올 중독자를 원조하기 위해 개발되었으나 다양한 분야로 활용범위가 확장되고 있다(사회복지사 국가자격시험 연구회, 2025). 즉, 흡연, 약물, 도박 등 다양한 유형의 중독자 치료를 위한 실천방법으로 발전하였으며, 폭력가해자를 비롯한 만성질환자 등으로 적용이 확대되고 있다.

동기강화모델은 칼 로저스(Carl Rogers)의 인간중심 철학을 기반으로 한 클라이언트 중심 접근이며, 3개월 이내의 단기개입으로 이루어지면서 효과성이 보고되고 있는 증거기반의 실천방법이고, 클라이언트가 변화를 향해 나아갈 수 있도록 방향을 제시한다는 측면에서 지시적 접근법을 사용한다. 동기강화모델은 변화에 대한 클라이언트의 양가감정을 탐색하고 해결해 가는 과정에서 클라이언트의 내면에 있는 변화 동기를 강화시키는 실천모델이다(오봉욱, 2022).

동기강화모델의 기본정신은 다음과 같다(오봉욱 외, 2022; 조미숙 외, 2020).

첫째, 변화 동기는 클라이언트로부터 나오는 것이다. 변화 동기란 클라이언트가 현재 상태를 벗어나 더 나은 방향으로 바꾸고자 하는 내면의 에너지나 이유를 말한다. "왜 내가 변해야 하지?"에 대한 자기 나름의 답과 감정이 바로 변화 동기이다.

둘째, 양가감정을 분명히 인식하고 해결하는 것은 사회복지사가 아닌 클라이언트의 몫이다. 양가감정이란 변화에 대해 갈등하는 두 가지 상호 대립되는 감정이 공존하는 상태이다. 즉, "변화하고 싶다"와 "지금 상태도 괜찮은데" 사이에서의 갈등이 공존하는 상태이다. 사회복지사는 양가감정을 비판하지 않고, 공감하고 탐색하면서 클라이언트가 내면에서 자발적으로 "변화하고 싶다"는 쪽으로 기울게 도와주어야 한다.

셋째, 사회복지사의 설득, 조언, 충고는 양가감정을 해결하는 데 효과적이지 않다.

넷째, 동기강화모델의 상담방식은 조용히 이끌어 내는 방식이다.

다섯째, 사회복지사는 클라이언트가 자신의 양가감정을 들여다보고 해결하도록 돕는다.

여섯째, 변화는 대인 간의 상호작용으로부터 발생한다.

일곱째, 사회복지사와 클라이언트의 관계는 파트너십 혹은 동반자의 관계이다.

동기강화모델의 주요 원리는 다음과 같다(오봉욱 외, 2022; 조미숙 외, 2020).

첫째, **공감 표현하기**(express empathy) : 사회복지사는 클라이언트의 상황을 정확하게 이해해야 하고, 클라이언트의 상황에 공감하고 있음을 충분히 표현하고 전달해야 한다. 이를 통해 신뢰관계가 형성되어 개입이 원활해질 수 있다.

둘째, **불일치감 만들기 혹은 인식하기**(develop discrepancy) : 클라이언트의 가치와 행동 간 차이를 분명하게 드러내도록 한다. 이는 직면 기법과 달리 클라이언트가 자신의 양가감정을 살필 수 있도록 하는 접근이다. 사회복지사는 의도적으로 클라이언트의 행동, 신념, 가치관 사이의 불일치를 발견할 수 있는 질문들을 하지만, 이는 질문을 통해 클라이언트가 불일치감을 인식하도록 하기 위한 것이지 그 불일치를 지적하거나 비판하는 것은 아님에 유의해야 한다.

셋째, **저항과 함께 구르기**(roll with resistance) : 변화에 대한 클라이언트의 저항, 주저함, 망설임 등을 그대로 인정하고 존중하라는 의미이다. 즉, 클라이언트의 저항에 직면하거나 회피하지 말고 있는 그대로 받아들이고 개입함으로써 클라이언트의 방어 상태를 감소시키게 된다.

넷째, **자기효능감 지지하기**(support self-efficacy) : 클라이언트가 변화의 주체이자 변화할 수 있는 능력이 있음을 스스로 확신하도록 지지하는 것을 말한다.

2) 동기강화모델의 개입목표 및 개입과정

(1) 개입목표

동기강화모델의 개입목표는 클라이언트가 스스로 변화의 필요성을 인식하고, 변화에 대한 내적 동기를 증진하며, 행동변화를 시작하고 유지하도록 돕는 것이다. 이 과정에서 사회복지사는 변화의 촉진자(facilitator)로서 클라이언트의 자율성과 선택권을 존중하며, 관계 중심적인 접근을 사용한다.

(2) 개입과정

동기강화모델의 개입과정은 관계 형성하기, 초점 맞추기, 변화 동기 유발하기, 계획하기의 순으로 진행된다(오봉욱 외, 2022).

① 관계 형성하기
사회복지사와 클라이언트 간의 라포(rapport) 형성은 중요한 과정이다. 사회복지사와 클라이언트 간의 관계가 잘 형성되기 위해서는 서로 간의 협조와 관심이 전제되어야 한다. 관계형성의 과정에서 사회복지사가 협동, 수용, 동정, 유발 등의 동기강화모델의 정신을 클라이언트에게 잘 전달해야 가능한 과정이다.

② 초점 맞추기
변화를 위한 대화를 해나갈 특정한 방향을 정하는 개입방법으로, 어떤 주제에 대해 대화를 하고 싶은가를 합의하는 과정이다. 사회복지사는 클라이언트의 수집된 정보를 근거로 실천 목적과 목표를 클라이언트와 함께 설정하고 동의한 실천방법에 의해 개입을 진행한다. 초점 맞추기 과정에서 중요한 것은 사회복지사는 중립적 태도로 실천과정에 참여하고, 타협이 아닌 대화를 해야 한다는 점을 인식하는 것이다.

③ 변화 동기 유발하기
변화에 대한 클라이언트의 동기를 이끌어 내는 과정으로, 이 과정에서 변화에 대한 필요성과 중요성을 클라이언트가 인식하고 있는지를 탐색

한다. 더욱이 많은 대화가 유발될 수 있도록 개방형 질문하기, 인정하기, 반영하기, 요약하기 등의 동기강화모델의 개입기법을 잘 활용해야 할 단계이다.

④ 계획하기

변화에 대한 동기를 발전시키고 구체적인 행동계획을 수립하는 과정이다. 계획하기는 사회복지사가 클라이언트와 충분한 관계형성과 변화행동 목표를 위한 준비가 되었을 때 수행하는 것이 필수적이다.

06 CHAPTER 기출문제

1. 위기개입모델

01 라포포트(L. Rapoport)가 제시한 위기개입목표로 옳은 것을 모두 고른 것은?

〈2015 실천기술론〉

ㄱ. 위기증상 제거	ㄴ. 주관적 경험 증진
ㄷ. 촉발사건 이해	ㄹ. 대인관계 향상

① ㄱ, ㄴ, ㄷ ② ㄱ, ㄷ ③ ㄴ, ㄹ
④ ㄹ ⑤ ㄱ, ㄴ, ㄷ, ㄹ

02 골란(N. Golan)의 위기반응단계를 순서대로 옳게 나열한 것은? 〈2016 실천기술론〉

ㄱ. 취약단계	ㄴ. 위기단계	ㄷ. 재통합단계
ㄹ. 위기촉진요인	ㅁ. 위험한 사건	

① ㄱ → ㄴ → ㄹ → ㅁ → ㄷ ② ㄱ → ㅁ → ㄹ → ㄴ → ㄷ
③ ㅁ → ㄱ → ㄹ → ㄴ → ㄷ ④ ㅁ → ㄴ → ㄹ → ㄱ → ㄷ
⑤ ㅁ → ㄹ → ㄱ → ㄴ → ㄷ

03 사회복지실천모델에 관한 설명으로 옳은 것을 모두 고른 것은? 〈2019 실천기술론〉

> ㄱ. 임파워먼트모델에서는 클라이언트를 일방적 수혜자로 인식하지 않는다.
> ㄴ. 과제중심모델은 펄만(H. Perlman)의 문제해결요소의 영향을 받았다.
> ㄷ. 위기개입모델에서는 클라이언트의 과거를 탐색하는 데 우선순위를 두지 않는다.
> ㄹ. 클라이언트중심모델에서는 사회복지사의 권위적인 역할이 강조된다.

① ㄱ, ㄷ ② ㄴ, ㄹ ③ ㄷ, ㄹ
④ ㄱ, ㄴ, ㄷ ⑤ ㄱ, ㄴ, ㄷ, ㄹ

정답 01 ② 02 ③ 03 ④

04 위기개입모델에 관한 설명으로 옳지 않은 것은? 〈2019 실천기술론〉

① 다른 모델에 비해 상대적으로 단기 서비스를 제공한다.
② 위기개입의 표적문제는 구체적이어야 한다.
③ 위기에 대한 반응보다 위기사건 자체 해결에 일차적 목표를 둔다.
④ 절망하고 있는 클라이언트에게 희망을 고취시키는 것이 중요하다.
⑤ 위기에 개입하는 사회복지사는 적극적이고 직접적인 역할을 수행한다.

05 청소년의 정체성 위기, 결혼, 자녀의 출산, 중년기의 직업 변화, 은퇴 등 개인의 생애주기에 따른 위기는? 〈2020 실천기술론〉

① 실존적 위기
② 상황적 위기
③ 발달적 위기
④ 부정적 위기
⑤ 환경적 위기

06 다음 사례에 적용한 실천모델은? 〈2020 실천기술론〉

> 성폭력 피해 대학생인 A씨는 심적 고통을 받고 있으며 서비스 제공자와의 만남도 거부하고 있다. 이에 사회복지사는 A씨가 절망감에 극단적인 선택을 할 가능성이 높다고 생각하여 안전확보를 위한 지지체계를 구성하였다.

① 과제중심모델
② 심리사회모델
③ 해결중심모델
④ 위기개입모델
⑤ 역량강화모델

07 단기개입을 특징으로 하는 사회복지실천모델을 모두 고른 것은? 〈2021 실천기술론〉

> ㄱ. 과제중심모델
> ㄴ. 위기개입모델
> ㄷ. 해결중심모델
> ㄹ. 정신역동모델

① ㄱ, ㄷ
② ㄴ, ㄹ
③ ㄱ, ㄴ, ㄷ
④ ㄴ, ㄷ, ㄹ
⑤ ㄱ, ㄴ, ㄷ, ㄹ

정답 04 ③ 05 ③ 06 ④ 07 ③

08 **위기개입모델의 개입 원칙에 관한 설명으로 옳은 것은?** 〈2021 실천기술론〉

① 장기적인 개입방법을 사용한다.
② 개입목표는 가능한 한 포괄적으로 설정한다.
③ 사회복지사는 비지시적인 역할을 수행한다.
④ 위기 이전의 기능수준으로 회복하도록 돕는다.
⑤ 문제의 원인에 대한 이해를 위해 클라이언트의 과거 탐색에 초점을 둔다.

09 **다음 사례에 대한 위기개입으로 옳은 것은?** 〈2022 실천기술론〉

> 20대인 A씨는 최근 코로나19에 감염되어 실직한 이후 경제적 어려움과 신체적 후유증으로 인해 일상을 유지하기 힘들 정도로 우울감을 경험하며 때때로 자살까지 생각하곤 한다.

① A씨의 문제를 발달적 위기로 사정한다.
② 코로나19 감염 이전 기능수준으로 회복하는 것을 목표로 잡는다.
③ 적절한 감정표현행동을 습득하도록 장기교육 프로그램을 실시한다.
④ A씨 스스로 도움을 요청할 때까지 개입을 유보한다.
⑤ 보다 긍정적인 인생관을 갖도록 삶의 태도를 근본적으로 재조직한다.

10 **사회복지실천모델에 관한 설명으로 옳지 않은 것은?** 〈2022 실천기술론〉

① 행동수정모델은 선행요인, 행동, 강화요소에 의해 인간행동을 예측하고 통제할 수 있다고 본다.
② 심리사회모델은 상황 속 인간을 고려하되 환경보다 개인의 내적 변화를 중시한다.
③ 인지행동모델은 왜곡된 사고에 의한 정서적 문제의 개입에 효과적이다.
④ 과제중심모델은 여러 모델들을 절충적으로 활용하며 개입의 책임성을 강조한다.
⑤ 위기개입모델은 위기에 의한 병리적 반응과 영구적 손상의 치료에 초점을 둔다.

정답 08 ④ 09 ② 10 ⑤

11 위기개입모델에 관한 설명으로 옳지 않은 것은? 〈2023 실천기술론〉

① 클라이언트에게 실용적 정보를 제공하고 지지체계를 개발하도록 한다.
② 단기개입 서비스를 제공한다.
③ 구체적이고 관찰 가능한 문제에 초점을 둔다.
④ 위기 발달은 촉발요인이 발생한 후에 취약단계로 넘어간다.
⑤ 사회복지사는 다른 개입모델에 비해 적극적이고 직접적인 역할을 수행한다.

12 위기개입모델의 중간단계 활동으로 옳지 않은 것은? 〈2024 실천기술론〉

① 위기상황에 대한 초기사정을 실시한다.
② 클라이언트의 일상생활에 활용할 수 있는 자원과 지지체계를 찾아낸다.
③ 목표달성을 위한 구체적인 과제들에 대해 작업한다.
④ 위기사건 이후 상황과 관련된 자료를 보충한다.
⑤ 현재 위기와 관련된 과거 경험을 탐색한다.

13 사회복지실천모델과 기법으로 옳지 않은 것은? 〈2024 실천기술론〉

① 행동주의모델 : 소거
② 해결중심모델 : 대처질문
③ 과제중심모델 : 유형－역동에 관한 고찰
④ 인지행동모델 : 소크라테스식 문답법
⑤ 위기개입모델 : 자살의 위험성 평가

14 골란(N. Golan)의 위기발달단계로 옳은 것은? 〈2025 실천기술론〉

① 위험사건 － 촉발요인 － 취약단계 － 위기단계 － 재통합
② 취약단계 － 위험사건 － 촉발요인 － 위기단계 － 재통합
③ 취약단계 － 위험사건 － 위기단계 － 촉발요인 － 재통합
④ 위험사건 － 취약단계 － 위기단계 － 촉발요인 － 재통합
⑤ 위험사건 － 취약단계 － 촉발요인 － 위기단계 － 재통합

정답 11 ④ 12 ① 13 ③ 14 ⑤

2. 클라이언트중심모델

01 **사회복지실천모델의 특성과 해당 모델의 연결이 옳지 않은 것은?** 〈2017 실천기술론〉

① 단기개입을 강조 – 위기개입모델
② 클라이언트의 자기결정권을 강조 – 과제중심모델
③ 환경에 대한 개입을 강조 – 생태체계모델
④ 클라이언트의 강점을 강조 – 인지행동모델
⑤ 클라이언트와의 협력적 관계를 강조 – 클라이언트중심모델

02 **사회복지실천모델에 관한 설명으로 옳은 것을 모두 고른 것은?** 〈2017 실천기술론〉

> ㄱ. 권한부여모델에서는 클라이언트를 파트너로 인식한다.
> ㄴ. 진단주의와 기능주의의 논쟁 통합이 문제해결모델에서 이루어졌다.
> ㄷ. 클라이언트중심모델에서는 과거의 경험보다 현재의 경험을 강조한다.
> ㄹ. 위기개입모델에서는 사건에 대한 주관적인 인식보다 사건 자체를 중요시한다.

① ㄱ　② ㄱ, ㄴ　③ ㄱ, ㄴ, ㄷ
④ ㄴ, ㄷ, ㄹ　⑤ ㄱ, ㄴ, ㄷ, ㄹ

03 **전문적 관계의 기본 요소 중 자기 인식을 바탕으로 사회복지사의 감정과 반응을 있는 그대로 클라이언트에게 전달하는 능력은?** 〈2018 실천론〉

① 구체성　② 공감　③ 진실성
④ 헌신　⑤ 민감성

04 **로저스(C. Rogers)의 이론이 사회복지실천에 미친 영향으로 옳지 않은 것은?** 〈2020 인간행동과 사회환경〉

① 비지시적인 상담의 중요성을 강조한다.
② 공감적 상담의 중요성을 강조한다.
③ 비심판적 태도는 원조관계에 유용하다.
④ 클라이언트 자기결정권의 중요성을 강조한다.
⑤ 클라이언트의 과거 정신적 외상의 중요성을 강조한다.

해설 ⑤ 클라이언트의 과거 정신적 외상의 중요성을 강조하는 것은 정신분석이론이다.

정답 01 ④　02 ③　03 ③　04 ⑤

05 사회복지실천모델에 관한 설명으로 옳은 것을 모두 고른 것은? 〈2023 실천기술론〉

> ㄱ. 위기개입모델에서는 사건에 대한 클라이언트의 주관적인 인식보다 사건 자체를 중시한다.
> ㄴ. 클라이언트중심모델에서는 현재 직면한 문제와 앞으로의 문제를 극복할 수 있도록 성장과정을 도와준다.
> ㄷ. 임파워먼트모델에서는 클라이언트가 자신의 삶을 스스로 통제할 수 있도록 원조한다.
> ㄹ. 과제중심모델에서는 클라이언트가 인식한 문제에 초점을 두고, 클라이언트의 욕구를 최대한 반영한다.

① ㄱ ② ㄴ, ㄷ ③ ㄱ, ㄴ, ㄷ
④ ㄴ, ㄷ, ㄹ ⑤ ㄱ, ㄴ, ㄷ, ㄹ

06 사회복지실천모델에 관한 설명으로 옳지 않은 것은? 〈2024 실천기술론〉

① 역량강화모델의 발견단계에서는 사정, 분석, 계획하기를 수행한다.
② 클라이언트중심모델은 문제해결에 대한 클라이언트의 책임을 강조한다.
③ 행동주의모델에서는 인간을 병리적인 관점에서 바라본다.
④ 위기개입모델에서 위기는 사건 자체보다 사건에 대한 개인의 주관적 현실에 기반을 두고 있다.
⑤ 해결중심모델은 사회구성주의 시각을 가진다.

07 사회복지사가 비자발적 클라이언트와 공감하는 기술로 옳은 것을 모두 고른 것은? 〈2024 실천기술론〉

> ㄱ. 원하지 않는 면담이 클라이언트에게 힘들다는 것을 이해한다.
> ㄴ. 클라이언트의 행동을 사회복지사의 가치관에 맞추어 평가한다.
> ㄷ. 클라이언트의 어려움을 사회복지사가 도울 수 있다는 것을 알려준다.
> ㄹ. 클라이언트의 저항을 온화한 태도로 수용한다.

① ㄱ, ㄷ ② ㄴ, ㄹ ③ ㄱ, ㄴ, ㄹ
④ ㄱ, ㄷ, ㄹ ⑤ ㄴ, ㄷ, ㄹ

정답 05 ④ 06 ③ 07 ④

08 클라이언트중심모델의 주요 개념으로 옳지 않은 것은? 〈2025 실천기술론〉

① 실현화 경향　② 자아실현 욕구　③ 인지적 개입
④ 조건부 가치　⑤ 긍정적 관심

3. 동기강화모델

01 밀러와 롤닉(W. Miller & S. Rollnick)의 동기강화모델의 원리로 옳지 않은 것은? 〈2025 실천기술론〉

① 불일치감 인식하기　② 자기효능감 지지하기
③ 저항과 함께하기　④ 내적 의사소통 명료화하기
⑤ 공감 표현하기

정답 08 ③ 01 ④

02 PART

사회복지실천대상과 개입기술

제7장 개인대상 사회복지실천기술

제8장 가족대상 사회복지실천기술

제9장 집단대상 사회복지실천기술

07 CHAPTER

개인대상 사회복지실천기술

학습목표

1. 개인대상 사회복지실천의 개념과 특징을 설명할 수 있다.
2. 개인대상 사회복지실천의 개입과정을 설명할 수 있다.

1. 개인대상 사회복지실천의 개념과 특징

개인대상 사회복지실천은 개인의 인간 존엄성을 전제로 한 전문적인 대인관계의 기반 위에서 클라이언트가 직면하고 있는 문제 상황을 분석하고 검토하여 클라이언트의 생활상의 욕구를 조직적이고 체계적으로 충족시켜 나가는 전문적인 방법이라 할 수 있다. 개인과 일대일의 관계를 통해 이루어지는 접근방법을 개별지도 또는 개별사회사업(casework)이라고도 한다(전남련 외, 2014).

이러한 개인대상 사회복지실천의 특징은 다음과 같다.

① 대상은 문제를 가진 개인이다.
② 주체는 문제에 대한 과학적 지식과 전문적 기술을 가진 전문가이다.
③ 클라이언트와 사회복지사의 전문적 관계를 강조한다.
④ 개인의 문제해결을 위해 다양한 개입모델을 활용한다.
⑤ 개별사회사업은 과정(process)이며 예술이다.

2. 개인대상 사회복지실천의 개입과정

개인대상 사회복지실천의 개입과정은 일반적으로 ① 초기단계(접수, 자료수집, 사정, 계획수립), ② 중간단계(개입, 직접적 개입과 간접적 개입), ③ 종결 및 평가단계(종결, 평가, 사후지도 등)로 구분된다.

1) 초기단계

초기단계에서 사회복지사는 가벼운 대화로 시작하여 분위기를 조성하고, 공감적 태도와 적극적 반응으로 경청하며, 표정, 눈 맞춤 등 비언어적 표현을 관찰해야 한다. 초기단계는 접수, 자료수집, 사정, 계획수립 등이 포함된다.

(1) 접수

접수(intake)단계에서는 문제나 욕구를 가진 사람이 사회복지기관을 찾아왔을 때 기관을 찾아오게 된 동기와 서비스 제공의 적격성 여부를 확인해야 한다. 이 단계부터 원조관계의 수립이 시작되는데, 첫 만남이 서로에게 긍정적인 경험이 될 수 있도록 클라이언트와의 라포(rapport)관계가 잘 형성되어야 한다. 접수단계에서의 자료수집은 클라이언트 문제와 기관의 서비스 간 부합 여부를 판단하는 데 필요한 정도면 충분하다.

다음은 접수단계의 과업을 나타낸 것이다.

접수단계의 과업

- 기관을 찾아오게 된 동기 및 주요 문제 파악
- 서비스 제공의 적격성(부합) 여부 확인, 클라이언트의 문제가 기관의 자원과 정책에 부합되는지 판단
- 이전의 서비스를 받은 경험
- 원조관계 수립 → 라포관계 형성
- 관계형성을 통한 클라이언트의 참여 유도
- 클라이언트의 기본 정보 파악(동거 중인 가족관계 포함)

- 현재 문제와 욕구 확인(클라이언트의 드러난 문제 확인)
- 타 기관의 의뢰 여부 파악(욕구에 적합한 기관으로 의뢰)
- 타 기관으로부터의 의뢰 이유 파악
- 기관의 서비스에 대한 정보제공과 원조과정에 대한 안내
- 클라이언트에 대한 동기화
- 양가감정의 수용과 저항감 해소
- 서비스에 대한 클라이언트의 동의 확인

접수단계에서 클라이언트인 신청자가 원하는 서비스를 해당 기관에서 제공할 수 없을 때 타 기관에 의뢰를 해야 할 경우가 있는데, 성공적 의뢰를 위한 지침은 다음과 같다(생각의마을, 2018b).

① 클라이언트의 동의를 얻은 후 의뢰를 결정한다.
② 의뢰되는 기관(이름, 전화번호, 위치, 찾아가는 방법, 그 기관에 가서 만나야 할 사람의 이름)의 정보를 클라이언트에게 제공한다.
③ 클라이언트가 있는 자리에서 의뢰되는 기관의 담당자에게 전화를 걸어, 가능하면 클라이언트와 기관 담당자가 직접 통화할 기회를 제공한다.
④ 의뢰되는 기관에서 받게 될 서비스의 정보(내용과 한계)를 클라이언트에게 제공하여 모든 문제가 해결될 것이라는 비현실적 기대를 갖지 않도록 한다.
⑤ 다른 기관이나 다른 전문가에게 의뢰되는 것에 대해 클라이언트가 거부감을 느끼지 않도록 정서적으로 지지하고, 버림받았다는 느낌을 갖지 않도록 배려한다.
⑥ 의뢰된 기관에서 클라이언트가 서비스를 적절히 받는지 사후 확인한다.

(2) 자료수집

자료수집(data collection)은 클라이언트와 클라이언트가 가진 문제를 이해하기 위하여 필요한 사실을 모으는 과정으로, 실천의 전 과정에 걸쳐 이루어지는 지속적인 과정이다. 자료수집 과정에서는 클라이언트의 참여가 필요하고, 가정방문으로 자연스러운 상호작용을 관찰할 수도 있다. 자료수집 시 클라이

언트의 언어적 표현과 비언어적 행동이 일치하지 않을 경우 비언어적 행동에 더 주의를 기울여야 한다. 그리고 클라이언트와 사회복지사의 상호작용 유형은 클라이언트와 제3자의 상호작용 유형을 짐작할 수 있게 한다. 수집된 자료는 클라이언트를 둘러싼 주변 체계에 대한 정보도 포함해야 하며, 객관적인 자료뿐만 아니라 클라이언트의 주관적인 인식이 담긴 자료도 포함하여 수집한다. 상반된 정보를 제공하는 자료라 하더라도 폐기하여서는 안 된다.

다음은 자료수집에 포함되는 내용을 나타낸 것이다.

자료수집에 포함되는 내용

- 클라이언트의 개인력
- 문제에 관한 정보(문제와 욕구, 강점과 자원을 모두 포함한다)
- 클라이언트의 기능
- 클라이언트의 강점과 한계
- 원가족의 가족관계
- 클라이언트의 환경
- 최근까지의 상황 등

자료수집의 정보원으로는 보통 클라이언트가 작성한 가정환경서 양식, 클라이언트의 보고, 클라이언트의 비언어적 행동, 클라이언트의 이웃의 의견, 사회복지사의 주관적 관찰 내용, 사회복지사를 대하는 클라이언트의 태도, 클라이언트의 자기 모니터링 등이 있다.

다음은 사회복지실천과정의 자료수집 출처에 관한 예시를 나타낸 것이다.

사회복지실천과정의 자료수집 출처에 관한 예시

- 가출청소년의 가족관계 파악을 위해 부모와 면담 실시
- 진로 고민 중인 청년의 진로탐색을 위해 적성검사 실시
- 이웃의 아동학대 신고가 사실인지 여부를 확인하기 위해 가정방문 실시
- 문제, 사건, 기분, 생각 등에 관한 클라이언트 진술
- 클라이언트와 직접 상호작용한 사회복지사의 경험
- 심리검사, 지능검사, 적성검사 등의 검사 결과
- 친구, 이웃 등 클라이언트의 중요한 타인으로부터 수집한 정보

(3) 사정

사정(assessment)은 개입을 위해 클라이언트의 문제 상황을 파악하는 활동이다. 의료모델에서는 '사정' 대신 치료를 위한 '진단'이라는 용어를 사용한다.

사정의 주된 목적은 ① 클라이언트의 강점 파악 및 확인, ② 클라이언트의 욕구 파악 및 욕구 우선순위 설정, ③ 문제에 대한 다각적 측면에서의 파악 및 문제 상황에 대한 이해, ④ 문제해결과정의 장애물 탐색, ⑤ 개입 목적과 목표 결정, ⑥ 개입의 효과를 평가하기 위한 문제의 기초선 자료수집 등이다.

다음은 사정을 위한 질문을 나타낸 것이다.

사정을 위한 질문들(생각의마을, 2018b)

① 문제에 대한 질문
- 문제는 무엇인가?
- 주로 언제 그런 일이 생기나요?
- 문제는 얼마나 심각한가?
- 그 일에 관련된 사람은 누구인가요?
- 그런 일이 생길 때 주로 어떻게 하셨나요?
- 그 일로 가장 큰 영향을 받는 분은 누구인가요?

② 클라이언트에 대한 질문
- 클라이언트는 어떤 사람인가?
- 클라이언트는 자신의 문제를 무엇이라고 생각하는가?
- 클라이언트는 문제에 어떤 의미를 부여하는가?
- 클라이언트의 반응은 어떠한가?
- 문제에 대해 클라이언트는 어떤 노력을 해왔으며 효과는 있었는가?
- 클라이언트의 강점과 약점은 무엇인가?

③ 자원에 관한 질문
- 문제를 해결하는 데 필요한 혹은 동원 가능한 자원은 무엇인가?

사정의 특성은 다음과 같다.

① 사정은 지속적인 과정이다. 즉, 개입과정 내내 계속된다.
② 클라이언트의 문제와 욕구에 따라 개별화된다.
③ 클라이언트의 문제와 자원을 함께 다룬다. 클라이언트의 강점과 자원을 확인(조사)한다.
④ 상황 속의 인간이라는 이중적 관점을 가진다. 즉, 인간과 환경에 대한 이중초점을 갖는다.
⑤ 클라이언트와 사회복지사의 상호작용 과정 혹은 쌍방적 활동이다. 따라서 사정과정에는 클라이언트의 관여가 필요하고, 사회복지사의 판단이 중요하다.
⑥ 수집된 정보를 바탕으로 전체적인 상황을 이해하는 사고의 전개과정이다.
⑦ 이웃이 제공한 의견도 사정 자료로 활용한다.
⑧ 수평적 · 수직적 탐색 : 초기과정에는 수평적인 정보(현재의 인간관계, 능력, 기능 등)를 중심으로 클라이언트의 욕구를 발견하고, 시간이 경과하면서 수직적인 정보(과거력, 개인력, 문제력 등)를 수집한다.
⑨ 클라이언트의 상황을 이해하기 위한 사회복지사의 전문지식이 필요하다.
⑩ 클라이언트를 완전히 이해하는 것은 불가능하며, 상황에 대한 완벽한 이해 또한 불가능하다.

이러한 사정단계에서 사회복지사의 과제로는 문제발견, 정보 및 자료수집, 문제형성 등을 들 수 있다(사회복지교육연구센터, 2018b; 생각의마을, 2018b).

① 문제발견

클라이언트가 제시한 문제에 초점을 두고 시작하여 제반 문제에 대해 탐색한다. 접수과정에서 이미 클라이언트가 문제를 제시했지만 그것은 본질적인 문제가 아닐 수도 있다. 따라서 섣불리 문제라고 단정하지 말고 더 깊게 탐색한다.

② 정보 및 자료수집

자료수집과 사정은 동시적이며 순환적인 과정이다. 따라서 사정단계에서도 자료나 정보를 지속적으로 수집한다.

③ 문제형성(=문제규정, 문제정의)

문제형성은 수집한 정보를 분석하여 사회복지사가 전문적인 시각에서 문제를 판단하는 과정이다. 클라이언트가 호소한 문제와 충족되지 못한 욕구, 욕구 충족을 방해하는 요인을 고려하여 문제를 규정한다. 이때 '충족되지 못한 욕구가 구체적으로 무엇인가?'라는 질문은 사정단계에서 문제형성을 위해 가장 중요한 질문이다. 클라이언트가 제시한 문제를 '충족되지 못한 욕구'로 바꾸어 재진술한다. 예를 들어, 남편이 회사일에만 몰두하고 가정에 소홀히 하는 것에 불만을 느끼는 클라이언트가 제시한 '남편의 일중독' 문제를 '자신이 남편에게 중요한 존재임을 느끼고 싶어 하는 욕구'로 바꾸어 진술하는 것이 문제형성이다.

한편, 사정도구에는 개인·가족·집단 차원의 사정도구가 있다. 개인적 차원의 사정도구로는 사회적 관계망 그리드, 가족적 차원의 사정도구(8장 참조)로는 가계도, 생태도, 생활력 도표, 가족조각 등이 있으며, 집단적 차원의 사정도구(9장 참조)로는 소시오그램(sociogram), 소시오메트리(sociometry), 의의차별척도 등이 있다.

(4) 계획수립

계획수립(planning)은 자료수집과 일차적 사정을 마친 후 실질적인 문제해결과정이 시작되는 단계로, 이 단계에서 가장 중요한 것은 개입목표의 설정이다. 개입계획을 수립하는 과정은 일반적으로 다음과 같이 진행된다.

① 표적문제를 찾는다(표적문제 선정).
② 문제의 우선순위를 정한다(표적문제 확정).
③ 목적을 설정한다.
④ 개입의 성과 목표를 정한다.

⑤ 클라이언트의 과업을 구체화한다.

⑥ 계약을 공식화한다.

계약은 클라이언트와 사회복지사가 각자의 역할, 책임, 기대 및 수행할 업무의 목적을 공식화하고 구조화하는 것이다. 따라서 계약을 위해 클라이언트와 사회복지사는 성취하고자 하는 목표에 대한 합의점을 모색해야 한다. 계약서에는 충분한 정보를 담고 있어야 하는데, 문제의 정의, 목적과 목표, 클라이언트와 사회복지사의 역할, 상담 시간 및 기간, 장소, 기본적인 수칙, 비밀보장 및 사례기록 절차, 비용, 계약 파기 요건 등을 포함한다.

다음은 계약 체결 시 설정하는 목적과 목표의 차이를 나타낸 것이다.

목적과 목표의 차이

- 목적(objective)
  - 장기적이고 긍정적인 결과의 형태로 제시되어야 한다.
  - 사회복지실천을 통해 변화되기 원하는 방향의 형태로 진술되어야 한다.
- 목표(goal)
  - 기관의 기능과 일치해야 한다.
  - 단기적이고 구체적인 형태로 제시되어야 한다.
  - 클라이언트가 바라는 바와 연결되어야 하고, 클라이언트가 원하는 결과를 포함하여 클라이언트의 적극적인 참여를 유도한다.
  - 클라이언트가 성취하고자 하는 바를 반영하고 사회복지사와 클라이언트가 합의한 후 설정해야 한다.
  - 목표 설정은 미시적 수준과 거시적 수준에서 클라이언트의 변화를 고려한다.
  - 목표가 여러 개일 경우에는 클라이언트에게 가장 시급한 것을 최우선 순위로 설정한다.

2) 중간단계 : 개입단계

개인대상 사회복지실천의 중간단계인 개입단계는 사회복지사와 클라이언트가 합의하여 결정한 문제를 해결하기 위한 계획을 실천하는 단계이다. 개입단계에서 사회복지사의 활동(역할)은 매우 다양하다.

① **변화 촉진자** : 클라이언트의 변화 전략을 설정하고 변화를 촉진한다.

② **중개자** : 클라이언트를 위해 서비스를 연계하고 조정한다(예 가족이 없는 중증장애인에게 주거시설을 소개해 주는 것).

③ **옹호자** : 클라이언트를 대변하여 자원을 확보한다(예 장애학생의 교육권 확보를 위해 학교당국에 편의시설을 요구하는 것).

④ **조력자** : 클라이언트가 스스로 문제해결능력을 키우고 필요한 자원을 찾아낼 수 있도록 돕는 것으로, 클라이언트의 문제해결을 위해 그가 속해 있는 환경의 자원을 발견하고, 발굴하며, 심지어 자원을 창출하기도 한다(예 알코올 중독자가 자신의 문제를 깨닫고 금주방법을 찾도록 도와주는 것).

⑤ **중재자** : 체계 사이의 갈등이나 의견을 조정한다(예 갈등으로 이혼위기에 처한 부부관계에 개입하여 상호 만족스러운 합의점을 도출하는 것).

개입단계에는 일반적으로 직접적 개입과 간접적 개입이 있는데, 이를 비교하면 〈표 7-1〉과 같다.

〈표 7-1〉 직접적 개입과 간접적 개입의 비교

직접적 개입	간접적 개입
• 사회복지사가 클라이언트의 기술과 능력을 향상시키거나 문제를 경감시키기 위해 직접 활동을 수행하는 것 • 후술할 의사소통과 면접의 기술들(명료화, 직면, 해석, 초점화, 부분화, 재명명, 재보증 등) • 독거노인의 정서적 환기를 위해 개별상담 실시 • 가족 내 의사소통 증진을 위한 가족면접 실시 • 예비부모를 대상으로 가족교육 실시 • 역기능적 가족규칙 재구성	• 클라이언트를 둘러싼 환경을 변화시킴으로써 클라이언트의 문제를 해결하는 것 • 서비스 조정 • 옹호, 대변 • 자원 개발 • 다른 기관과 협력체계 구축 • 지역사회 전달체계 재정립 • 아동학대 예방 캠페인 진행 • 가출청소년 보호 네트워크 형성 • 프로그램 개발(청소년 유해환경을 줄이기 위한 프로그램 개발) • 장애인 인식개선을 위한 지역사회 홍보활동 • 가정폭력 피해여성을 위한 모금활동 • 사각지대 발굴을 위해 이웃주민 조직

다음은 2021년 사회복지사 1급 기출문제의 예시이다.

다음 설명에서 사례관리자가 수행한 역할은? 〈2021 실천론〉

> 클라이언트는 경제적 지원과 건강 지원을 요구하지만, 현재 종합사회복지관, 노인복지관, 경로당, 무료 급식소에서 중복적으로 급식 지원을 제공받고 있으며, 정서 지원도 중복되고 있다. 사례관리자는 사례회의를 통해서 평일 중식은 경로당에서, 주말 중식은 무료 급식소를 이용하고, 종합사회복지관은 경제적 지원을, 노인복지관은 건강 지원을 제공하는 데 합의하였다.

① 중개자 ② 훈련가 ③ 중재자
④ 조정자 ⑤ 옹호자

정답 : ④

3) 종결 및 평가단계

(1) 종결

종결은 사회복지실천과정의 최종단계로, 문제해결에 대한 목표가 달성되어 클라이언트가 떠나는 것이다. 종결단계에서 사회복지사의 활동(역할, 과제)은 일반적으로 다음과 같다.

① 개입목표의 달성 여부를 확인한다(진전수준 검토, 클라이언트가 이룬 성과 확인, 클라이언트 변화 결과에 대한 최종 확인).
② 종결 유형에 따라 종결 시기를 조정한다.
③ 필요시 타 기관에 의뢰하는데, 의뢰는 종결 유형에 따라 다르게 해야 한다.
④ 종결과 관련된 클라이언트의 감정을 다룬다(종결에 대한 정서 다루기, 정서적 반응 처리, 종결에 대한 클라이언트 반응 처리, 혼합된 정서적 반응 정리, 종결에 의한 클라이언트의 상실감에 공감함, 클라이언트의 감정을 이해하고 있음을 전달함, 클라이언트의 비언어적 메시지에 민감하게 반응함, 종결에 대한 클라이언트의 부정적 감정 다루기).

⑤ 클라이언트와의 접촉 빈도를 줄여간다.

⑥ 개입 효과를 유지하고 강화한다(결과의 안정화, 성과유지 전략 확인).

⑦ 사후관리 계획을 수립한다.

다음은 종결 유형에 따른 사회복지사의 반응을 나타낸 것이다.

종결 유형에 따른 사회복지사의 반응

- **목표달성에 의한 종결** : 바람직한 종결로 클라이언트에게 원조과정에서 이루어진 변화를 검토할 기회를 주고, 클라이언트가 그 변화를 통합하여 자신이 변화의 주체임을 깨닫고, 종결 이후의 생활에 대한 자신감을 갖게 하면서 원조관계를 종료하도록 돕는다.
- **사회복지사의 이동으로 인한 종결** : 시간이 허락하는 한 클라이언트의 감정표현을 허용하고 다른 사회복지사에게 의뢰하는 것을 수용하도록 돕는다.
- **클라이언트의 일방적 종결** : 종결이 중요하므로 클라이언트에게 신중히 생각할 것을 권하지만 종국에는 클라이언트의 자기결정권을 존중한다.
- **시간제한이 없는 종결** : 클라이언트가 일방적으로 결정하는 것이 아니라 개입을 통한 이득이 점차 줄어들어 중요성이 없어질 때를 종결 시점으로 보는데 사회복지사와 클라이언트의 합의가 필요하다.
- **시간제한이 있는 종결** : 개입 초기부터 시간을 미리 제한하고 시작한다. 이 경우에도 목표에 대한 평가가 필요하다.
- **일정 기간만 제공되는 서비스의 종결** : 서비스의 특성을 설명하고 필요한 경우 다른 기관에 의뢰한다.

사후관리(follow up service)는 종결 후 일정 기간(1~6개월 사이)이 지나서 클라이언트가 잘 적응하고 있는지, 변화의 유지 정도를 확인하는 것이다. 사후관리는 종결로 인한 클라이언트의 충격을 완화시켜 준다. 그리고 클라이언트의 변화 유지에 도움이 된다. 클라이언트의 적응 상태를 확인하면서 문제가 있는 경우 재개입할 수 있다.

(2) 평가

평가단계에서는 목적달성을 위해 지금까지 진행해 온 과정을 다양한 평가방법을 통해 검토한다. 이러한 평가를 통해 클라이언트는 의도한 대로 서비스 계획을 이행했는지의 여부와 목적들이 성취되었는지를 결정짓고 이를 토대로 문제나 목표, 서비스 계획 등을 수정할 수 있으며 동일한 서비스 계획을 다른 방식으로 수행할 수도 있다. 사회복지실천에서의 평가유형은 본 교재 제11장을 참고하기 바란다.

07 CHAPTER

기출문제

01 개입계획을 수립하는 과정의 순서로 옳은 것은? 〈2015 실천론〉

ㄱ. 문제의 우선순위를 정한다.	ㄴ. 표적문제를 찾는다.
ㄷ. 개입의 성과 목표를 정한다.	ㄹ. 클라이언트의 과업을 구체화한다.

① ㄱ → ㄴ → ㄹ → ㄷ
② ㄱ → ㄹ → ㄴ → ㄷ
③ ㄴ → ㄱ → ㄷ → ㄹ
④ ㄴ → ㄱ → ㄹ → ㄷ
⑤ ㄴ → ㄷ → ㄱ → ㄹ

02 사정에 관한 설명으로 옳지 않은 것은? 〈2015 실천론〉

① 의료모델에서 나온 용어이다.
② 개입을 위해 문제 상황을 파악한다.
③ 클라이언트의 강점과 자원을 확인한다.
④ 이웃이 제공한 의견도 사정자료로 활용한다.
⑤ 사회복지사와 클라이언트 간 쌍방적 활동이다.

03 종결단계에서 취해야 할 사회복지사의 활동에 관한 설명으로 옳은 것은? 〈2015 실천론〉

① 클라이언트의 변화를 촉진한다.
② 클라이언트와의 접촉 빈도를 줄여간다.
③ 클라이언트를 위해 서비스를 조정한다.
④ 클라이언트를 대변하여 자원을 확보한다.
⑤ 개입의 효과를 평가하기 위해 기초선 자료를 수집한다.

04 사후관리(follow up service)에 관한 설명으로 옳지 않은 것은? 〈2015 실천론〉

① 개입과정 중에 수시로 실시한다.
② 클라이언트의 적응 상태를 확인한다.
③ 문제가 있는 경우 재개입할 수 있다.
④ 클라이언트의 변화 유지에 도움이 된다.
⑤ 종결로 인한 클라이언트의 충격을 완화시켜 준다.

정답 01 ③ 02 ① 03 ② 04 ①

05 **사정의 특성에 관한 내용으로 옳은 것을 모두 고른 것은?** 〈2016 실천론〉

> ㄱ. 상황 속의 인간이라는 이중적 관점을 가진다.
> ㄴ. 클라이언트와 사회복지사의 상호과정이다.
> ㄷ. 수집된 정보를 바탕으로 전체적인 상황을 이해하는 사고의 전개과정이다.
> ㄹ. 클라이언트를 완전히 이해하는 것이 가능하다.

① ㄱ, ㄴ, ㄷ
② ㄱ, ㄷ
③ ㄴ, ㄷ
④ ㄹ
⑤ ㄱ, ㄴ, ㄷ, ㄹ

06 **종결단계에서 사회복지사의 활동으로 옳은 것을 모두 고른 것은?** 〈2016 실천론〉

> ㄱ. 개입목표의 달성 여부를 확인한다.
> ㄴ. 의뢰는 종결 유형과 상관없이 실시하는 것이 바람직하다.
> ㄷ. 종결 유형에 따라 종결 시기를 조정한다.
> ㄹ. 종결과 관련된 클라이언트의 감정은 다루지 않는다.

① ㄱ, ㄴ, ㄷ
② ㄱ, ㄷ
③ ㄴ, ㄹ
④ ㄹ
⑤ ㄱ, ㄴ, ㄷ, ㄹ

07 **자료수집에 관한 설명으로 옳지 않은 것은?** 〈2017 실천론〉

① 자료수집은 실천의 전 과정에 걸쳐 이루어지는 지속적인 과정이다.
② 접수단계에서의 자료수집은 클라이언트 문제와 기관의 서비스 간 부합 여부를 판단하는 데 필요한 정도면 충분하다.
③ 클라이언트와 사회복지사의 상호작용 유형은 클라이언트와 제3자의 상호작용 유형을 짐작할 수 있게 한다.
④ 클라이언트의 언어적 표현과 비언어적 행동이 일치하지 않을 경우 언어적 표현에 더 주의를 기울여야 한다.
⑤ 수집된 자료는 클라이언트를 둘러싼 주변 체계에 대한 정보도 포함해야 한다.

정답 05 ① 06 ② 07 ④

08 접수를 위한 초기면접지(intake sheet)에 포함되지 않는 내용은? 〈2018 실천론〉

① 동거 중인 가족관계
② 개입방법과 비용
③ 타 기관으로부터의 의뢰 이유
④ 이전의 서비스를 받은 경험
⑤ 기관에 오게 된 주요 문제

09 사정을 위한 면접의 기능에 해당하지 않는 것은? 〈2018 실천론〉

① 문제 상황에 대한 이해
② 클라이언트의 강점 파악
③ 문제해결과정의 장애물 탐색
④ 클라이언트의 욕구 우선순위 설정
⑤ 클라이언트 환경의 변화 촉진

10 사회복지사의 역할에 관한 설명으로 옳은 것을 모두 고른 것은? 〈2018 실천론〉

> ㄱ. 중개자(broker) : 가족이 없는 중증장애인에게 주거시설을 소개해 주는 것
> ㄴ. 중재자(mediator) : 갈등으로 이혼위기에 처한 부부관계에 개입하여 상호 만족스러운 합의점을 도출하는 것
> ㄷ. 옹호자(advocate) : 장애학생의 교육권 확보를 위해 학교당국에 편의시설을 요구하는 것
> ㄹ. 조력자(enabler) : 알코올 중독자가 자신의 문제를 깨닫고 금주방법을 찾도록 도와주는 것

① ㄱ, ㄴ
② ㄱ, ㄴ, ㄷ
③ ㄱ, ㄷ, ㄹ
④ ㄴ, ㄷ, ㄹ
⑤ ㄱ, ㄴ, ㄷ, ㄹ

11 사례관리자의 간접적 개입으로 옳지 않은 것은? 〈2018 실천론〉

① 장애인 인식개선을 위한 지역사회 홍보활동을 한다.
② 가정폭력 피해여성을 위한 모금활동을 한다.
③ 청소년 유해환경을 줄이기 위한 프로그램을 개발한다.
④ 사각지대 발굴을 위해 이웃주민을 조직한다.
⑤ 예비부모를 대상으로 가족교육을 실시한다.

정답 08 ② 09 ⑤ 10 ⑤ 11 ⑤

12 평가 및 종결단계에서 사회복지사의 역할에 관한 설명으로 옳지 않은 것은?

〈2018 실천론〉

① 변화전략 설정 ② 진전수준 검토 ③ 사후관리 계획
④ 정서적 반응 처리 ⑤ 결과의 안정화

13 문제와 욕구를 확인하여 기관의 정책과 서비스에 부합하는지 판단하는 사회복지실천의 과정은? 〈2019 실천론〉

① 접수 ② 사정 ③ 평가
④ 자료수집 ⑤ 목표 설정

14 의뢰에 관한 설명으로 옳은 것을 모두 고른 것은? 〈2019 실천론 기출〉

ㄱ. 클라이언트가 거부감을 느끼지 않도록 정서적으로 지지함
ㄴ. 의뢰하는 기관과 서비스의 정보를 클라이언트에게 제공함
ㄷ. 반드시 클라이언트의 동의가 필요한 것은 아님
ㄹ. 의뢰된 기관에서 클라이언트가 서비스를 적절히 받는지 확인함

① ㄱ, ㄴ ② ㄱ, ㄷ ③ ㄱ, ㄴ, ㄹ
④ ㄴ, ㄷ, ㄹ ⑤ ㄱ, ㄴ, ㄷ, ㄹ

15 사정단계에서 클라이언트가 제시한 '남편의 일중독' 문제를 '자신이 남편에게 중요한 존재임을 느끼고 싶어 하는' 욕구로 바꾸어 진술하는 것은? 〈2019 실천론〉

① 문제발견 ② 문제형성 ③ 정보발견
④ 자료수집 ⑤ 목표 설정

16 종결단계의 사회복지사 과업으로 옳지 않은 것은? 〈2019 실천론〉

① 클라이언트가 이룬 성과를 확인한다.
② 종결에 의한 클라이언트의 상실감에 공감한다.
③ 클라이언트의 감정을 이해하고 있음을 전달한다.
④ 클라이언트의 비언어적 메시지에 민감하게 반응한다.
⑤ 종결에 대한 클라이언트의 부정적 감정은 다루지 않는다.

정답 12 ① 13 ① 14 ③ 15 ② 16 ⑤

17 사회복지실천과정의 자료수집에 관한 예시로 옳은 것을 모두 고른 것은?

〈2020 실천론〉

> ㄱ. 가출청소년의 가족관계 파악을 위해 부모와 면담 실시
> ㄴ. 진로 고민 중인 청년의 진로탐색을 위해 적성검사 실시
> ㄷ. 이웃의 아동학대 신고가 사실인지 여부를 확인하기 위해 가정방문 실시

① ㄱ ② ㄷ ③ ㄱ, ㄴ
④ ㄴ, ㄷ ⑤ ㄱ, ㄴ, ㄷ

18 다음은 사정결과를 요약한 것이다. 사회복지사가 이후 단계에서 가장 먼저 수행해야 할 과업은? 〈2020 실천론〉

> 경제적 도움을 요청하여 기관에 접수된 클라이언트는 성장기 학대경험과 충동적인 성격 때문에 가족 및 이웃과의 갈등문제를 심각하게 겪고 있다. 배우자와는 이혼위기에 있고, 근로능력은 있으나 근로의지가 거의 없어서 실직한 상태이다.

① 이혼위기에 접근하기 위해 부부 상담서비스를 제공한다.
② 이웃과의 갈등 문제해결을 위하여 분쟁조정위원회에 의뢰한다.
③ 원인이 되는 성장기 학대경험에 관한 치료부터 시작한다.
④ 근로의욕을 높이기 위해 집단 프로그램에 참여하도록 한다.
⑤ 클라이언트와 함께 다루고자 하는 문제의 우선순위를 정한다.

19 사회복지실천과정의 개입단계에서 사회복지사가 수행하는 과업으로 옳은 것을 모두 고른 것은? 〈2020 실천론〉

> ㄱ. 계획된 방법으로 서비스를 제공
> ㄴ. 서비스 제공 전략 및 우선순위 결정
> ㄷ. 계획 수정 필요시 재사정 실시
> ㄹ. 제공된 서비스에 대한 과정 및 총괄평가

① ㄱ ② ㄱ, ㄷ ③ ㄴ, ㄹ
④ ㄱ, ㄴ, ㄷ ⑤ ㄴ, ㄷ, ㄹ

정답 17 ⑤ 18 ⑤ 19 ②

20 종결단계에서 사회복지사의 과업이 아닌 것은? 〈2020 실천론 기출〉

① 사후관리 계획 수립
② 성과유지 전략 확인
③ 필요시 타 기관에 의뢰
④ 종결 기준 및 목표 수립
⑤ 종결에 대한 정서 다루기

21 초기단계에서 사용하는 면접기술에 관한 설명으로 옳은 것을 모두 고른 것은? 〈2021 실천론〉

ㄱ. 공감적 태도와 적극적 반응으로 경청한다.
ㄴ. 표정, 눈 맞춤 등 비언어적 표현을 관찰한다.
ㄷ. 가벼운 대화로 시작하여 분위기를 조성한다.
ㄹ. 침묵을 허용하지 않고 그 이유에 대해 질문한다.

① ㄱ, ㄴ
② ㄴ, ㄹ
③ ㄱ, ㄴ, ㄷ
④ ㄴ, ㄷ, ㄹ
⑤ ㄱ, ㄴ, ㄷ, ㄹ

22 접수단계에서 사회복지사가 수행해야 할 과제를 모두 고른 것은? 〈2021 실천론〉

ㄱ. 개입목표의 우선순위 합의
ㄴ. 클라이언트의 강점과 자원 조사
ㄷ. 욕구에 적합한 기관으로 의뢰
ㄹ. 기관에서 제공하는 서비스 적격 여부 확인

① ㄱ, ㄷ
② ㄴ, ㄹ
③ ㄷ, ㄹ
④ ㄱ, ㄴ, ㄷ
⑤ ㄱ, ㄴ, ㄷ, ㄹ

23 자료수집에 관한 설명으로 옳지 않은 것은? 〈2021 실천론〉

① 클라이언트의 참여가 필요하다.
② 실천의 전 과정을 통해 이루어진다.
③ 상반된 정보를 제공하는 자료는 폐기한다.
④ 문제와 욕구, 강점과 자원을 모두 포함한다.
⑤ 가정방문으로 자연스러운 상호작용을 관찰할 수 있다.

정답 20 ④ 21 ③ 22 ③ 23 ③

24 다음 설명에서 사례관리자가 수행한 역할은? 〈2021 실천론〉

> 클라이언트는 경제적 지원과 건강 지원을 요구하지만, 현재 종합사회복지관, 노인복지관, 경로당, 무료 급식소에서 중복적으로 급식 지원을 제공받고 있으며, 정서 지원도 중복되고 있다. 사례관리자는 사례회의를 통해서 평일 중식은 경로당에서, 주말 중식은 무료 급식소를 이용하고, 종합사회복지관은 경제적 지원을, 노인복지관은 건강 지원을 제공하는 데 합의하였다.

① 중개자 ② 훈련가 ③ 중재자
④ 조정자 ⑤ 옹호자

25 클라이언트의 혼합된 정서적 반응을 정리하고 사후관리를 계획하는 단계는? 〈2021 실천론〉

① 접수 ② 사정 ③ 계획
④ 개입 ⑤ 종결

26 접수단계의 주요 과업에 해당하지 않는 것은? 〈2022 실천론〉

① 관계형성을 통한 클라이언트의 참여 유도
② 클라이언트의 드러난 문제 확인
③ 서비스의 효율성과 효과성 측정
④ 서비스에 대한 클라이언트의 동의 확인
⑤ 클라이언트의 문제가 기관의 자원과 정책에 부합되는지 판단

27 다음 사례에 대한 초기 접근으로 옳은 것은? 〈2022 실천기술론〉

> 같은 반 친구를 때린 중학생 B는 학교폭력대책심의위원회의 결정에 따라 사회복지사가 진행하는 학교폭력가해자 프로그램에 의뢰되었다. 그러나 B는 억울함을 호소하며 비협조적인 태도를 보이고 있다.

① 클라이언트보다 의뢰자의 견해에 초점을 맞춰 개입한다.
② 비협조적 태도는 저항에서 비롯된 것으로 그 원인까지 탐색할 필요는 없다.
③ 원치 않는 의뢰과정에서 생긴 억눌린 감정을 표현할 수 있는 기회를 제공한다.
④ 비협조적 태도를 바꾸려고 시간을 소모하지 말고 곧바로 개입한다.
⑤ 비밀보장원칙이나 학교에 보고해야 할 사항에 대해 설명하지 않는다.

정답 24 ④ 25 ⑤ 26 ③ 27 ③

28 자료수집단계에 관한 설명으로 옳은 것은? 〈2022 실천론〉

① 클라이언트 개인에게만 초점을 두어 정보를 모은다.
② 다양한 정보원으로부터 자료를 수집하므로 검사도구를 사용하면 안 된다.
③ 초기면접은 비구조화된 양식만을 사용하여 기본적인 정보를 수집해야 한다.
④ 객관적인 자료뿐만 아니라 클라이언트의 주관적인 인식이 담긴 자료도 포함하여 수집한다.
⑤ 클라이언트로부터 얻은 정보가 가장 중요하므로 클라이언트가 직접 작성한 자료에만 의존한다.

29 사회복지서비스 계획수립단계에 관한 설명으로 옳지 않은 것은? 〈2022 실천론〉

① 계획의 목표는 기관의 기능과 일치해야 한다.
② 목표 설정은 미시적 수준과 거시적 수준에서 클라이언트의 변화를 고려한다.
③ 계약서는 클라이언트만 작성하여 과업과 의무를 공식화한다.
④ 목표는 클라이언트가 원하는 결과를 포함하여 클라이언트의 적극적인 참여를 유도한다.
⑤ 계획단계의 목표는 클라이언트와 사회복지사가 함께 합의하여 결정한다.

30 사회복지사의 직접적인 개입 활동으로 옳은 것은? 〈2022 실천론〉

① 아동학대 예방 캠페인 진행　② 다른 기관과 협력체계 구축
③ 지역사회 전달체계 재정립　④ 가출청소년 보호 네트워크 형성
⑤ 역기능적 가족규칙 재구성

31 종결단계에서 사회복지사의 과업으로 옳지 않은 것은? 〈2022 실천론〉

① 사후관리 계획수립
② 목표달성을 위한 서비스 제공
③ 클라이언트 변화 결과에 대한 최종 확인
④ 다른 기관 또는 외부 자원 연결
⑤ 종결에 대한 클라이언트 반응 처리

정답 28 ④　29 ③　30 ⑤　31 ②

32 자료수집을 위한 자료 출처에 해당하는 것을 모두 고른 것은? 〈2023 실천론〉

> ㄱ. 문제, 사건, 기분, 생각 등에 관한 클라이언트 진술
> ㄴ. 클라이언트와 직접 상호작용한 사회복지사의 경험
> ㄷ. 심리검사, 지능검사, 적성검사 등의 검사 결과
> ㄹ. 친구, 이웃 등 클라이언트의 중요한 타인으로부터 수집한 정보

① ㄱ, ㄴ, ㄷ ② ㄱ, ㄴ, ㄹ ③ ㄱ, ㄷ, ㄹ
④ ㄴ, ㄷ, ㄹ ⑤ ㄱ, ㄴ, ㄷ, ㄹ

33 사회복지실천의 간접적 개입에 해당하는 것은? 〈2023 실천론〉

① 의사소통 교육 ② 프로그램 개발 ③ 부모교육
④ 가족상담 ⑤ 사회기술훈련

34 사정(assessment)의 특성으로 옳지 않은 것은? 〈2024 실천론〉

① 클라이언트의 강점을 포함해야 한다.
② 사회복지사의 지식적 근거가 필요하다.
③ 사회복지사와 클라이언트의 상호작용 과정이다.
④ 클라이언트를 완전히 이해하는 것은 한계가 있다.
⑤ 사회복지실천의 초기단계에서만 이루어진다.

35 사회복지실천과정 중 계획수립단계에서 수행해야 하는 사회복지사의 과업은? 〈2024 실천론〉

① 서비스 효과 점검 ② 실천활동에 대한 동료 검토
③ 개입효과의 유지와 강화 ④ 개입목표 설정
⑤ 평가 후 개입계획 수정

36 접수단계에서 수행할 수 있는 과업이 아닌 것은? 〈2025 실천론〉

① 의뢰 ② 관계형성 ③ 서비스 동의
④ 목표 설정 ⑤ 문제확인

정답 32 ⑤ 33 ② 34 ⑤ 35 ④ 36 ④

37 사정의 특성으로 옳지 않은 것은? 〈2025 실천론〉

① 클라이언트의 생활 속에서 욕구를 발견하고 문제를 정의한다.
② 클라이언트와 사회복지사 양자가 참여하는 상호과정이다.
③ 환경 속의 클라이언트를 이해하고 계획의 근거를 마련하는 이중초점을 지닌다.
④ 클라이언트의 독특한 상황과 관련하여 개별화되어야 한다.
⑤ 클라이언트에 대한 서비스 제공 여부를 판단한다.

정답 37 ⑤

08 CHAPTER

가족대상 사회복지실천기술

학습목표

1. 가족과 가족체계, 가족의 변화, 가족생활주기 등 가족에 대해 설명할 수 있다.
2. 가족사정과 가족사정도구를 설명할 수 있다.
3. 가족대상 실천모델과 모델별 개입기법을 설명할 수 있다.

1. 가족에 대한 이해

1) 가족과 가족체계

(1) 가족의 개념과 속성

가족의 개념은 시대와 문화의 영향을 받는다. 가족은 인간이 유지해 온 제도 중에서 가장 오래된 제도이며, 사회변화에 민감한 체계로서, 가족에 대한 개념도 사회와 문화에 따라 달라지기 때문에 가족에 대한 정의는 한마디로 규정하기 어렵다(생각의마을, 2017a).

우리나라 민법 제4편(친족편) 제779조에서는 가족의 범위를 다음과 같이 규정하고 있다. ① 배우자, 직계혈족 및 형제자매, ② 직계혈족의 배우자, 배우자의 직계혈족 및 배우자의 형제자매(생계를 같이 하는 경우에 한함).

일반적으로 가족은 1차적 집단[1)]에 속하면서 주로 부부를 중심으로 한 친

1) 1차적 집단은 가족, 놀이친구 등 친밀한 대면적 결합관계를 특징으로 하며, 자연적이고 비공식적이며 자발적인 집단이다. 이에 반해 2차적 집단은 학교, 학년, 종교모임 등 성원과의 간접적인 접촉을 특징으로 하며, 의도적이고 기능이나 역할을 중시하는 집단이다.

족관계에 있는 사람들의 집단 또는 그 성원으로, 혼인, 혈연, 입양 등으로 이루어진다. 골든버그와 골든버그(Goldenberg & Goldenberg, 2000)는 가족의 기본적 속성을 다음과 같이 정리하였다(엄명용 외, 2015 수정 · 보완).

첫째, 가족은 특정한 목적 달성을 위해 인위적으로 형성된 집단이 아니라 자연스럽게 형성된 사회집단이다.

둘째, 가족은 생활해 가는 가운데 일련의 생활유형 또는 규칙을 발전시키게 된다. 이들 규칙들은 가족 생활방식, 가족관계 양상, 가족관습 등으로 불린다.

셋째, 가족의 각 성원들에게는 나름대로 할당되고 부여된 역할들이 있다. 이러한 가족 내 공식 · 비공식 역할들은 가족이 성장해 가면서 가족 내부 상황 또는 가족 외부환경의 영향에 따라 생성, 소멸, 분화 또는 변화한다. 경제적 부양의 책임, 가사운영의 책임, 자녀교육의 책임, 가족 내 감정조절의 책임 등이 각 가족성원들 사이에 분담될 수 있다.

넷째, 가족은 나름대로의 권력구조를 갖고 있다. 어느 가정에서는 아버지가, 다른 가정에서는 어머니가, 또 다른 가정에서는 할아버지 또는 할머니가 상대적으로 강한 의사결정권과 가정의 통솔권을 갖고 있을 수 있다.

다섯째, 가족은 공공연하거나 은밀하면서 복잡한 의사소통 형태를 갖고 있다. 언어적 표현이 매우 발달한 가족이 있는가 하면, 비언어적 의사소통이 지배적인 가족도 있다. 감정표현이 풍부하고 세심한 가족이 있는가 하면, 감정의 표현이 극도로 억제되는 가족도 있다.

여섯째, 가족은 나름대로 문제를 해결하고 타협하는 방법들을 갖고 있다. 차분한 대화로 가족성원의 의견을 수렴하여 이성적으로 해결하는 가족이 있는가 하면, 감정적인 면이 강하게 드러나면서 감성에 의지해 충동적으로 문제를 해결하는 가정도 있다. 가장의 권위에 의해 문제가 해결되는 가정이 있는 반면, 민주적 의사결정방식을 따르는 가정도 있다. 그리고 위기 시 가족은 역기능적 행동을 보일 수도 있지만 가족탄력성을 보일 수도 있다.

일곱째, 가족은 역사, 세상에 대한 관점, 목적의식 등을 공유하고 있다. 간단히 말하면, 환한 눈으로 세상을 보는 가정과 어두운 눈으로 세상을 보는 가정이 있을 수 있는데, 이러한 인식안(perceptual lens)은 가족성원들 사이에 공유된다는 것이다. 그리고 가족은 다세대에 걸친 역사성의 산물이다.[2] 즉, 가족의 현재 모습은 세대 간 전승된 통합과 조정의 결과물이다.

여덟째, 한 번 성원은 영원한 성원으로 남아 있다. 이혼, 사망, 별거, 유기 등에 관계없이 한 번 가족성원이면 영원히 가족성원으로 남아 있다. 즉, 가족성원 간 상호 영향은 지속적이다.

(2) 가족의 형태와 과업

현대 가족의 형태는 핵가족, 확대(다세대)가족, 수정확대가족, 노인가족, 한부모가족, 재혼가족, 별거가족, 다문화가족 등 매우 다양하다. 가족의 형태와 과업은 〈표 8-1〉과 같다.

〈표 8-1〉 가족의 형태와 과업

분 류	가족의 형태와 과업
핵가족	• 한 쌍의 부부와 미혼의 자녀들로 구성된 기본적인 사회단위
확대가족 다세대가족	• 여러 세대에 걸쳐 양 부모의 원가족을 포함하는 확대된 가족형태 • 다세대가족의 과업 : 하위체계의 구성 및 조정
수정확대 가족	• 결혼한 자녀들이 부모와 같은 장소에서 살지 않고, 부모 주위에서 한 가정을 이루어 생활하는 가족형태
노인가족	• 산업화에 따른 사회구조와 가치관의 변화에 따라 노인만으로 구성된 가족형태
한부모가족	• 부모 중 한 명과 그 자녀로 구성된 가족이며, 이혼과 사별 등으로 인해 점차 증가하고 있음 • 한부모가족의 과업 : 부모·자녀관계 강화 • 이혼가족의 과업 : 가족원 상실에 따른 애도, 부모 자신의 적응과 자녀양육 병행
재혼가족	• 재혼으로 서로 다른 가족성원이 함께 살게 된 가족형태 • 재혼가족의 과업 : 가족 내 관계의 재구성, 새로운 관계에 대한 적응과 재조정
별거가족	• 부부나 한 집안 식구가 따로 떨어져 사는 가족형태 • 별거가족의 과업 : 협력적 부모관계의 지속
다문화가족	• 국제결혼을 통해 형성된 가족이나 외국인 근로자가족 및 이주민가족 등을 포함하는 가족형태

출처 : 이영실 외(2015)를 수정 보완함.

2) 본 장의 3절 가족대상 실천모델 중 '3) 보웬의 세대 간 가족치료'를 참조하기 바란다.

(3) 가족체계

체계로서의 가족을 설명하기 위해서는 먼저 가족생태학을 이해할 필요가 있으며, 가족항상성, 순환적 인과성, 환류, 사이버네틱스, 가족규칙 등 가족체계의 주요 개념을 이해해야 한다.

① 가족생태학

가족생태학은 가족대상 실천에 필요한 주요 개념이다. 가족은 하나의 체계로서 주변 체계와 끊임없이 상호작용한다. 가족은 사회환경과의 상호작용을 통해 가족의 기본 욕구를 충족하기 위한 필수자원과 지지를 확보한다. 대부분의 가족은 주변 환경과 상호작용하는 가운데 적응적 균형(adaptive balance)을 이루지만, 적응적 균형을 이루지 못하는 가족은 결핍되거나, 고립되거나, 지나친 환경적 스트레스로 인해 지치게 된다(전남련 외, 2014).

가족의 상위체계에는 확대가족, 지역사회, 사회환경 등이 있고, 가족 내의 하위체계에는 부부 하위체계, 부모 하위체계, 부모-자녀 하위체계, 형제자매 하위체계 등이 있으며, 이 모든 체계들은 상호작용하면서 에너지를 교환한다. 부부 하위체계는 두 사람의 결혼과 더불어 형성되고, 부부간 상호 지지와 협력이 있어야 하고 동시에 서로 독립적으로 행동할 수 있는 능력이 있어야 한다. 부모 하위체계는 전체 가족을 이끄는 책임을 지는 하위체계로 자녀와 구분되는 적절한 경계와 권위를 갖는 것이 중요하다. 부모-자녀 하위체계는 부모와 자녀로 구성된 체계로, 부모 중 한쪽이 다른 쪽을 배제시키는 방식으로 자녀와 관계가 형성되는 경우 역기능적 가족이 되기 쉽다. 형제자매 하위체계는 형제애, 자매애 같은 정서적 유대가 중요하며 때로는 놀이친구, 동료로서의 관계도 형성된다.

한편, 체계는 외부세계와의 관계를 기준으로 개방체계(open system)와 폐쇄체계(closed system)로 나눌 수 있다. 개방체계는 어느 정도 투과성이 높은 경계를 갖고 있는 체계이다. 개방체계는 성장과 발전에 필요한 정보나 에너지를 외부에서 자유롭게 받아들임으로써 체계 자체의 기능을 유지 발전시키는 힘이 작용하는 상태가 된다. 이를 넥엔트로피(negentropy)라고 한다. 폐쇄체계는 다른 체계와 상호작용하지 않는다. 따라서 기간이 지남에 따라 에너지의 유입이 없어지면서 체계들의 분화가 적어지고 조직과 기능이 상실되거나 해체되는 경향이 있다. 이를 엔트로피(entropy)라고 한다(이영실 외, 2015).

② 가족항상성

가족항상성이란 가족구성원들이 현재 상태를 유지하려는 속성 혹은 가족이 구조와 기능에 있어서 균형을 유지하려는 속성을 말한다. 전문가의 가족 개입 과정에서 가족의 항상성이 작동될 수 있다. 이러한 가족항상성은 가족규칙을 활성화하여 지속적인 관계를 유지하도록 한다. 따라서 가족규칙은 가족항상성에 영향을 준다. 모든 가족성원은 칭찬하거나 야단치는 것과 같이 상대방의 행동을 강화하는 피드백(feedback)을 통하여 가족의 균형을 유지하는 경향이 있다. 가족은 가족항상성을 통해 다른 가족과 구별되는 정체성을 갖는다. 또한 가족체계는 성장과 발전을 추구하면서도 지나친 변화는 제어하며 일정한 안정성을 유지하고자 한다.

③ 순환적 인과성

순환적 인과성은 파문효과(ripple effect)와 관련이 있다. 즉, 가족 내 한 성원의 변화는 다른 성원들과 가족 전체에 영향을 미치며, 이런 영향은 다시 변화를 가져온 성원에게 순환적으로 영향을 미친다. 순환적 인과성은 가족성원 간의 상호 영향을 주고받는 과정에서 나타나는 현상이며, 가족문제의 원인을 구성원 간 상호작용에서 찾는 것으로 가족성원이 많을 때 더욱 복잡한 양상을 띤다. 따라서 체계적 관점에서 악순환적인 연쇄고리를 파악하고, 문제의 원인보다는 현재의 상호적 인과관계를 살펴봄으로써, 문제를 일으킨(혹은 증상을 표출하는) 성원 또는 다른 성원의 변화를 통해 가족의 역기능적 문제가 해결된다.

가족체계 내의 가족행동은 순환적으로 이루어진다. 가족문제는 단선적 인과론으로 설명하는 것보다는 순환적 인과성으로 설명하는 것이 효과적이다. 따라서 가족의 변화를 위해서는 가족의 문제가 유지되는 상호작용 과정을 파악하고 이해하여 문제를 해결한다.

다음은 순환적 인과성의 다양한 예를 나타낸 것이다.

순환적 인과성의 예

예 1.

철수 어머니는 남편의 늦은 귀가에 대해 잔소리를 하고, 철수 아버지는 아내의 잔소리 때문에 집에 늦게 들어와 부부갈등이 지속되고 있다.

예 2.

알코올 중독자 당사자는 치료에 거부적이다. 우선적으로 동기화되어 있는 가족들을 알코올 중독자 가족모임이나 자녀모임에 참여하도록 하였다. 이때 사회복지사가 개입 시 고려한 내용은? 정답 : 순환적 인과성

④ 환류

환류(feedback)는 정보의 투입에 대한 반응으로, 정적환류와 부적환류로 나뉜다. 정적환류(positive feedback)는 긍정적 환류라고도 하며, 내용이 긍정적이든 부정적이든 관계없이 현재의 행동이나 변화가 지속되거나 증폭되도록 하는 환류이다. 즉, 일탈행동이 지속되거나 증폭되도록 하는 환류이다. 예를 들어, 딸의 일탈행동에 대해 부모가 잔소리를 하자 일탈행동이 더 심해졌다면, 이때의 잔소리는 정적환류이다.

이에 반해, 부적환류(negative feedback)는 부정적 환류라고도 하며, 새로운 행동이나 변화가 감소되거나 원래의 상태로 돌아가게 하는 환류로서, 체계가 항상성을 유지하고 안정을 유지하게 하는 일탈 감소, 안정 유지, 변화 감소의 역할을 한다. 일탈이나 위기상황으로 더 이상 진전되는 것을 멈추고 원래의 상태로 되돌아가게 하는 작용을 한다. 예를 들어, 밤 10시 이전에 귀가해야 하는 가족규칙을 자녀가 어겼을 경우, 부모가 꾸중을 함으로써 자녀가 10시 이전에 귀가해야 하는 규칙을 지키게 되었다면, 이때 부모의 꾸중은 부적환류이다(사회복지교육연구센터 편저, 2018a).

한편, 환류 고리(feedback loop)는 가족규범이 유지되거나 변화되는 과정을 설명하는 것으로, 가족체계의 변화에 대응하여 항상성을 유지하기 위해

변화를 시도하지만 다시 이전의 상태로 되돌아오는 것을 말한다. 특히 역기능적인 가족은 자극에 대해 새로운 반응을 하는 정적환류를 시도하기도 하지만, 오히려 문제가 악화되는 것을 보고 기존의 부적환류로 돌아간다. 이러한 환류의 형태는 결과적으로 문제를 더욱 악화시키는 부정적인 반복적 순환이 일어나는 결과를 가져온다(김춘경 외, 2016).

⑤ 사이버네틱스

사이버네틱스(cybernetics)는 그리스어의 'kybernetes(조타수)'에서 유래된 용어로, 전략적 가족치료모델에서 주로 사용하며, 의사소통, 제어, 피드백 등의 개념을 통해 체계의 기능을 설명하는 개념이다. 이 이론에 의하면 가족치료란 치료자가 피드백 정보를 바꾸는 데 개입함으로써 가족의 비정상적인 행동패턴을 보다 바람직스러운 패턴으로 바꾸어 주는 것으로 이해할 수 있다.

사이버네틱스는 '1차 수준 사이버네틱스'와 '2차 수준 사이버네틱스'로 구분된다. 1차 수준 사이버네틱스는 사이버네틱스 작용현상을 객관적 입장에서 그 작용 자체에 영향을 주지 않으면서 관찰 가능하다고 보는 것이다. 따라서 전문가가 가족 내부의 의사소통과 제어과정을 객관적으로 발견한 후, 경우에 따라 일부 또는 전부를 수정하기 위한 행동을 취할 수 있다는 것이다.

반면, 2차 수준 사이버네틱스는 체계를 관찰하는 사람과 관찰을 당하는 체계 사이에는 상호작용이 존재하므로 관찰자와 관찰을 당하는 체계를 포함하는 보다 큰 체계가 사이버네틱스의 대상이 되어야 한다는 것이다. 이는 가족을 대하는 전문가마다 관점이나 가치 등이 다르기 때문에, 어떤 전문가가 그 가족을 파악하느냐에 따라 문제가 다양하게 정의되고 수정될 수 있다는 것이다(사회복지교육연구센터, 2018a).

⑥ 가족규칙

가족규칙(family rule)은 가족성원이 서로 행동을 규정하고 제한하는 관계상의 합의를 말한다. 모든 가족은 가족규칙을 갖게 되며 가족성원은 그것에 따라 행동한다. 가족규칙은 명시적일 수도 있으나 암묵적으로 이루어지는 경우가 더 많을 수도 있다. 그러나 암묵적인 규칙이 항상 역기능적인 것은 아니므로 제거되어야 하는 것은 아니다.

건강하고 기능적인 가족의 가족규칙은 가족 발달단계에 따라 변화한다. 그리고 기능적인 가족은 가족규칙을 융통성 있게 적용한다. 반면, 가족규칙이 명료하지 않은 역기능적 가족은 자기 가족의 규칙을 어떻게 변화시킬 것인가에 관한 아무런 체계도 갖고 있지 않다.[3]

가족규칙의 예를 든다면, 경제, 가사, 개인욕구, 권리침해 등에 있어서 가족규칙이 만들어진다. 이러한 규칙으로 가족이 어떻게 서로 간의 관계를 규정짓고 있는지를 알게 된다.

개념 플러스 가족옹호

가족옹호(family advocacy)는 가족이 정당한 권리가 있음에도 불구하고 권리보장이 이루어지지 않거나, 서비스가 확대되어야 할 필요가 있는 경우 가족의 권리를 대변하고 서비스를 확충하도록 노력하는 것을 의미한다. 가족옹호의 목표는 민간 서비스와 그 전달체계의 향상뿐 아니라 가족에게 직접적으로 영향을 미치는 체계나 제도에 변화를 도모하는 것이다. 따라서 사회복지사는 주택, 고용, 복지, 교육, 보건, 여가, 교통, 경찰, 법원, 사회서비스기관 등과 같은 제도화된 서비스가 가족옹호의 목표를 달성하기 위해 변화될 수 있도록 노력해야 한다. 또한 가족옹호서비스는 인종차별, 인간차별, 빈곤, 불의, 여러 가지 기회의 불평등으로부터 영향받고 있는 가족들에게 직접적 개입을 통해 서비스를 확보하거나 서비스를 개발하도록 유도하는 데 그 의의가 있다(임안나 외, 2011). 다음은 가족옹호의 예를 나타낸 것이다.

가족옹호의 예

가정폭력으로 이혼한 영미 씨의 전 남편은 딸의 안전을 확인해야 양육비를 주겠다며 딸의 휴대폰 번호도 못 바꾸게 하였다. 영미 씨는 아버지의 언어폭력으로 인한 고통을 호소하는 딸에게 전화를 계속해서 받도록 하였다. 사회복지사는 이에 대한 사정평가 후, 경제적 어려움에 대한 불안감이 가정폭력을 사실상 지속시킨다고 판단하여 양육비이행지원서비스를 받을 수 있도록 지원하고 아버지의 전화를 차단하도록 하였다.

3) 가족성원들이 가족규칙을 어떻게 유지하고 변화시킬 것인가에 관한 규칙, 즉 가족규칙에 관한 규칙을 메타 규칙(meta rule)이라고 한다.

2) 가족의 변화

사회변화에 따라 가족의 구조와 기능도 변화한다. 가족규모 및 가족관계, 가족기능, 가족생활주기의 변화를 살펴보면 다음과 같다.

(1) 가족규모 및 가족관계상의 변화

① 가족구조의 단순화
대가족이 줄고 부부 중심의 핵가족 혹은 소가족이 증가하는 등 가족구조가 단순화되고 있다.

② 가족규모의 축소
핵가족화, 단독가구 증가, 저출산 등으로 가족규모가 축소되었다.

③ 가족형태의 다양화
단독가구 및 무자녀가구가 증가하면서 비전통적인 가족유형이 늘고 있다. 또한 한부모가족, 다문화가족, 무자녀가족, 동성애가족 등 다양한 형태의 가족유형이 등장하고 증가하고 있다.

④ 가족권력구조의 평등화
여성의 사회활동 참여 증가로 가족관계가 점차 평등하게 변하면서 이로 인해 갈등이 발생하기도 한다.

⑤ 이혼율 증가 및 조손가족 증가
과거에 비해 이혼이 증가하고 이에 따라 조부모와 손자녀가 함께 거주하는 조손가족이 증가하고 있다.

(2) 가족기능의 변화

가족기능이란 가족이 수행하는 역할이나 행동으로, 가족행동과 그 행동의 결과가 사회의 유지 및 존속이나 가족성원들의 욕구 충족에 미치는 영향과 관련된다. 가족의 기능에 따라 기능적 가족과 역기능적 가족으로 구분할 수 있다. 기능적 가족은 다음과 같은 특징이 있다. ① 가족성원 사이에 경계가 명확하고 자율성이 있다. ② 가족규칙이 가족 발달단계에 따라 변화하고 융통성을 가지고 있다. ③ 가족역할은 고정되지 않고, 가족의 상황에 따라 달라진다. ④ 가족성원 간 의사소통이 명확하고 개방적이며 서로 신뢰감을 가지고 있다. ⑤ 응집성과 적응성, 문제해결력이 높다. 이에 반해, 역기능적 가족의 특징은 다음과 같다. ① 가족성원 간 경계가 지나치게 경직되었거나 모호하다. ② 가족규칙은 융통성이 없어 경직되어 있다. ③ 가족역할은 정형화되어 역할변화가 유연하지 않다. ④ 가족성원 간 의사소통이 모호하고 불일치가 나타난다. ⑤ 응집성과 적응성, 문제해결력이 낮다.

현대사회의 가족기능으로는 ① 경제적 기능, ② 성 및 재생산 기능, ③ 구성원 양육 및 보호 기능, ④ 사회화 기능, ⑤ 정서적 교류 기능, ⑥ 가족의 문화와 전통 계승 기능, ⑦ 여가 및 휴식 기능 등 매우 다양하다.

이러한 가족의 기능은 현대사회에서 다음과 같은 변화를 가져오고 있다.

① **전통적 가족기능이 사회로 이전됨** : 과거에 가족이 수행했던 기능이 상당 부분 사회로 이양되었다. 예를 들어, 아동양육과 노인 및 장애인 보호 기능은 사회의 전문기관으로 이전되었고, 사회화 기능은 학교, 경제적 기능은 직장과 시장 등으로 이전되었다.

② **가족기능의 약화** : 가계 계승과 같은 제도적 기능, 정서적 지지의 기능이 약화되고 있다. 또한 가족의 보호 기능과 부양 기능이 약화되고 있다.

③ **전통적 가족기능의 축소** : 전통적으로 가족이 수행하던 기능을 담당하는 사회기관이 생겨나면서 가족이 담당하는 기능은 축소되었다.

(3) 가족생활주기의 변화

① 초혼연령이 높아지면서 가족을 형성하는 시점이 늦어진다.

② 노부부만 남는 빈둥지(empty nest) 시기가 길어지고 있다. 여기서 빈둥지 시기는 자녀를 모두 결혼시킨 시기이다.

③ 결혼부터 막내 자녀 출산 완료까지의 기간이 짧아지고 있다.

④ 황혼이혼이 증가하고 있다.

3) 가족생활주기

가족생활주기(family life cycle)는 결혼에서부터 임신, 출산, 육아, 자녀교육, 은퇴 후 노후생활, 배우자 사망에 이르기까지 가족생활의 변화과정을 의미한다. 즉, 결혼을 통한 가족형성에서부터 배우자 사망까지 가족의 구조적 변화를 말한다. 따라서 가족생활주기는 가족이 형성된 시점부터 배우자 사망에 이르기까지의 생활변화를 볼 수 있다.

결혼	임신	출산	육아	자녀 교육	자녀 독립	은퇴	배우자 사망	본인 사망
20~30				40~50		50~60	70~	

가족생활주기의 특징을 정리하면 다음과 같다.

① 가족생활주기의 단계는 가족유형이나 사회문화적 배경에 따라 상이할 수 있다.
② 가족이 발달하면서 경험하게 될 사건이나 위기를 예측하는 데 도움이 된다.
③ 가족구조와 발달과업의 변화를 파악하는 데 활용한다.
④ 가족은 생활주기를 따라 단계적으로 발달하고 변화한다. 그렇다 하더라도 모든 가족은 동일한 단계를 거쳐 발달하는 것은 아니다.
⑤ 가족생활주기의 각 단계는 길이나 내용이 가족마다 달라진다.
⑥ 각 단계의 내용은 부부의 결혼 연령이나 자녀 출산 시기, 자녀 수 등의 영향을 받는다.
⑦ 각 단계의 구분은 가족성원의 유입과 배출에 관련되어 있다.
⑧ 가족생활주기를 검토함으로써 가족원들에게 필요한 역할변화를 파악할 수 있다.
⑨ 평균수명의 연장으로 가족의 생애주기가 길어진다.
⑩ 청년실업이 늘면서 자녀가 독립하는 시기가 늦어진다.
⑪ 가족생활주기가 변함에 따라 역할분담도 변화하는 것이 적응적이다.

듀발과 밀러(Duvall & Miller, 1985)는 가족생활주기를 8단계로 나누어 가족생활주기에 따른 발달과업을 〈표 8-2〉와 같이 제시하였다(최경화 외, 2010).

〈표 8-2〉 듀발과 밀러의 가족생활주기에 따른 발달과업

단 계	발달과업
1단계 : 가족형성기 (자녀가 없는 부부)	• 상호 만족스러운 결혼생활을 위해 서로에게 적응하기 • 임신과 부모역할에 대해 적응하기
2단계 : 출산가족 (첫 자녀 출생부터 2.5세까지)	• 유아의 발달에 적응하기 • 부모와 유아가 만족하는 가정의 확립
3단계 : 학령전 아동 가족 (첫 자녀가 2.5세부터 6세까지)	• 취학 전 자녀의 주요 욕구와 관심을 격려하고 성장하도록 도움 • 가족성원과 의사소통 유형에 적응하기
4단계 : 학령기 자녀가 있는 가족 (첫 자녀가 6세부터 13세까지)	• 학령기 가족의 지역사회와의 조화 • 자녀의 교육적 성취에 관심 갖고 격려하기 • 재정적 지급능력 유지하기
5단계 : 십대 자녀 가족 (청소년 가족, 첫 자녀가 13세부터 20세까지)	• 자녀에게 자유와 책임의 조화 가르치기 • 부모역할을 마친 후의 관심과 진로 확립 • 청소년과 성인 사이의 의사소통 중재하기
6단계 : 성인 자녀를 가진 가족 (첫 자녀의 독립부터 막내 자녀의 독립까지)	• 자녀의 독립을 수용하기 • 부모의 퇴직 등 부부의 중년의 문제에 집중하기 • 자녀가 가정을 떠날 때 책임 재할당하기
7단계 : 중년기 가족 (빈 둥지부터 은퇴까지)	• 빈 둥지에 적응하기 • 결혼관계 재확립 및 친족관계 유지하기 • 노인 세대와 젊은 세대와의 조화 유지
8단계 : 노년기 가족 (은퇴부터 양쪽 배우자의 사망까지)	• 배우자와의 사별에 적응하기 • 노년 및 은퇴에 대해 적응하기

출처 : 최경화 외(2010)를 수정 보완함.

2. 가족사정과 가족사정도구

1) 가족사정

가족사정이란 가족을 하나의 단위로 보고 가족 내부요인과 가족 외부요인, 그리고 이들 양자 간의 상호작용 등을 파악하기 위해 자료를 수집·분석하고

종합하는 과정이다. 가족사정은 가족체계가 어떻게 기능하는지 발견하는 것이 목적이며, 가족 상호작용 유형에 적합한 방법을 찾는 것이다. 또한 가족사정과 개입과정은 상호작용적이며 순환적이고, 가족이 제시하는 문제, 생태학적 사정, 세대 간 사정, 가족 내부 간 사정으로 이루어진다.

이러한 가족사정에 포함되는 내용으로는 ① 가족체계의 외부경계선, ② 내부경계선과 가족의 하위체계, ③ 가족의 권력구조, ④ 가족역할, ⑤ 가족규칙, ⑥ 가족생활주기, ⑦ 가족 외부환경과의 상호작용, ⑧ 의사소통 양식, ⑨ 가족의 의사결정과정, ⑩ 가족의 정서와 감정표현 범위, ⑪ 가족목표, ⑫ 가족신화와 인식성향, ⑬ 가족의 강점, ⑭ 가족문화 등이 있다.

(1) 가족체계의 외부경계선

가족은 나름대로의 유형화된 생활방식을 갖고 있다. 개방형 가족, 방임형 가족, 폐쇄형 가족이 그 예이다. 이러한 구분은 가족체계의 외부경계선의 침투성 정도와 관련이 있다.

① 개방형 가족

개방형 가족은 외부환경과의 경계가 분명하다. 가족성원은 외부환경과 정보와 에너지를 자유롭게, 그리고 적절하게 주고받으며 외부인과의 정서적 관계도 적절한 수준에서 형성한다. 또한 가족성원은 다른 성원에게 해를 주거나 가족규범을 위반하지 않는 범위 내에서 외부와의 왕래를 스스로 통제할 수 있다. 손님이 많은 집, 외부활동에의 참여와 소속, 지역사회활동에의 참여 등은 개방형 가족의 특징이다.

② 방임형 가족

방임형 가족은 가족 외부와의 구분이 거의 없다. 제3자와의 교류가 지나치게 많고 허용적이며, 집안 출입의 권리를 외부인에게도 확대하려고 한다.

③ 폐쇄형 가족

폐쇄형 가족은 외부환경과의 경계가 지나치게 경직되어 있다. 가족성원은 외부와 거의 상호작용을 하지 않고, 외부인의 출입 등을 엄격히 제한한다. 잠긴 문, 대중매체에 대한 부모의 꼼꼼한 통제, 여행에 대한 감시와 통제 등은 폐쇄형 가족의 특징이다.

(2) 내부경계선과 가족의 하위체계

가족 내 하위체계 간 경계는 투과성[4] 정도에 따라 명확한 경계, 모호한 경계, 경직된 경계의 세 가지로 나눌 수 있다.

① 명확한 경계(건강한 가족)

- 건강하고 기능적인 가족이다.
- 유연한 경계를 가진 가족은 성원 간 경계가 분명하다.
- 부부체계가 명확하면서 투과성(침투성)이 있다(적절하다).
- 외부와의 인간관계가 활발하다.
- 의사소통이 원활하다.
- 개방적이고 가족성원 간 깊은 신뢰가 형성되어 있다.

② 모호한 경계(밀착된 가족)

- 가족 하위체계 간 경계가 모호하면 밀착된 가족이다. 밀착된 가족의 성원 간 경계는 경직되어 있지는 않다.
- 하위체계의 경계가 희미한 경우에는 감정의 합일현상이 증가한다.
- 경계의 투과성이 지나치게 높아 체계 간 구분이 어렵다.
- 가족응집력이 지나치게 높고 가족성원들의 독립성과 자율성이 결여된다.
- 부모와 자녀 간의 밀착된 관계는 하위체계 간 균형을 깨지게 할 수 있다.

---

4) 정보와 에너지가 들어오고 나가는 정도와 방향

- 부모-자녀관계는 밀착된 경계를 가진 관계일수록 역기능적이다.
- 가족 간의 사생활 침해가 높다. 가족들 간에 지나치게 간섭하고 관여한다. 다른 하위체계와 분명하게 구별되지 못하면서 침해를 받는 경우이다.
- 가족성원들이 지나치게 밀착되어 있어 개인의 자아의식이 발달하지 못한다.

③ **경직된 경계**(유리된 가족)

- 유리된 가족은 가족성원 간 경계는 있으나 경직되어 있고, 투과성이 낮다.
- 가족성원 간 관심이 없고 상호작용도 부족하다.
- 가족성원 간 의사소통이 거의 없으며, 애정, 지지, 따뜻함이 부족하다.
- 가족성원은 자율성은 많으나 응집력이 낮다.

(3) 가족의 권력구조

가족권력은 가족성원 중 한 명이 다른 성원에게 행사하는 힘의 크기를 말하며, 가족 내에서 다른 가족성원들의 욕구(경제적 욕구, 사회적 욕구, 애정, 사랑, 인정 등)를 실현하게 해줄 수 있는 자원을 많이 가진 가족성원일수록 권력을 많이 가진다. 따라서 각 성원이 서로에게 행사하는 상대적 영향력의 크기와 의사결정과정에 누가 어떤 방식으로 참여하는지를 살펴보아야 한다(임안나 외, 2011). 가족권력이 어떤 한 가족성원에게 치우쳐 있으면 갈등 가족이 될 수 있다.

(4) 가족역할

가족역할이란 가족기능을 충족시키기 위해 반복적으로 일어나는 개인의 행동유형이다. 따라서 가족 내 역할을 파악하는 것이 가족을 이해하는 데 도움이 된다. 건강하고 기능적인 가족은 역할분담과 책임이 명확하며 가족성원은 자신들의 역할을 명확히 이해한다. 또한 가족 내 역할 구조가 유연할 때 기능적이 된다. 반면, 역기능적 가족은 가족역할이 고정되어 있거나 명확하지 않다. 예를 들어, 자녀가 부모역할을 한다든지 부모가 자녀에게 지나친 간섭을 한다면 역기능적 가족이 된다.

(5) 가족규칙

가족규칙(family rule)은 가족성원이 서로 행동을 규정하고 제한하는 관계상의 합의를 말한다. 모든 가족은 가족규칙을 갖게 되며 가족성원은 그것에 따라 행동한다. 가족규칙은 명시적일 수도 있고 암시적일 수도 있는데, 가족성원은 규칙의 지배를 받는다. 예를 들어, 경제, 가사, 개인의 욕구, 권리침해 등에 있어서 가족규칙이 만들어진다. 이러한 규칙으로 가족이 어떻게 서로 간의 관계를 규정짓고 있는지를 알게 된다. 가족규칙은 본 장 1절에서 설명하였는데, 가족사정을 위해서는 가족규칙을 파악해야 한다.

(6) 가족생활주기

가족생활주기는 결혼에서부터 임신, 출산, 육아, 자녀교육, 은퇴 후 노후생활, 배우자 사망에 이르기까지 가족생활의 변화과정을 의미한다. 가족생활주기는 본 장 1절에서 상세히 설명하였는데, 가족사정을 위해서는 가족생활주기를 파악해야 한다.

(7) 가족 외부환경과의 상호작용

가족은 가족 내에서 이루어지는 역동에 의해서뿐만 아니라 가족 외부환경과의 끊임없는 상호작용을 통해 변화하고 성장해 간다. 가족에게 영향을 미치는 사회적 환경은 '사회적 관계망(social network)'의 개념으로 설명할 수 있다. 사회적 관계망은 가족환경의 범위 내에 있으면서 이들 가족에 영향을 미치는 중요한 사람들 혹은 체계를 말하는 것으로, 사회적 관계망이 긍정적으로 영향을 미치는 경우 가족이나 가족원에게 격려와 긍정적 피드백을 경험하게 하며 구체적 문제에 대한 지식과 기술 및 자원을 제공한다. 그러나 어떤 관계망은 오히려 부정적 영향을 미쳐 가족문제를 악화시킬 수도 있다. 따라서 사회복지사는 가족을 둘러싼 사회적 관계망이 어떠한지, 이들 관계망이 가족에게 어떤 영향을 미치는지에 대해 사정할 필요가 있다(임안나 외, 2011). 또한 가족이 제공하는 정보 이외에 가족의 실제 상호작용을 파악해야 하는데, 가족 상호작용에 관한 새로운 정보로 인해 초기의 사정 내용이 변화할 수도 있다.

(8) 가족성원의 의사소통

가족성원의 의사소통은 사실적인 정보, 의견, 감정을 전달하는 내용기능과 정보가 전달되는 과정에서 관계의 속성을 규정하는 관계기능이 있다. 가족성원이 주고받는 의사소통 내용이나 의사소통 방식은 가족 간 관계나 가족 전체에 영향을 미치며, 이는 가족문제를 야기하는 요소가 될 수 있다. 따라서 가족성원의 의사소통에 있어서 내용기능과 관계기능 모두 중요하며, 가족문제를 사정하기 위해서는 가족성원들이 어떤 내용으로 어떻게 의사소통을 하는지 주의 깊게 살펴봐야 한다. 즉, 가족성원 간 어떤 내용의 대화를 하는지도 중요하고, 그 의사소통을 통해 가족성원 간에 어떤 관계를 맺는지도 중요하다.

① 기능적 의사소통

기능적 의사소통은 가족성원이 자유롭게 사실이나 감정을 표현하는 긍정적 의사소통이다. 기능적 의사소통은 일치형 의사소통으로서, 언어적 메시지와 비언어적 메시지가 일치하고, 메시지가 분명하고 직접적이며, 사람을 비난하지 않으면서 행위를 평가하고 방향 제시를 할 수 있는 의사소통 유형이다.

대표적인 기능적 의사소통은 나-전달법(I-Message)을 들 수 있다. 나-전달법은 특정 상황에 대해 비난적이지 않은 방법으로 묘사한다. 즉, 상대방을 비난하지 않으면서 상대방의 저항을 줄이고, 상대방이 한 행동이나 말이 어떻게 나에게 영향을 주는지 전달할 수 있다. 나-전달법은 '나'를 주어로 하여 상대방의 행동에 대한 자신의 생각이나 감정을 표현하는 대화방식이다.

나-전달법은 다음과 같이 구성된다.

㉠ 특정 행동에 대하여 간결하면서도 분명하게 설명한다.

㉡ 그 특정 행동 때문에 내가 느끼게 된 감정을 설명한다.

㉢ 그 행동으로 인한 분명한 영향에 대해 설명한다.

다음은 나-전달법의 예를 나타낸 것이다.

나-전달법의 예

숙제를 하지 않고 놀기만 하는 아이에게 "나는 네가 숙제를 하지 않고 놀고 있는 것을 보면 너무 걱정이 된다. 혹시 숙제를 다 하지 못해서 내일 선생님께 혼날까 봐 정말 우울해져"라고 말하는 것이다.

② 역기능적 의사소통

역기능적 의사소통에는 너-전달법, 이중구속 메시지, 위장, 사티어(Satir)의 역기능적 의사소통 유형 등이 있다.

첫째, 너-전달법(You-Message)은 나-전달법과는 정반대되는 것으로, '너'를 주어로 하여 상대방을 비난하거나 책임을 추궁하는 부정적인 의사소통 방법이다.

다음은 너-전달법의 예를 나타낸 것이다.

너-전달법의 예

"너는 그 생각을 버리고 내 충고를 받아들이는 것이 좋겠다."
"네가 이것을 하지 않는다면 너를 가만두지 않겠다."

둘째, 이중구속 메시지(double-bind message)는 말과 행동이 서로 다른 모순적인 메시지를 보내는 것이다. 언어적 수준과 비언어적 수준이 서로 모순적이어서 어떤 수준의 메시지에 반응을 보여야 할지 혼돈을 주게 된다.

다음은 이중구속 메시지의 예를 나타낸 것이다.

이중구속 메시지의 예

예 1.
평소에 아버지는 철수에게 소신 있는 발언을 하라고 하다가 가족식사 시간에 철수가 간혹 소신발언을 하면 "밥이나 먹어!"라고 언성을 높인다.[5)]

예 2.
아버지는 아들에게 "가족회의에서는 자신의 의견을 소신 있게 밝힐 줄 알아야 한다"라고 평소에 강조한다. 그런데 막상 가족회의에서 아들이 자신의 의견을 말하면, "너는 아직 어리니 가만히 있어!"라고 하면서 면박을 준다.

셋째, 위장(mystification)은 불명확하고 역기능적 의사소통으로, 가족성원 간 갈등이나 어려움을 드러내지 못하고 오히려 자신을 숨기고 가면을 쓰고 거짓반응을 하는 것을 말한다(이영실 외, 2015).

넷째, 사티어(Satir)의 역기능적 의사소통 유형에 대해서는 본 장 3절 '2) 사티어의 경험적 가족치료'에서 설명하기로 한다.

지금까지 가족사정에 포함되는 내용을 살펴보았다. 그러나 가족사정의 내용 중 ⑨ 가족의 의사결정과정, ⑩ 가족의 정서와 감정표현 범위, ⑪ 가족목표, ⑫ 가족신화와 인식성향, ⑬ 가족의 강점, ⑭ 가족문화에 대한 설명은 생략하기로 한다.

2) 가족사정도구

가족사정도구로는 가계도, 생태도, 생활력 도표, 사회적 관계망표, 가족조각, 가족지도 등이 있다. 그 밖에도 가족사정척도, 양육태도척도, 회복탄력성

5) 이 예는 의사소통상 구두점(punctuation)에 해당하는 예로, "밥이나 먹어!"와 같이 연속적으로 지속되는 의사소통의 흐름 가운데 구두점을 어디에서 찍느냐에 따라 어떤 상황의 원인과 결과가 달라질 수 있음을 나타내는 상징적 표현이다. 다른 예로 어머니와 딸 사이의 갈등의 원인에 관한 상황에서 어머니의 구두점은 '딸이 늦게 들어오니 내가 잔소리한다'라면서 마침표를 찍었다. 반면 딸은 '어머니가 잔소리하니 내가 늦게 귀가한다'라고 마침표를 찍었다.

척도, 문제해결능력 척도, 가족건강성 척도 등 다양한 척도를 활용하여 가족을 사정할 수 있다.

(1) 가계도

가계도(genogram)는 보웬(M. Bowen)의 다세대 가족체계이론에 근거한 사정도구로, 2~3세대 이상에 걸친 가족관계를 기호와 선으로 나타냄으로써 클라이언트 문제의 근원을 파악하고, 여러 세대의 가족에 대한 객관적 정보, 가족의 문제 및 가족의 역사를 알 수 있는 가족사정도구이다. 가계도를 통해 세대 간 전수되는 가족의 특징이나 반복되는 사건(가족 내 반복적으로 나타나고 있는 사건의 연결성) 등을 파악할 수 있다. 즉, 가계도는 가족의 종단적 생활사건을 한눈에 파악할 수 있게 해준다. 그리고 가계도를 작성하고 해석하면서 가족의 정서적 과정을 가족과 함께 이야기한다.

다음은 가계도를 통해 알 수 있는 내용들이다.

① **인구사회학적 특징** : 성별, 나이, 출생, 사망, 자연유산, 인공유산, 종교, 직업 등

② **가족 및 가족원의 관계 등** : 가족성원의 구성과 구조, 가족성원의 역할과 기능의 균형상태, 가족기능의 불균형과 그것에 기여하는 요인 분석, 가족구성원별 인생의 중요사건과 이에 대한 다른 가족구성원의 역할 분석, 가족의 생애주기, 가족 내 삼각관계, 가족의 관계 구조(지배적인 주제와 가족구조의 변화), 가족 내 하위체계 간 경계의 속성, 종단 · 횡단, 종합 · 통합적인 가족의 속성 등

③ **세대 간 반복되는 관계 유형**(특성, 패턴) **및 정서적 · 행동적 유형** : 정서적 분화, 정서적 과정, 친밀한 관계나 갈등관계와 같은 정서적 관계, 융합, 알코올 중독, 장애, 질병 등

④ **결혼관계** : 결혼, 동거, 별거, 이혼, 재혼, 이혼 후 재결합 등

가계도 작성방법은 다음과 같다.

① 일반적으로 클라이언트의 조부모까지 거슬러 올라가면서 작성하여 적어도 3세대가 포함되도록 그리지만 2세대까지 그리기도 한다.
② 사람은 네모와 원으로 표시하는데, 네모(□)는 남자를, 원(○)은 여자를 나타낸다. 클라이언트는 이중의 네모(▣) 또는 원(◎)으로 표시한다.
③ 사람과 사람 사이의 관계는 선으로 표시한다.
④ 자녀는 출생 순서에 따라 왼쪽부터 오른쪽으로 순차적으로 그리고, 부모의 결혼관계선과 수직으로 연결한다(생각의마을, 2017a).
⑤ 사망한 사람을 표시할 경우 네모(□)나 원(○)안에 ×표시를 한다.
⑥ 가족성원에 대한 다양한 정보를 기록한다.
⑦ 가족성원의 관계를 다양한 기호로 표현한다.

▌그림 8-1▐은 가계도에 사용되는 주요 기호를 나타낸 것이다.

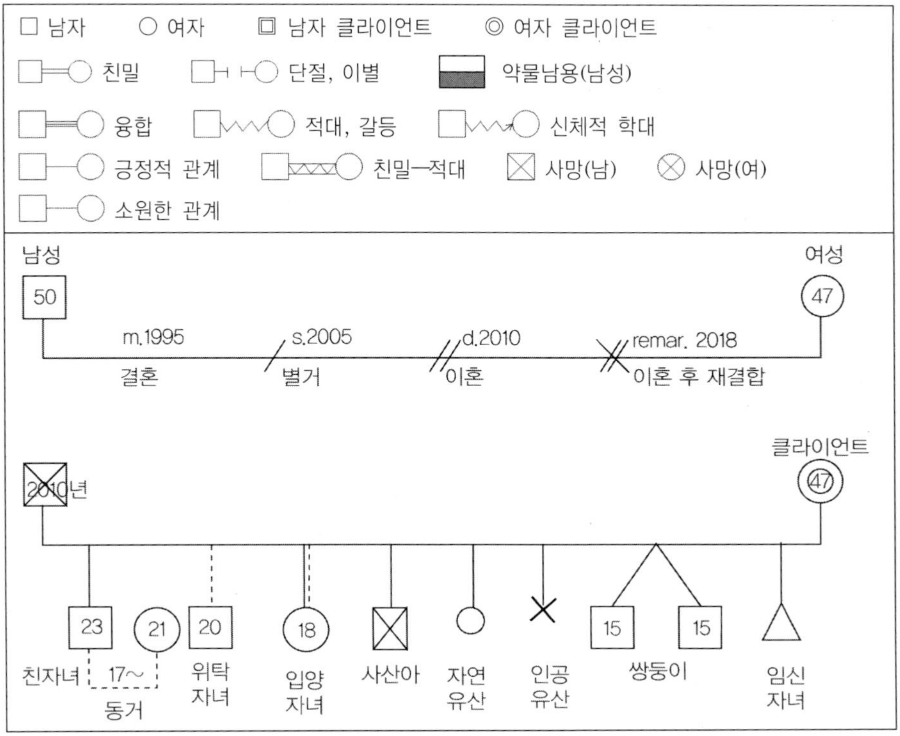

▌그림 8-1▐ 가계도에 사용되는 주요 기호

(2) 생태도

생태도(ecomap)는 하트만(Ann Hartman)이 '환경 속의 인간' 관점을 도입하여 가족환경을 체계론적 관점에서 이해하는 것으로, 클라이언트의 상황에서 의미 있는 환경체계들과의 역동적 관계를 그림으로 표현하는 사정도구이다. 따라서 생태도로 가족과 환경과의 접촉에서 발생하는 정보를 수집하고 정리한다. 이러한 생태도는 주로 사정(assessment)단계에서 작성하지만 진행과정과 종결과정에서도 활용한다.

다음은 생태도를 통해 알 수 있는 내용들이다.

① 가족의 자원과 지지체계, 가족에게 유용한 자원이나 환경, 개인과 가족에 영향을 미치는 주요 환경체계 확인 등
② 주변 사람들과의 상호작용, 이웃주민들과의 친밀도, 가족과 환경(이웃 및 지역사회 등)과의 지속적인 상호작용, 주변 체계와의 상호작용, 가족이 이용하는 서비스 기관의 종류, 클라이언트와 관련된 사람과 사회복지기관, 환경의 영향과 상호작용의 변화, 클라이언트 · 가족구성원과 자원체계 간의 에너지 흐름, 클라이언트 · 가족구성원의 환경체계 변화가 필요한 내용 등
③ 가족과 환경 간 경계의 속성, 개인 및 가족의 환경과의 교류, 클라이언트 · 가족구성원 간의 자원 교환 정도, 가족과 환경체계와의 관계 등
④ 가족의 문제나 스트레스 요인, 클라이언트 · 가족구성원에게 스트레스가 되는 체계, 가족의 여가활동, 확대가족과의 관계 등

생태도 작성방법은 다음과 같다(그림 8-3 참조).

① 생태도 중앙에 가족을 표현하는 원을 그린 후, 클라이언트와 그 가족을 표시한다.
② 원 주변에 클라이언트의 주변 환경체계를 각각의 원으로 표시한다. 이때 주변의 원은 '자원의 양'을 의미한다.
③ 가족과 주변 환경체계 간의 관계를 선으로 표시한다. 이때 선은 '관계의 정도'를 의미한다.

▌그림 8-2▐ 생태도에 사용되는 기호

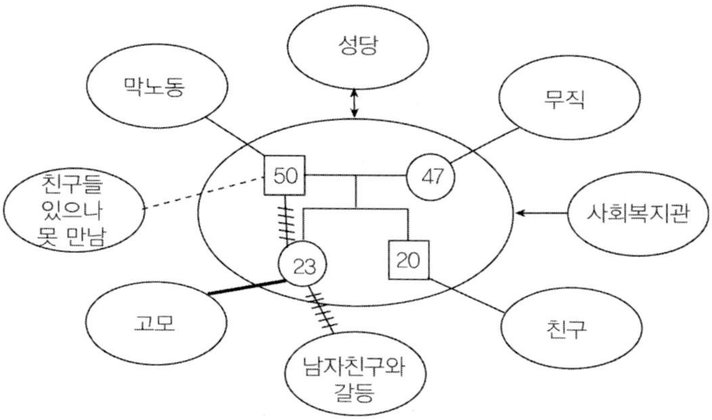

▌그림 8-3▐ 생태도의 예시

(3) 생활력 도표

생활력 도표(life history grid)는 클라이언트 · 가족구성원의 생애 동안 발생한 사건이나 문제의 발전과정에 관한 정보를 사정하는 도구이다. 생활력 도표는 가족성원의 삶에서 중요한 사건이나 문제를 시계열적으로 나열한 것이다. 다시 말해, 가족이나 가족성원에게 발생한 중요한 사건이나 시기를 중심으로 해서 연대기적으로 작성한다. 예를 들어, 부부상담에서 부인이 성장기에 겪었던 주요 생애경험을 파악할 때 사용하는 도구는 가족생활력표이다.

생활력 도표는 ① 가족성원이 특정 시기에 경험한 내용을 알 수 있다. ② 클라이언트의 현재 문제를 잘 파악할 수 있다. ③ 현재의 어려움이나 기능수행에 영향을 미치는 발달단계상 특정 시기의 생활경험을 이해하는 데 도움이 된다. ④ 아동과 청소년을 대상으로 한 활동에서 특히 유용하게 사용된다. ⑤ 가족이 다양한 시기에 관련된 자료를 조직화하여 표현한 방법이다. ⑥ 특정 시기에 가족이 겪은 문제들을 사정할 수 있는 방법이다.

〈표 8-3〉은 생활력 도표의 예시를 나타낸 것이다.

〈표 8-3〉 생활력 도표의 예시

클라이언트 이름 : 홍 길 동/ 조사일 : 20××년 5월 8일

연도	나이	지역	가족 상황	학교	건강	활동	문제
2005	1	서울	아버지 28 어머니 26		8개월 조산아로 태어남		
2006	2						화상
2008	4	울산	여동생 출생				
2010	6			어린이집 다님			심한 분리불안
2011	7	대구	어머니 가출				
2014	10			성적 부진	다리 골절	축구	병원 입원
2016	12		아버지 재혼	가출			청소년쉼터

출처 : 생각의마을(2016)을 수정 보완함.

(4) 사회적 관계망표

사회적 관계망표(social network grid)는 클라이언트의 사회적 관계망에 있는 체계로부터 받는 지지 유형과 정도, 원조의 방향, 친밀감, 접촉 빈도 등을 사정하는 도구이다. 따라서 사회적 관계망표는 사회적 지지의 유형을 구분하고 가족의 환경과 필요한 자원을 파악하는 데 유용하다. 이러한 사회적 관계망표를 통해 알 수 있는 내용은 ① 클라이언트의 사회적 관계망에서 중요한 인물, ② 생활 영역, ③ 사회적 관계에서의 지지 유형과 정도, ④ 원조의 방향, ⑤ 친밀감 정도, ⑥ 접촉 빈도, ⑦ 알고 지낸 기간 등이다.

〈표 8-4〉는 사회적 관계망표의 예시이다.

〈표 8-4〉 사회적 관계망표의 예시

사회적 관계망에서 중요한 인물 (지지 제공자)	생활 영역	지지 유형			원조 방향	친밀감	접촉 빈도	알고 지낸 기간
		물질적 지지	정서적 지지	정보/충고				
	① 가족원 ② 이웃 ③ 학교 ④ 직장 ⑤ 전문가 ⑥ 기타	① 거의 없다 ② 가끔 ③ 자주	① 거의 없다 ② 가끔 ③ 자주	① 거의 없다 ② 가끔 ③ 자주	① 양방향 ② 당신이 그들에게 ③ 그들이 당신에게	① 거의 친하지 않다 ② 가까운 정도 ③ 매우 친함	① 1년에 서너 번 ② 한 달에 한 번 ③ 매주 ④ 매일	① 1년 이하 ② 1년~5년 ③ 5년 이상
엄마	①	②	③	②	③	②	④	③
친구(오현서)	③	③	②	②	①	③	④	①
친구(신민후)	⑥	②	③	②	①	③	②	③
할머니	①	③	③	②	②	②	④	③
언니	①	②	③	③	②	②	④	③
담임선생님	③	①	②	①	②	②	④	①

출처 : 생각의마을(2016)을 수정 보완함.

(5) 가족조각

가족조각(family sculpture)은 사티어(V. Satir)의 경험적 가족치료에서 사용하는 가족사정도구로서, 클라이언트가 생각하는 가족의 모습을 조각으로 표현한 것이다. 가족조각은 한 가족성원에 대해 다른 가족성원들이 모두 돌아가면서 네 가지 유형(위로자, 비난자, 계산자, 혼란자) 중 하나를 몸으로 표현하여 조각을 완성하는 것으로, 가족의 상호작용 양상을 공간 속에 배치하는 방법이다. 또한 가족조각은 가족역동을 시각적으로 표현하여 구성원의 인식을 파악하는 도구이며, 가족에 대한 인식을 시각적으로 표현하고 이해하도록 돕는다. 이는 문제를 가진 클라이언트에게 가족의 형태를 재배치시킴으로써 미처 깨닫지 못한 부분들을 이해할 수 있게 하는 개입방법이다. 조각을 하는 동안 서로 웃거나 이야기하지 않는다. 조각 후, 사회복지사는 현재의 조각이 어떻게 변화되기 바라는지를 다시 조각으로 표현하게 한다. 가족조각 기법을 적용할 경우, 조각에 참여하는 가족성원의 동의가 반드시 필요하다.

가족조각은 가족 간의 친밀도, 가족규칙, 가족성원들의 감정 등을 파악하고, 어느 시점에서의 인간관계, 타인에 대한 느낌과 감정을 동작과 공간을 사용하여 표현하는 비언어적 기법으로, 다른 가족원의 조각을 보는 과정에서 통찰력, 이해, 공감, 동정, 후회, 사과 등의 가족 내 숨겨져 표현되지 못했던 감정이 노출될 수 있다.

가족조각의 예[6]

영희 : 언니와 동생이 저를 별로 좋아하질 않아요. 그래서 엄마가 저에게 더 잘 해주는 것 같아요. 언니와 친해지길 바라는데….

사회복지사 : 영희야! 그럼 네가 생각하는 대로 가족관계에 대해서 몸으로 표현해 보렴. 즉, 영희가 가족들에게 자리를 배치해 주는 거야.

(6) 가족지도

가족지도(family map)는 미누친(S. Minuchin)의 구조적 가족치료에서 사용하는 가족사정도구로서, 가족의 상호작용 구조를 그림으로 나타내는 것이다. 가족지도는 독특한 상징기호를 개발하여 가족의 기능적 · 역기능적 영역을 파악하고 가족의 장단점을 평가하는 도구이다. 이것은 치료자로 하여금 치료목표를 설정하는 데 도움을 준다. ❙그림 8-4❙는 가족지도에서 사용하는 기호를 나타낸 것이고, ❙그림 8-5❙는 이러한 기호를 사용한 가족지도의 예이다.

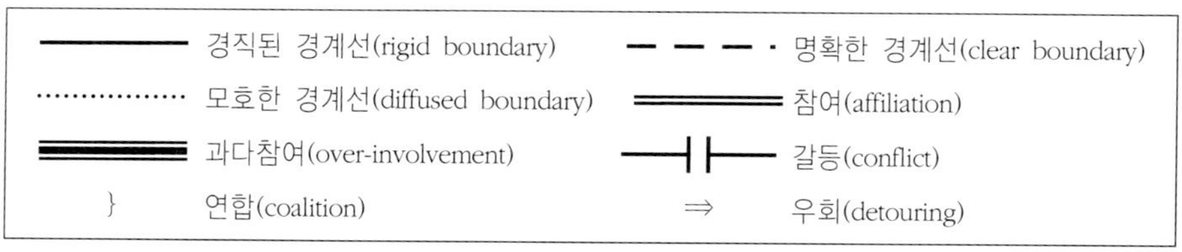

❙그림 8-4❙ 가족지도에서 사용하는 기호

6) 가족조각의 각 단계에 대한 예시는 부록 1을 참조하기 바란다.

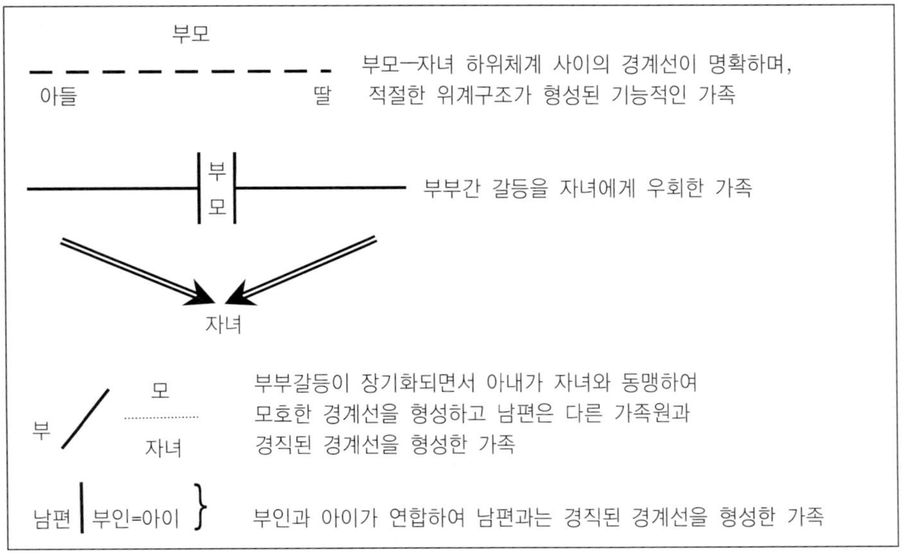

❙그림 8-5❙ 가족지도의 예

3. 가족대상 실천모델과 개입기법

가족대상 실천모델로는 구조적 가족치료, 경험적 가족치료, 세대 간 가족치료, 전략적 가족치료, 해결중심 단기가족치료, 이야기치료 등 매우 다양한 모델들이 있다.

1) 미누친의 구조적 가족치료

(1) 개요

구조적 가족치료는 정신과 의사 미누친(S. Minuchin)이 개발한 가족치료모델이며, 과거보다 현재에 초점을 둔다. 미누친은 가족구조의 불균형의 결과로 가족문제가 발생한다고 보고, 개입목표를 역기능적 가족구조를 재구화하는 데 두고, 가족성원 간의 규칙 및 역할을 재조정하도록 원조하고, 가족관계 역기능을 유발하는 가족 위계와 경계의 변화를 도모한다. 또한 가족에 합류한 뒤 균형 깨뜨리기를 통해 가족을 재구조화한다.

미누친은 가족 내에서 발생하는 반복적인 상호작용 패턴을 가족의 구조라 보았으며, 역기능적인 패턴을 재조직하거나 새로운 구조와 상호작용 형태로 대체시키는 작업을 가족의 재구조화 또는 가족치료라고 하였다(최경화 외, 2010; Minuchin, 1974).

살바도르 미누친
(Salvador Minuchin, 1921~2017)
사진 출처 : https://en.wikipedia.org/wiki/Salvador_Minuchin
(검색일 : 2017. 2. 14)

(2) 주요 개념

구조적 가족치료의 주요 개념으로는 경계, 하위체계, 제휴, 세력, 가족구조, 가족적응 등이 있는데, 본서에서는 경계, 하위체계, 제휴의 개념에 대해 살펴보기로 한다.

① 경계

경계는 체계와 체계를 구분하거나 체계 내부와 외부를 구분하는 관념적인 선이다. 즉, 눈에 보이지는 않는다. 그러나 체계 간 상호작용을 관찰하면 경계의 종류를 파악할 수 있다(생각의마을, 2017a).

앞 절에서 살펴보았듯이, 가족 내 하위체계 간 경계는 명확한 경계, 모호한 경계, 경직된 경계의 셋으로 구분한다. 그리고 미누친의 구조적 가족치료에서 사용하는 가족사정도구인 가족지도(family map)는 가족의 상호작용 구조를 그림으로 나타내는 것이다. 가족지도를 통해 가족구조와 가족역동을 이해하도록 돕는다. 앞의 ▎그림 8-4▎는 미누친이 가족 하위체계의 경계를 표시하기 위해 사용한 기호들이다.

② 하위체계

가족은 하나의 체계이며, 그 안에 다양한 하위체계를 갖는다. 구조적 가족치료에서는 가족 내 하위체계 간 경계 속성의 파악을 중요시한다. 가족 내의 하위체계에는 부부 하위체계, 부모-자녀 하위체계, 형제자매 하위체계 등이 있으며, 이 모든 체계들은 상호작용하면서 에너지를 교환한다. 각각의 하위체계에 대한 설명은 앞 절을 참고하기 바란다.

③ 제휴

제휴란 삼각관계, 우회적 결탁을 말하며, 두 명의 가족성원 혹은 하위체계들이 협력적으로 상호작용하는 것이다. 긍정적 제휴는 가족 혹은 개인의 복지에 기여하지만 부정적 제휴는 경직되고 배타적인 성격을 지니며 가족의 문제를 야기한다(Pavlino & McCrady, 1978). 제휴의 유형으로는 연합과 동맹이 있는데, 연합은 두 사람이 제3자에게 대항하기 위해 제휴하는 것이다. 반면, 동맹은 제3자와는 다른 공동의 목적을 위해 두 사람이 제휴하는 것으로 반드시 제3자와 적대적 관계에 있지는 않다.

연합의 예

평소에 아버지는 철수에게 소신 있는 발언을 하라고 하다가 가족식사 시간에 철수가 간혹 소신발언을 하면 "밥이나 먹어!"라고 언성을 높인다. 어머니와 철수는 이러한 아버지의 행동에 대해 참지 못하고 함께 아버지에게 대항한다.

(3) 개입기법

구조적 가족치료의 개입기법으로는 경계만들기, 합류하기, 실연, 과제부여, 긴장 고조시키기, 균형 깨뜨리기 등이 있다.

① 경계만들기

경계만들기는 가족 내 하위체계 간 경계선이 애매모호하거나 너무 경직된 경우 또는 너무 밀착되어 있는 경우, 가족성원들 사이의 경계선을 수정하는 방법이다(김현호 외, 2013). 예를 들어, 부부가 함께 부모역할을 수행하도록 하위체계의 경계를 명확하게 한다든지, 부모가 아동을 지나치게 간섭하지 않도록 한다든지, 클라이언트의 시선이 마주치지 않도록 몸으로 가리는 것도 경계만들기의 방법이다.

경계만들기의 다양한 예

- 클라이언트 : “저희 딸은 제 말은 안 들어요. 저희 남편이 뭐든 대신 다 해주거든요. 아이가 남편 말만 들어요. 결국 아이문제로 인해 부부싸움으로 번지거든요.”
- 사회복지사 : “아버지가 아이를 대신해서 다 해주시는군요. 어머니는 그 사이에서 소외된다고 느끼시네요. 자녀가 스스로 할 수 있도록 아버지는 기다려주고 어머니와 함께 지켜보는 것이 어떨까요?”

예 2.

딸이 말을 하면 엄마가 나서서 설명하며 대변하는 일이 반복될 때, 사회복지사가 딸을 보면서 “엄마가 대변인이시네요. 이것에 대해서 딸이 설명해 보겠어요?”라고 하면서 딸이 직접 말할 수 있도록 한다.

예 3.

어머니가 우울증을 호소하며 사회복지사에게 상담을 요청했다. 아버지는 일정하지 않은 직업과 소득으로 아내와 아들로부터 소외된 채 술로 세월을 보내고 있다. 어머니와 아들은 서로 밀착되어 가계를 이끌어 오다가 최근 소득이 감소되어 우울증이 심화됐다. 사회복지사는 어머니와 아들 사이의 경계를 조정하고 부부 하위체계를 강화하는 개입을 시도했다.

예 4.

매사에 권위적인 아버지로 인해 부부 권력구조가 불균형적이다. 어머니는 아버지에 대한 불만을 아들과 공유하면서 친구와 같은 관계를 맺고 있다. 아들도 자신의 대학생활에 대해 일일이 어머니와 의논하는 등 밀착된 관계를 유지하고 있다. 사회복지사는 부부간의 권력구조를 변화시키고 아들과의 경계를 명확하게 설정하도록 도왔다.

② 합류하기

합류하기(joining)란 치료자가 가족의 현실적 상황에 들어가 함께 경험하는 것으로, 가족과 합류(joining)함으로써 신뢰관계를 형성한다. 합류하기의 다양한 방법으로는 가족을 이해하고 수용하면서 합류하기, 치료자가 가족에 맞추어 행동하기, 가족성원과 라포(rapport) 형성하기, 가벼운 대화로 편안한 분위기 조성하기, 가족의 말투나 행동(몸짓) 따라 하기, 가족 간 상호작용 맥락 이해하기, 언어적 · 비언어적 의사소통과 감정표현 모방하기 등이 있다. 합류하기의 예로는 "나도 성격이 급해요", "우리 집에도 그와 비슷한 일이 있어요" 등을 들 수 있다.

합류하기의 예

은옥 씨는 심각한 호흡기 질환을 앓고 있으며, 28세 아들은 고교 졸업 후 게임에만 몰두하며 집에만 있다. 아들은 쓰레기를 건드리지도 못하게 하여 집은 쓰레기로 넘쳐 나고, 이는 은옥 씨의 건강에 치명적인 위협이 되고 있다. 은옥 씨는 과거 자신의 잘못과 아들에 대한 죄책감을 호소하고 있으나, 서비스를 거부하며 특히 아들에 대한 접근을 막고 있다.

③ 실연

실연(enactment)은 면접 중에 가족성원 간의 상호작용 유형을 실제로 재연시키는 것으로, 치료자는 가족성원의 역기능적 상호작용을 실제로 연기하도록 함으로써 가족의 믿음에 도전할 수 있게 된다(이영실 외, 2011; Minuchin, 1974). 가족문제를 더 정확히 이해하기 위해 실연을 요청하는데, 예를 들어 아무리 해도 말이 안 통한다고 하는 부부에게 "여기서 직접 한번 서로 말씀해 보도록 하겠습니까?"라고 하는 것이다.

④ 과제부여

가족성원 간의 상호교류에서 자연스럽게 발전될 수 없는 행위를 지적하고 치료하기 위해 과제를 부여하는 기술이다(김현호 외, 2013).

과제부여의 예

남편과 부인이 상호작용이 되지 않아 말도 하지 않고 거리감을 두고 있을 때 "남편께서 부인 옆에 앉아 부인이 속상해할 때마다 손을 잡아 주세요"라는 과제를 통해 부부간의 경계를 더욱 밀착시킬 수 있다.

⑤ 긴장 고조시키기

가족 내의 긴장을 고조시킴으로써 대안적 갈등해결방법을 사용하도록 돕는 기법이다. 이러한 개입은 강조(intensity) 기법을 통해 더욱 원활해질 수 있다. 강조는 가족 상호작용의 흐름을 막음으로써 가족이 예전 상태로 되돌아가지 않고 평형상태에서 벗어나도록 하는 데 사용하며, 치료자가 목소리의 크기나 높낮이, 말의 속도, 적절한 단어를 선택함으로써 효과적으로 사용할 수 있다(이영실 외, 2011; Nichols & Schwartz, 2001). 그리고 다음의 예와 같이 가족성원 간의 의견 차이를 강조하여 가족원 간 긴장을 고조시킬 수 있다(사회복지교육연구센터, 2018a).

긴장 고조시키기의 예

가족성원이 서로의 의견 차이를 은폐하려고 할 때 "서로 의견이 다른데 한 번 의논해 보시죠"라고 하면서 서로의 차이를 강조하여 긴장을 고조시키는 것이다.

⑥ 균형 깨뜨리기

가족 내 하위체계 간의 역기능적인 균형 깨뜨리기를 통해 가족을 재구조화하려는 것이다(이영실 외, 2011).

균형 깨뜨리기의 예

지나치게 권위적이고 지배적인 남편과 온순한 아내 사이에서 사회복지사는 아내의 편을 들어 자기주장을 할 수 있게 한다.

2) 사티어의 경험적 가족치료

(1) 개요

사티어(V. Satir)의 경험적 가족치료는 '의사소통 가족치료모델', '성장모델'로 불린다. 사티어는 치료란 무엇보다도 성장과정의 체험연습이라는 점을 강

버지니아 사티어
(Virginia Satir, 1916~1988)
사진 출처 : https://en.wikipedia.org/wiki/Virginia_Satir
(검색일 : 2017. 2. 14)

조하면서 가족이 성숙한 인간으로 성장할 수 있도록 도왔다. 사티어의 기법은 개인의 심리내적 과정이 변화를 통해 가족과의 의사소통이 건강하고 원만하게 이루어지도록 하고 결과적으로 성장을 경험하게 해주므로 성장모델이라고 부른다(생각의마을, 2017a). 따라서 이 모델의 개입목표는 가족과 개인의 상호작용이나 경험 등을 변화시킴으로써 성장할 수 있는 경험을 하게 하는 것, 자아존중감 향상과 의사소통 방식의 변화를 통해 대처능력을 향상시키는 것 등이다.

사티어는 정서적 경험과 가족체계에 대한 이중적 초점을 강조한다. 즉, 그녀는 가족체계 내에서 가족원들의 정서적 수준과 감정적 수준, 가족원들이 자신과 다른 가족원들에 대하여 어떻게 느끼고 어떻게 반응하는가에 관심을 두었다.

(2) 주요 개념

경험적 가족치료의 주요 개념으로는 자아존중감, 의사소통 유형, 가족규칙 등이 있다.

① 자아존중감

자아존중감(self-esteem)은 경험적 가족치료의 핵심 개념으로, 경험적 가족치료모델에서는 클라이언트의 자아존중감 향상을 목적으로 한다. 즉, 개인의 낮은 자아존중감을 회복시켜 자신의 가치를 인정하고, 보유하고 있는 장점과 자원을 발견하고 활용하도록 함으로써 문제 상황에 잘 대처할 수 있게 한다(이영실 외, 2011; 정문자 외, 2008).

② 의사소통 유형

경험적 가족치료에서는 가족 의사소통 유형의 파악을 중요시한다. 사티어는 모든 의사소통기술과 유형은 어려서부터 부모와 가족의 훈련과정을 통하여 학습된 것으로서 새로운 학습과 필요에 따라 변화할 수 있다는 것을 전제로 하였다. 그녀는 의사소통 유형을 기능적 의사소통과 역기능적 의사소통으로 나누어 설명하였고, 가족의 문제는 가족성원 간 역기능적 의사소통에서 비롯된다고 강조하였다(이영실 외, 2011).

먼저, 기능적 의사소통은 긍정적 의사소통이며 일치형 의사소통으로서, 일치형의 사람은 자신, 타인, 상황 모두를 존중한다. 언어적 메시지와 비언어적 메시지가 일치하고, 메시지가 분명하고 직접적이며, 사람을 비난하지 않으면서 행위를 평가하고 방향 제시를 할 수 있는 의사소통 유형이다. 효과적인 의사소통을 위해서는 일치형 의사소통이 되어야 하고, 솔직하게 표현하고 타인의 생각과 감정을 수용해야 한다. 따라서 일치형 의사소통 유형이 치료의 목표이다.

일치형 의사소통의 예

"당신이 그 일에 대해 그렇게 생각하고 섭섭해하는 것을 알겠소. 당신의 입장도 충분히 이해가 갑니다. 우리 두 사람의 상황 인식에 좀 차이가 있는 것 같소. 그 상황 속에서 내가 그렇게 행동하게 된 이유와 그때의 감정 상태에 대해 있는 그대로 이야기 하겠소"

다음으로, 사티어의 역기능적 의사소통에는 비난형, 회유형, 초이성형, 산만형이 있다.[7] 역기능적 의사소통 유형에서 공통적으로 발견되는 것은 언어적 메시지와 비언어적 메시지의 불일치다.

비난형(blaming type)은 자기주장이 강하고 독선적이며 명령적이고 지시적인 말투를 자주 사용하면서 타인을 무시하는 의사소통 방식이다. "모두 네 잘못이야", "넌 제대로 하는 게 하나도 없어"와 같이 잘못을 남의 탓으로 돌리는데, 자신과 상황은 존중하나 타인은 무시하는 방식이다.

회유형(또는 아첨형, placating type)은 자신의 느낌이나 생각을 무시하고

7) 사티어의 의사소통 유형 모델 Test는 부록 2를 참조하기 바란다.

다른 사람의 비위에 맞춰주려고 애쓰는 의사소통 방식이다. 즉, 비난형과는 반대로 상대방의 의견에 무조건 동의하고 상대방이 원하는 대로 행동하는 방식이다. "모두 다 내 잘못이야", "당신이 원하는 것이 무엇입니까?"와 같이 타인과 상황은 존중되지만 자기 자신은 무시된다.

초이성형(또는 계산형, computing type)은 객관적 사실과 정확한 논리에 기초한 의사소통 행위이다. 원칙을 중시하고 시시비비를 잘 따지며, 이성적이고 차분하며 냉정하게 생각하면서 실수하지 않으려고 애를 쓰는 편이다. "사람은 논리적이어야 해", "최고의 연구자료에 의하면…"과 같이 논리적이고 객관적인 상황은 존중하지만 자신과 타인을 무시하는 방식을 취한다.

산만형(또는 혼란형, distracting type)은 생각과 말, 행동이 자주 바뀌고 산만한 의사소통 방식이다. 상황을 제대로 파악하지 못하며 의사표현에 초점이 없고 요점도 없다. 의사소통에 있어 자신과 타인, 상황 모두를 무시하는 편이다.

경험적 가족치료모델에서는 가족성원 간의 역기능적 의사소통 유형을 기능적(일치형) 의사소통 유형으로 바꾸도록 돕는다. 예를 들어, 부인이나 자녀의 의견을 존중하지 않고 자신의 방식을 강요하는 아버지로 인해 대화가 단절된 가족이 의뢰되었다. 타인을 무시하고 탓하는 비난형 의사소통 유형을 가진 것으로 파악된 아버지의 의사소통 유형을 일치형으로 변화시키는 데 적합한 방법이 경험적 가족치료모델인 것이다. ❙그림 8-6❙은 역기능적 의사소통의 네 가지 유형을 그림으로 나타낸 것이다.

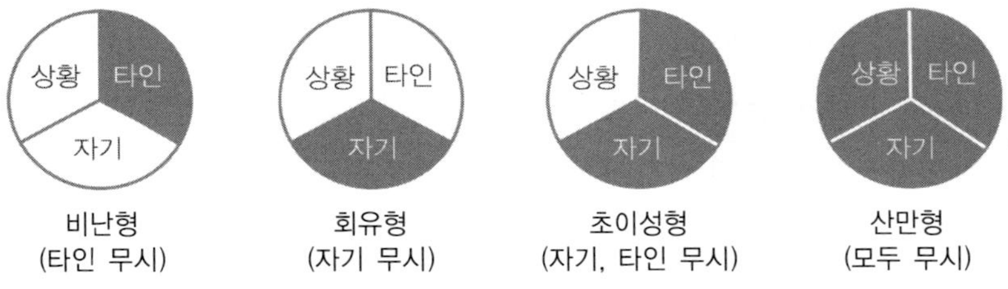

❙그림 8-6❙ 역기능적 의사소통의 네 가지 유형

③ 가족규칙

가족규칙(family rule)은 가족성원이 서로 행동을 규정하고 제한하는 관계상의 합의를 말한다. 모든 가족은 가족규칙을 갖게 되며 가족성원은 그것에 따라 행동한다. 가족규칙은 명시적일 수도 있고 암시적일 수도 있는데, 가족성원은 규칙의 지배를 받는다. 예를 들어, 경제, 가사, 개인의 욕구, 권리침해 등에 있어서 가족규칙이 만들어진다. 이러한 규칙을 통해 가족이 어떻게 서로 간의 관계를 규정짓고 있는지를 알게 된다. 경험적 가족치료에서는 가족규칙을 합리적으로 바꾸고, 자기 인생에 대한 선택권을 스스로 갖도록 한다. 가족규칙은 경험적 가족치료의 주요 개념으로서, 본 장 1절에서 이미 설명한 바 있다.

(3) 개입기법

경험적 가족치료의 개입기법으로는 가족조각, 역할극, 의사소통 모델링, 빙산탐색기법, 가족그림 그리기, 모의가족 연습, 유머, 접촉, 가족 재구축, 원가족 삼인군 치료, 치료도구로서의 밧줄, 은유, 관계의 해부 등이 있다. 이 중 본서에서는 가족조각, 역할극, 의사소통 모델링, 빙산탐색기법, 가족그림 그리기, 모의가족 연습의 기법에 대해 살펴보기로 한다.

① 가족조각

가족조각(family sculpture)은 사티어의 경험적 가족치료에서 사용하는 가족사정도구로서, 클라이언트가 생각하는 가족의 모습을 조각으로 표현해 보도록 한다. 가족조각은 가족성원들이 공간적으로 스스로 위치하여 가족관계를 몸으로 표현하는 것으로, 문제를 가진 클라이언트에게 가족의 형태를 재배치시켜 봄으로써 미처 깨닫지 못한 부분들을 이해할 수 있게 하는 개입방법이다. 가족조각 기법을 적용할 경우, 조각에 참여하는 가족성원의 동의가 반드시 필요하다. 가족조각 기법은 본 장 2절 가족사정도구에서 이미 설명한 바 있다.

② 역할극

역할극(role-playing)은 가족성원이 자기 자신이나 다른 사람의 생활을 단막극으로 표현하는 것으로서, 가족치료자가 한 가족성원에게 다른 성원의 역할을 수행해 보도록 요청한다. 즉, 클라이언트의 문제 장면을 가능한 한 실제 상황과 가깝게 연출하여 그가 상황에서 실제로 할 수 있는 말과 행동을 표출하도록 하는 것이다. 이러한 역할극은 지나간 기억을 회상하고 억압된 감정을 표출하여 정서적 경험을 강화시키는 개인치료에 유용하다(이영실 외, 2015).

③ 의사소통 모델링

이는 의사소통 방식을 모델화할 수 있는 가족성원 간의 대화방식을 비디오 영상이나 방송매체를 통해 학습하는 기술이다. 사티어는 가족성원들에게 역기능적 의사소통 유형인 비난형, 회유형, 초이성형, 산만형 중 하나를 선택하여 대화하도록 하였다. 이러한 역기능적인 의사소통을 통해 서로의 의사소통 입장에 대해서 확인해 보고 효과적으로 의사소통을 할 수 있는 일치형의 의사소통을 학습하게 하였다(김현호 외, 2013). 사티어는 가족성원 간 의사소통의 과정을 중요시하였다. 따라서 의사소통 모델링을 통해 의사소통 방법의 변화, 즉 역기능적인 의사소통 유형을 일치형 의사소통으로의 변화를 학습하게 하였다.

④ 빙산탐색기법

사티어는 개인의 내적 과정을 이끌어 내기 위해 빙산기법을 활용하였다. 사티어는 빙산을 수면 위에 나타난 부분인 행동과 대처방식을 1차 수준으로, 수면 아래의 부분인 감정, 감정에 대한 감정, 지각, 기대, 열망으로 구성되는 2차 수준, 그 아래의 자기(자아, self)의 3차 수준으로 인간의 심리 내적 경험을 구분하였다. 그리하여 개인의 내적 경험을 이끌어 내기 위해 1차 수준(행동과 대처방식)에 대한 탐색, 2차 수준(감정, 감정에 대한 감정, 지각, 기대, 열망)에 대한 탐색, 3차 수준(자기)에 대한 탐색을 하는 빙산탐색기법을 활용하여 사정하고 개입하였다.

❙그림 8-7❙은 빙산탐색기법을 그림으로 나타낸 것이다.

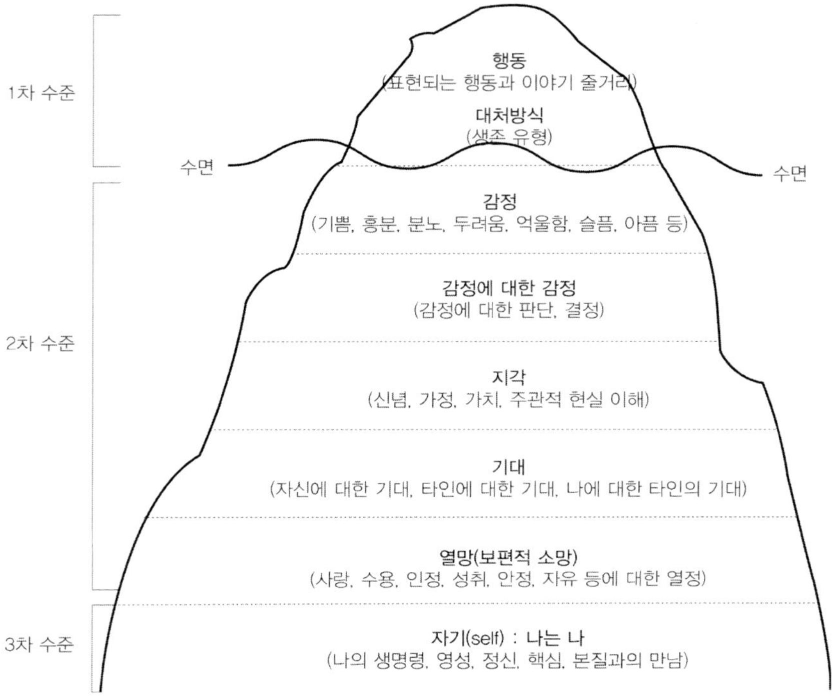

▌그림 8-7▐ 빙산탐색기법

⑤ 가족그림 그리기

가족그림은 가족성원에게 자신이 느끼는 대로 자유롭게 가족에 대해 그림을 그리도록 하는 기법이다. 이는 예전에 미처 생각하거나 대화하지 못했던 상황을 경험하도록 돕는 기법이다.

⑥ 모의가족 연습

가족성원 간의 역기능적인 의사소통 방법을 수정하고, 바람직한 의사소통 방법을 배우기 위해 모의 형태의 가족이 되어 연습해 보는 기법이다.

3) 보웬의 세대 간 가족치료

(1) 개요

머레이 보웬(Murray Bowen, 1913~1990)
미국의 정신과 의사
사진 출처 : http://blog.naver.com/moon_124?Redirect=Log&logNo=220869734500(검색일 : 2017. 2. 14)

보웬(M. Bowen)의 세대 간 가족치료는 '다세대 가족치료', '다세대체계이론'이라고도 하며, 과거에 의미 있었던 경험에 초점을 두는 정신역동적 접근과 현재 상호작용하고 있는 가족단위에 초점을 두는 체계적 접근을 이어주는 모델이다. 보웬은 다세대적 분석을 통해 현재의 가족문제를 파악하려 했으며, 대부분의 가족문제는 가족성원이 자신의 원가족에서 심리적으로 분리되지 못한 데에서 비롯된다고 보았다. 즉, 가족의 정서과정은 세대를 넘어 지속되며, 이전 세대에서 제대로 해결되지 않은 문제가 다음 세대로 이어져서 가족문제를 일으킨다고 보았다. 따라서 세대 간 가족치료모델의 개입목표는 불안을 경감시켜 자아분화를 촉진하여 가족문제를 해결하는 것이다(생각의마을, 2017a; 이영실 외, 2011).

(2) 주요 개념

세대 간 가족치료의 주요 개념으로는 자아분화, 삼각관계, 핵가족 정서체계, 가족 투사 과정, 다세대 전수 과정, 정서적 단절, 출생순위(형제자매 위치), 사회적 퇴행 등이 있다. 이 중 본서에서는 자아분화, 삼각관계, 핵가족 정서체계, 가족 투사 과정, 다세대 전수 과정, 정서적 단절의 개념에 대해 살펴보기로 한다.

① 자아분화

자아분화(differentiation of self)는 생각과 감정을 분리하고 타인과의 관계에서 자주적으로 행동한다는 의미로, 한 가족의 정서적 혼란으로부터 자신이 자유로워지는 과정이다. 자아분화는 여러 세대에 거쳐 전수될 수 있고, 정신내적 개념이면서 대인관계적 개념이다. 정신내적 개념은 자신의 지적 측면과 정서적 측면의 구분을 의미한다. 대인관계적 개념은 타인과 친밀하면서도 독립성을 유지하는 능력을 말한다.

자아분화 수준이 낮은 사람은 사고와 감정을 분리하기 어렵기 때문에 감정에 따라 행동하고, 타인과 자신을 분리하지 못한다. 따라서 자아분화 수준이 낮은 부모는 미분화에서 오는 자신들의 불안이나 갈등을 삼각관계를 통해 회피하려 한다. 즉, 자아분화 수준이 낮을수록 두 사람의 관계에 제3자를 끌어들이려는 삼각관계가 형성될 가능성이 높다.

반면, 자아분화 수준이 높을수록 사고와 감정이 균형을 이루고, 가족체계의 정서로부터 분화된다. 또한 자아분화 수준이 높을수록 타인과 융합하려는 경향이 줄어들고, 적응력과 자율성이 증가하여 독립적으로 행동한다.

보웬은 자아분화를 인지적 기능 대 정서적 기능, 가족의 투사 과정, 자아의 통합, 정서적 단절, 그리고 가족퇴행 등 다섯 가지 영역으로 구분하여 척도화하였다(보웬의 자아분화 척도는 부록 3, 한국형 자아분화 척도는 부록 4 참조). 가장 낮은 0부터 100까지 구분하여 자아분화 수준을 평가하여 다음과 같이 4단계로 구분하였다(김현호 외, 2013; 서혜석 외, 2010; Bowen, 1978).

>> **자아분화 수준의 범위별 특징**

- 0~25 : 자아분화가 가장 낮은 수준. 사고의 융합이 너무 심해 삶이 감정에 의해 지배되는 단계. 이 단계에 해당되는 사람은 타인의 인정을 받기 위해 개별성을 희생하며 스트레스 상황에서 쉽게 역기능적이 됨
- 26~50 : 안정에 대한 기본적 욕구가 있으나 갈등을 회피. 타인을 기쁘게 하려고 노력하며 의존적이고 자율적인 능력이 부족. 독립적으로 결정에 이르거나 문제를 해결하는 능력이 부족

- 51~75 : 분명한 신념을 가지고 있음에도 불구하고 타인의 선택에 대해 의식하는 경향. 의사결정을 내려야 할 때 의미 있는 타인의 인정을 받을 수 있는지 의식하는 편. 비교적 스트레스 상황에서도 기능을 잃지 않으며 역기능적이 되어도 바로 회복됨
- 76~100 : 명확한 가치와 신념을 가지고 있어 목표지향적이고 융통성이 있으며 안정적. 갈등과 스트레스에 대한 인내심이 있으며 강한 자아통합감을 가짐

다음은 2019년 사회복지사 1급 기출문제의 사례 분석에 대한 예시 문제이다.

다음 사례에서 세대 간 반복되는 문제를 해결하기에 가장 적절한 기법은?

이후 대인기피와 우울 증세를 보이는 클라이언트의 가계도를 통해 원가족을 살펴보니 이혼과 우울증이 되풀이되고 있다. 클라이언트는 어머니와 밀착적이면서 갈등적이고, 딸과도 지나치게 밀착되어 있다.

① 기적질문과 척도질문　② 지시와 역설
③ 문제의 내재화　④ 실연
⑤ 분화촉진

정답 : ⑤
해설 : 위의 사례는 클라이언트가 어머니와 밀착적이면서 갈등적이고, 딸과도 지나치게 밀착되어 있으므로, 세대 간 반복되는 문제를 해결하기 위해서는 보웬의 세대 간 가족치료모델에서 사용하는 개념인 '자아분화' 수준이 낮은 것으로 파악할 수 있다. 따라서 클라이언트의 분화촉진이 필요한 사례임을 알 수 있다.

② 삼각관계

삼각관계(triangulation)는 '삼각화'라고도 하며, 두 사람 사이의 갈등을 완화하고자 제3자를 끌어들이는 것이다. 가족의 자아분화 수준이 낮을수록, 즉 가족의 융합 정도가 높을수록 삼각관계를 형성하려고 한다. 예를 들어, 남편과의 관계에서 높은 불안을 느끼는 아내는 아이에게 과도한 집착을 보이고 자신의 불안을 자녀에게 투사할 수 있다. 이때 남편과 아내, 그리고 아이는 삼각관계를 형성하게 되는데, 남편과 아내는 갈등관계에 있고 아내와 아이는 밀착관계에 있으며, 남편과 아이 관계는 소홀하게 되는 것이다(김현호 외, 2013).

③ 핵가족 정서체계

핵가족 정서체계(nuclear family emotional system)는 해소되지 못한 불안이 개인에게서 가족들에게 투사되는 것이다. 즉, 가족이 분화되지 않으면 부모와의 정서적 단절이 생기고 부모와 정서적 단절이 있는 사람이 결혼하면 다시 가족끼리 정서적으로 융합(부부간의 갈등, 부부간의 정서적 거리감, 자녀에게 문제투사 등)하게 된다는 것이다(이영실 외, 2011).

④ 가족 투사 과정

가족 투사 과정(family projection process)은 미성숙하고 분화 수준이 낮은 부모가 부부체계를 안정시키기 위해 취약한 자녀에게 투사하는 것이다. 아버지, 어머니, 자녀로 이루어진 삼각관계 안에서 가족 투사 과정이 작동한다. 예를 들어, 어머니의 불안에 자녀가 반응하고, 이러한 반응에 대해 어머니가 과잉 지각하며, 아버지는 수동적으로 아내의 불안에 대처하는 과정을 통해 어머니가 자신의 문제를 자녀에게 투사하는 것이다(생각의마을, 2017a).

⑤ 다세대 전수 과정

다세대 전수 과정(multiple transmission process)은 가족의 분화 수준과 기능이 세대 간 전수된다는 의미이다. 가족성원들의 가족기능 중 다음 세대로 전수되는 행동들에는 분화 수준, 삼각관계, 배우자의 역기능, 부부갈등, 그리고 자녀의 역기능 등이 있는데, 이러한 행동들이 그 세대에서 그치는 것이 아니라 다음 세대에 이어 전수되는 것이다(김현호 외, 2013).

⑥ 정서적 단절

정서적 단절은 부모를 거부하며 정서적으로 자신을 고립시킨다는 의미이다. 즉, 부모와 융합된 자녀가 원가족과 접촉함으로써 발생하는 불안과 갈등을 줄이기 위해 부모의 집에서 먼 지역으로 이주하거나 부모와 말을 하지 않는 등 부모와의 접촉을 끊는 행위 또는 상태를 말한다. 이러한 정서적 단절은 세대 간 미분화의 결과로 나타나며 정서적 융합이 클수록 정서적 단절은 더 커진다(생각의마을, 2017a; 이애재, 2013; 이영실 외, 2011).

(3) 개입기법

세대 간 가족치료의 개입기법으로는 탈삼각화, 치료적 삼각관계, 가계도, 나-입장취하기, 코칭, 과정질문, 자신의 이야기 들려줌 등이 있는데, 본서에서는 탈삼각화, 치료적 삼각관계, 가계도, 나-입장취하기, 코칭의 기법에 대해 살펴보기로 한다.

① 탈삼각화

탈삼각화는 가족 내에 형성되어 있는 삼각관계에서 벗어나게 함으로써 가족성원이 자아분화하도록 하는 기법으로, 가족성원이 삼각관계에서 벗어나도록 정서적 체계를 수정해야 한다. 예를 들어, 남편보다 장남인 아들에 집착하는 엄마의 경우 탈삼각화 기법의 적용이 필요하다.

탈삼각화의 다양한 예

예 1.

어머니는 권위적인 아버지와 마찰이 있을 때마다 신경증 증상을 호소하며 분가한 4명의 자녀들을 집으로 불러들인다. 이때 가장 민감한 반응을 보이며 달려가는 것이 막내 경수다. 사회복지사는 경수에게 어머니의 신경증에 자동반사적으로 반응하지 않도록 하면서 자신의 생각과 감정을 명확히 하도록 했다.

예 2.

가족사정 단계에서 아내는 자신에게서 멀어지는 남편을 대신하여 아들(15세)에게 지나치게 관여해 왔고, 아들은 부모의 관계 회복을 위해 문제행동을 나타내는 것으로 파악되었다. 어머니는 아들의 문제행동 해결을 위해 몇 차례 자녀훈육기술 교육을 받았으나 별 효과가 없었다고 한다. 따라서 사회복지사는 아들의 문제행동을 주요 개입대상으로 삼는 대신 아내가 남편과의 갈등을 직접 해결하도록 돕는 노력을 하기로 했다.

예 3.

자신에게서 멀어지는 남편을 대신하여 아내가 자녀에게 지나치게 관여하는 것을 보고, 사회복지사는 문제가 있을 시 남편과 직접적으로 해결하고, 자녀에게 우회하지 않도록 원조하였다.

② 치료적 삼각관계

성공적인 치료를 위해 사회복지사는 치료적 삼각관계를 형성하여 개입한다. 아버지와 어머니, 그리고 아들이 삼각관계를 가지고 있다면 사회복지사는 치료적 삼각관계를 만든다. 아버지와 어머니는 아들이 말을 하지 않을 때마다 불안하고, 따라서 아버지와 어머니는 아들을 재촉하면서 말을 하게끔 한다. 반면 사회복지사는 아들이 말을 하지 않는 경우에 조용하고 부드러운 말로 아버지와 어머니가 어떤 느낌이 드는지 알아본다. 즉, 아버지와 어머니의 불안을 탐색함으로써 사회복지사는 아들에게 향하는 부모의 투사를 돌리게 된다. 사회복지사는 부모가 자신에게 초점을 맞추도록 돕는 역할을 한다. 아들이 말을 하지 않는 측면에 초점을 맞추게 되면 부모는 불안해지고, 불안해지면 자신이 가지고 있는 오래된 삼각관계의 형태가 나오게 된다. 사회복지사는 부모의 불안이 어디에서 오는가 하는 점을 질문하여 스스로 자신의 불안에 초점을 맞추도록 하는 역할을 한다(김용태, 2004; 오봉욱 외, 2022).

③ 가계도

가계도(genogram)는 2~3세대 이상에 걸친 가족관계를 기호와 선으로 나타냄으로써 클라이언트 문제의 근원을 파악하고, 가족의 역사를 알 수 있는 가족사정도구이다. 가계도를 통해 세대 간 전수되는 가족의 특징이나 반복되는 사건 등을 파악할 수 있다. 즉, 가계도는 가족의 종단적 생활사건을 한눈에 파악할 수 있게 해준다. 그리고 가계도를 작성하고 해석하면서 가족의 정서적 과정을 이해한다. 가계도는 본 장 2절 가족사정도구에서 이미 설명한 바 있다.

④ 나-입장취하기

나-입장취하기(I-position)는 다른 사람이 행동하는 것에 대하여 간접적으로 말하지 않고 나의 입장에서 메시지를 전달하는 것으로, 나-입장취하기는 타인을 비난하는 대신 자신이 생각하고 느낀 바를 말하며 탈삼각화를 촉진한다. 예를 들어, "당신이 그렇게 행동한 것에 관하여 나는 매우 소외감을 느끼고 섭섭합니다. 나는 당신의 행동으로 인하여 매우 화가 나서 지금은 어떠한 대화도 하고 싶지 않습니다. 앞으로 지금과 같은 행동을 하지 않기를 바랍니다"와 같이 나의 입장을 전달하는 것이다(이영실 외, 2011).

⑤ 코칭

코칭(coaching)은 사회복지사가 가족 정서문제에 가족성원들이 스스로 정서과정을 이해하고 개인의 역할을 이해할 수 있도록 돕는 기술이다. 사회복지사는 중립적이고 객관적인 조언을 통해 문제에 대처하고, 문제 가족들이 스스로 자율성과 독립성을 발휘할 수 있도록 코치하여 가족성원들이 자아분화 수준을 높일 수 있도록 돕는다(김현호 외, 2013).

4) 전략적 가족치료

(1) 개요

제이 헤일리(Jay Haley, 1923~2007)
사진 출처 : https://en.wikipedia.org/wiki/Jay_Haley
(검색일 : 2017. 2. 14)

전략적 가족치료(strategic family therapy)는 헤일리(J. Haley)에 의해 널리 알려졌으며, MRI(Mental Research Institute, 정신건강연구소)의 의사소통이론, 미누친의 구조적 가족치료 이론, 그리고 일반체계이론 등의 영향을 받아 개발되었다. 전략적 가족치료는 크게 세 가지 유형[8]으로 구분되지만, 공통적으로는 치료자가 가족의 문제를 해결하기 위한 전략을 만들어 내는 데 관심을 둔다는 특징이 있다. 따라서 문제를 해결하기 위한 다양한 전략을 만들어 내고 적용한다. 전략적 가족치료는 10회 미만으로 개입하는 단기 과정이다(생각의마을, 2017a).

전략적 가족치료의 개입목표는 현재 문제에 대해서 해결하고 치료하는 것

8) 전략적 가족치료는 MRI 상호작용모델, 전략적 구조주의 모델, Milan 모델의 세 가지 유형으로 구분된다.

이다. 즉, 이 모델은 과거보다는 현재에, 그리고 변화에 비중을 둔다. 따라서 전략적 가족치료는 문제의 원인을 찾기보다는 다양한 전략을 활용하여 제시된 문제를 해결하는 것으로, 정교하게 계획된 전략적 개입을 통해 역기능적 가족의 상호작용을 변화시키려고 한다(사회복지교육연구센터, 2022).

(2) 주요 개념

전략적 가족치료의 주요 개념으로는 관계규정, 권력 다툼, 위계질서 등이 있다.

① 관계규정

헤일리는 의사소통의 수준을 ㉠ 전달하는 메시지의 내용과 ㉡ 억양, 음색, 음조, 신체 움직임 등의 메타 커뮤니케이션의 두 가지로 구분한다. 그리고 의사소통의 구성요소를 주체, 대상, 내용, 상황이라는 네 가지로 구분한다. 의사소통의 두 가지 수준이 일치할 경우에는 관계에 참여하는 사람들 간의 행동규칙이 명확하게 설정되고 기능적인 관계를 수립할 수 있지만, 두 가지 수준이 일치하지 않을 경우에는 관계상의 행동규칙이 불명확해짐으로써 역기능적인 관계유형을 설정하게 된다. 헤일리는 이런 역기능적 의사소통 유형이 조현증 가족의 특징이라고 보았다. 헤일리는 관계를 맺고 있는 사람들 간에 교환되는 행동유형 또는 힘의 우위에 따라 관계를 대칭적 관계, 보완적 관계, 그리고 메타 보완적 관계로 규정하고 있다. 대칭적 관계(symmetrical relationship)는 권력과 지위가 거의 비슷한 두 사람이 상대방을 비판하고 충고하는 등 같은 유형의 행동을 교환하는 관계를 말하는 것이다. 예를 들어, 한쪽이 비난하면 다른 쪽은 더 심하게 비난하고 이를 받아 다시 더 심하게 비난하여 결국 걷잡을 수 없이 관계가 악화되는 것이다. 보완적 관계(complementary relationship)는 한 사람이 우월한 지위에서 지배하고 충고하며 지시하는 반면, 다른 사람은 종속적 지위에서 상대방의 요구와 지시를 수용하고 순종하는 관계를 말한다. 대표적인 예로는 교사-학생관계를 들 수 있다. 메타 보완적 관계(meta complementary relationship)는 권력이나 지위가 낮은 사람이 실질적인 통제권을 갖고 있는 관계를 말하는 것으로, 지위가 낮은 사람이 지배적 위치에 있는 사람을 통제함으로써 오히려 관계규정에 있어서 주도권을 잡고 있는 경우를 말한다.

② 권력 다툼

관계조정을 위한 권력 다툼은 상대방의 행동을 통제하기보다는 관계를 규정하려는 시도나 전략을 통제하기 위한 싸움이다. 헤일리는 관계규칙 설정과정에서 벌어지는 권력 다툼으로 인하여 증상이 야기되기는 하지만, 이러한 증상이 가족의 항상성을 유지하는 데 지대한 공헌을 한다고 보았다.

③ 위계질서

헤일리는 가장 기본적인 위계질서의 요소를 세대선(generational line)으로 본다. 일반적으로 조부모, 부모, 자녀의 순으로 위계질서를 가진다. 그러나 다섯 가지 행동 범주에서 권력과 지위의 역전현상이 일어날 수 있다. ㉠ 자녀가 부모에 대한 생활 책임을 질 때, ㉡ 자녀가 부모를 안내하고 교육하고 통제할 때, ㉢ 세대 내의 상호관계보다 세대 간의 상호관계가 더 강할 때, ㉣ 부모가 자신의 흥미나 욕구 충족을 위해 자녀와 동맹을 맺을 때, ㉤ 한 부모와 자녀가 다른 부모에게 대항하기 위해 결탁할 때 등이다. 헤일리는 위계질서를 혼란하게 만드는 요인으로 세대 간 결탁과 권력 다툼을 들고 있다.

(3) 개입기법

전략적 가족치료의 개입기법으로는 역설적 지시, 재명명, 순환적 질문, 긍정적 의미부여 등이 있다.

① 역설적 지시

역설적 지시(paradoxical intention)는 역설적 개입, 역설적 의도와 같은 의미로 사용된다. 역설적 지시는 기존에 시도한 방법과 상반된 방법을 사용하여, 문제가 되는 상황을 강화하기 위해 역설적으로 지시(개입)하는 방법으로, 가족이 변화에 대한 저항이 클 때 사용할 수 있다. 여기서 '역설적'이라는 표현을 하는 것은 목표와 반대되는 것, 즉 문제행동이나 증상을 계속하거나 더 많이 실행하라고 지시하기 때문이다.

역설적 지시에서 치료자는 클라이언트에게 '변화하라'는 메시지와 '변화하지 말라'는 모순된 메시지를 동시에 전달한다. 즉 치료적 이중구속을 활용하여 문제를 해결하는 것이다. 만약 변화하지 말라는 지시를 따른다면 클라이언트는 이미 증상을 통제할 수 있는 것이고, 변화하라는 지시를 따른다면 증상을 포기하는 것이다. 즉, 치료적 이중구속은 증상을 이용하고, 지시적 기법, 역설적 기법을 이용한다. 또한 클라이언트가 치료자의 지시를 따르지 않아도 문제가 해결될 수 있다.

예를 들어, 부부싸움이 심한 부부에게 '매일 두 시간씩 부부싸움을 하세요.'라고 지시했다고 하자. 이는 변화하지 말라는 메시지이다. 부부가 이 지시를 따라 매일 두 시간씩 싸운다면, 부부싸움이라는 문제가 클라이언트의 통제하에 있다는 것이다. 통제하에 있다는 것은 조절할 수 있음을 의미한다. 부부의 의지에 의해 싸울 수도 있고 멈출 수도 있다. 그렇다면 이 부부는 싸움을 멈출 수 있는 능력이 있다는 것이다. 반면 매일 싸우라는 지시를 거부하고 싸우지 않는다면, 즉 변화하지 않는다면 싸움이라는 증상을 포기한 것이며 이는 문제가 해결된 것이다. 이러나 저러나 부부의 문제는 해결되는 것이다(생각의마을, 2018a).

역설적 지시에는 증상처방, 제지기법, 시련기법 등이 있다(구혜영, 2010; 김현호 외, 2013; 생각의마을, 2018a; 이애재 외, 2013; 이영실 외, 2011).

먼저, 문제와 관련된 가족의 행동체계를 정확히 파악하여 증상처방기법을 활용한다. 증상처방은 가족이 불평하거나 문제가 되는 행동을 없애기 위해 그 행동을 자발적으로 계속하도록 격려하는 기법이다.

증상처방의 예

예 1.

사소한 말다툼이 큰 싸움이 되는 과정에서 서로 상처를 주는 말이 쌓여 부부관계가 악화되었고, 끝내는 이혼을 고려하고 있는 부부를 상담 중인 사회복지사는 다음과 같은 과제를 주었다.

"잘 알겠습니다. 그럼 이렇게 해보시죠. 집으로 돌아가셔서 일주일에 이틀을 정해, 두 분이 싸울 거리를 한 가지씩 찾아내서 부부싸움을 30분간 하시는 겁니다."

예 2.

컴퓨터 게임중독의 문제를 겪는 자녀가 새벽까지 게임을 하다가 중단하려고 할 때,

엄마 : (진지하게) 조금 더 하지 그러니, 그만두지 말고 계속해.

자녀 : 아니에요.

예 3.

끊임없는 잔소리로 말다툼이 잦아 갈등을 겪고 있는 부부에게 매일 1회 시간을 정해서 30분 동안 부부싸움을 하도록 하였다.

둘째, 제지기법은 가족의 문제가 개선될 때 체계의 항상성 균형이 위험하다고 판단되어 사용하는 전략으로, 변화의 속도가 빠르다고 지적하며 조금 천천히 변화하라고 하는 기법이다. 예를 들어, '지금처럼 너무 빨리 변하면 분명히 나빠질 수 있으니, 천천히 변하십시오'라고 가족에게 경고하는 것이다.

셋째, 시련기법은 '고된 체험기법'이라고도 하며, 클라이언트가 가진 증상보다 더 힘든 일을 수행하도록 지시하는 기법이다. 예를 들어, 불면증이 있는 클라이언트에게 밤새워 책을 읽으라는 것, 낮 동안 우울증상이 있을 때 밤중에 일어나서 격렬하게 운동하라고 하는 것 등이다. 이는 내담자가 증상을 포기하는 것보다 증상을 유지하는 것이 더 고통스럽다는 것을 알게 하여 증상을 포기하도록 하는 것이다.

② 재명명

재명명은 '재정의'라고도 하며, 문제 상황에 대한 클라이언트의 관점을 변화시키기 위해 클라이언트가 부여하는 의미를 수정하는 의사소통기법이다. 다시 말해, 클라이언트가 문제를 보는 시각을 변화시키고 새로운 의미를 발견할 수 있도록 도와주는 것이다. 예를 들어, 아들의 과잉행동이 심각하다고 얘기하는 클라이언트에게 "아들이 활동적이네요"라고 얘기하여 부정적 문제에 긍정적 의미를 부여하는 면담기법이다.

재명명의 예

예 1.

부모와 딸의 갈등 상황에서 딸에게 부모의 '과도한 통제'를 '관심과 염려'의 의미로 인식하게 한다.

예 2.

클라이언트 : "저는 정말 나쁜 엄마예요. 저는 피곤하기도 하지만 성질이 나빠서 항상 아이들한테 소리를 지르고……"

사회복지사 : "선생님이 자녀에게 어떻게 하는지를 저에게 이야기할 수 있다는 사실은 자녀들과 더 좋은 관계를 가지고 싶다는 뜻이지요."

③ 순환적 질문

순환적 질문은 클라이언트가 자신의 관계를 여러 관점에서 바라보도록 하는 것으로, 순환적 질문을 통해 문제를 둘러싼 파괴적이고 역기능적인 악순환의 고리를 파악할 수 있다. 순환적 질문은 가족관계에 관하여 혼돈된 생각을 명확하게 하며, 새로운 질문을 함으로써 가족들이 갖고 있는 견해의 차이점을 인식하도록 돕는 것이다.

순환적 질문의 예

상담자가 가족치료를 위해 우선적으로 어머니와 상담을 하는 데 가족용어를 사용하도록 하여 먼저 실시하고 그 뒤로 가족성원들이 차례로 상담을 하였다.

④ 긍정적 의미부여

긍정적 의미부여는 헤일리의 전략적 가족치료의 재정의와 비슷하지만 밀란(Milan)학파 가족치료기법으로 분류된다. 가족응집력을 향상시키고 치료에 대한 저항을 줄이기 위해 가족의 문제나 행동을 긍정적으로 재해석하는 것이다. 예를 들어, 자녀의 출산 이후 소원해진 부부관계를 가족의 생애주기에 따른 정상적인 변화로 긍정적으로 재해석하는 것이다.

5) 해결중심 단기가족치료

(1) 개요

해결중심 단기가족치료(solution-focused family therapy)는 사회구성주의의 영향을 받아 등장한 단기개입모델[9]이다. 사회구성주의는 사회현상이나 문제는 그것을 경험하는 사람이 그것을 어떻게 구성하느냐에 따라 달라지게 된다고 보며, 구성된 실제의 모습이나 의미는 개인에 따라 다르다는 것이다. 해결중심 단기가족치료, 이야기치료 등은 사회구성주의 관점에 기초해서 등장한 가족개입기법이다(사회복지교육연구센터, 2018a).

해결중심 단기가족치료에서는 가족문제의 원인규명에 초점을 두는 것이 아니라 문제해결에 초점을 둔다. 즉, 이 모델은 문제의 원인과 발전과정에 관심을 두기보다 문제해결방안을 모색하는 것이 더 효과적이라고 본다. 따라서 클라이언트와 함께 목표를 수립하고 클라이언트의 문제해결을 위해 효과적인 성공적 방법을 발견하고 적용할 수 있도록 돕는 사회복지사의 협력자 혹은 자문가 역할이 강조된다. 또한 사회복지사는 변화촉진을 위한 질문자 역할을 수행한다. 즉, 해결중심 단기가족치료에서는 다양한 질문기법들을 활용하여 클라이언트와 대화한다.

한편, 해결중심 단기가족치료에서는 사회복지사와 클라이언트 간의 관계를 〈표 8-5〉와 같이 구분하여 설명하고 있다.

---

9) 해결중심 단기가족치료모델은 짧은 기간 안에 목표를 달성하고자 하기 때문에 임시대응적 기법이라는 비판이 있다.

〈표 8-5〉 사회복지사와 클라이언트의 관계 유형

유 형	특 징	개입방법(=고객형으로 전환시키는 방법)
불평형	• 문제의 내용은 알지만 문제를 타인의 책임으로 돌림 • 자신을 희생자라고 생각함 • 이해받기를 원함	• 치료를 위한 자원으로 생각하기 • 긍정적인 면에서 바라보기 • 해결중심적인 대화를 하며, 내담자를 칭찬하고, 가능하면 문제의 예외상황을 발견하도록 하는 과제주기 • 문제를 다른 관점에서 관찰하고 깊게 생각할 수 있는 과제가 효과적임
방문형	• 비자발적 클라이언트 • 자신에 대해 문제의식이 없고 변화하려는 동기가 약함	• 동의하지 않은 상태에서 치료받으러 온 용기를 칭찬하고 의뢰한 사람의 관점 물어보기 • 클라이언트의 상황을 이해하고 수용하고 지지하기 • 클라이언트의 동기와 문제에 대한 인식을 스스로 알 수 있도록 원조하기
고객형	• 문제를 분명히 인식하고 자신을 문제해결의 일부로 생각함 • 자발적이고 적극적인 클라이언트	

출처 : 사회복지교육연구센터(2018a)와 생각의마을(2017a)의 내용을 수정 · 보완함.

해결중심 단기가족치료의 개입목표는 가족이 문제 중심에서 벗어나 건강하고 긍정적인 면과 미래에 초점을 맞춤으로써 해결방안을 모색하고 실행하도록 돕는 것이다. 해결중심 단기가족치료는 주로 다음과 같은 목표 설정을 한다.

해결중심 단기가족치료의 목표 설정

- 작고 구체적이며 행동적일 것
- 클라이언트가 중요하다고 생각하는 것
- 클라이언트가 갖지 않은 것보다 갖고 있는 것에 초점을 둠
- 긍정적이며 과정의 형태로 정의
- 목표를 종료보다는 문제해결의 시작으로 간주
- 실현 가능하고 성취 가능한 것
- 목표를 수행하는 것이 힘든 일이라고 인식. 목표를 수행하기 위한 노력 그 자체를 성공의 시작으로 봄

(2) 개입 원리

해결중심 단기치료의 개입 원리는 다음과 같다.

첫째, 클라이언트의 자원과 건강성, 과거의 성공경험을 중요시한다. 해결중심 단기가족치료는 병리적인 것에 초점을 두지 않는다. 잘못이나 과거의 실패에 관심을 두기보다는 성공경험을 발견하고 확장하는 데 관심을 둔다. 이를 위해 클라이언트가 이미 갖고 있는 자원을 활용하고 건강한 특성을 도출해 냄으로써 제시된 문제를 해결하려 한다.

둘째, 탈이론적이고 비규범적이다. 탈이론적이란 특정 이론에 얽매이지 않는다는 의미이고, 비규범적이란 어떠한 판단이나 평가의 기준을 제시하지 않는다는 의미이다. 따라서 클라이언트의 견해는 액면 그대로 수용되어 진정한 클라이언트중심의 치료접근이 가능하다.

셋째, 변화는 항상 일어나며 불가피한 것으로 인식한다. 즉, 삶에서 변화는 불가피하며 작은 변화가 더 큰 변화로 이어진다. 그리고 모든 문제에는 예외가 존재한다. 따라서 해결중심 단기치료에서는 클라이언트의 변화를 위해 문제가 발생되지 않았던 예외적인 상황을 중요시한다. 예외적인 상황은 해결의 실마리를 보여주기 때문이다.

넷째, 클라이언트와의 협동작업을 중시하고, 해결과제를 수립할 때 클라이언트의 견해를 우선시하고 존중한다. 사회복지사와 클라이언트가 함께 해결방안을 발견하고 구축하는 과정에서 사회복지사와 클라이언트 간 협력적 관계를 중시하고, 개입 전반에 걸쳐 클라이언트의 의견을 존중한다.

다섯째, 현재와 미래를 지향한다. 해결중심 단기가족치료에서는 과거에 관심을 두지 않고, 현재의 상태에 적응하고, 미래의 해결책을 구축하는 데 관심을 갖는다.

여섯째, 클라이언트는 자기 삶의 주체이며, 자신에게 중요한 사람과 일에 대해 가장 잘 아는 전문가이다. 따라서 해결중심모델은 클라이언트 지향적 모델이며, 클라이언트가 자기 문제에 대해 가장 많이 알고 있으며 많은 해결책을 시도했을 것으로 본다. 또한 모든 사람은 강점과 자원, 능력을 가지고 있다고 가정한다. 여기서 사회복지사는 클라이언트를 변화시키는 전문가가 아니라 변화에 도움을 주는 자문가 역할을 한다.

(3) 개입기법

해결중심 단기가족치료에서는 주로 질문을 통한 기법들이 사용되는데, 성공적인 질문기법으로는 면접 전 변화에 대한 질문, 예외질문, 기적질문, 척도질문, 대처질문, 칭찬질문, 관계성 질문, 악몽질문, 메시지 작성과 과제주기 등이 있다(생각의마을, 2017a; 이애재, 2013; 이영실 외, 2011; Shazer, 1985).

① 면접 전 변화에 대한 질문

면접 전 변화에 대한 질문은 클라이언트가 상담계획이 정해진 이후 첫 회기 전까지 나타난 긍정적인 변화가 있었는지 질문하는 것이다. 이 질문은 클라이언트의 잠재능력을 발견하고 클라이언트 자신이 의식하지 못하는 해결방안을 찾는 데 도움이 된다. 면접 전의 변화가 있는 경우, 클라이언트가 이미 보여준 문제해결능력에 대해 칭찬하고 격려한다.

면접 전 변화에 대한 질문의 다양한 예

예 1.

"상담예약을 하신 후부터 지금까지 시간이 좀 지났는데 그동안 상황이 좀 바뀌었나요? 그렇다면 무엇이 어떻게 달라졌는지 말씀해 주세요."

예 2.

"지난 1주일간 어떤 변화가 있었나요?"

예 3.

"상담신청 후 지금까지 어떤 변화가 있었나요?"

예 4.

"처음 상담을 약속했을 때와 지금은 무엇이 어떻게 달라졌는지 말씀해 주세요."

② 예외질문

예외질문은 성공했던 경험을 찾아내어 그것을 의도적으로 계속 실시하도록 격려함으로써 성공의 경험을 확장하고 강화하는 기법이다. 여기서 예외란 문제가 발생하지 않을 때 혹은 성공적 경험이나 개인적 강점과 자원을 말한다.

예외질문의 다양한 예

예 1.
"아드님과의 관계가 지금보다 조금이라도 나았을 때는 언제였나요?"

예 2.
"매일 싸운다고 하셨는데, 안 싸운 날은 없었나요?"

예 3.
"문제가 발생되지 않은 때는 언제인가요?"

예 4.
"문제가 일어나지 않을 때는 어떤 상황인가요?"

예 5.
"잠이 안 와서 힘들다고 하셨는데, 잠을 잘 잤다고 느낄 때는 언제인가요?"

③ 기적질문

기적질문은 문제가 해결된 미래에 대해 상상하도록 함으로써 변화의 목표를 찾아내기 위한 기법이다. 이 질문은 희망이 없다고 생각하는 사람들이 문제가 모두 해결된 상태를 상상하고 변화된 행동을 상상하는 과정에서 자기 문제를 인식하고 해결책을 탐색하게 하며, 클라이언트에게 새로운 희망과 가능성을 부여한다.

기적질문의 다양한 예

예 1.
"간밤에 기적이 일어나 걱정하던 문제가 해결되었다고 생각해 보세요. 당신은 주변에 무엇을 보고 기적이 일어난 것을 알 수 있을까요?"

예 2.
"기적이 일어나 문제가 해결되면 당신의 생활에 어떤 변화가 있을까요?"

예 3.
"간밤에 기적이 일어나 걱정했던 문제가 해결되었다고 한다면 당신은 무엇을 보고 기적이 일어난 것을 알 수 있을까요?"

예 4.
"밤새 기적이 일어나서 문제가 다 해결됐는데, 자느라고 기적이 일어난 걸 몰라요. 아침에 뭘 보면 기적이 일어났다는 걸 알 수 있을까요?"

④ 척도질문

척도질문은 1점에서 10점까지의 척도 위에 클라이언트가 인식하는 문제의 정도, 해결 가능성, 상담의 진전 정도를 구체적인 숫자로 표시하도록 질문하는 것이다. 척도질문의 목적은 숫자를 사용하여 클라이언트가 현실적이며 구체적으로 생각을 정리하고, 점수의 근거를 구체적인 행동으로 제시하고, 자신의 구체적 기대와 목표, 성장과 변화의 상태를 확인할 수 있도록 돕는 것이다.

척도질문의 다양한 예

예 1.
"처음 상담에 오셨을 때가 0점이고 개입목표가 달성된 상태를 10점이라고 한다면, 지금 당신의 상태는 몇 점입니까?"

예 2.
"치료를 받으러 왔을 때 스트레스 수준이 10점이라고 하고 스트레스가 완전히 해소된 상태를 0점이라고 한다면 지금 당신의 스트레스 상태는 몇 점인가요?"

예 3.

"처음 상담했을 때와 지금의 스트레스 수준을 비교한다면 지금은 몇 점인가요?"

⑤ 대처(극복)질문

대처(극복)질문은 클라이언트가 과거의 힘들고 어려운 상황에서 어떻게 대처(극복)해 왔는지에 관해 질문하는 것이다. 클라이언트가 힘든 상황에서도 실시한 일들이 문제해결에 도움이 된 것을 칭찬하고 격려해 주어 클라이언트 자신이 어려움을 극복할 수 있는 능력을 갖고 있다는 사실을 확인하게 하고 부정적인 자아상에서 벗어날 수 있게 하는 효과가 있다.

대처질문의 다양한 예

예 1.

"이처럼 어려운 상황에서도 어떻게 지금까지 견디어 올 수 있었나요?"

예 2.

"어려운 상황 속에서도 더 나빠지지 않고 견뎌 낼 수 있었던 것은 무엇 때문이라고 생각하십니까?"

예 3.

"자녀에게 잔소리하는 횟수를 어떻게 줄일 수 있었나요?"

예 4.

"당신은 그 어려운 상황에서 어떻게 견딜 수 있었나요?"

⑥ 칭찬질문

칭찬은 여러 가지 이점이 있다. 그중에서도 클라이언트 자신에 대한 개념을 바꾸어 주는 역할과 클라이언트로 하여금 치료자의 말에 따르도록 하는 데 유용하다. 칭찬에는 면접과정에서 나온 내용에 대하여 직접적 칭찬을 하는 경우와 "어떻게 그렇게 하셨나요?"로 질문하는 간접적 칭찬이 있다.

⑦ 관계성 질문

관계성 질문은 클라이언트와 중요한 관계에 있는 사람들이 갖고 있는 생각, 의견, 반응 등에 관하여 질문하는 것이다. 이 질문은 다른 가족원의 입장이 되어서 자신의 행동을 보도록 하고, 가족관계 속에서 자기의 위치와 역할을 의식하도록 한다.

관계성 질문의 다양한 예

예 1.
"당신의 어머니는 이 상황에서 당신이 무엇을 해야 문제해결에 도움이 된다고 말씀하실까요?"

예 2.
"당신 아버지께서는 문제가 해결된 상황에 대해 어떤 말씀을 하실까요?"

예 3.
"어머니가 여기 계신다고 가정하고 제가 어머니께 당신의 문제가 해결되면 무엇이 달라지겠냐고 묻는다면 어머니는 뭐라고 말씀하실까요?"

예 4.
"남편이 여기 있다면 당신이 어떻게 하는 것이 문제해결에 도움이 된다고 할까요?"

예 5.
"재혼하신 아버지는 이 문제를 어떻게 생각하실까요?"

⑧ 악몽질문

악몽질문은 해결중심 단기가족치료에서 기적질문과 유사하지만 유일하게 문제중심적 질문 유형에 속한다. 목적 설정을 위한 면접 전 변화에 대한 질문, 예외질문, 기적질문 등 해결중심적 질문이 효과가 없을 때 악몽질문을 사용할 수 있다. 클라이언트에게 뭔가 더 나쁜 일이 일어나야만 현재와 다른 무엇을 하려고 하거나 문제에서 벗어날 수 있을 것으로 생각될 때 이 질문을 활용한다.

악몽질문의 예

"오늘 잠 주무실 때 악몽을 꾸었다고 생각해 봅니다. 주무시는 동안 상황이 더 나빠진 거죠. 이것이 바로 악몽입니다. 그런데 이 악몽이 현실로 다가온 겁니다. 아침에 일어나서 무엇을 보면 악몽 같은 인생을 살고 있다는 것을 알 수 있을까요?"

⑨ 메시지 작성과 과제주기

해결중심 단기가족치료에서는 메시지 작성과 전달, 과제를 활용한다. 치료자가 클라이언트와 상담을 하는 동안 관찰실에서 치료팀이 상담과정을 지켜보면서 메시지를 작성한다. 기본적인 치료가 끝나면 치료자는 관찰실로 들어가서 치료팀과 의논하고 메시지를 만드는 시간을 갖는다. 이후 클라이언트에게 돌아와 메시지를 전달하고 과제를 주게 되는데, 메시지의 내용은 주로 클라이언트가 문제해결을 위해 한 행동을 칭찬하고, 문제해결에 단서가 될 수 있는 것을 제안한 후, 클라이언트가 수행할 행동적 과제 등이 포함된 과제를 부여한다.

과제주기의 예

초등학교 2학년 철수가 몇 개월 동안 친구들과 어울리지 못하고 외톨이로 지내는 문제로 학교사회복지사에게 의뢰되었다. 이때 학교사회복지사는 철수가 수행해야 할 행동과제를 준다.

6) 이야기치료[10)]

(1) 개요

이야기치료(narrative therapy)는 1980년대 이후 포스트모더니즘[11)]과 함께

10) 이야기치료는 생각의마을(2018a)을 참고하여 수정 · 보완하였다.
11) 포스트모더니즘(post-modernism)은 서양의 근대적 정신과 문화, 그리고 근대사회적 구조와 체제가

사회구성주의의 영향을 받아 발전해 온 이론으로, 인간은 자신의 삶에 대해서 끊임없이 의미를 부여하고 해석하여 이야기하는 존재이며, 또한 그러한 이야기들로 구성된 인생을 살아가는 존재라는 생각을 기본 바탕으로 하고 있다.

이야기치료에서는 클라이언트도 가족도 문제가 아니며 문제 자체가 바로 문제라고 간주한다. 즉, 문제는 클라이언트 개인이나 가족과는 분리된 외부적 존재, 실체라고 보는 것이다. 따라서 이야기치료의 개입은 문제중심 이야기에서 벗어나 새롭고 건설적인 가족 이야기를 작성함으로써 클라이언트 자신이 삶의 책임을 지는 적극적인 주체가 되도록 돕는다.

(2) 개입기법 : 문제의 외현화

문제의 외현화는 이야기치료에서 사용하는 기법으로 표출대화라고도 하며, 개별 성원 혹은 가족을 가족문제로 보지 않고 문제만을 문제로 보는 것이다.

문제의 외현화의 다양한 예

예 1.

A : 저는 조그마한 어려움이 있어도 쉽게 좌절하는 사람이에요.

B : 좌절감이 당신으로 하여금 새로운 일을 하는 것을 방해하네요.

예 2.

"아드님을 괴롭히는 ADHD가 어떻게 철수에게 산만하게 하라고 했나요?"

예 3.

"거짓말이 남편으로 하여금 두 사람 사이에 갈등을 일으키게 만들었나 보네요?"

재구성되는 과정을 설명하는 이론적-사상적 경향을 말한다. '포스트모던'이라는 말은 1950년대의 초기에 역사학자인 토인비(A. Toynbee)가 처음으로 사용한 이래 철학, 예술, 과학, 문화, 교육, 사회적 계획 등의 부문에 걸쳐 폭넓게 사용되고 있다. '포스트모더니즘'은 과학이나 언어, 예술, 그리고 사회와 문화에 대한 합리적 이해를 가능하게 하는 객관적 근거, 즉 궁극적 법칙이나 논리, 또는 구조를 인간의 이성에 의해서 찾아낼 수 있다는 계몽사상적 이성 혹은 합리성에 대한 믿음을 거역하고 보편적 이론이나 사상의 거대한 체제의 해체를 주장하는 경향을 의미한다(네이버 지식백과, 1995, 교육학용어사전).

문제가 외현화되면 클라이언트는 문제가 자신들 밖의 것이라고 생각하게 된다. 클라이언트는 문제로부터 자신을 분리해서 가족성원들이 공동의 적(=문제)과 싸울 수 있도록 연합할 수 있게 된다. 문제가 외현화되면 클라이언트나 가족은 문제가 사라진 건강한 사람으로 볼 수 있게 된다.

문제의 내재화와 외현화의 비교

문제를 내재화하는 것은 클라이언트의 문제가 클라이언트 개인의 성격이나 특징에서 비롯된다고 보는 것을 말한다. 반면 문제를 클라이언트와 분리하고 객관화하는 것은 문제의 외현화이다. 이 둘을 비교하면 다음과 같다(생각의마을, 2018a).

- 문제의 내재화 : "저는 우울한 사람이라 사는 게 지옥이에요."
- 문제의 외현화 : "우울한 마음 때문에 사는 게 지옥이 되어버렸어요."

08 CHAPTER

기출문제

1. 가족에 대한 이해

01 가족의 일반적 특성에 관한 설명으로 옳은 것을 모두 고른 것은? 〈2015 실천기술론〉

ㄱ. 다세대에 걸친 역사성의 산물이다.
ㄴ. 가족구성원 간 상호 영향은 지속적이다.
ㄷ. 가족마다 권력구조와 의사소통 형태를 갖고 있다.
ㄹ. 가족 내 공식·비공식 역할들이 고정되어 있다.

① ㄱ, ㄴ, ㄷ
② ㄱ, ㄷ
③ ㄴ, ㄹ
④ ㄹ
⑤ ㄱ, ㄴ, ㄷ, ㄹ

02 가족 내부의 역동성에 관한 설명으로 옳은 것은? 〈2015 실천기술론〉

① 이중구속(double binds)은 가족의 응집 정도를 나타내는 것이다.
② 일치형 의사소통은 객관적 사실과 정확한 논리에 기초한 의사소통 행위다.
③ 가족 하위체계 간 경계가 모호하면 그 관계가 소원해진다.
④ 전문가의 가족 개입 과정에서 가족의 항상성이 작동될 수 있다.
⑤ 부적 피드백은 가정 내 일탈행동을 증폭시킨다.

03 가족생활주기에 관한 설명으로 옳지 않은 것은? 〈2016 실천기술론〉

① 가족구조와 발달과업의 변화를 파악하는 데 활용한다.
② 가족생활주기를 파악하기 위해 가족의 생태도를 작성한다.
③ 가족이 형성된 시점부터 배우자 사망에 이르기까지의 생활변화를 볼 수 있다.
④ 가족이 발달하면서 경험하게 될 사건이나 위기를 예측하는 데 도움이 된다.
⑤ 가족생활주기의 단계는 가족유형이나 사회문화적 배경에 따라 상이할 수 있다.

정답 01 ① 02 ④ 03 ②

04 가족의 기능으로 옳은 것을 모두 고른 것은? 〈2016 실천기술론〉

ㄱ. 구성원 양육 및 보호	ㄴ. 정서적 교류
ㄷ. 사회화	ㄹ. 가족의 문화와 전통 계승

① ㄱ, ㄴ, ㄷ
② ㄱ, ㄷ
③ ㄴ, ㄹ
④ ㄹ
⑤ ㄱ, ㄴ, ㄷ, ㄹ

05 가족에 관한 설명으로 옳은 것은? 〈2017 실천기술론〉

① 정서적 기능보다 가계 계승과 같은 제도적 기능이 중시되는 방향으로 변화하고 있다.
② 부모－자녀관계는 밀착된 경계를 가진 관계일수록 기능적이다.
③ 가족문제는 단선적 인과론으로 설명하는 것이 효과적이다.
④ 가족항상성은 가족규칙을 활성화하여 지속적인 관계를 유지하도록 한다.
⑤ 가족생활주기가 변해도 역할분담은 고정되어 있는 것이 적응적이다.

06 가족체계의 순환적 인과성에 관한 설명으로 옳지 않은 것은? 〈2018 실천기술론〉

① 가족체계 내 문제가 세대 간 전이를 통해 나타남을 의미한다.
② 가족구성원이 많을 때 더욱 복잡한 양상을 띤다.
③ 상호 영향을 주고받는 과정에서 나타나는 현상이다.
④ 가족의 문제가 유지되는 상호작용 과정을 파악하여 문제를 해결한다.
⑤ 증상을 표출하는 성원 또는 다른 성원의 변화를 통해 가족문제를 해결한다.

07 현대사회 가족의 변화에 해당하지 않는 것은? 〈2018 실천기술론〉

① 규모의 축소
② 권력구조의 불평등 심화
③ 생활주기의 변화
④ 기능의 축소
⑤ 형태의 다양화

정답 04 ⑤ 05 ④ 06 ① 07 ②

08 가족에 관한 설명으로 옳지 않은 것은? 〈2019 실천기술론〉

① 사회변화에 따라 가족의 구조와 기능도 변화한다.
② 위기 시 가족은 역기능적 행동을 보일 수도 있지만 가족탄력성을 보일 수도 있다.
③ 가족은 생활주기를 따라 단계적으로 발달하고 변화한다.
④ 가족은 가족항상성을 통해 다른 가족과 구별되는 정체성을 갖는다.
⑤ 가족은 권력구조를 갖고 있지 않은 애정공동체이다.

09 가족사회복지실천의 개념에 관한 설명으로 옳은 것을 모두 고른 것은? 〈2019 실천기술론〉

ㄱ. 1차 수준 사이버네틱스(cybernetics) – 전문가가 가족 내부의 의사소통과 제어과정을 객관적으로 발견한다.
ㄴ. 환류고리(feedback loop) – 가족규범이 유지되거나 변화되는 과정을 설명한다.
ㄷ. 가족의사소통 – 내용기능이 관계기능보다 더 중요하다.
ㄹ. 가족규칙 – 암묵적인 규칙은 역기능적이므로 제거되어야 한다.

① ㄱ ② ㄱ, ㄴ ③ ㄴ, ㄷ
④ ㄴ, ㄷ, ㄹ ⑤ ㄱ, ㄴ, ㄷ, ㄹ

해설 ㄷ. 가족의사소통 – 의사소통에 있어서 내용기능과 관계기능 모두 중요하다.
ㄹ. 가족규칙은 명시적 규칙과 암묵적 규칙이 있는데, 암묵적인 규칙이 항상 역기능적인 것은 아니므로 제거되어야 하는 것은 아니다.

10 가족의 특성에 관한 설명으로 옳은 것을 모두 고른 것은? 〈2020 실천기술론〉

ㄱ. 사회변화에 민감한 체계이다.
ㄴ. 현대 가족은 점차 정서적 기능이 약화되고 있다.
ㄷ. 가족의 현재 모습은 세대 간 전승된 통합과 조정의 결과물이다.
ㄹ. 기능적인 가족은 응집성과 적응성, 문제해결력이 높은 가족이다.

① ㄱ, ㄷ ② ㄴ, ㄹ ③ ㄱ, ㄴ, ㄷ
④ ㄴ, ㄷ, ㄹ ⑤ ㄱ, ㄴ, ㄷ, ㄹ

정답 08 ⑤ 09 ② 10 ⑤

11 **알코올 중독자 당사자는 치료에 거부적이다. 우선적으로 동기화되어 있는 가족들을 알코올 중독자 가족모임이나 자녀모임에 참여하도록 하였다. 이때 사회복지사가 개입 시 고려한 내용으로 옳은 것은?** 〈2020 실천기술론〉

① 가족항상성 ② 가족모델링 ③ 가족재구조화
④ 다세대 간 연합 ⑤ 순환적 인과성

해설 순환적 인과성은 가족성원 간에 상호 영향을 주고받는 과정에서 나타나는 현상으로, 문제를 일으킨 성원 또는 다른 성원의 변화를 통해 가족의 역기능적 문제가 해결된다.

12 **가족대상 사회복지실천에 관한 설명으로 옳은 것은?** 〈2021 실천기술론〉

① 누가 가족문제를 일으키는 원인제공자인지 확인하기 위해 순환적 인과관계를 적용한다.
② 동귀결성을 적용하여 어떤 결과에 어떤 하나의 원인이 작용하였는지를 밝힌다.
③ 가족은 사회환경의 하위체계이나 그 내부는 하위체계가 없는 체계다.
④ 가족체계는 성장과 발전을 추구하면서도 지나친 변화는 제어하며 일정한 안정성을 유지하고자 한다.
⑤ 일차적 사이버네틱스에서 가족은 스스로 창조하고 독립된 실제이며 사회복지사를 가족과 완전히 분리된 사람으로 보지 않는다.

해설 ① 문제의 원인보다는 현재의 상호적 인과관계를 살펴봄으로써, 문제를 일으킨 성원 또는 다른 성원의 변화를 통해 가족의 역기능적 문제가 해결된다고 보는 것이 순환적 인과성이다.
② 동귀결성은 여러 원인이 작용하여 어떤(같은) 결과를 낳을 수 있다는 개념이고, 다중귀결성은 어떤 하나의 원인이 작용하여 다양한 결과를 낳을 수 있다는 개념이다.
③ 가족의 하위체계도 있다.
⑤ 가족은 스스로 창조하고 독립된 실제이며 사회복지사를 가족과 완전히 분리된 사람으로 보지 않으면서, 체계를 관찰하는 사람과 관찰을 당하는 체계 사이에는 상호작용이 존재하므로 관찰자와 관찰을 당하는 체계를 포함하는 보다 큰 체계가 사이버네틱스의 대상이 되어야 한다고 보는 것은 이차적 사이버네틱스이다.

정답 11 ⑤ 12 ④

13 가족대상 사회복지실천의 과정에 관한 설명으로 옳은 것을 모두 고른 것은?

〈2021 실천기술론〉

> ㄱ. 가족과 함께 문제의 우선순위를 설정한다.
> ㄴ. 사회복지사는 한 단계 낮은 자세를 취하여 가족의 정보를 얻는다.
> ㄷ. 가족과의 관계형성을 위해 가족이 있는 곳으로 합류할 필요가 있다.
> ㄹ. 문제가 가족 모두에게 영향을 미치고 있고 가족구성원이 그 문제의 발생과 유지에 영향을 주고 있을 경우 가족단위의 개입을 고려한다.

① ㄹ ② ㄱ, ㄷ ③ ㄴ, ㄹ
④ ㄱ, ㄴ, ㄷ ⑤ ㄱ, ㄴ, ㄷ

14 가족에 관한 체계론적 관점의 기술로 옳지 않은 것은? 〈2022 실천기술론〉

① 가족은 하위체계이면서 상위체계이다.
② 가족규칙은 가족항상성에 영향을 준다.
③ 가족 내 하위체계의 경계유형은 투과성 정도에 따라 나뉠 수 있다.
④ 가족문제의 원인을 구성원 간 상호작용에서 찾는 것을 순환적 인과관계라고 한다.
⑤ 가족이 처한 상황을 구성원의 인식과 언어체계로 표현하면서 가족 스스로 문제해결의 단서를 찾도록 한다.

15 가족개입을 위한 전제조건에 관한 설명으로 옳지 않은 것은? 〈2023 실천기술론〉

① 한 사람의 문제는 가족성원 모두에게 영향을 미친다.
② 한 가족성원의 개입노력은 가족 전체에 영향을 준다.
③ 가족성원의 행동은 순환적 인과성의 특성을 갖는다.
④ 가족문제의 원인은 단선적 관점으로 파악한다.
⑤ 한 가족성원이 보이는 증상은 가족의 문제를 대신해서 호소하는 것으로 본다.

정답 13 ⑤ 14 ⑤ 15 ④

16 **다음 사례에서 사회복지사가 우선적으로 개입해야 하는 것은?** 〈2023 실천기술론〉

A씨는 25세로 알코올 중독진단을 받았으나 문제에 대한 본인의 인식은 부족한 상황이다. 현재 A씨는 부모와 함께 살고 있으나 몇 년 전부터 대화가 단절되어 있다. A씨가 술을 마실 때면 아버지로부터 학대도 발생하고 있는 상황이다.

① 경직된 가족경계를 재구조화한다.
② 단절된 의사소통의 문제를 해결한다.
③ 알코올 중독 문제에 관여한다.
④ 술 문제의 원인으로 보이는 부모를 대상으로 상담한다.
⑤ 부모 간 갈등으로부터 벗어나도록 자아분화를 촉진한다.

17 **생태체계적 관점에서 보는 가족에 관한 설명으로 옳지 않은 것은?** 〈2024 실천기술론〉

① 항상성 : 가족구성원들이 현재 상태를 유지
② 경직된 경계 : 가족이 다수의 복지서비스를 이용
③ 하위체계 : 가족구성원들이 경계를 가지고 각자의 기능을 수행
④ 피드백 : 가족이 사회환경과 환류를 주고 받으며 변화를 도모
⑤ 순환적 인과관계 : 가족 한 사람의 행동이 다른 구성원에게 영향을 주어 가족 전체를 변화

18 **사회변화에 따라 달라지는 가족에 관한 설명으로 옳지 않은 것은?** 〈2024 실천기술론〉

① 가족 형태가 다양해지는 경향이 있다.
② 저출산 시대에는 무자녀 부부가 증가한다.
③ 세대구성이 단순화되면서 확대가족의 의미가 약화된다.
④ 단독으로 생계를 유지하는 경우는 가구의 범위에 속하지 않는다.
⑤ 양육, 보호, 교육, 부양 등에서 사회 이슈가 발생한다.

정답 16 ③ 17 ② 18 ④

19 체계론적 관점에서 가족에 관한 설명으로 옳은 것은? 〈2025 실천기출론〉

① 가족의 항상성은 어떤 행동이 허용되는가를 결정하는 가족규칙을 통해 공고해진다.
② 일탈행동이나 갈등 상황에 대해 부적 환류를 적용하면 최초의 일탈이나 갈등을 증폭시키는 작용을 한다.
③ 가족은 상위체계와는 독립적으로 존재하며 그 안에 다양한 하위체계를 포함한다.
④ 경직된 경계를 가진 가족은 독립성과 자율성이 결여되어 있다.
⑤ 부모-자녀하위체계는 가족을 이끄는 책임을 지는 하위체계로 권위를 갖는 것이 중요하다.

20 가족의 구조와 기능에 관한 설명으로 옳은 것을 모두 고른 것은? 〈2025 실천기출론〉

ㄱ. 기능적인 가족은 가족규칙을 융통성 있게 적용한다.
ㄴ. 부모와 자녀 간의 밀착된 관계는 하위체계 간 균형을 유지하게 한다.
ㄷ. 밀착된 가족은 경계의 투과성이 높아 체계 간 구분이 어렵다.
ㄹ. 기능적 가족은 가족성원에게 고정된 역할을 부여하여 혼란을 감소시킨다.

① ㄱ, ㄴ ② ㄱ, ㄷ ③ ㄴ, ㄷ
④ ㄴ, ㄷ, ㄹ ⑤ ㄱ, ㄴ, ㄷ, ㄹ

21 실천과정에서 "환류하기"에 관한 설명으로 옳은 것은? 〈2025 실천기출론〉

① 개입단계에서 그간의 문제해결과정을 점검하는 활동이다.
② 사회복지사와 클라이언트 간 합의된 목표의 달성도를 측정하는 것이다.
③ 클라이언트의 문제해결에 필요한 자원을 적극적으로 끌어들이기 위한 전략이다.
④ 욕구를 재확인하여 서비스 계획이나 개입전략을 수정하는 과정이다.
⑤ 클라이언트의 주변 체계에 문제의 심각성을 알리고 적극적으로 옹호하는 활동이다.

정답 19 ① 20 ② 21 ④

2. 가족사정과 가족사정도구

01 가계도를 통해 확인하기 어려운 것은? 〈2015 실천기술론〉

① 가족원의 구성과 구조
② 가족의 생애주기
③ 세대 간 유형의 반복
④ 가족원의 역할 및 기능
⑤ 가족과 환경 간 경계의 속성

02 가족사정 기법 중 가족조각을 통해 파악할 수 있는 것을 모두 고른 것은? 〈2016 실천기술론〉

ㄱ. 가족 간의 친밀도	ㄴ. 가족규칙
ㄷ. 가족성원들의 감정	ㄹ. 가족의 교육수준

① ㄱ, ㄴ, ㄷ
② ㄱ, ㄷ
③ ㄴ, ㄹ
④ ㄹ
⑤ ㄱ, ㄴ, ㄷ, ㄹ

03 다음 설명에 해당하는 사정도구는? 〈2016 실천기술론〉

> 사회적 지지의 유형을 구분하고 가족의 환경과 필요한 자원을 파악하는 데 유용하다.

① 소시오그램(sociogram)
② 생활력표(life history grid)
③ 가족그림(family drawing)
④ 사회적 관계망표(social network grid)
⑤ 가계도(genogram)

04 가족사정방법에 관한 설명으로 옳은 것은? 〈2017 실천기술론〉

① 가계도로 가족과 환경과의 접촉에서 발생하는 정보를 수집하고 정리한다.
② 생태도로 세대 간 반복되는 유형을 파악한다.
③ 사회적 관계망표로 사회적 관계에서의 지지 유형과 정도를 파악하다.
④ 가족지도로 가족생활주기를 파악한다.
⑤ PIE 척도로 종단적 생활사건을 한눈에 파악한다.

정답 01 ⑤ 02 ① 03 ④ 04 ③

05 다음의 사례에 나타난 가족 의사소통 내용은? 〈2018 실천기술론〉

> 아버지는 아들에게 "가족회의에서는 자신의 의견을 소신 있게 밝힐 줄 알아야 한다"라고 평소에 강조한다. 그런데 막상 가족회의에서 아들이 자신의 의견을 말하면, "너는 아직 어리니 가만히 있어!"라고 하면서 면박을 준다.

① 구두점 ② 이중구속 ③ 피드백
④ 역설적 지시 ⑤ 이중질문

06 가계도에 관한 설명으로 옳지 않은 것은? 〈2018 실천론〉

① 세대 간의 반복적 유형을 분석할 수 있다.
② 가족환경을 체계론적 관점에서 이해한다.
③ 가계도는 일반적으로 3세대를 포함한다.
④ 자녀는 출생순서에 따라 왼쪽부터 오른쪽으로 순차적으로 그린다.
⑤ 가계도에는 친밀한 관계나 갈등관계와 같은 정서적 관계를 포함한다.

07 생태도(eco-map)를 통해 알 수 없는 것은? 〈2018 실천론〉

① 가족규칙
② 가족이 이용하는 서비스 기관의 종류
③ 가족의 여가활동
④ 이웃주민들과의 친밀도
⑤ 확대가족과의 관계

08 가족조각 기법에 관한 설명으로 옳지 않은 것은? 〈2018 실천기술론〉

① 가족의 상호작용 양상을 공간 속에 배치하는 방법이다.
② 가족 내 숨겨져 표현되지 못했던 감정이나 가족규칙 등이 노출될 수 있다.
③ 조각 후, 사회복지사는 현재의 조각이 어떻게 변화되기 바라는지를 다시 조각으로 표현하게 한다.
④ 조각을 하는 동안 서로 웃거나 이야기하지 않는다.
⑤ 가족을 조각한 사람은 객관성을 유지하기 위해 조각에서 제외되는 것이 일반적이다.

정답 05 ② 06 ② 07 ① 08 ⑤

09 **가계도에 관한 설명으로 옳지 않은 것은?** 〈2019 실천론〉

① 가족과 환경의 상호작용을 볼 수 있다.
② 가족의 구조적 및 관계적 측면을 볼 수 있다.
③ 여러 세대의 가족에 대한 정보를 얻을 수 있다.
④ 가족의 문제를 체계적으로 이해할 수 있게 한다.
⑤ 세대 간 반복되는 관계유형을 찾고 통찰력을 갖게 한다.

10 **가족사정도구에 관한 설명으로 옳은 것을 모두 고른 것은?** 〈2019 실천기술론〉

ㄱ. 생태도는 진행과정과 종결과정에서도 활용한다.
ㄴ. 생활력표를 활용하여 현재의 기능수행에 영향을 미치는 발달단계상 생활경험을 이해한다.
ㄷ. 소시오그램은 가족구성원의 사회적 활동을 측정하는 도구이다.
ㄹ. 가족조각은 가족역동을 시각적으로 표현하여 구성원의 인식을 파악하는 도구이다.

① ㄱ, ㄷ
② ㄱ, ㄹ
③ ㄴ, ㄷ
④ ㄱ, ㄴ, ㄹ
⑤ ㄱ, ㄴ, ㄷ, ㄹ

해설 소시오그램은 집단성원들의 선호도와 무관심, 배척 등의 상호작용관계를 선으로 표시하는 집단 사정도구로, 하위집단의 존재, 삼각관계 형성 여부, 집단성원 간 결탁, 수용, 거부 등을 파악할 수 있다.

11 **생태도를 통하여 파악할 수 있는 내용에 해당되지 않는 것은?** 〈2020 실천론〉

① 클라이언트·가족구성원과 자원체계 간의 에너지 흐름
② 클라이언트·가족구성원에게 스트레스가 되는 체계
③ 클라이언트·가족구성원 간의 자원 교환 정도
④ 클라이언트·가족구성원의 환경체계 변화가 필요한 내용
⑤ 클라이언트·가족구성원의 생애 동안 발생한 문제의 발전과정에 관한 정보

정답 09 ① 10 ④ 11 ⑤

12 1인 가구의 가족사정에 관한 내용으로 옳은 것을 모두 고른 것은? 〈2020 실천기술론〉

ㄱ. 원가족 생활주기 파악
ㄴ. 원가족 스트레스와 레질리언스 탐색
ㄷ. 구조적 관점으로 미분화된 경계 파악
ㄹ. 역사적 관점으로 미해결된 과거관계의 잔재 확인

① ㄱ, ㄷ
② ㄴ, ㄹ
③ ㄱ, ㄴ, ㄷ
④ ㄴ, ㄷ, ㄹ
⑤ ㄱ, ㄴ, ㄷ, ㄹ

해설 ㄴ. 레질리언스(resilience)는 탄력성, 신축성, 유연성, 회복탄력성 등으로 번역한다.

13 가계도 분석에 관한 설명으로 옳은 것을 모두 고른 것은? 〈2020 실천기술론〉

ㄱ. 세대를 통해 반복되는 패턴 분석
ㄴ. 가족구성원에 대한 객관적 정보를 파악
ㄷ. 가족기능의 불균형과 그것에 기여하는 요인 분석
ㄹ. 가족구성원별 인생의 중요사건과 이에 대한 다른 가족구성원의 역할 분석

① ㄹ
② ㄱ, ㄷ
③ ㄴ, ㄹ
④ ㄱ, ㄴ, ㄷ
⑤ ㄱ, ㄴ, ㄷ, ㄹ

14 사정도구와 파악할 수 있는 정보의 연결이 옳지 않은 것은? 〈2021 실천론〉

① 생태도 – 개인과 가족에 영향을 미치는 주요 환경체계 확인
② 생활력 도표 – 개인의 과거 주요한 생애 사건
③ DSM-Ⅴ 분류체계 – 클라이언트의 정신장애 증상에 대한 진단
④ 소시오그램 – 집단성원 간 상호작용 및 하위 집단 형성 여부
⑤ PIE 분류체계 – 주변인과의 접촉 빈도 및 사회적 지지의 강도와 유형

해설 ④ 소시오그램은 집단 사정도구로 9장에서 다룬다.
⑤ PIE 분류체계에는 사회적 기능수행상의 문제, 환경상의 문제, 정신건강상의 문제, 신체건강상의 문제가 포함된다. 주변인과의 접촉 빈도 및 사회적 지지의 강도와 유형을 사정하는 도구는 사회적 관계망표이다.

정답 12 ⑤ 13 ⑤ 14 ⑤

15 가계도를 통한 분석 내용으로 옳은 것을 모두 고른 것은? 〈2021 실천기술론〉

> ㄱ. 가족 내 삼각관계
> ㄴ. 지배적인 주제와 가족구조의 변화
> ㄷ. 가족이 위치한 지역사회의 안정성과 쾌적성
> ㄹ. 가족 내 반복적으로 나타나고 있는 사건의 연결성

① ㄴ
② ㄱ, ㄴ
③ ㄱ, ㄹ
④ ㄱ, ㄴ, ㄹ
⑤ ㄱ, ㄴ, ㄷ, ㄹ

16 어느 시점에서의 인간관계, 타인에 대한 느낌과 감정을 동작과 공간을 사용하여 표현하는 비언어적 기법은? 〈2021 실천기술론〉

① 연합
② 은유
③ 외현화
④ 가족조각
⑤ 원가족

17 세대 간 반복된 가족 특성을 파악하기 위한 사정도구는? 〈2022 실천론〉

① 가계도
② 생태도
③ 소시오그램
④ 생활력 도표
⑤ 사회적 관계망 그리드

18 자녀양육의 어려움을 호소하는 가족의 사정도구에 관한 설명으로 옳지 않은 것은? 〈2022 실천기술론〉

① 가계도를 활용하여 구성원 간 관계를 파악한다.
② 생태도를 통해 회복탄력성과 문제해결능력을 확인한다.
③ 양육태도척도를 활용하여 문제가 되는 부분을 탐색한다.
④ 자녀 입장의 가족조각으로 자녀가 인식하는 가족관계를 탐색한다.
⑤ 생활력표를 활용하여 현재 어려움에 영향을 주는 발달단계상의 경험을 이해한다.

정답 15 ④ 16 ④ 17 ① 18 ②

19 생태도 작성에 관한 내용으로 옳은 것을 모두 고른 것은? 〈2023 실천론〉

> ㄱ. 용지의 중앙에 가족 또는 클라이언트체계를 나타내는 원을 그린다.
> ㄴ. 중심원 내부에 클라이언트 또는 동거가족을 그린다.
> ㄷ. 중심원 외부에 클라이언트 또는 가족과 상호작용하는 외부체계를 작은 원으로 그린다.
> ㄹ. 자원의 양은 '선'으로, 관계의 속성은 '원'으로 표시한다.

① ㄹ
② ㄱ, ㄷ
③ ㄴ, ㄹ
④ ㄱ, ㄴ, ㄷ
⑤ ㄱ, ㄴ, ㄷ, ㄹ

20 가족경계(boundary)에 관한 설명으로 옳은 것은? 〈2023 실천기술론〉

① 하위체계의 경계가 경직된 경우에는 지나친 간섭이 증가한다.
② 하위체계의 경계가 희미한 경우에는 감정의 합일현상이 증가한다.
③ 하위체계의 경계가 경직된 경우에는 가족의 보호 기능이 강화된다.
④ 하위체계의 경계가 희미한 경우에는 가족 간 의사소통이 감소한다.
⑤ 하위체계의 경계가 경직된 경우에는 가족구성원이 독립적으로 행동하기 어렵다.

21 가족사정에 관한 설명으로 옳은 것을 모두 고른 것은? 〈2023 실천기술론〉

> ㄱ. 가족체계가 어떻게 기능하는지 발견하는 것이 목적이다.
> ㄴ. 가족상호작용 유형에 적합한 방법을 찾는 것이다.
> ㄷ. 가족사정과 개입과정은 상호작용적이며 순환적이다.
> ㄹ. 가족이 제시하는 문제, 생태학적 사정, 세대 간 사정, 가족내부 간 사정으로 이루어진다.

① ㄱ, ㄴ
② ㄷ, ㄹ
③ ㄱ, ㄴ, ㄷ
④ ㄱ, ㄴ, ㄹ
⑤ ㄱ, ㄴ, ㄷ, ㄹ

정답 19 ④ 20 ② 21 ⑤

22 생태도를 통하여 파악할 수 없는 것은? 〈2025 실천론〉

① 클라이언트 가족의 세대 간 반복되는 정서적 유형
② 클라이언트에게 스트레스가 되는 체계
③ 클라이언트와 환경 간 자원교환의 정도
④ 클라이언트가 이용하는 서비스 기관
⑤ 클라이언트에게 유용한 자원이나 환경

3. 가족대상 실천모델과 개입기법

01 다음 사례를 분석한 내용에 해당하지 않는 것은? 〈2015 실천기술론〉

> 철수 어머니는 남편의 늦은 귀가에 대해 잔소리를 하고, 철수 아버지는 아내의 잔소리 때문에 집에 늦게 들어와 부부갈등이 지속되고 있다. 평소에 아버지는 철수에게 소신 있는 발언을 하라고 하다가 가족식사 시간에 철수가 간혹 소신발언을 하면 "밥이나 먹어!"라고 언성을 높인다. 어머니와 철수는 이러한 아버지의 행동에 대해 참지 못하고 함께 아버지에게 대항한다.

① 세대 간 연합
② 순환적 인과관계
③ 의사소통상 구두점(punctuation)
④ 가족구성원의 의미 체계(meaning system)
⑤ 병리적 이중구속(pathological double binds)

해설 가족구성원의 의미 체계(meaning system)는 가족구성원들이 주변 사물에 대해 인식하고 평가하는 경향을 나타내는 것이다. 가족구성원들이 가족 내·외부에서 경험하는 현상으로부터 어떤 의미를 도출하는가를 알지 못하면 가족구성원들 간 상호작용 양상에 변화를 창출해 내기가 어렵다. 이러한 가족의 의미 체계를 파악하기 위한 방법으로는 ① 가족구성원 간 상호작용 과정에서 나타난 어떤 현상이나 사건에 대해 한 개인이 어떤 의미를 부여하느냐고 직접 질문을 하는 방법과 ② 가족구성원의 행동을 관찰하는 방법이 있다. 위 질문에서는 가족구성원의 의미 체계를 탐색하는 내용은 없다.

정답 22 ① 01 ④

02 다음의 사례에서 활용한 개입기법은? 〈2015 실천기술론〉

> 어머니는 권위적인 아버지와 마찰이 있을 때마다 신경증 증상을 호소하며 분가한 4명의 자녀들을 집으로 불러들인다. 이때 가장 민감한 반응을 보이며 달려가는 것이 막내 경수다. 사회복지사는 경수에게 어머니의 신경증에 자동반사적으로 반응하지 않도록 하면서 자신의 생각과 감정을 명확히 하도록 했다.

① 합류 ② 재구성 ③ 탈삼각화
④ 균형 깨기 ⑤ 경계만들기

03 해결중심모델에 관한 설명으로 옳지 않은 것은? 〈2015 실천기술론〉

① 이론적이고 규범적이다.
② 변화를 불가피한 것으로 인식한다.
③ 현재와 미래를 지향한다.
④ 클라이언트와의 협동작업을 중시한다.
⑤ 사회복지사는 변화촉진을 위한 질문자 역할을 수행한다.

04 다음 각각의 가족사정 내용과 관련이 없는 가족개입 모델은? 〈2015 실천기술론〉

> • 가족 의사소통 유형의 파악
> • 가족 내 하위체계 간 경계 속성의 파악
> • 가계도를 활용하여 통합적인 가족속성을 종단 · 횡단으로 파악
> • 문제를 둘러싼 파괴적이고 역기능적인 악순환 고리의 파악

① 전략적 모델 ② 구조적 모델 ③ 다세대 모델(M. Bowen)
④ 경험적 모델(V. Satir) ⑤ 이야기치료 모델

05 가족실천에서 사회복지사가 해야 할 것을 모두 고른 것은? 〈2015 실천기술론〉

> ㄱ. 가족과 주변 환경의 상호작용 양상을 파악한다.
> ㄴ. 가족이 가족 내 · 외부에서 경험하는 현상을 어떻게 파악하고 이해하는지 확인한다.
> ㄷ. 가족과 합류(joining)함으로써 신뢰관계를 형성한다.
> ㄹ. 가족이 다뤄야할 문제의 우선순위는 사회복지사가 정한다.

① ㄱ, ㄴ, ㄷ ② ㄱ, ㄷ ③ ㄴ, ㄹ
④ ㄹ ⑤ ㄱ, ㄴ, ㄷ, ㄹ

정답 02 ③ 03 ① 04 ⑤ 05 ①

06 해결중심모델에 관한 설명으로 옳은 것을 모두 고른 것은? 〈2016 실천기술론〉

> ㄱ. 이론적이고 규범적이다.
> ㄴ. 문제가 발생되지 않았던 예외적인 상황을 중요시한다.
> ㄷ. 해결과제를 수립할 때 클라이언트보다 사회복지사의 견해를 우선시한다.
> ㄹ. 클라이언트의 자원과 과거의 성공경험을 중요시한다.

① ㄱ, ㄴ, ㄷ ② ㄱ, ㄷ ③ ㄴ, ㄹ
④ ㄹ ⑤ ㄱ, ㄴ, ㄷ, ㄹ

07 해결지향적 질문 유형 중 '관계성 질문'에 해당하는 것은? 〈2016 실천기술론〉

① "문제가 발생되지 않은 때는 언제인가요?"
② "문제와 가장 관련이 있는 상황은 어떤 경우였나요?"
③ "문제가 해결되면 당신의 생활에 어떤 변화가 있을까요?"
④ "이런 문제는 누구와의 관계에서 더 심각하게 느껴지나요?"
⑤ "당신 아버지께서는 문제가 해결된 상황에 대해 어떤 말씀을 하실까요?"

08 다음 사례에 해당하는 전략적 가족치료의 개입기술은? 〈2016 실천기술론〉

> 컴퓨터 게임중독의 문제를 겪는 자녀가 새벽까지 게임을 하다가 중단하려고 할 때,
> 엄마 : (진지하게) "조금 더 하지 그러니, 그만두지 말고 계속해"
> 자녀 : "아니에요"

① 증상처방(prescribing) ② 제지(restraining) ③ 재정의(reframing)
④ 재보증(reassurance) ⑤ 합류하기(joining)

09 자아분화에 관한 설명으로 옳은 것은? 〈2016 실천기술론〉

① 자아분화 수준이 낮을수록 사고와 감정이 균형을 이룬다.
② 자아분화 수준이 높을수록 가족체계의 정서로부터 분화된다.
③ 자아분화 수준이 낮을수록 타인과 융합하려는 경향이 줄어든다.
④ 자아분화 수준이 높을수록 삼각관계가 형성될 가능성이 높다.
⑤ 자아분화 수준이 낮을수록 적응력과 자율성이 커진다.

정답 06 ③ 07 ⑤ 08 ① 09 ②

10 미누친(S. Minuchin)의 구조적 가족치료의 대표적인 기법을 옳게 나열한 것은?
〈2016 실천기술론〉

① 과제부여, 합류하기, 척도질문
② 합류하기, 탈삼각화, 경계만들기
③ 긴장 고조시키기, 균형 깨뜨리기, 실연
④ 역설적 지시, 긴장 고조시키기, 과제부여
⑤ 균형 깨뜨리기, 역설적 지시, 탈삼각화

11 가족치료모델 유형에 관한 설명으로 옳은 것은? 〈2016 실천기술론〉

① 구조적 가족치료 : 가족구성원 간의 규칙 및 역할을 재조정하도록 원조하기
② 경험적 가족치료 : 상담계획이 정해진 후 첫 회기 전까지 나타난 긍정적 변화를 질문하기
③ 전략적 가족치료 : 가족구성원이 삼각관계에서 벗어나도록 정서적 체계를 수정하기
④ 보웬의 세대 간 가족치료 : 문제가 되는 상황을 강화하기 위해 역설적으로 개입하기
⑤ 해결중심 가족치료 : 가족의 상호작용 유형을 확인하고 문제를 외현화하기

12 역설적 개입에 관한 설명으로 옳은 것을 모두 고른 것은? 〈2017 실천기술론〉

ㄱ. 가족이 변화에 대한 저항이 클 때 사용할 수 있다. ㄴ. 문제와 관련된 가족의 행동체계를 정확히 파악하여 증상처방기법을 활용한다. ㄷ. 원가족 분석을 중시하는 개입방법이다. ㄹ. 치료적 이중구속을 활용하여 문제를 해결하는 것이다.

① ㄱ, ㄴ ② ㄷ, ㄹ ③ ㄱ, ㄴ, ㄷ
④ ㄱ, ㄴ, ㄹ ⑤ ㄱ, ㄴ, ㄷ, ㄹ

정답 10 ③ 11 ① 12 ④

13 사티어(V. Satir)의 의사소통 가족치료모델에 관한 설명으로 옳지 않은 것은?
〈2017 실천기술론〉

① 자아존중감 향상을 목적으로 한다.
② 개인의 내적 과정을 이끌어 내기 위해 빙산기법을 활용한다.
③ 효과적인 의사소통을 위해 솔직하게 표현하고 타인의 생각과 감정을 수용한다.
④ 회유형 의사소통은 기능적 의사소통이다.
⑤ 정서적 경험과 가족체계에 대한 이중적 초점을 강조한다.

14 보웬(M. Bowen)의 다세대체계이론에 관한 설명으로 옳은 것을 모두 고른 것은?
〈2017 실천기술론〉

ㄱ. 자아분화 수준이 낮은 부모는 미분화에서 오는 자신들의 불안이나 갈등을 삼각관계를 통해 회피하려 한다.
ㄴ. 나-입장취하기(I-position)는 타인을 비난하는 대신 자신이 생각하고 느낀 바를 말하며 탈삼각화를 촉진한다.
ㄷ. 가족조각으로 가족에 대한 인식을 시각적으로 표현하고 이해하도록 돕는다.
ㄹ. 가계도를 작성하고 해석하면서 가족의 정서적 과정을 가족과 함께 이야기한다.

① ㄱ　② ㄴ, ㄷ　③ ㄱ, ㄴ, ㄹ
④ ㄴ, ㄷ, ㄹ　⑤ ㄱ, ㄴ, ㄷ, ㄹ

15 해결중심모델에 관한 설명으로 옳은 것은? 〈2017 실천기술론〉

① 규범적이다.
② 과거를 지향한다.
③ 병리적인 것에 초점을 둔다.
④ 문제의 원인규명에 초점을 둔다.
⑤ 변화는 항상 일어나며 불가피하다.

정답 13 ④ 14 ③ 15 ⑤

16 다음 사례에서 사회복지사가 사용하고 있는 기술은? 〈2017 실천기술론〉

> 딸이 말을 하면 엄마가 나서서 설명하며 대변하는 일이 반복될 때, 사회복지사가 딸을 보면서 "엄마가 대변인이시네요. 이것에 대해서 딸이 설명해 보겠어요?"라고 하면서 딸이 직접 말할 수 있도록 한다.

① 추적하기
② 경계만들기
③ 치료적 삼각관계
④ 대처질문
⑤ 재명명

17 다음 사례를 구조적 가족치료모델로 개입할 때 활용할 수 있는 기법이 아닌 것은? 〈2017 실천기술론〉

> 초등학교 2학년 아이를 키우며 직장을 다니고 있는 한부모 A씨는 아이가 자신의 말을 잘 듣지 않고 무시하는 문제를 호소하고 있는데, 아이의 행동문제가 점점 심각해지고 있다. 아이는 A씨가 올 때까지 외조모가 돌봐주고 있으며 외조모는 종종 A씨의 훈육과 반대되는 방향으로 아이를 대하며, 아이 앞에서 A씨의 훈육방법을 야단친다.

① 하위체계 간 경계만들기
② 과제주기
③ 가족재구조화
④ 실연
⑤ 외현화

18 사티어(V.Satir)의 의사소통 유형과 그 내용의 연결이 옳지 않은 것은? 〈2018 실천기술론〉

① 아첨형 : 자신 무시, 타인 존중, 상황 존중
② 일치형 : 자신 존중, 타인 존중, 상황 존중
③ 비난형 : 자신 존중, 타인 무시, 상황 존중
④ 산만형 : 자신 무시, 타인 무시, 상황 무시
⑤ 초이성형 : 자신 존중, 타인 무시, 상황 무시

정답 16 ② 17 ⑤ 18 ⑤

19 다음과 같은 목표 설정을 주로 하는 사회복지실천모델은? 〈2018 실천기술론〉

> • 작고 구체적이며 행동적일 것
> • 클라이언트가 중요하다고 생각하는 것
> • 클라이언트가 갖지 않은 것보다 갖고 있는 것에 초점을 둠
> • 긍정적이며 과정의 형태로 정의
> • 목표를 문제해결의 시작으로 간주

① 인지행동모델
② 해결중심모델
③ 클라이언트중심모델
④ 심리사회모델
⑤ 행동수정모델

20 구조적 가족치료의 모델로 개입하기에 적절하지 않은 것은? 〈2019 실천기술론〉

① 아픈 어머니, 철없는 아버지 대신 동생에게 부모역할을 하며 자신에게 소홀한 맏딸의 문제
② 비난형 아버지와 감정표현을 통제하는 어머니의 영향으로 자기감정을 억압하는 아들의 문제
③ 할머니와 어머니의 양육방식이 달라서 혼란스러운 자녀의 문제
④ 부부불화로 아들에게 화풀이를 하자 반항행동이 증가한 아들의 문제
⑤ 밀착된 아내와 딸이 남편을 밀어내어 소외감을 느끼는 남편의 문제

해설 ① 경계만들기 – 아버지가 부모역할을 할 수 있도록 돕고, 맏딸이 자율성을 확보하도록 한다.
② 의사소통 유형을 변화시킬 필요가 있는 사례로서, 사티어의 경험적 가족치료모델의 적용이 필요하다.
③ 실연 혹은 긴장 고조시키기 – 할머니와 어머니의 양육방식을 실제로 재연시켜 상호 의견 조절이 필요한 사례, 혹은 할머니와 어머니의 양육방식에 대한 의견 차이를 강조하여 긴장을 고조시킬 수 있다.
④ 경계만들기 – 부부의 문제를 부부가 풀도록 하고 부부가 아들에게 지나치게 화풀이를 하지 않도록 경계를 만들어 아들의 자율성을 확보한다.
⑤ 경계만들기 – 아내와 딸이 '제휴(삼각관계)'를 맺고 있으므로 밀착된 아내와 딸의 경계를 명확하게 설정하도록 돕는다.

정답 19 ② 20 ②

21 전략적 가족치료의 치료적 이중구속에 관한 설명으로 옳지 않은 것은?

〈2019 실천기술론〉

① 증상을 이용한다.
② 빙산기법을 이용한다.
③ 지시적 기법을 이용한다.
④ 역설적 기법을 이용한다.
⑤ 치료자의 지시를 따르지 않아도 문제가 해결될 수 있다.

해설 ② 빙산기법은 사티어의 경험적 가족치료의 개입기법에 해당한다.

22 다음 사례에서 세대 간 반복되는 문제를 해결하기에 가장 적절한 기법은?

〈2019 실천기술론〉

이혼 이후 대인기피와 우울 증세를 보이는 클라이언트의 가계도를 통해 원가족을 살펴보니 이혼과 우울증이 되풀이되고 있다. 클라이언트는 어머니와 밀착적이면서 갈등적이고, 딸과도 지나치게 밀착되어 있다.

① 기적질문과 척도질문
② 지시와 역설
③ 문제의 내재화
④ 실연
⑤ 분화촉진

23 가족실천기술과 예시의 연결로 옳은 것을 모두 고른 것은? 〈2019 실천기술론〉

ㄱ. 합류 – 사회복지사가 가족의 말투나 몸짓을 따라 한다.
ㄴ. 관계성 질문 – "어머니가 여기 계신다고 가정하고 제가 어머니께 당신의 문제가 해결되면 무엇이 달라지겠냐고 묻는다면 어머니는 뭐라고 말씀하실까요?"
ㄷ. 경계만들기 – 부모와 딸의 갈등 상황에서 딸에게 부모의 '과도한 통제'를 '관심과 염려'의 의미로 인식하게 한다.
ㄹ. 균형 깨뜨리기 – 지배적인 남편과 온순한 아내 사이에서 사회복지사는 아내의 편을 들어 자기주장을 할 수 있게 한다.

① ㄱ, ㄴ
② ㄱ, ㄷ
③ ㄴ, ㄹ
④ ㄱ, ㄴ, ㄹ
⑤ ㄱ, ㄴ, ㄷ, ㄹ

해설 ㄷ의 사례는 경계만들기가 아니라 전략적 가족치료의 '재정의(재명명)'의 개입기법이다.

정답 21 ② 22 ⑤ 23 ④

24 **해결중심모델에 관한 설명으로 옳지 않은 것은?** 〈2019 실천기술론〉

① 클라이언트 지향적 모델이다.
② 임시대응적 기법이라는 비판이 있다.
③ 메시지 작성과 전달, 과제를 활용한다.
④ 사회복지사와 클라이언트 간 협력적 관계를 중시한다.
⑤ 문제가 해결된 상태를 가정하는 대처질문을 활용할 수 있다.

해설 ⑤ 문제가 해결된 상태를 가정하는 것은 '기적질문'을 통해서 한다. '대처질문'은 클라이언트가 과거의 힘들고 어려운 상황에서 어떻게 대처(극복)해 왔는지에 관해 질문하여, 클라이언트 자신이 어려움을 극복할 수 있는 능력을 갖고 있다는 사실을 확인하게 하고 부정적인 자아상에서 벗어날 수 있게 하는 효과가 있다.

25 **다음 대화에서 사회복지사 B가 클라이언트 A에게 사용한 기법에 해당하는 것은?** 〈2019 실천기술론〉

> A : "저는 조그마한 어려움이 있어도 쉽게 좌절하는 사람이에요."
> B : "좌절감이 당신으로 하여금 새로운 일을 하는 것을 방해하네요."

① 문제의 외현화 ② 재보증 ③ 코칭(coaching)
④ 가족지도 ⑤ 체험기법

26 **노인학대가 의심된다는 이웃의 신고로 노인보호전문기관에서 상황을 파악하고자 하였다. 어르신은 사회복지사의 개입을 거부하며 방어적이다. 이 상황에 관한 분석으로 적절하지 않은 것은?** 〈2020 실천기술론〉

① 비난형 의사소통 유형이다.
② 스스로 해결하고자 하는 의지의 표현이다.
③ 현재의 상태를 유지하려고 하는 항상성이 있다.
④ 독립과 자립을 강조하는 사회문화적 영향으로 도움에 거부적이다.
⑤ 일방적 신고를 당해서 외부인에 대한 불신과 배신감을 느끼고 있다.

해설 ① 사회복지사의 개입을 거부한 것은 회피형 또는 주의산만형 의사소통으로, 현재의 상태를 유지하고, 도움을 거부하면서 스스로 해결하고자 하는 의지의 표현이다. 이는 외부인에 대한 불신과 배신감을 느끼고 있음을 보여준다.

정답 24 ⑤ 25 ① 26 ①

27 다음 사례에서 사회복지사의 개입방법에 관한 설명으로 옳은 것은? 〈2020 실천기술론〉

> 가정폭력으로 이혼한 영미 씨의 전 남편은 딸의 안전을 확인해야 양육비를 주겠다며 딸의 휴대폰 번호도 못 바꾸게 하였다. 영미 씨는 아버지의 언어폭력으로 인한 고통을 호소하는 딸에게 전화를 계속하여 받도록 하였다. 사회복지사는 이에 대한 사정평가 후, 경제적 어려움에 대한 불안감이 가정폭력을 사실상 지속시킨다고 판단하여 양육비이행지원서비스를 받을 수 있도록 지원하고 아버지의 전화를 차단하도록 하였다.

① 가족옹호 ② 가족 재구성 ③ 재정의하기
④ 탈삼각화 기법 ⑤ 균형 깨트리기

해설 ① 가족옹호 : 가족이 정당한 권리가 있음에도 불구하고 권리보장이 이루어지지 않거나, 서비스가 확대되어야 할 필요가 있는 경우 가족의 권리를 대변하고 서비스를 확충하도록 노력하는 것을 의미하며, 가족욕구에 대한 직접적이고 전문적인 지식을 이용함으로써 가족의 생활조건을 향상시키도록 계획된 전문적 서비스이다.

28 다음 사례에서 사회복지사가 우선적으로 계획할 내용으로 적절한 것은? 〈2020 실천기술론〉

> 은옥 씨는 심각한 호흡기 질환을 앓고 있으며, 28세 아들은 고교 졸업 후 게임에만 몰두하며 집에만 있다. 아들은 쓰레기를 건드리지도 못하게 하여 집은 쓰레기로 넘쳐 나고, 이는 은옥 씨의 건강에 치명적인 위협이 되고 있다. 은옥 씨는 과거 자신의 잘못과 아들에 대한 죄책감을 호소하고 있으나, 서비스를 거부하며 특히 아들에 대한 접근을 막고 있다.

① 치료적 삼각관계 형성하기
② 가족 하위체계 간의 경계만들기
③ 가족의 기능적 분화 수준 향상시키기
④ 가족과 합류(joining)할 수 있는 방법 탐색하기
⑤ 역설적 개입으로 치료자의 지시에 저항하도록 하기

정답 27 ① 28 ④

29 해결중심모델에 관한 설명으로 옳은 것은? 〈2020 실천기술론〉

① 클라이언트의 문제의 원인을 심리내부에서 찾는다.
② 의료모델을 기초로 문제중심의 접근을 지향한다.
③ 다양한 질문기법들을 활용하여 클라이언트와 대화한다.
④ 클라이언트의 준거틀, 인식, 강점보다 문제 자체에 초점을 둔다.
⑤ 신속한 문제해결을 위해 행동변화를 위한 새로운 전략을 가르친다.

30 아무리해도 말이 안 통한다고 하는 부부에게 "여기서 직접 한번 서로 말씀해 보도록 하겠습니까?"라고 하는 것은 어떤 기법을 활용한 것인가? 〈2021 실천기술론〉

① 실연 ② 추적하기
③ 빙산치료 ④ 치료 삼각관계
⑤ 경계선 만들기

31 사티어(V. Satir)의 의사소통 유형에 관한 설명으로 옳은 것을 모두 고른 것은? 〈2021 실천기술론〉

> ㄱ. 일치형 의사소통 유형이 치료의 목표다.
> ㄴ. 의사소통 유형은 자존감과 연관하여 설명한다.
> ㄷ. 가족생활주기는 역기능적 의사소통 유형에 영향을 미친다.
> ㄹ. 역기능적 의사소통 유형에서 공통적으로 발견되는 것은 언어적 메시지와 비언어적 메시지의 불일치다.

① ㄱ, ㄴ ② ㄷ, ㄹ ③ ㄱ, ㄴ, ㄷ
④ ㄱ, ㄴ, ㄹ ⑤ ㄱ, ㄷ, ㄹ

해설 ㄷ. 가족생활주기의 변화와 역기능적 의사소통 유형 간에 뚜렷한 상관관계는 없다.

32 가족의 문제가 개선될 때 체계의 항상성 균형이 위험하다고 판단되어 사용하는 전략으로, 변화의 속도가 빠르다고 지적하며 조금 천천히 변화하라고 하는 기법은? 〈2021 실천기술론〉

① 시련 ② 제지 ③ 재정의
④ 재구조화 ⑤ 가족옹호

정답 29 ③ 30 ① 31 ④ 32 ②

33 다음 예시에서 사회복지사가 활용한 실천기술은? 〈2021 실천기술론〉

> • 클라이언트 : "저는 정말 나쁜 엄마예요. 저는 피곤하기도 하지만 성질이 나빠서 항상 아이들한테 소리를 지르고......"
> • 사회복지사 : "선생님이 자녀에게 어떻게 하는지를 저에게 이야기할 수 있다는 사실은 자녀들과 더 좋은 관계를 가지고 싶다는 뜻이지요."

① 명료화하기 ② 초점화하기
③ 재명명하기 ④ 재보증하기
⑤ 해석하기

34 해결중심모델에 관한 설명으로 옳지 않은 것은? 〈2021 실천기술론〉

① 사회복지사는 클라이언트를 변화시키는 전문가가 아니라 변화에 도움을 주는 자문가 역할을 한다.
② 문제의 원인과 발전과정에 관심을 두기보다 문제해결방안을 모색하는 것이 더 효과적이라고 본다.
③ 모든 사람은 강점과 자원, 능력을 가지고 있다고 가정한다.
④ 클라이언트의 견해를 존중한다.
⑤ 클라이언트의 과거에 관해 깊이 탐색하여 현재와 미래에 적응하도록 돕는 데 관심을 둔다.

35 해결중심모델에서 사용하는 질문기법과 이에 관한 예로 옳은 것은? 〈2021 실천기술론〉

① 예외질문 : 그 어려운 상황 속에서도 견딜 수 있었던 것은 무엇이라 생각합니까?
② 관계성 질문 : 남편이 여기 있다면 당신이 어떻게 하는 것이 문제해결에 도움이 된다고 할까요?
③ 기적질문 : 잠이 안 와서 힘들다고 하셨는데, 잠을 잘 잤다고 느낄 때는 언제인가요?
④ 대처질문 : 지난 1주일간 어떤 변화가 있었나요?
⑤ 척도질문 : 문제가 발생하지 않았던 때는 언제인가요?

정답 33 ③ 34 ⑤ 35 ②

36 보웬(M. Bowen)이 제시한 개념 중 다음 설명에 해당하는 것은? 〈2022 실천기술론〉

- 여러 세대에 거쳐 전수될 수 있다.
- 정신내적 개념이면서 대인관계적 개념이다.
- 정신내적 개념은 자신의 지적 측면과 정서적 측면의 구분을 의미한다.
- 대인관계적 개념은 타인과 친밀하면서도 독립성을 유지하는 능력을 말한다.

① 가족투사 ② 삼각관계 ③ 자아분화
④ 핵가족 정서 ⑤ 다세대 전수

37 다음 사례에 대해 미누친(S. Minuchin)의 구조적 모델을 적용한 개입방법이 아닌 것은? 〈2022 실천기술론〉

자녀교육 문제로 시어머니와 대립하는 며느리가 가족상담을 요청했다. 며느리는 남편이 모든 것을 어머니한테 맞추라고 한다며 섭섭함을 토로했다.

① 가족을 이해하고 수용하면서 합류한다.
② 가족문제를 더 정확히 이해하기 위해 실연을 요청한다.
③ 가족지도를 통해 가족구조와 가족역동을 이해하도록 돕는다.
④ 남편이 시어머니의 영향권에서 벗어나도록 탈삼각화를 진행한다.
⑤ 부부가 함께 부모역할을 수행하도록 하위체계의 경계를 명확하게 한다.

38 사티어(V. Satir)의 의사소통 유형에 관한 설명으로 옳은 것은? 〈2022 실천기술론〉

① 회유형은 자신을 무시하고 타인을 떠받든다.
② 일치형은 자신을 보호하기 위해 타인을 비난한다.
③ 산만형은 자신과 타인을 무시하고 상황을 중요시한다.
④ 초이성형은 자신과 상황을 중시하고 상대를 과소평가한다.
⑤ 비난형은 자기 생각을 관철시키려고 어려운 말로 장황하게 설명한다.

39 가족개입의 전략적 모델에 관한 설명으로 옳은 것은? 〈2022 실천기술론〉

① 역기능적인 구조의 재구조화를 개입목표로 한다.
② 증상처방이나 고된 체험기법을 비지시적으로 활용한다.
③ 가족문제가 왜 일어났는지 파악하여 원인 제거에 필요한 전략을 사용한다.
④ 가족 내 편중된 권력으로 인해 고착된 불평등한 위계구조를 재배치한다.
⑤ 문제를 보는 시각을 변화시키고 새로운 의미를 발견하는 재명명기법을 사용한다.

정답 **36** ③ **37** ④ **38** ① **39** ⑤

해설 ①④ 구조적 가족치료, ② 전략적 모델은 증상처방이나 고된 체험기법을 지시적으로 활용한다. ③ 전략적 모델은 문제가 일어난 이유나 그 행동의 원인을 파악하는 것보다 어떻게 하면 행동의 변화를 일으킬 수 있는지에 초점을 둔다.

40 다음 전제에 해당되는 사회복지실천모델은? 〈2022 실천기술론〉

- 삶에서 변화는 불가피하며 작은 변화가 더 큰 변화로 이어진다.
- 모든 문제에는 예외가 존재한다.
- 클라이언트는 자기 삶의 주체이며, 자신에게 중요한 사람과 일에 대해 가장 잘 아는 전문가이다.

① 클라이언트중심모델 ② 해결중심모델 ③ 문제해결모델
④ 정신역동모델 ⑤ 동기상담모델

41 해결중심모델의 질문기법 예시로 옳지 않은 것은? 〈2022 실천기술론〉

① 관계성 질문 : 두 분이 싸우지 않을 때는 어떠세요?
② 예외질문 : 매일 싸운다고 하셨는데, 안 싸운 날은 없었나요?
③ 대처질문 : 자녀에게 잔소리하는 횟수를 어떻게 줄일 수 있었나요?
④ 첫 상담 이전의 변화에 대한 질문 : 상담신청 후 지금까지 어떤 변화가 있었나요?
⑤ 기적질문 : 밤새 기적이 일어나서 문제가 다 해결됐는데, 자느라고 기적이 일어난 걸 몰라요. 아침에 뭘 보면 기적이 일어났다는 걸 알 수 있을까요?

42 다음 가족사례에 적용된 실천기법은? 〈2023 실천기술론〉

- 클라이언트 : “저희 딸은 제 말은 안 들어요. 저희 남편이 뭐든 대신 다 해주거든요. 아이가 남편 말만 들어요. 결국 아이문제로 인해 부부싸움으로 번지거든요.”
- 사회복지사 : “아버지가 아이를 대신해서 다 해주시는군요. 어머니는 그 사이에서 소외된다고 느끼시네요. 자녀가 스스로 할 수 있도록 아버지는 기다려주고 어머니와 함께 지켜보는 것이 어떨까요?”

① 합류 ② 역설적 지시 ③ 경계선 만들기
④ 증상처방 ⑤ 가족조각

정답 40 ② 41 ① 42 ③

43 가족실천모델과 주요 개념, 기법의 연결로 옳지 않은 것은? 〈2023 실천기술론〉

① 보웬 모델 – 자아분화 – 탈삼각화
② 구조적 모델 – 하위체계 – 균형 깨뜨리기
③ 경험적 모델 – 자기대상 – 외현화
④ 전략적 모델 – 환류고리 – 재구성
⑤ 해결중심모델 – 강점과 자원 – 예외질문

44 해결중심모델에 관한 설명으로 옳은 것은? 〈2023 실천기술론〉

① 클라이언트에게 대처행동을 가르치고 훈련함으로써 부적응을 해소하도록 한다.
② 탈이론적이고 비규범적이며 클라이언트의 견해를 존중한다.
③ 문제의 원인을 클라이언트의 심리 내적 요인에서 찾는다.
④ 클라이언트의 문제를 자원 혹은 기술 부족으로 본다.
⑤ 문제와 관련이 있는 환경과 자원을 사정하고 개입방안을 강조한다.

해설 ① 행동수정모델, ③ 정신역동모델, ④ 과제중심모델, ⑤ 심리사회모델

45 해결중심모델에서 사용하는 질문기법과 그에 관한 예로 옳은 것은? 〈2023 실천기술론〉

① 관계성 질문 : 재혼하신 아버지는 이 문제를 어떻게 생각하실까요?
② 기적질문 : 처음 상담했을 때와 지금의 스트레스 수준을 비교한다면 지금은 몇 점인가요?
③ 대처질문 : 어떻게 하면 그 문제가 발생하지 않을 것 같나요?
④ 예외질문 : 당신은 그 어려운 상황에서 어떻게 견딜 수 있었나요?
⑤ 척도질문 : 처음 상담을 약속했을 때와 지금은 무엇이 어떻게 달라졌는지 말씀해 주세요.

정답 43 ③ 44 ② 45 ①

46 **보웬(M. Bowen)의 다세대 가족치료의 기법이 적용된 사례에 관한 설명으로 옳지 않은 것은?** 〈2024 실천기술론〉

① 자아분화 : 가족의 빈곤한 상황에서도 아동 자녀가 자율적으로 생각하고 행동함
② 삼각관계 : 아동 자녀가 부모와의 갈등을 피하기 위해 경찰에 신고함
③ 정서적 체계 : 부모의 긴장관계가 아동 자녀에게 주는 정서적 영향을 파악함
④ 가족 투사 과정 : 핵가족의 부부체계가 자신들의 불안을 아동 자녀에게 투영하는 과정을 검토함
⑤ 다세대 전이 : 가족의 관계형성이나 정서, 증상이 여러 세대에 걸쳐 전수되는 것을 파악함

47 **알코올 의존을 겪는 가장과 그 자녀의 상황에 사티어(V. Satir)의 의사소통 유형을 적용한 것으로 옳은 것은?** 〈2024 실천기술론〉

① 회유형 : 모든 것이 자녀 때문이라며 자신이 외롭다고 함
② 초이성형 : 스트레스가 유해하다는 연구를 인용하며 술이라도 마셔서 스트레스를 풀겠다고 침착하게 말함
③ 비난형 : 어려서 고생을 많이 해서 그렇다며 벌떡 일어나 방 안을 왔다갔다 함
④ 산만형 : 살기 힘들어 술을 마신다며 자신의 술 문제가 자녀 학업을 방해했다고 인정함
⑤ 일치형 : 다른 사람들 말이 다 옳고 자신은 아무것도 아니라고 술 문제에 대한 벌을 달게 받겠다고 함

48 **다음과 같은 기법을 사용하는 가족치료모델은?** 〈2024 실천기술론〉

> • 가족구성원들 사이 힘의 우위에 따라 대칭적이거나 보완적 관계가 형성된다.
> • 비언어적 의사소통이 가족의 욕구를 나타내므로 메타 의사소통이 중요하다.
> • 가족이 문제행동을 유지하도록 지시함으로써 클라이언트가 통제력을 발휘한다.

① 전략적 가족치료모델
② 해결중심 가족치료모델
③ 구조적 가족치료모델
④ 다세대 가족치료모델
⑤ 경험적 가족치료모델

정답 46 ② 47 ② 48 ①

49 **해결중심모델의 개입목표 설정 원칙에 관한 설명으로 옳지 않은 것은?**

〈2024 실천기술론〉

① 클라이언트에게 중요한 것을 목표로 하기
② 작은 것을 목표로 하기
③ 목표를 종료보다는 시작으로 간주하기
④ 있는 것보다 없는 것에 관심두기
⑤ 목표수행은 힘든 일이라고 인식하기

50 **가족치료모델의 개입목표에 관한 설명으로 옳지 않은 것은?** 〈2024 실천기술론〉

① 이야기 가족치료 : 문제중심 이야기에서 벗어나 새롭고 건설적인 가족 이야기 작성
② 구조적 가족치료 : 가족관계 역기능을 유발하는 가족 위계와 경계의 변화 도모
③ 경험적 가족치료 : 가족이 미분화에서 벗어나 가족체계의 변화를 달성
④ 전략적 가족치료 : 의사소통과 행동 문제의 순환 고리를 끊고 연쇄작용 변화
⑤ 해결중심 가족치료 : 문제가 일어나지 않는 예외상황을 찾아서 확대

51 **미누친(S. Minuchin)의 구조적 가족치료의 대표적 기법을 옳게 나열한 것은?**

〈2025 실천기술론〉

① 합류하기, 균형 깨뜨리기, 실연
② 합류하기, 경계만들기, 가족그림
③ 경계만들기, 탈삼각화, 과제부여
④ 과제부여, 균형 깨뜨리기, 역설적 지시
⑤ 균형 깨뜨리기, 경계만들기, 순환적 질문

정답 49 ④ 50 ③ 51 ①

52 경험적 가족치료에 관한 설명으로 옳지 않은 것은? 〈2025 실천기술론〉

① 자아존중감을 높이는 것이 중요한 치료목표이다.
② 역기능적 의사소통 유형을 일치형으로 바꾸도록 돕는다.
③ 가족규칙을 합리적으로 바꾸고, 자기 인생에 대한 선택권을 스스로 갖도록 한다.
④ 역기능적인 상호작용의 개선이나 증상 제거보다 개인의 성장에 더 초점을 둔다.
⑤ 가족의 상호작용 유형을 확인하고 문제를 외현화한다.

53 보웬(M. Bowen)의 다세대 가족치료의 주요 개념과 기법에 관한 설명으로 옳은 것을 모두 고른 것은? 〈2025 실천기술론〉

ㄱ. 자아분화 수준이 더 낮은 성원이 가족 투사의 대상이 된다.
ㄴ. 가계도를 작성하고 해석하면서 가족의 정서적 과정을 이해한다.
ㄷ. 성공적인 치료를 위해 사회복지사는 치료적 삼각관계를 형성하여 개입한다.
ㄹ. 자아분화 수준이 낮을수록 가족원의 자율성이 증가하여 독립적으로 행동한다.

① ㄱ, ㄴ ② ㄴ, ㄷ ③ ㄱ, ㄴ, ㄷ
④ ㄱ, ㄷ, ㄹ ⑤ ㄱ, ㄴ, ㄷ, ㄹ

54 다음 사례에 해당하는 가족개입기법은? 〈2025 실천기술론〉

끊임없는 잔소리로 말다툼이 잦아 갈등을 겪고 있는 부부에게 매일 1회 시간을 정해서 30분 동안 부부싸움을 하도록 하였다.

① 실연 ② 재구성
③ 역설적 지시 ④ 순환적 질문하기
⑤ 긍정적 의미부여

정답 52 ⑤ 53 ③ 54 ③

55 **해결중심모델의 주요 원리로 옳지 않은 것은?** 〈2025 실천기술론〉

① 건강한 것에 초점을 둔다.
② 개입의 목적을 증상 감소에 둔다.
③ 현재에 초점을 맞추며 미래지향적이다.
④ 클라이언트와의 협력관계를 중요시한다.
⑤ 탈이론적이며 비규범적이다.

56 **가족치료모델의 개입목표에 관한 설명으로 옳지 않은 것은?** 〈2025 실천기술론〉

① 해결중심 가족치료 : 가족이 문제중심에서 벗어나 해결방안을 모색하고 실행하도록 돕는다.
② 다세대 가족치료 : 가족구성원의 불안 감소 및 미분화된 원가족과의 관계에서 자아분화를 증진시킨다.
③ 구조적 가족치료 : 역기능적 가족구조를 재구조화한다.
④ 경험적 가족치료 : 자아존중감 향상과 의사소통 방식의 변화를 통해 대처능력을 향상시킨다.
⑤ 전략적 가족치료 : 다양한 전략을 활용하여 제시된 문제의 원인을 찾도록 돕는다.

정답 ▶ 55 ② 56 ⑤

09 CHAPTER

집단대상 사회복지실천기술

학습목표

1. 집단 사회복지실천의 개념과 특징, 구성요소, 장이론, 집단의 유형, 집단 사회복지실천의 모델, 집단 사회복지실천기술과 원칙 등 집단 사회복지실천에 대해 설명할 수 있다.
2. 집단역동성의 개념과 구성요소, 집단의 치료효과를 설명할 수 있다.
3. 집단발달단계별 사회복지실천기술을 설명할 수 있다.

1. 집단 사회복지실천에 대한 이해

1) 집단 사회복지실천의 개념과 특징

집단 사회복지실천은 의도적인 집단경험을 통하여 개인의 목표 혹은 집단의 목표를 달성하는 사회복지실천의 한 방법이다. 이러한 집단 사회복지실천의 특징은 다음과 같다.

첫째, 집단에서는 의도적인 집단경험이 중시된다. 따라서 집단 사회복지실천은 의도적인 집단경험을 강조한다.

둘째, 집단 사회복지실천은 개인의 목표 혹은 집단의 목표를 달성하려는 목표지향적 활동이다.

셋째, 집단의 영향력을 서비스의 매개물로 간주한다. 집단은 서로에게 영향을 주고받는 역동적인 상호 관계를 가지고 있으며, 집단 사회복지실천에서는 그러한 집단의 영향력을 서비스의 매개물로 간주한다.

2) 집단 사회복지실천의 구성요소

집단 사회복지실천의 구성요소에는 집단과 집단역동, 집단성원, 집단지도자, 프로그램 등이 포함된다.

(1) 집단과 집단역동

집단은 공동의 관심사를 지닌 사람들이 공동의 목표를 달성하기 위해 지속적으로 상호작용하는 2인 혹은 3인 이상의 집합체를 말한다. 성공적인 집단 운영의 원칙으로는 ① 집단성원의 말 경청, ② 집단성원의 감정 존중, ③ 집단토의 중 독점하지 않는 것 등을 들 수 있다. 그리고 집단역동은 집단성원의 상호작용에 의해 만들어진 힘으로, 공동관심사를 가지고 개별목표와 공동목표를 달성하기 위해 집단을 형성하며 지속적 상호작용을 통해 이루어진다.

(2) 집단성원

집단성원은 성장하고 학습하고 치료되기를 원하는 개인으로서 다양한 목적을 가지고 집단에 참여하게 된다. 대부분 자발적으로 집단에 참가하는데, 자발적 형성집단은 성원들이 설정한 목적을 보호하는 것이 중요하다. 반면, 의뢰나 강요 등 비자발적으로 집단성원이 되기도 하는데, 비자발적 집단에서는 협상 불가능영역이 있음을 분명히 한다. 이렇게 참여한 집단성원은 집단 내에서 다양한 역할을 수행한다. 특히 자기애적 성향을 가진 성원의 경우 집단에 적절한 행동과 사고를 할 수 있도록 돕는다.

한편, 집단 프로그램 참여자에 대한 사전면접의 중요성은 다음과 같다.

① 관계형성을 하고 개별적인 관심사를 찾아낼 수 있다.
② 추가정보를 얻어서 개입의 방향을 조정할 수 있다.
③ 참여자에 대한 사전지식으로 집단 내 행동의 의미를 빨리 파악할 수 있게 한다.
④ 참여자들이 집단 내에서 좀 더 쉽게 개방적이 되도록 돕는다.

(3) 집단지도자

집단 사회복지실천은 집단에 속한 개별 성원과 집단 전체의 목표달성을 원조하기 위해 집단지도자인 사회복지사가 필요하다. 집단지도자(group leader)는 집단의 목표를 성취하기 위해 집단에 영향을 미치거나 집단을 지도하는 사람이다.

① **집단지도력** : 집단지도력(group leadership)은 집단목표 달성에 영향을 주는 제반 힘과 과정이다. 집단지도자는 집단 내부에서는 전체로서의 집단역동성에 변화를 주기 위해 집단지도력을 행사하거나 개별 집단성원의 변화를 이끌어 내기 위해 집단지도력을 사용한다.

② **공동지도력** : 공동지도력은 동일 집단에 두 명 이상의 지도자를 두는 것을 말한다. 이러한 공동지도력의 장점은 다음과 같다.

첫째, 집단지도자의 탈진(혹은 소진, burn-out)을 예방할 수 있다.

둘째, 초보 사회복지사 교육·훈련에 효과적이다.

셋째, 사회복지사의 역전이를 방지하는 데 효과적이다.

넷째, 지도자 한 명이 빠져도 대체할 사람이 있다. 한 지도자가 참석하지 못할 경우 대체 가능하다.

다섯째, 집단지도자 간 갈등이 생겼을 때 집단성원들에게 다양한 갈등해결 방법의 모델링이 될 수 있다.

여섯째, 집단지도자 간 역할 분담이 가능하다.

일곱째, 피드백을 제공하여 지도자의 전문적 성장을 도모할 수 있다.

여덟째, 정확한 사정과 모니터링을 하는 데 유리하다.

아홉째, 집단성원에게는 보다 풍부한 경험을 제공한다.

이러한 많은 장점에도 불구하고 다음과 같은 공동지도력의 단점이 있다.

첫째, 공동지도자일 경우 비용이 많이 든다.

둘째, 집단지도자 사이의 권력 다툼, 갈등, 경쟁관계가 발생할 수 있다.

셋째, 공동지도자 간에 화합을 할 수 없게 되면 집단이 양극화된다.

③ **집단지도자로서 사회복지사의 역할** : 집단지도자인 사회복지사의 역할[1]은 〈표 9-1〉과 같다(이영실 외, 2015).

〈표 9-1〉 집단사회복지사의 역할

역 할	내 용
조력자 (enabler)	집단성원이 개별목표를 달성할 수 있도록 계획을 수립하고 목표달성 활동에 대한 자신의 감정과 관심사를 표현하도록 격려한다.
중개자 (broker)	집단성원이 목표를 달성하는 데 이용할 수 있는 자원을 파악하여 그들에게 알려주며 자원과 연결될 수 있게 한다.
중재자 (mediator)	집단성원 간의 갈등이나 상반되는 관점 등을 해결할 수 있도록 원조하는 집단사회복지사의 역할이다. 예를 들어, '부모에 대한 반항심으로 학교에 불을 지른 학생에게 학교는 퇴학처분을 내렸다. 부모는 이 결정에 반대하며 법 소송을 제기하였다. 사회복지사는 중간에서 적절한 방법을 모색하고자 하였다'면 이때 사회복지사의 역할은 중재자의 역할이다.
옹호자 (advocator)	필요한 서비스나 자원을 얻지 못하는 클라이언트를 대신하여 그들의 관심과 욕구를 대변하여 새로운 서비스나 자원을 개발하는 것을 원조한다.
교육자 (educator)	클라이언트의 사회적 기능이나 문제해결능력이 향상될 수 있도록 교육적인 프로그램이나 정보를 제공하고 새로운 행동을 보여주어 행동모델이 되며 문제 상황에서 어떻게 극복하는지에 대한 역할연습 등을 교육한다.

출처 : 이영실 외(2015)를 수정 · 보완함.

(4) 프로그램

집단 사회복지실천은 의도적인 집단활동인 프로그램 활동이 필요하다. 프로그램은 집단의 목적을 달성하기 위한 도구(수단)이다. 집단 프로그램 활동을 선택할 때 사회복지사가 우선적으로 고려해야 하는 사항은 ① 시기의 적절성, ② 집단규범과의 적합성, ③ 집단성원의 동의, ④ 수행의 안전성 등이다. 게임, 미술, 음악, 원예, 역할극, 무용, 스포츠, 팀 활동 등 다양한 프로그램 활동이 활용된다.

1) 2012년 사회복지사 1급 시험에는 '과업달성보다 집단성원 간의 유대감 강화를 강조하는 집단리더의 역할로 ① 모든 성원이 집단과정에 참여하도록 촉진한다. ② 개별 성원들의 부정적 감정을 표현하도록 격려한다. ③ 성원 간 갈등을 해결하고 긴장을 완화한다'는 내용이 출제되기도 하였다.

3) 장이론

장이론(field theory)은 사회심리학자인 커트 레빈(K. Lewin, 1951)과 그의 추종자들이 발전시킨 이론으로, 인간의 행동을 개인의 현재 상황, 즉 장(場)과의 관계로 설명하려는 이론이다. 레빈의 장 개념은 상호의존적이고 공존하고 있는 모든 사실들의 총합을 가리킨다. 레빈은 집단을 전체로 이해해야 하며 개별 성원들의 총합 이상으로 이해해야 함을 강조하였다. 또한 심리적 환경과 집단 내 역동적인 상호작용이 강조되는데, 이는 개인과 환경은 서로 영향을 주고받는다고 보기 때문이다. 그리고 개인의 요구가 변하면 환경에 대한 지각도 변한다고 본다.

4) 집단의 유형

집단의 유형은 집단이 형성된 목적에 따라 치료집단, 과업집단, 자조집단으로 구분하고, 치료집단은 다시 지지집단, 교육집단, 성장집단, 치유집단, 사회화 집단으로 구분한다.

(1) 목적에 따른 분류

집단은 형성된 목적에 따라 치료집단, 과업집단, 자조집단으로 구분한다. 세 집단을 비교 설명하기 위해 집단의 목적, 특징, 구성, 의사소통 양식, 종류 등을 살펴보기로 한다.

① **치료집단**(treatment group)

- **목적** : 집단성원의 심리사회적 욕구를 충족시켜 주는 것으로, 구체적으로는 지지, 교육, 성장, 치유, 사회화 등
- **특징** : (2) 치료집단에 따른 분류에서 집단별 특징 참조
- **구성** : 비슷한 문제를 경험한 사람들로 구성된다.
- **의사소통 양식** : 의사소통은 개방적이다. 자기노출의 수준은 5개 집단

유형별 차이가 나타난다.

- **종류** : 지지집단, 교육집단, 성장집단, 치유(치료)집단, 사회화 집단

② **과업집단**(task group)

- **목적** : 조직이나 기관의 문제에 대한 해결책 모색, 새로운 아이디어 개발, 효과적인 원조전략 수립 등 집단의 과업달성. 즉, 공동과업의 성공적 수행이 일차적인 목표
- **특징** : 과업달성을 위해 집단사회복지사의 주도성이 요구된다. 예를 들어, 집단사회복지사는 성원들이 제시한 아이디어와 의견을 분석한다거나 효과적인 원조전략을 수립하는 데 주도적이어야 한다.
- **구성** : 필요한 재능, 전문성을 가진 사람으로 구성된다.
- **의사소통 양식** : 특정한 과업에 대한 토론에 초점이 맞춰진다. 자기노출은 일반적으로 낮다.
- **종류** : 지역사회문제해결위원회 등 각종 위원회, 직원발전집단, 사회행동집단 등

③ **자조집단**(self-help group)

- **목적** : 집단성원 간 공통문제해결로써 전문가의 도움보다는 집단성원의 경험에 기초하여 도움을 주고받는다는 목적, 집단성원 상호 간의 문제 상황에 대처할 수 있는 능력 향상을 돕는 목적, 장애아동부모 자조집단의 경우 아동권리 보호, 가족관계 증진을 위한 정보 습득의 목적 등
- **특징** : ① 동병상련의 경험에 기반을 두고, 집단성원 간의 학습을 통해 모델링 효과를 얻는다. ② 집단성원의 자율적인 참여를 위해 동기부여가 필요하다. ③ 기본적으로 집단사회복지사와 같은 집단지도자가 없고 형식적으로 있다 하더라도 사회복지사의 역할은 공유된 문제에 대한 지지와 자문을 하는 것이다. ④ 자조집단 성원 중에서 지도자가 선출되며, 리더십과 통제는 집단성원들에게 주어진다.
- **구성** : 공동의 관심사를 가진 두 사람 이상의 집합이어야 한다.
- **의사소통 양식** : 집단과정 촉진을 위해 성원 간의 의사소통이 요구된

다. 자기노출을 통해 문제의 보편성을 경험한다.

- 종류 : 흡연, 약물치료, 도박, 폭력중단모임, 장애아동부모 자조집단, 단주친목모임(A.A.) 등

(2) 치료집단에 따른 분류

토스랜드와 리바스(Toseland & Rivas, 2001)는 치료집단을 ① 지지집단(support group), ② 교육집단(educational group), ③ 성장집단(growth group), ④ 치유집단(therapy group), ⑤ 사회화 집단(socialization group) 등 5개 집단으로 분류하였다.

① 지지집단

- 목적 : 상호 원조하면서 대처기술을 형성하도록 돕는다. 동병상련의 경험으로 해결책을 모색한다. 미래에 대한 희망을 고취시킴으로써 삶의 위기에 대처할 수 있도록 원조한다.
- 지도력 : 감정이입적 이해와 상호 원조의 촉진자
- 특징 : 비슷한 문제를 경험한 사람들로 집단을 구성한다. 유대감 형성이 쉽고 자기개방성이 높다. 자기표출 정도는 높다. 집단성원의 주도성이 높다.[2)]
- 종류 : 한부모가족 자조모임[3)], 자살유가족지지집단[4)], 알코올 중독 회복자모임[5)], 이혼가정 취약아동집단, 정신장애인 사회복귀집단, 가정폭력 피해자집단 등

---

2) 집단성원의 주도성이 높은 것부터 순서대로 나열하면, 자조집단(지지집단) – 성장집단 – 교육집단 – 치료집단의 순이다.

3) 지지집단의 예 : 아동을 부양하는 한부모가족들이 아동양육에 대한 어려움을 함께 나누고 서로에게 의지하기 위해 모임을 가졌다. 사회복지사는 집단성원들이 자조 및 상호 원조를 통해 대처기술을 향상하고 미래에 대한 희망을 가질 수 있도록 촉진하였다.

4) 자살유가족지지집단 참여자의 자기개방 수준이 낮아 효과적인 개입이 이루어지지 않고 있다. 간접적 자기노출을 활용하는 기법으로 무기명 질문목록카드로 도출된 문제에 대해 토론한다.

5) 지지집단의 다른 예 : 알코올 중독치료를 받은 후 퇴원한 A는 지역 알코올상담기관에서 매주 운영하는 알코올 중독 회복자모임에서 만나게 된 동료들의 도움으로 단주를 유지하며 회복에 대한 희망을 갖게 되었다.

② 교육집단

- **목적** : 강의나 토론을 중심으로 교육한다. 집단성원에게 기술과 정보를 제공한다.
- **지도력** : 교사 및 집단토의를 위한 구조제공자
- **특징** : 집단을 통해 새로운 정보를 습득하는 것에 초점을 둔다. 지도자가 집단성원의 문제와 욕구를 해결하기 위해 필요한 기술과 정보를 제공한다. 자기표출 정도는 비교적 낮다. 병원, 학교, 교정기관 등에서 많이 활용된다.
- **종류** : 중간관리자 역량강화집단, 위탁부모교육집단, 청소년 성교육집단 등

③ 성장집단

- **목적** : 집단성원의 자아성장, 자기인식 증진, 개인발달 유도가 목적이다.
- **지도력** : 통찰력 발달의 촉진자 및 역할모델
- **특징** : 공감과 지지를 얻기 위해 동질성이 높은 성원으로 구성한다. 성원 간의 상호작용이 중요한 도구가 된다. 사회심리적 기능 향상에 초점을 둔다. 집단 참여자의 자기인식을 증가시켜 개인의 잠재력을 최대화하는 데 초점을 둔다. 높은 수준의 구조화[6]가 효과적이다. 자기표출 정도는 높다(개별 성원의 자기표출을 긍정적으로 인식한다).
- **종류** : 에니어그램[7]을 통한 자기인식 향상집단, 부부를 위한 참만남 집단, 부부의 결혼생활 향상집단, 여성을 위한 의식고양집단, 청소년 가치명료화집단, 은퇴준비 노인집단 등

④ 치유집단[8]

- **목적** : 집단성원의 행동변화 및 재활을 목표로 한다. 클라이언트의 병

---

6) 여기서 구조화란 지위와 역할을 부여하고 목표지향적으로 집단을 운영하는 것을 말한다. 구조화된 집단은 종결시점을 정해 놓는다. 모든 집단이 구조화될 필요는 없다.

7) 에니어그램(Enneagram)은 사람을 아홉 가지 성격으로 분류하는 성격유형 지표이자 인간이해의 틀이다. 희랍어에서 9를 뜻하는 ennear와 점, 선, 도형을 뜻하는 grammos의 합성어로, 원래 '9개의 점이 있는 도형'이라는 의미이다(위키백과).

8) 치유집단(therapy group)은 치료집단(treatment group)의 한 종류이지만, 사회복지사 1급 시험에서는 치유집단이 치료집단으로 제시되기도 한다. 따라서 본서에서는 치유집단을 치료집단으로 같이 표기하여 사용하기로 한다.

리적 행동치료가 목적이다.

- **지도력** : 집단지도자는 전문가, 권위적인 인물의 역할을 수행한다.
- **특징** : 성원의 병리적 행동과 외상 후 상실된 기능을 회복하는 데 초점을 둔다. 자기표출 정도가 높은 편이다. 자기노출 정도가 높아서 비밀보장이 중요하다. 정서적 · 개인적 문제를 가진 성원들로 구성된다. 성원은 5~7명이 적절하다.
- **종류** : 인지행동치료집단[9], 병원의 외래환자집단과 금연자집단, 마약중독치료집단 등

⑤ 사회화 집단

- **목적** : 사회기술훈련을 통해 사회생활에 효과적으로 기능할 수 있도록 원조하여 대인관계를 향상시킨다. 집단성원의 사회적응 지원이 목적이다.
- **지도력** : 집단 프로그램의 디렉터(director, 지도자)
- **특징** : 자기표출 정도는 보통이다. 사회기술훈련은 사회화 집단에서 많이 사용한다. 사회기술훈련의 구체적인 내용은 4장(인지행동모델의 개입기법)을 참조하기 바란다.
- **종류** : 중도입국자녀들의 한국사회적응집단, 주의력부족아동의 사회성훈련집단, 일상생활훈련집단, 자치집단[10], 여가집단[11] 등

5) 집단 사회복지실천의 모델

파펠과 로스만(C. Papell & B. Rothman, 1966)이 분류한 집단 사회복지실천의 모델은 사회목표모델(social goal model), 치료목표모델(remedial model), 상호작용모델(reciprocal model)이다. <표 9-2>는 세 모델을 비교한 것이다(구혜영, 2010; 김현호 외, 2013; 생각의마을, 2017a; 이영실 외, 2010; 전남련 외, 2014).

---

9) 치료집단의 예 : 장애인복지관에서 발달장애아동의 비장애 형제를 대상으로 주 1회 8회기 집단을 운영하였다. 집단의 목적은 비장애 형제의 장애 형제와 관련한 부적응적 사고와 신념의 변화였다. 이를 위해 자기 모니터링, 인지재구성, 의사소통훈련, 문제해결훈련을 활용하였다.

10) 자치집단 = 치료적 집단에서 자신의 역할과 책임을 분명히 할 수 있도록 하는 집단

11) 여가집단 = 스카우트, 캠핑, 스포츠 활동 등을 위한 집단

〈표 9-2〉 집단 사회복지실천의 모델

구 분	사회목표모델	치료목표모델	상호작용모델
장기적 목적	보다 나은 민주사회 건설	개개인의 사회적응 향상	개인과 사회의 조화
구체적 목표	사회적 의식, 사회적 책임, 민주시민의 역량개발	역기능적 행동을 하는 성원의 치료와 재활	적응과 사회화를 위한 성원 간 상호지지체계 형성, 대인관계 향상*
초점	개인의 성숙과 민주시민의 역량개발에 초점, 집단의 사회적 목표 강조, 성원 간 소속감과 결속력 강조	개인적 역기능 행동변화에 초점, 개인 치료를 위한 수단으로 집단을 강조	문제해결을 위한 성원 간 상호원조체계 개발 및 구축에 초점
지도자 역할	조력자, 교사, 촉진자	변화 매개인, 조력자, 전문가	중개자, 조력자, 중재자
대상	시민, 이웃, 지역사회주민	역기능이나 문제해결을 위해 원조를 필요로 하는 자	공동관심사를 성취하기 위해 협력하는 성원
집단 활동	토론, 참여, 합의, 집단 과제의 개발(예 자원 개발의 과제) 및 실행, 집단 내의 민주적 절차와 과정(민주적 의사결정 방식)이 중시된다.	성원의 행동이나 성격을 변화시키기 위한 직간접적인 구조화된 개입	성원의 관심사 토론, 상호 원조체계 형성
집단 크기	3~30명 정도	7~10명 정도	상황에 따라 구성 (15명을 넘지 않음)
	일반적으로 사회목표모델보다 치료모델의 집단 규모가 더 작다.		
회원 가입	개방적	사회복지사의 통제	사회복지사와 성원의 합의
회합 기간	지도력의 유형에 따라 유동적	정기적으로 회합 (사전에 계획함)	유동적, 사회복지사와 성원의 합의

* 사회복지사와 집단성원 간의 협력을 통해 집단목표를 설정한다. → 치료의 목적이나 사회변화의 목표를 사전에 설정하지 않고(구조화된 개입을 하지 않음), 성원과 집단 내의 상호작용 과정을 통해 결정한다.

6) 집단 사회복지실천기술

토스랜드와 리바스(R. Toseland & R. Rivas)는 집단 사회복지실천의 개입기술을 집단과정 촉진기술, 자료수집 및 사정기술, 그리고 행동기술의 세 가지로 분류하였다.

(1) 집단과정 촉진기술

집단과정 촉진기술은 사회복지사가 집단과정에 영향을 미치려는 의도가 있을 때 사용한다. 집단과정 촉진기술은 집단성원 간의 이해를 증진하고 개방적 의사소통을 형성하며 신뢰감을 형성시키는 데 도움을 준다. 집단과정 촉진기술의 주된 내용은 다음과 같다(생각의마을, 2017a; 이영실 외, 2015).

① **집단성원의 참여 촉진하기** : 소외되거나 침묵하는 성원을 집단활동에 참여시켜 자신의 경험을 나누고 문제해결방법을 찾을 수 있도록 돕는다.
② **집단성원에게 집중하기** : 성원의 말이나 행동에 집중하는 반응을 한다.
③ **표현기술** : 집단성원들이 자신의 문제나 과업 등에 대한 느낌이나 생각을 자유롭게 표현할 수 있도록 원조하는 기술이다. 개방적 의사소통을 위해 사회복지사가 먼저 자기노출을 할 수 있다. 그러나 자신의 경험, 감정, 생각 등을 집단성원에게 지속적으로 상세하게 노출하는 것은 바람직하지 않다.
④ **반응기술** : 특정한 집단과정에 선택적으로 반응하여 다음에 이루어질 집단과정에 영향을 미치는 기술이다.
⑤ **집단 의사소통 초점 유지하기**(초점화) : 집단과정의 특정 영역에 초점을 유지함으로써 집단의 흐름과 관련 없는 의사소통은 감소시키고 주제와 관련된 내용을 심층적으로 탐색하게 하는 기술이다. 예를 들어, 토론범위를 제한하여 집단목표와 관련 없는 의사소통을 감소시킨다.
⑥ **집단과정 명확하게 하기** : 집단과정이 어떻게 이루어지고 있는지 또는 성원들이 어떻게 상호작용하고 있는지를 인식하도록 돕는 기술이다.
⑦ **내용 명료화하기** : 성원이 의견을 분명하게 표현하도록 의사소통의 내용을 명확히 하는 기술이다. 집단성원이 전달하는 메시지 사이에 불일치가 있을 경우, 이를 확인하고 메시지를 명확히 해야 한다.
⑧ **집단 상호작용지도** : 집단의 목적달성을 위해 집단의 상호작용을 특정한 방향으로 이끌어 가는 기술이다.

(2) 자료수집 및 사정기술

자료수집 및 사정기술은 집단성원 간 이루어지는 의사소통 유형에 어떤 영향을 미칠 것인가를 계획하고 집단목적의 성취를 위해 어떤 기술을 사용할 것인지를 결정하는 데 유용한 기술이다. 자료수집 및 사정기술의 주된 내용은 다음과 같다(생각의마을, 2017a; 이영실 외, 2015).

① **확인 및 묘사하기** : 집단성원들이 특정 상황을 파악하고 묘사할 수 있도록 원조하는 기술로, 성원의 문제를 정확히 이해할 수 있도록 돕는다.

② **정보를 요구하고 질문하고 탐색하기** : 정보제공을 요청하고 질문하고 탐색하는 기술로, 문제와 관심사를 명확히 하고 집단성원에게 추가적인 정보를 파악할 수 있다.

③ **요약하기 및 세분화하기** : 논의된 핵심을 요약하거나 복잡한 문제나 사안을 작은 단위로 나누는 기술로, 집단이 직면하고 있는 문제나 관심사에 대해서 토론할 때 사용한다.

④ **언어적 · 비언어적 의사소통 통합하기** : 집단성원의 언어적 의사소통과 비언어적 의사소통을 통합하는 기술로, 집단성원들의 말이나 행동의 의미를 연결하고 숨겨진 생각과 느낌을 분명히 하는 것이다.

⑤ **정보 분석하기** : 자료의 유형을 파악하고, 자료 간의 차이를 발견하며, 평가에 필요한 자료를 획득할 수 있는 방법이나 기제를 설정하는 것이 포함된다.

(3) 행동기술

행동기술은 집단의 목적과 과업을 성취하도록 원조할 때 사회복지사가 사용하는 기술이다. 행동기술의 주된 내용은 다음과 같다(생각의마을, 2017a; 이영실 외, 2015).

① **지지하기** : 집단성원 간 서로 관심사를 공유하고 자신의 의견과 감정을 표현하도록 격려하며, 집단성원의 장점을 알려주고 그들의 요구에 반응

함으로써 집단성원을 지지하는 기술이다.

② **재구조화 및 재정의** : 집단성원이 문제를 상황에 맞게 다른 관점에서 볼 수 있도록 도와주는 기술로서, 성원이 문제 상황을 긍정적으로 인식하도록 재정의한다. 재구조화 기술은 중간단계에 사용하는 기술이다.

③ **집단성원 간 의사소통 연결하기** : 집단성원 간 의사소통이 활발하게 일어날 수 있도록 돕는 기술이다. 사회복지사와의 의사소통보다 집단성원들 간 의사소통을 중시해야 한다.

④ **지시하기** : 집단성원이 프로그램에 참가하도록 돕거나 토론을 이끌어 가고 정보를 공유할 때 집단성원의 활동을 지시하는 기술이다.

⑤ **조언, 제안, 교육** : 문제해결에 도움이 되는 행동이나 방법에 대해 조언하거나 제안하고, 또는 새로운 방법을 교육하는 것이다.

⑥ **직면하기** : 집단성원의 말과 행동이 불일치할 때 이를 인식하도록 돕기 위한 개입기법으로, 집단성원이 아직 인식하지 못했던 부분을 볼 수 있도록 한다. 또한 말과 행동의 불일치를 밝히고 이를 해결할 수 있도록 원조하고, 행동을 구체적으로 지적하고 집단에 미치는 영향을 설명한다. 직면은 시작단계인 초기단계보다는 중간단계인 개입단계에서 필요한 핵심적인 기술로서, 사회복지사와 집단성원의 관계형성이 미미한 초기단계에 직면기술을 사용할 경우 집단성원이 거부감을 보일 수 있으므로 주의할 필요가 있다.

⑦ **모델링, 역할극, 실연, 코칭** : 집단성원이 새로운 행동을 배워야 할 때 모델링이나 역할극을 실연하게 함으로써 새로운 행동에 대한 학습을 촉진하는 기술이다. 코칭은 과제수행 시 대인관계에서 반응하는 방법에 대해서 자세하게 알려주고 시범을 보임으로써 교육하는 기술이다.

⑧ **자원 제공하기** : 집단 안팎에 존재하는 다양한 자원에 대해 성원들에게 정보를 제공하거나 자원을 연결하는 기술이다.

⑨ **갈등 해결하기** : 집단성원 간 혹은 집단외부환경과 갈등이 발생할 때 갈등을 해결하기 위해 조정, 협상, 중재 기술을 사용한다.

7) 집단 사회복지실천의 원칙

집단 사회복지실천의 원칙에는 개별화, 수용, 참가, 체험, 개입, 규범, 지속적 평가 등이 있다(손광훈, 2013; 이영실 외, 2015를 수정 · 보완).

① **개별화의 원칙** : 집단성원의 성장을 돕기 위하여 개인의 욕구에 대응한다. 각 개인의 고유한 상이성을 인정한다. 다양한 특성을 지닌 집단을 하나의 집단으로 인정한다.

② **수용의 원칙** : 집단성원을 있는 그대로 인정하고 받아들인다.

③ **참가의 원칙** : 집단성원의 참여를 촉진하기 위해 지지한다. 각 성원이 자신의 능력에 따라 참여하도록 격려하여 능력을 향상시킨다.

④ **체험의 원칙** : 대인관계와 성취의 새롭고 다양한 경험을 할 기회를 제공한다. 집단성원 성장의 기회인 집단과정을 통한 문제해결경험과 사회생활의 기본태도를 학습시킨다.

⑤ **개입**(갈등해결)**의 원칙** : 집단이 직면하는 어려움을 해결하기 위해 개입한다. 성원이 점차적으로 만족스러운 갈등해결방법을 경청할 수 있도록 원조한다.

⑥ **규범의 원칙** : 집단활동에 필요한 최소한의 규범을 설정한다. 집단성원 규범을 통한 제한과 통제가 집단에 대한 집단성원의 책임과 의미 및 역할수행을 다하게 한다.

⑦ **지속적 평가의 원칙** : 집단성원 개개인의 성장과 집단의 성장을 가져오게 하기 위해 과정에 대한 지속적 분석과 평가를 한다.

2. 집단역동성과 집단의 치료효과

1) 집단역동성의 개념

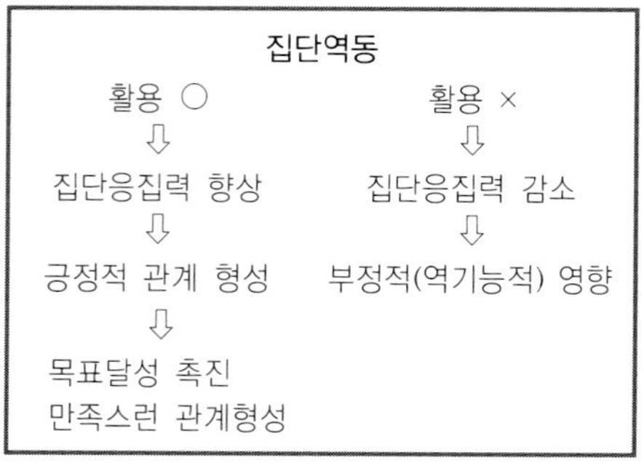

집단역동성(group dynamics)은 집단역학이라고도 하며, 집단성원의 상호작용에 의해 만들어진 힘을 의미한다. 집단사회복지사가 집단역동을 집단과정에서 적절히 잘 활용하면 집단응집력이 생기고 이로 인해 성원 상호 간 긍정적 관계로 발전할 수 있다. 긍정적이고 결속력 있는 집단은 목표달성을 촉진시키고, 만족스러운 관계를 만든다. 반면, 집단역동을 잘 활용하지 못할 경우에는 성급한 개인공개 및 평가압력과 같은 부정적 영향이 생길 수도 있다(이영실 외, 2015). 즉, 집단역동은 집단 발전에 역기능적인 영향을 미칠 수 있다. 이러한 집단역동은 개별 성원뿐만 아니라 전체 성원에 영향을 미치고, 개입효과에도 영향을 미친다.

집단역동을 증진시키기 위한 방안은 다음과 같다.

① 성원 간 솔직한 의사소통이 이루어지도록 해야 한다.
② 적절한 긴장과 갈등은 집단성원 간의 상호작용을 일으켜 동기부여시키고 집단의 역동성에 기여할 수 있다.
③ 집단의 규칙과 규범을 제정하고 준수하도록 해야 한다.
④ 성원이 다양한 지위와 역할을 경험하도록 해야 한다.
⑤ 성원이 집단중심적인 생각과 행동을 보이도록 촉진해야 한다.

2) 집단역동성의 구성요소

일반적인 집단역동성의 구성요소는 다음과 같다.

집단역동성의 구성요소	
① 집단구조와 집단문화	⑧ 지위와 역할
② 집단의 목적	⑨ 피드백
③ 집단 내 의사소통과 상호작용	⑩ 대인관계
④ 집단매력과 응집력	⑪ 긴장과 갈등
⑤ 집단의 사회통제	⑫ 물리적 환경
⑥ 집단 내 하위집단	⑬ 집단지도력*
⑦ 집단규범	⑭ 집단의 발달단계*

* ⑬ 집단지도력은 본 장 1절, ⑭ 집단의 발달단계는 본 장 3절을 참조하기 바람

(1) 집단구조와 집단문화

① 집단구조

집단구조(group structure)는 집단성원의 수에 따라 대집단과 소집단으로 구분할 수 있다. 이상적 집단의 규모는 5~12인이 선호되지만 학자마다 의견이 다르다. 먼저 대집단, 즉 집단이 큰 경우, 성원의 수가 많아서 아이디어, 기술, 자원 등을 상대적으로 더 많이 확보할 수 있다. 또한 하위집단이 형성될 수 있다. 반면, 응집력 감소, 성원 간 의미 있는 상호작용 감소, 익명성 보장으로 집단참여의 압박감 감소, 집단진행과정 중 일부 성원의 중도탈락 가능성 등의 단점이 있다. 그러나 대집단의 경우 중도탈락에 대해 상대적으로 덜 의식하게 된다.

소집단의 경우, 상호작용이 활발하고, 응집력 형성이 용이하다는 장점이 있다. 반면, 사적 집단구조화 가능성, 참여에 대한 요구나 압박 증가, 집단진행과정 중 성원이 중도탈락할 경우 집단종결 가능성 등의 단점이 있다(이영실 외, 2015).

② 집단문화

집단문화(group culture)는 집단성원이 집단 내에서 공통적으로 가지고 있는 가치, 신념, 관습, 전통 등을 의미한다. 일반적으로 집단문화는 서서히 발전하지만 일단 수립되고 나면 바꾸기가 쉽지 않다. 집단문화는 집단성원이 동질적으로 구성되어 공통점이 많으면 빠르게 형성되지만, 이질적으로 구성되어 있을 때는 집단문화가 느리게 형성된다. 집단문

화의 특징은 다음과 같다. ① 집단규칙이 있다. ② 집단문화는 한 번 형성되면 변하기 힘들다. ③ 집단은 물리적 환경에 영향을 받는다. ④ 집단 고유의 스타일이나 독특성을 만들어낸다. ⑤ 집단응집력은 집단문화 형성에 영향을 미친다. ⑥ 성원들의 가치가 혼합되면서 타 집단과 구분되는 특성이 만들어진다. ⑦ 고정관념이나 편견이 많은 성원들은 집단문화 형성에 방해가 된다. ⑧ 개방형 집단보다 폐쇄형 집단에서 빠르게 형성된다.

(2) 집단의 목적

모든 집단은 집단이 달성하고자 하는 목적을 갖는다. 전체로서의 집단의 목적과 개별 성원의 목적이 있다. 이러한 개별 성원의 목적과 집단 전체의 목적의 일치 여부에 따라 집단역동은 달라진다. 집단지도자인 사회복지사는 집단의 목적과 개별 성원의 목적이 조화를 이룰 수 있도록 노력해야 한다. 또한 집단지도자는 집단성원들이 각자의 목적을 발견하여 분명하게 한 다음 이들 간의 공통점을 찾도록 도와주어야 한다(생각의마을, 2017a).

(3) 집단 내 의사소통과 상호작용

① 집단 내 의사소통

집단의 상호작용을 이해하고 개입하는 데 있어서 첫 단계는 의사소통(communication)이다. 집단이 시작되면 어떤 형태로든 의사소통이 시작된다(이영실 외, 2015). 집단성원들은 언어적 의사소통 혹은 비언어적 의사소통을 통해 반응을 주고받으며 상호작용을 한다. 집단 내 의사소통 방식에 따라 집단역동성도 변화한다. 따라서 집단지도자는 집단성원 간 직접적 의사소통을 격려하여 집단역동을 발달시킬 필요가 있다.

② 집단 내 상호작용

상호작용은 집단성원과 집단지도자 등 집단에 속한 사람들 간에 이루어지는 모든 상호관계를 의미한다(생각의마을, 2018a). 긴장과 갈등은 집단성원 간의 상호작용을 일으켜 집단역동성에 기여할 수 있다.

집단 내 상호작용에는 집단지도자 중심의 상호작용과 집단중심의 상호작용이 있다. 집단지도자 중심의 상호작용은 지도자를 통해서 성원들이 서로 의사소통을 하거나 지도자가 이야기하는 것을 성원들이 지켜보는 것을 의미한다. 이러한 상호작용은 집단성원들 간의 의사소통의 기회가 제한되는 경우가 많다. 또한 집단중심의 상호작용은 집단성원들이 자유롭게 각자의 생각을 이야기하면서 편안한 마음으로 공감하고 상호작용하는 것을 의미한다. 이러한 상호작용은 집단성원들 간의 상호작용이 증가하여 집단의 사기가 증가하고, 성원들의 목표성취를 위한 노력이 증진된다(김현호 외, 2013). 따라서 집단지도자 중심의 상호작용이 아니라, 집단중심의 상호작용이 이루어지도록 해야 한다.

(4) 집단매력과 응집력

① 집단매력

집단매력은 집단이 집단성원을 끌어당기는 힘을 말한다. 이러한 매력은 집단에서 잃는 것보다 얻는 것이 많을 때 느끼게 되고, 집단에 매력을 느낄 때 집단응집력이 생긴다.

② 집단응집력

집단응집력(group cohesion)은 집단유대감 혹은 결속력이라고도 하며, 집단성원이 집단에 남아 있도록 하는 모든 힘의 합 또는 성원들이 느끼는 집단의 매력을 말한다. 집단응집력은 집단이 집단성원에게 '소속감'을 주는 감정적 연대를 의미하며, 집단성원들이 소속감을 가지면 응집력이 강화된다. 그리고 하위체계(집단)의 결속력이 강하면 응집력이 강하고, 구성원 간 신뢰감이 높을수록 응집력이 높다. 또한 응집력이 높은 집단이 낮은 집단보다 생산적인 작업에 더 유리하다.

집단응집력이 강할수록 집단의 분위기는 자발적이고 비공식적이며 자기노출에 대한 저항감이 감소한다. 그러나 집단응집력이 강할 경우, 집단성원들 사이에 상호 의존하려는 경향이 강해진다. 이러한 집단응집력을 결정하는 요소로는 긍정적 강화, 의사소통 촉진, 목표달성 방법 확인과 지각, 자기노출(개방), 출석률, 중요한 관심사, 집단에 대한 기대 등이 있다.

집단응집력 향상을 위한 원칙은 다음과 같다(엄명용 외, 2015; Corey & Corey, 1997; Toseland & Rivas, 2001).

① 집단토의와 프로그램 활동을 적극적으로 활용한다.
② 집단성원이 집단과정에 적극적으로 참여하고 그들이 목표를 달성하고 변화를 이루어 낼 수 있는 유능한 존재라는 것을 인식할 수 있도록 돕는다.
③ 집단성원의 욕구가 집단 내에서 충족된 방법을 파악할 수 있도록 돕는다.
④ 집단성원이 목표에 초점을 두고 목표를 달성할 수 있도록 원조한다.
⑤ 집단성원이 비경쟁적인 관계를 형성하도록 돕고, 협력하는 관계를 형성하도록 원조한다.
⑥ 모든 집단성원이 집단과정에 완전히 참여할 수 있는 규모의 집단을 형성하도록 한다.
⑦ 집단성원의 기대와 집단의 목적을 일치시킨다.
⑧ 집단에 참여함으로써 얻을 수 있는 보상, 자원 등의 자극제를 집단성원에게 제공한다.
⑨ 집단성원이 현재 참여하고 있는 집단에 자부심을 느끼도록 돕는다.
⑩ 집단에 대한 집단성원으로서의 책임성을 강조한다.

(5) 집단의 사회통제

집단의 사회통제란 전체로서의 집단이 기능하게 하기 위해 집단성원을 순응 또는 복종하게 하는 과정을 말한다. 집단에서의 사회통제가 지나치게 엄격하면 자유 및 융통성 등이 없어지고 판단력과 의지의 활용이 좁아지기 때문에 주의해야 한다. 집단 내 성원 간 상호작용하는 과정에서 만들어지는 규범·역할·지위, 지도력 등 다양한 요인은 집단통제의 수단으로서 각 성원의 행동에 매우 큰 영향을 미친다(이영실 외, 2015).

(6) 집단 내 하위집단

하위집단(sub group)은 집단 안에 구성된 또 다른 형태의 소규모 집단이다. 하위집단은 정서적 유대감(공통된 관심사나 태도, 반응)을 갖게 된 집단성원 간에 형성된다. 적게는 두 명 혹은 서너 명으로 구성된 다양한 하위집단을 형성한다. 하위집단은 거의 모든 집단에 있으며 집단을 이끌어 가는 데 효과적으로 활용할 수 있다(이영실 외, 2015).

하위집단은 집단의 응집력을 강화(촉진)시킬 수도 있지만, 때로는 약화시킬 수도 있다. 즉, 하위집단은 집단에 부정적인 영향만을 미치는 것은 아니다. 하위집단의 발생은 필연적이기 때문에 전체 집단에 부정적 영향을 주는지 파악하는 것이 필요하다. 특히, 하위집단은 집단에 배타적인 경우에는 집단응집력에 방해요인으로 작용할 수도 있기 때문에 집단의 응집력을 약화시킬 수도 있는 것이다. 반면, 긍정적이고 결속력 있는 집단은 목표달성에 효과적이다. 그리고 하위체계 결속력이 강하면 응집력이 강하다.

사회복지사가 하위집단을 파악하는 방법은 의사소통의 질, 집단성원 간의 어울림 등을 관찰함으로써 가능하며, 소시오그램(sociogram)이나 소시오메트리(sociometry)를 통해 측정이 가능하다(엄명용 외, 2015).

(7) 집단규범

집단규범(group norm)은 집단규칙이라고도 하는데, 모든 집단에는 집단규칙이 있다. 집단규범은 집단성원이 성원 자격으로서 기대되는 행동을 하려고 할 때 준거가 되는 행동기준이나 신념을 의미한다. 집단의 규범은 집단 내부를 통제하기 때문에 외적 통제의 수준을 감소시킨다. 이러한 집단규범은 사회복지사가 제공하는 것이 아니라, 집단성원끼리 자율적으로 만드는 것이 바람직하다. 다음은 집단규범의 예를 나타낸 것이다.

집단규범의 예

- 약속 시간을 지킨다.
- 집단의 문제에 대해 비밀을 지킨다.
- 집단성원 간 상호 비난하지 않는다.

그리고 집단성원의 행동규범을 결정하기 위해서 집단사회복지사는 집단규범을 알기 위한 질문을 해야 한다.

집단규범을 알 수 있는 질문(단서)

- 지도자에 대한 집단의 자세는 어떠한가?
- 피드백에 대한 성원의 반응은 어떠한가?
- 집단성원에게 어떤 꼬리표와 역할을 부여하고 있는가?
- 성원 상호 간의 정서적 관여 패턴은 무엇인가?
- 집단의 문제해결 방식은 어떠한가?

집단규범은 집단역동성에 영향을 미친다. 기능적 집단규범은 집단의 유지와 발달에 긍정적 영향을 미치며, 역기능적 집단규범은 집단발달에 부정적 영향을 미친다. 기능적 집단규범과 역기능적 집단규범의 특징은 다음과 같다.

기능적 집단규범	역기능적 집단규범
• 집단성원의 자발적 자기개방(표출) • 집단지도자에 대한 수용과 존중 • 문제해결 노력에 초점을 유지함 • 모든 집단성원의 토론 참여 및 공평한 기회 제공 • 개별 성원은 자신에 대한 어떤 주제로 이야기하든 자유로움 • 성원 간 직접적이고 분명한 의사소통이 이루어짐 • 집단목적 성취에 장애가 되는 것에 대해 표현이 허용됨	• 자기개방(표출) 회피, 피상적 수준 유지 • 집단지도자에 대한 불만 및 비난 • 문제해결 노력의 부족 및 불평 표출 • 공격적 성원의 집단 지배 허용 • 감정적으로 강렬하거나 미묘한 주제 회피 • 지도자와만 의사소통함 • 집단목적 성취에 장애가 되는 것은 무시하며 집단 문제에 대해 거론하는 것을 회피함

(8) 지위와 역할

지위란 주어진 집단 내에서 집단성원이 차지하고 있는 위치나 자리를 의미한다. 역할이란 집단 내에서 집단성원이 마땅히 하여야 할 맡은 바 직책이나 임무를 의미한다. 모든 집단 및 조직에는 지위에 따른 역할이 있다.

집단사회복지사는 집단성원이 집단 내에서 어떤 역할을 하는지 관심을 가지고 있어야 하며, 집단성원들의 역할이 고정되지 않도록 신경 써야 한다.[12)]집단사회복지사는 성원이 다양한 지위와 역할을 경험할 수 있도록 함으로써 집단역동을 증가시킬 수 있다(생각의마을, 2017a).

(9) 피드백(환류)

피드백(feedback)은 정보의 투입에 대한 반응, 혹은 이전 단계에서 획득한 것에 대한 정보를 서로 교환하는 것을 말한다. 집단성원은 적합한 상황에서 적절한 피드백을 통해서 이득을 얻는다. 즉, 너무 많은 피드백은 좋지 않다. 또한 다차원적인 내용의 여러 가지 피드백을 한 번에 제공하는 것도 좋지 않다.

집단에서의 효과적인 피드백을 위한 지침은 다음과 같다.

① 집단성원의 요청이 있을 때 피드백을 제공한다.
② 구체적인 행동이나 관계에 대한 피드백을 제공한다.
③ 집단성원이 활용할 수 있는 만큼의 적절한 피드백을 제공한다.
④ 집단성원으로 하여금 상호 간에 피드백을 제공하도록 한다.
⑤ 집단성원의 문제해결능력 향상을 위해 강점에 초점을 둔다.
⑥ 집단성원의 긍정적 변화를 위해 그의 강점을 중심으로 피드백을 제공한다.
⑦ 원만한 관계 유지를 위해 구체적이고 직접적인 피드백을 제공한다.
⑧ 피드백을 제공받는 성원이 제대로 이해했는지, 어떻게 받아들이는지를 확인하여야 한다.

---

12) 고정화의 예 : 집단에서 항상 웃기는 역할을 하는 사람은 항상 웃기는 행동을 할 것으로 기대한다. 그 집단성원이 진지해지려고 하면 다른 성원들이 이를 허용하지 않게 된다.

(10) 대인관계

대인관계에 어려움을 겪는 성원들은 다른 성원을 인격적으로 대하거나 타인의 관심사에 적절하게 반응하는 능력이 부족할 수도 있다. 즉, 이타적이지 못하면서 자기애적인 대인관계를 갖는 성원이 있을 수 있는데, 집단사회복지사는 집단이 활성화되거나 생존하기 위해서는 개별 성원들이 개별적이면서 자기중심적이기보다는 집단 중심적이고 집단에 통합된 행동과 생각을 보일 수 있도록 도울 필요가 있다(엄명용 외, 2015).

(11) 긴장과 갈등

집단성원들 간에는 다양한 형태의 긴장과 갈등이 형성될 수 있다. 특히 집단의 목표를 성취하기 위해 과제를 추진하거나 상호작용을 통해 대인관계가 형성되고 자신들의 욕구 충족을 위해 다른 집단성원들과 상호작용을 하는 과정에서 긴장이나 갈등이 발생할 수 있다. 긴장과 갈등은 집단에 항상 부정적인 영향을 미치는 것은 아니며 긴장과 갈등을 적절하고 건설적인 방법으로 해결할 때 집단은 더욱 성장할 수 있다(사회복지교육연구센터, 2018a).

(12) 물리적 환경

물리적 환경은 집단역동성을 결정하는 매우 중요한 요인이므로 신중하게 고려하여 준비해야 한다. 집단모임이 이루어지는 물리적 환경은 집단성원에게 비밀보장과 친밀감, 편안함, 그리고 집중력 등 집단역동에 상당한 영향을 미친다. 집단의 모임장소는 공간의 크기와 밝기, 가구 및 집기의 배치, 자리배치 등에 세심한 주의와 배려를 하여야 한다. 또한 외부의 방해가 없어야 하며 조용하고 필요한 활동을 충분히 할 수 있는 크기여야 한다. 자리배치도 가로나 세로로 앉는 것보다 둘러앉으면 의사소통이나 상호작용을 하기에 훨씬 용이하다(이영실 외, 2015).

3) 집단의 치료효과

집단활동에 참여함으로써 얻을 수 있는 장점은 매우 다양하다. 이를 집단의 치료효과 또는 집단의 장점이라고 한다. 집단 정신분석치료자인 얄롬(Yalom, 1995)이 제시한 집단의 치료적 요소는 다음과 같다.

얄롬이 제시한 집단의 치료적 요소	
① 희망주기(고취) ② 보편성(일반화) ③ 정보공유(정보전달) ④ 사회적 지지와 이타성 향상 ⑤ 사회화 기술 개발 ⑥ 모방행동	⑦ 대인관계학습 및 재경험의 기회 제공 ⑧ 집단응집력 ⑨ 감정의 정화(카타르시스) ⑩ 실존적 요인 ⑪ 가족집단의 교정적 재현

(1) 희망주기(고취)

집단성원들은 자신보다 더 심한 문제를 가진 사람이 회복되는 것을 보면서 혹은 자신과 유사한 문제를 가진 성원이 점차 문제가 개선되거나 치료되는 것을 보면서 자신의 문제도 해결(개선)될 수 있다는 희망을 갖게 되는데, 이것을 희망주기(고취)라고 한다. 예를 들어, 알코올 중독자의 경우 수년 간 알코올 문제를 가지고 있는 클라이언트는 자신이 회복 불가능하다고 생각하였지만, 집단에서 본인보다 더 오래된 알코올 중독자가 회복되는 과정에 있는 것을 보면서 자신의 문제가 해결될 수 있다는 희망을 가지게 되었다(이애재, 2013).

(2) 보편성(일반화)

집단성원은 집단 내에서 서로 공통된 문제를 확인함으로써 자신의 문제를 일반화할 수 있다. 또한 유사 경험을 가진 사람들을 만나면서 문제의 보편성을 경험하고, 다른 사람도 비슷한 문제를 겪는다는 것을 발견하고 안도감(위로)을 얻게 된다. 이를 보편성 혹은 일반화라고 하는데, 다음은 보편성의 예를 나타낸 것이다.

보편성의 예

- 자신의 성정체감을 숨겨왔던 동성애자인 A는 집단모임에 참여하면서 자신과 비슷한 갈등을 경험한 사람들을 만나 위안을 얻었다.
- 집단경험을 통해 클라이언트는 이전에는 자신의 문제가 제일 심각하다고 생각했다가 다른 사람들을 보면서 "그게 아니구나"라고 생각하고 위로를 얻었다.

(3) 정보공유(정보전달)

집단사회복지사와 성원들로부터 받게 되는 충고, 제안, 대처방안, 직접적인 안내 등을 통해 귀중한 정보를 얻게 된다. 정보공유는 정보전달, 새로운 지식과 기술 습득이라고 표현되기도 한다.

(4) 사회적 지지와 이타성 향상

집단성원은 조언과 격려, 위로, 지지 등으로 서로 도움을 주고받는다. 집단성원들끼리 서로 도움을 주고받는 과정에서 도움을 주는 자는 자신이 누군가에게 지지, 제안, 충고로써 도움을 줄 수 있다는 것에 스스로를 가치 있는 존재라고 느끼게 된다. 그리고 도움을 받는 자는 자신이 혼자가 아니라는 것을 배우게 된다(전남련 외, 2014). 다음은 사회적 지지와 이타성 향상의 예를 나타낸 것이다.

사회적 지지와 이타성 향상의 예

- 가정폭력 피해여성을 대상으로 한 집단 프로그램의 치료 요인 : 사회적 지지를 통해 고립감을 극복한다.
- 이타성 향상 : 결혼 이주여성 프로그램에 참가하고 있는 ○○은 자신의 영어실력으로 방과후 지역아동센터에서 아이들의 영어를 가르칠 수 있다는 동료의 말을 듣고 새로운 자신감이 생겼다.
- 타인에게 도움을 줄 수 있는 기회를 통해 이타성이 향상된다.
- 타인의 문제에 관심을 갖고 공감하면서 이타심이 커진다.

(5) 사회화 기술 개발

집단은 사회생활에서 필요한 대인관계기술과 사회화 기술(socializing technique)을 학습하는 장의 역할을 한다(이영실 외, 2015). 집단성원들로부터 받는 피드백이나 특정 사회기술에 대한 학습을 통해 대인관계에 필요한 사회화 기술을 개발하며 대인관계적 행동에 있어서 자신의 단점을 수정할 수 있다(전남련 외, 2014). 다음은 사회화 기술 개발의 예를 나타낸 것이다.

사회화 기술 개발의 예

- 가정폭력 피해여성을 대상으로 한 집단 프로그램의 치료 요인 : 폭력에 대처할 사회기술을 개발한다.
- 사회복지사나 성원의 행동을 모방하면서 사회기술이 향상된다.

(6) 모방행동

집단성원은 집단의 다른 성원들과 집단사회복지사의 행동을 통해 새로운 행동을 습득하는 효과를 가지게 되는데, 이러한 치료적 효과를 모방행동이라 한다. 특히 초기단계에서는 사회복지사가 매우 중요한 역할을 한다(이애재, 2013). 타인의 행동을 관찰하는 과정에서 자신의 잘못된 생각을 고쳐나갈 수 있는 치료적 효과를 가진다.

(7) 대인관계학습 및 재경험의 기회 제공

집단성원끼리 혹은 집단사회복지사와 상호작용을 하다 보면 자신의 대인관계 스타일이나 특징을 알게 되고 이에 대해 통찰력을 갖게 된다. 집단활동을 통해 집단성원들은 새로운 대인관계 방식을 새롭게 적용해 보거나 시험해 보는 경험의 기회를 제공받게 된다(생각의마을, 2017a). 다음은 재경험의 기회 제공의 예를 나타낸 것이다.

재경험의 기회 제공의 예

- 집단 내 상호작용 과정에서 그동안 해결되지 않은 원가족과의 갈등에 대해 탐색하고 행동패턴을 수정할 기회를 갖게 된다.

(8) 집단응집력

집단응집력은 집단성원에게 긍정적 변화를 일으키며 치료집단에서 치료경험에 도움을 주는 매우 중요한 요소이다. 집단 내에서 발달하는 소속감이나 친밀감은 집단성원에게 위로와 용기를 제공한다. 따라서 집단응집력이 강할 때 집단성원은 집단의 구조와 규범을 받아들이므로, 집단의 목적달성에 중요한 요소가 될 수 있다(이영실 외, 2015).

(9) 감정의 정화(카타르시스)

집단성원 자신의 문제에 대한 불안과 걱정, 두려움 등의 감정을 표현하면서 그 표현에 대해 수용받고 수용하는 경험을 통해 감정이 정화되는 경험을 하게 되는데, 이를 감정의 정화 효과 혹은 카타르시스 효과라고 한다(생각의 마을, 2017a). 다음은 감정의 정화 혹은 카타르시스의 예를 나타낸 것이다.

감정의 정화 혹은 카타르시스의 예

- 가정폭력 피해여성을 대상으로 한 집단 프로그램의 치료 요인 : 압도된 감정표현을 통해 카타르시스를 분출하게 한다.
- 카타르시스 : 집단치료과정에서 클라이언트가 눈물을 흘리며 감정을 이야기하고 난 후 마음이 편안해졌다고 하였다.

(10) 실존적 요인

자기 자신의 인생에 대해서는 궁극적으로 자기 자신에게 책임이 있다는 것을 깨닫게 되는 효과이다. 집단성원은 집단활동과 경험을 통해 지지와 위안을 많이 받지만 한계가 있고, 결국 자신의 삶에 대한 책임은 자신의 것임을 알게 된다(생각의마을, 2017a).

(11) 가족집단의 교정적 재현

집단은 가족과 같은 성격을 띨 수 있는데, 사회복지사는 부모의 역할을, 다른 성원들은 형제자매의 역할을 할 수 있다. 자신의 가족 내에서 경험했던 일 중 만족스럽지 못했던 일들은 가족과 유사점을 가지고 있는 집단 내에서 상호작용을 통해 교정할 수 있다. 사회복지사 및 집단성원들과의 관계는 부모 및 형제들과의 상호작용을 재현하게 되며, 성원 간 관계를 통해 원가족과의 갈등을 탐색하는 기회를 갖는 교정적 재현을 할 수도 있다(이애재, 2013). 다음은 가족집단의 교정적 재현의 예를 나타낸 것이다.

가족집단의 교정적 재현의 예

- 집단 내에서 역기능적인 경험을 재현함으로써 이를 통해 성장의 기회를 가진다.
- 가정폭력 피해여성을 대상으로 한 집단 프로그램의 치료 요인 : 가족집단 재현을 통해 가해상황과 권위에 압도되지 않도록 한다.

3. 집단발달단계별 사회복지실천기술

시간이 지남에 따라 집단에서 내부구조나 조직, 진행과정, 집단문화가 변화하는데, 이러한 집단의 변화를 집단발달이라고 한다. 그리고 집단발달단계는 성장이나 발달과정에서 서로 구분되는 기간이나 정도를 말하며, 각 단계 간에 명확한 구분이 있는 것은 아니며 때로는 중복되는 경우도 있다(이영실 외, 2015). 성원의 자기노출 수준은 집단발달단계와 관련이 있다. 즉, 성원의 자기노출은 집단발달단계 초기에는 낮지만,[13] 중간단계 이후로는 높아진다.

---

13) 초기단계에 자기노출 정도가 낮기 때문에, 성원 간의 이해를 돕기 위해 자기노출의 기회를 갖는 것도 좋은 방법이다. 그리고 여기에서의 자기노출은 집단성원의 자기노출을 의미한다. 그런데 사회복지사

집단발달단계는 일반적으로 준비단계－초기단계－사정단계－중간단계－종결단계로 구분된다.

1) 준비단계

준비단계는 시작단계 혹은 계획단계라고도 하며, 집단을 계획하고 집단성원을 모집하고 집단을 구성하는 단계이다. 집단사회복지사는 집단을 구성하기 전에 먼저 기관의 승인을 얻어야 하고, 집단의 목적과 목표, 집단의 회기별 주제, 공동지도자 참여 여부 등을 설정한 후 집단성원을 모집해야 한다. 그리고 집단구성 요소를 고려하여 집단을 계획해야 한다. 이 단계에서의 과업으로는 집단의 목적과 목표 설정, 잠재적 성원 확인 및 정보수집, 집단성원 모집, 집단구성, 계약, 집단환경 준비하기 등이 있다.

(1) 집단의 목적과 목표 설정

집단을 구성하기 전에 집단의 목적과 목표, 집단의 회기별 주제, 공동지도자 참여 여부 등을 설정한 후 집단성원을 모집한다. 집단의 목적과 목표는 집단성원 개개인의 욕구를 고려해 집단지도자 또는 기관 직원에 의하여 결정된다. 집단의 목적은 집단과 집단성원에게 방향과 지침을 제공하며 집단성원이 비생산적 경험을 하거나 좌절을 느끼지 않도록 한다. 집단의 목적과 목표는 사회복지사와 집단성원들의 토론을 통해 수정될 수 있다(이영실 외, 2015). 집단의 목표는 구체적으로 수립해야 하고, 집단성원의 목표와 밀접한 관련이 있다.

(2) 잠재적 성원 확인 및 정보수집 = 참여자 확인

집단성원을 모집하기 전에 집단의 목적과 목표에 적합한 잠재적 성원을 확인하고 각 성원의 정보를 수집한다.

의 자기노출이 필요한 경우도 있는데, 사회복지사가 자신의 생각과 감정, 삶의 경험을 클라이언트에게 밝히는 것을 말한다. 사회복지사의 적절한 자기노출을 통해 클라이언트는 사회복지사를 진솔한 인간으로 인식하고, 신뢰감과 상호이해를 증진시키며, 클라이언트의 표현을 촉진시킬 수 있는 것이다.

(3) 집단성원 모집

사회복지사는 잠재적 성원에 대한 정보 및 참여 자격을 확인하고, 집단성원의 모집방식과 절차에 따라 적절한 수의 잠재적 성원을 모집하게 된다. 성원의 모집은 기관 내부(동료직원의 사례, 기관 기록 등), 기관 외부(타 기관에 의뢰 요청), 그리고 지역사회(인구조사자료 검토, 교사나 경찰을 통해 얻은 정보 등)에서 확보할 수 있다. 성원 모집방법에는 잠재적 성원과의 직접적인 접촉, 안내문 게시, 인쇄물 배포, 온라인 매체, 지방자치단체가 운영하는 홈페이지 등이 있을 수 있다(김현호 외, 2013).

(4) 집단구성

집단구성이란 집단을 어떻게 구성할 것인가에 대한 것이다. 집단구성 시 고려해야 할 사항은 ① 동질성과 이질성, ② 개방집단과 폐쇄집단, ③ 집단의 크기, ④ 모임의 빈도와 존속기간, ⑤ 인구사회학적 특성과 다양성 등이다.

① 동질성과 이질성

집단을 구성할 때는 동질성과 이질성을 함께 고려해야 한다. 그리고 인구학적 특성, 문제 유형 간의 동질성과 이질성의 균형을 고려해야 한다. 집단성원의 동질성을 높이기 위해 사전에 욕구 수준을 파악한다. 집단의 응집력을 높이기 위해 동질적이어야 하고, 참여 동기가 유사한 성원을 모집한다. 집단성원의 유사함은 집단소속감을 증가시킨다. 그리고 집단의 결속력과 협동력을 높이기 위해 동질적이어야 한다. 성원 간 방어와 저항을 줄이기 위해 동질적이어야 하고, 공감대 형성을 위해 동질적인 성원들로 구성한다. 동질적으로 구성한 집단은 의사소통이 활발하고, 성원들이 서로에 대한 관심이 높으며, 문제해결활동도 적극적이다(생각의마을, 2017a).

반면, 반론과 이의제기를 위해서 집단성원은 이질적이어야 한다. 즉, 활발한 상호작용이 촉진될 수 있을 만큼 이질적이어야 한다. 그러나 집단성원의 이질성이 강할수록 그들의 문제 표출과 유대 형성에 시간이 오래 걸리고, 성원 간 방어와 저항이 더 많이 발생할 수 있으며, 이로 인해 탈락이 발생할 수 있다.

② **개방집단과 폐쇄집단**

집단을 구성할 때는 집단의 개방수준을 고려하여 개방집단과 폐쇄집단으로 구분하여 구성할 수 있다. 예를 들어, 초등학교 학교사회복지사가 학교폭력 피해아동의 외상(trauma) 치유를 위한 소집단을 구성할 때, 아동 행동의 의미 있는 변화를 위해 학교폭력 피해아동의 외상 치유가 목적이므로 폐쇄형 집단이 적절하다. 〈표 9-3〉은 개방집단과 폐쇄집단의 특징, 장점, 단점, 그리고 예를 나타낸 것이다.

〈표 9-3〉 개방집단과 폐쇄집단

구분	개방집단	폐쇄집단
특징	• 적정규모를 유지하기 위해 신규 회원을 받을 수 있다(중도 가입 가능). • 새로운 정보와 자원의 유입을 허용한다. • 다양한 집단성원의 참여를 유도하기 위해 개방집단으로 구성한다.	• 집단이 시작될 때부터 끝날 때까지 같은 성원들로 유지된다(중도 가입 어려움). • 집단연속성을 높이기 위해 폐쇄집단으로 운영한다.
장점	• 당장 도움이 필요한 사람에게 유용하다. • 다양한 자원과 아이디어를 활용할 수 있다.	• 동일한 성원으로 유지되므로 집단응집력이 강하고 자기개방이 용이하며 집단성원의 역할과 집단규범이 안정적이다.
단점	• 집단성원의 잦은 교체로 응집력 형성이 어렵다. • 집단발달단계를 예측하기 어렵다.	• 성원이 줄어들면 의미 있는 상호작용이 어렵고, 집단 운영이 불가능할 수 있다.
예	• 당뇨환자 자조모임 • 부모교육 강연회에 소그룹이 형성된 집단 • 정신과 병동에서 이루어지는 사회기술 훈련집단 • 암환자 가족들을 위한 정보제공 집단	• 학대아동, 성매매 여성집단 • 알코올 중독자 치료모임 • 학교폭력 피해아동의 외상 치유집단
기타	• 개방형 집단이 폐쇄형 집단에 비해 위기상황에 처한 사람들에게 더 융통성 있는 참여기회를 제공한다.	

③ 집단의 크기

집단을 구성할 때는 상호작용을 촉진하기 위해 집단크기를 고려해야 한다. 집단의 목표에 따라 집단의 크기를 융통성 있게 정한다. 집단크기는 목적을 달성할 만큼 작고, 경험의 다양성을 제공할 만큼 크게 구성하는 것이 좋다. 집단이 커질수록 구성원의 참여의식이 감소하고 통제와 개입이 어렵다.

레이드(Reid)는 친밀한 관계형성을 위한 적정 인원을 5~12명이라고 하였으며, 성원들이 결석을 하기도 하고 집단진행과정에 일부가 낙오될 수도 있다는 점을 고려하여 최소한 8명으로 구성할 것을 제안하였다(최경화 외, 2010; Reid, 1997). 특히 치료집단의 규모는 5~7명 정도로 구성되는 것이 적절하다. 일반적으로 사회적 목표모델보다 치료모델의 집단규모가 더 작다.

④ 모임의 빈도와 존속기간

집단을 구성할 때는 목표달성을 위해 집단모임의 빈도와 기간을 정한다. 회합의 빈도구성은 성원들의 욕구나 문제를 다루기에 적절해야 한다. 또한 응집력과 신뢰감을 발달시킬 만큼 충분한 회기로 계획해야 한다. 모임의 빈도는 일반적으로 주 1회 정도가 적절하다. 그리고 1회당 1시간에서 2시간 정도 모임을 갖는다. 예를 들어, 초등학교 학교사회복지사가 학교폭력 피해아동의 외상(trauma) 치유를 위한 소집단을 구성할 때, 아동의 기능수준을 고려하여 매 회기당 약 30분 내외로 하는 것이 적절하다. 그리고 아동의 참여가 가능한 방과 후에 모임시간을 가진다. 또한 아동집단은 성인집단에 비해 모임 시간은 더 짧게, 빈도는 더 자주 설정한다.

집단의 존속기간은 집단을 시작할 때 집단성원들에게 미리 알려주는 것이 좋다. 레이드는 신뢰감과 집단결속력 구축을 위해서 필요한 시간을 고려하여 20회기 정도의 모임을 권장하고 있다(최경화 외, 2010; Reid, 1997).

⑤ 인구사회학적 특성과 다양성

인구사회학적 특성이 집단의 성패를 예측하는 단독요인은 아니지만 집단구성 시에는 반드시 고려해야 한다. 집단성원을 선발할 때 일반적으로 나이, 성별, 사회문화적 요소 등을 고려하여야 한다(이영실 외, 2015).

(5) 계약

계약은 초기단계에서도 이루어지고 준비단계에서도 이루어진다. 일반적으로 계약은 초기단계에서 사회복지사와 집단성원의 상호작용을 통해 이루어지지만 실제 집단이 시작하기 전인 준비단계에서 이루어지기도 한다.

준비단계에서 이루어지는 계약의 형태에는 목표에 대한 계약, 집단절차에 대한 계약, 개별 성원들이 기대하는 것에 대한 계약 등이 있으며, 계약방법은 서면이나 구두로 이루어진다. 집단절차에 대한 계약으로는 회합의 빈도와 기간, 비밀보장, 시간과 장소, 비용 등에 대한 계약이 있다(이영실 외, 2015).

(6) 집단환경(물리적 공간) 준비하기

준비단계에서는 집단의 환경적 요소를 마련해야 한다. 집단환경은 성원에게 비밀보장, 친밀성, 편안함, 집중도에 상당한 영향을 미친다. 집단의 정서적 안정감을 높이기 위해 쾌적한 장소를 선정해야 한다. 집중을 방해할 수 있는 소음은 가능한 한 없애야 하고 방의 온도는 적정 수준으로 유지되어야 한다. 일반적으로 물리적 공간을 결정할 때 좌석배치까지 고려한다. 집단성원과 사회복지사 모두 서로를 잘 볼 수 있는 원형이 좋다. 이럴 경우 사회복지사는 각 집단성원과 눈 맞춤을 할 수 있고, 그들의 비언어적 행동을 관찰할 수 있는 장점이 있다. 예를 들어, 초등학교 학교사회복지사가 학교폭력 피해아동의 외상(trauma) 치유를 위한 소집단을 구성할 때, 개별 아동과의 눈 맞춤과 상호작용을 위해 아동들을 둥글게 둘러앉히는 것이 좋다.

2) 초기단계

초기단계는 집단이 시작되어 집단성원들이 서로를 탐색하는 단계이다. 초기단계에서 집단성원들은 낯선 사람과 새로운 환경으로 인해 집단에 대한 불안과 불신감, 두려움과 저항감을 갖게 되거나 또는 새로운 집단에 대한 희망이나 기대를 갖게 되는 회피와 접근이 공존하게 된다(김현호 외, 2013). 따라서 집단사회복지사는 집단성원이 신뢰감을 갖고 참여할 수 있는 분위기를 조성해야 한다. 또한 초기단계에서는 성원들 간의 탐색이 시도되고, 성원들 간의 공통점을 찾아 연결시키는데, 그런 가운데 구성원 간 유사성을 토대로 응집력을 형성하고 하위집단이 발생된다. 일반적으로 첫 번째 모임에서 집단에 대한 오리엔테이션이 필요하다. 오리엔테이션에 포함될 내용은 사회복지사 및 집단성원 소개, 집단목적의 소개, 집단성원 역할 소개 등으로 구성된다.

초기단계의 주요 과업으로는 사회복지사 및 집단성원 소개, 집단목적의 설명, 집단성원 역할 명확히 하기, 개별 성원 목표 설정하기, 비밀보장의 한계 정하기, 계약, 집단운영 : 프로그램 활동, 집단참여에 대한 동기부여와 능력 격려하기, 집단규칙 수립하기, 집단성원의 저항과 불안 다루기 등이 있다.

(1) 사회복지사 및 집단성원 소개

집단의 첫 모임에서 먼저 집단사회복지사는 자신을 소개하는데, 예를 들어 자신의 이름, 직위, 앞으로 운영될 집단 프로그램과 관련된 경력 등을 소개한다. 그런 다음 집단성원들도 자기소개를 한다. 소개는 성원들 간의 상호 관심사와 집단에 대한 기대를 공유하게 하고 신뢰감을 형성하게 해준다. 따라서 성원들 각자가 집단에 참여한 이유나 집단에 대한 기대 등을 표현할 수 있도록 하는 것이 좋다(김현호 외, 2013). 다음은 집단성원의 소개를 권유하는 방법을 나타낸 것이다.

집단성원의 소개를 권유하는 방법(이영호, 2015)

- **한 사람씩 돌아가며 자신을 소개하는 방식** : 집단성원 개개인을 집단에 소개하는 가장 일반적인 방식은 사회복지사가 한 사람씩 돌아가며 자신을 소개하도록 권유하는 방식이다. 이러한 소개방식을 사용할 경우 제일 먼저 사회복지사가 자신을 집단에 소개한 후 집단성원들의 소개가 이어지게 된다. 그 이유는 초기단계 동안 사회복지사의 말과 행동은 집단성원들에게 자신들이 어떻게 행동하고 어느 정도까지 자신을 소개하는지에 대한 실마리를 제공하기 때문이다.
- **집단성원들을 두 명씩 짝짓기로 소개하는 방법** : 집단성원들 간의 상호작용을 촉진시키기 위하여 집단성원들을 두 명씩 짝을 짓도록 한 후 각 쌍은 5분씩 상대방을 면접하도록 한다. 상대방을 면접할 때 질문할 내용을 사회복지사가 미리 집단성원들에게 제공해 주면 면접을 더욱 신속하게 진행할 수 있을 것이다. 면접이 끝난 후 집단성원들이 자신의 파트너를 집단에 소개하도록 한다. 이러한 소개방식은 자기 스스로를 집단에 소개하는 방식보다 효과적일 수 있다. 왜냐하면 집단성원들이 집단 전체를 상대하는 경우보다 일대일 관계 속에서 자신을 소개하고 노출하는 것이 더 용이하기 때문이다. 사회복지사는 특히 상대방에 대한 신뢰감과 집단에 대한 소속감이 낮은 첫 모임과 초기단계 동안 집단성원들이 자신에 관해서 편안하게 얘기할 수 있도록 최대한 원조해야 한다.

(2) 집단목적의 설명

사회복지사는 기관의 기능과 서비스의 한계도 명확히 하고, 집단목적에 대해 명확하고 간결하게 설명을 해야 한다. 집단성원들이 집단의 목적을 분명히 알게 되면 집단이 자신에게 필요한지 아닌지를 결정할 수 있으며 심리적 불안감도 줄어들 것이다. 집단목적에 대해 성원들의 의견을 수렴하여 반영해야 한다. 사회복지사는 이렇게 결정된 집단목적을 집단성원 모두가 공유하게 한다. 다음은 집단목적의 예를 나타낸 것이다.

구체적인 집단목적의 예(엄명용 외, 2015)

- 노인집단 : 인생 경험에 대한 회고, 상실감 다루기 등
- 장애인 집단 : 장애에 대한 감정표현, 지지체계 설정 등
- 약물남용 집단 : 효과적인 대처기술학습 등

집단의 목적을 소개하는 것과 더불어 사회복지사는 집단에서의 자신의 역할에 대해 설명해야 한다. 집단의 성격에 따라 사회복지사의 역할은 다양해질 수 있는데, 성교육 집단과 같은 교육집단일 경우 사회복지사는 교육자와 촉진자로서의 역할 등을 집단성원에게 설명해 줄 수 있다(이영호, 2015).

(3) 집단성원 역할 명확히 하기

사회복지사의 역할을 설명하고 난 후, 사회복지사는 집단성원의 역할에 대해 명확히 소개해야 한다. 또한 집단성원의 의무와 책임을 명확히 해야 한다.

(4) 개별 성원 목표 설정하기

사회복지사는 집단목적과 더불어 집단성원 각자 개별목표를 설정하도록 원조하는 것도 필요하다. 구체적인 개별목표와 목표달성을 위한 단계들이 설정된다면 집단성원들의 집단참여도 한층 향상될 수 있으며, 집단성원이 집단에 대해 갖는 매력도 증가할 것이다. 주의할 점은 집단성원들이 목표에 도달하지 못할 수도 있다는 점을 지적해야 한다.

(5) 비밀보장의 한계 정하기

집단모임에서 비밀공개의 정도와 원칙에 대해 토론하여 집단성원들이 원칙을 만들고 이를 지킬 수 있도록 원조한다(이영실 외, 2015).

(6) 계약

계약은 앞선 단계인 준비단계에서도 이루어지고 초기단계에서도 이루어진다. 초기단계에서는 참여자 간 서열화 투쟁이 시작되므로 책임을 설정한 계약을 재확인시키는 것이다. 계약 내용으로는 집단규칙에 대한 준수, 사회복지사의 역할, 집단성원의 역할, 집단목표, 개별목표, 프로그램 활동 등이 포함될 수 있다.

(7) 집단운영 : 프로그램 활동

초기단계에는 집단 프로그램 활동을 통해 성원 상호 간 중요한 정보를 교환하고 자기개방이 고취되면서 집단응집력이 높아진다. 집단훈련 프로그램의 과정은 성원들의 참가동기 확인 → 성원들의 욕구와 능력 사정 → 변화를 위한 과업실행 → 프로그램 진행상황 모니터링 → 성원들의 변화행동 평가의 순으로 진행된다.

집단운영은 구조화된 집단구성을 통한 운영과 비구조화된 집단구성을 통한 운영으로 구분할 수 있다. 구조화된 집단은 사회복지사가 집단의 목표, 과제, 활동방법 등을 미리 정해놓고 집단을 주도적으로 이끌어 가는 형태로, 집단사회복지사가 조직적인 프로그램에 의지해서 집단을 진행시킨다. 이 경우 집단성원들의 자율성과 책임성이 줄어들게 되고 집단성원들은 사회복지사에게 의존하는 경향(예 사회복지사가 질문할 때만 얘기하는 현상)이 생길 수 있어 집단성원의 성장을 방해할 가능성이 높다. 반면, 비구조화된 집단은 집단의 목표, 과제, 활동방법 등을 미리 정해놓지 않고 집단 스스로 정해나가는 과정에서부터 시작하기 때문에 집단성원의 자발성이 더욱 요구된다. 초기단계에서 비구조화된 집단운영을 할 경우, 집단성원들은 집단 내에서 자신들이 어떻게 행동해야 하는지에 대해 익숙하지 않으므로 불안해하기 때문에 집단의 방향이 흐려질 가능성이 있다. 따라서 집단성원들의 자율성이 어느 정도 보장되고 집단이 올바른 방향으로 나아갈 수 있는 집단운영이 바람직하다(이영호, 2015).

집단을 운영하는 사회복지사는 회기를 시작하고 마치는 방법에 대한 기술을 갖추는 것이 필요하다. 사회복지사가 회기를 제대로 시작하지 못한다면 집단성원들이 회기 내에서 이루어지는 후속활동에 적극적으로 참여하지 못하는 결과를 초래할 수도 있다. 마찬가지로 사회복지사는 각 회기를 종결하는 방법에 대해서도 주의를 기울일 필요가 있다. 회기에서 다루었던 내용을 정리하거나 평가하는 기회 없이 시간에 쫓겨 갑작스럽게 회기를 종결하게 되면 집단회기의 중요성이 반감될 수도 있다. 따라서 집단을 운영하는 사회복지사는 집단회기를 효과적으로 시작하고 종결하는 방식을 미리 준비하고 이를 실천해야 할 것이다(이영호, 2015).

다음은 집단회기를 시작하는 방식과 집단회기를 마무리 짓는 방식에 대한 설명이다.

집단회기를 시작하는 방식(이영호, 2015)

- 집단성원들에게 이번 회기 동안 다루기 원하는 것을 간략하게 질문한다. 특정 집단성원에 집중하기보다는 개별 성원 모두에게 각자가 원하는 바를 얘기할 수 있는 기회를 제공하도록 한다.
- 집단성원에게 지난 회기와 관련된 생각과 느낌을 질문한다. 또는 만약 집단성원들 간에 혹은 집단성원과 사회복지사 간에 해결되지 않은 이슈가 있을 경우 이를 표현하도록 함으로써 집단이 보다 생산적으로 운영되도록 한다.
- 집단회기가 주별로 진행될 경우 집단성원에게 일주일 동안 경험했던 바에 대해 집단에 보고하도록 요청한다. 과제수행과 관련해서 성공하였거나 실패한 경험 등에 관한 질문이 포함될 수 있다.
- 지난 회기에 관한 사회복지사의 관찰, 생각 등을 표현하면서 회기를 시작할 수 있다.

집단회기를 마무리하는 방식(이영호, 2015 수정 · 보완)

- 회기에서 다루었던 내용을 요약하는 것은 회기를 마무리하는 효과적인 방법이다.
- 참여도가 높은 집단성원을 인정해 주고 긍정적인 피드백을 제공한다.
- 과제수행 또는 회기에서 다룬 내용을 집단 밖에서 어떻게 적용할지에 대한 계획을 묻는다.
- 다음 회기에 다루기 원하는 주제나 문제를 질문한다.
- 회기에 대한 사회복지사의 관찰과 생각을 전달한다.
- 회기 중 제기된 이슈를 다 마무리하지 않고 회기를 마쳐도 된다.

(8) 집단참여에 대한 동기부여와 능력 격려하기

집단목표와 개별목표를 성공적으로 달성하기 위해 집단사회복지사는 집단성원들의 집단활동에 대한 참여 동기를 확인하고, 집단참여에 대한 동기를 부여해야 한다. 특히, 집단에 대해 소극적이거나 따라가지 못하는 사람들을 동기화하고 격려한다. 또한 문제해결과 목표를 성취할 수 있는 능력이 집단성원들에게 있음을 격려한다.

(9) 집단규칙 수립하기

초기단계에서 집단사회복지사는 집단규칙을 설정하고, 이를 집단성원에게 설명해 주어야 한다. 모든 규칙을 집단성원과 의논해서 정하기는 어렵지만, 집단규칙은 사회복지사가 제공하는 것이 아니라 집단성원끼리 자율적으로 만드는 것이 바람직하다.

(10) 집단성원의 저항과 불안 다루기

초기단계에서는 집단성원들의 불안감과 저항이 높다. 따라서 집단사회복지사는 집단성원의 저항과 불안을 다룰 수 있는 기술이 있어야 한다. 다음은 집단성원의 저항과 불안 다루기 기술을 나타낸 것이다.

집단성원의 저항과 불안 다루기 기술(엄명용 외, 2015 수정 · 보완)

- 집단성원이 보이는 저항은 사회복지사의 태도와도 관계가 있다. 예를 들어, 사회복지사가 집단을 위한 준비를 소홀히 하였다거나 혹은 클라이언트를 대하는 사회복지사의 태도가 공격적이고 심판적이라면 대부분의 클라이언트는 사회복지사를 신뢰하지 못할 뿐만 아니라 저항할 수도 있다. 따라서 사회복지사가 세션을 철저하게 준비하고 집단 내에서의 자신의 행동에 관해 주의하는 것이 집단성원의 저항을 줄이는 좋은 방법 중의 하나다.
- 갈등은 집단성원이 피하고 싶은 주제가 논의될 때 일어날 수 있고, 사회복지사가 제안한 과업의 실행방법을 모를 때 발생할 수 있다. 따라서 이러한 갈등이 발생했을 때는 다른 성원의 의견을 통해 해결방안을 찾을 수 있고, 효과적으로 해결하면 집단활동이 촉진될 수 있다. 사회복지사는 목표달성을 위해서는 저항 이유를 무시하지 않고, 이를 효과적으로 잘 다룰 수 있는 기술이 있어야 한다.
- 집단성원들의 불안은 특히 초기단계에 자연스럽게 나타나는 현상임을 인식하고 이를 집단성원에게 설명하여 준다.
- 집단성원들 간의 갈등 또는 집단성원과 사회복지사 간의 갈등이 잘 다루어지지 않는다면 상호 간의 신뢰감이 저하될 뿐만 아니라 앞으로 전개될 집단과정에 부정적인 영향을 줄 것이다. 따라서 갈등은 반드시 인식되어야 하고 건설적인 방식으로 다루어져야 한다. 비록 집단 내의 신뢰감이 완전히 형성되기 전인 초기단계일지라도 집단 내에 존재하는 갈등이 성공적으로 해결된다면 집단성원들 사이의 신뢰감과 집단성원과 사회복지사 간의 신뢰감 형성에 긍정적인 영향을 줄 것이다.

3) 사정단계

(1) 사정의 개념과 방법

사정(assessment)은 개별 성원에 대한 정보를 수집하고 조직화하여 판단하는 것을 의미한다. 사정은 특정 단계에서만 이루어지는 것이 아니라 집단과정 전반에 걸쳐 이루어진다. 초기단계에는 집단 및 성원의 기능수행에 대한 체계적 사정이 이루어지고, 중간단계에는 초기 사정내용에 대한 타당성을 검토하여 그 성공 여부를 기반으로 하여 개입계획을 수정한다. 종결단계에는 최종적으로 성취한 것들이 무엇인지 확인하여 추가적인 개입이 필요한 영역이 있는지 확인한다(생각의마을, 2017a; 이영실 외, 2015).

집단사정의 방법에는 성원의 자기관찰과 집단사회복지사의 관찰, 외부전문가의 보고, 표준화된 사정도구의 사용 등이 있다.

(2) 집단사회복지실천의 사정영역

집단사회복지실천의 사정영역에는 개별 성원에 대한 사정과 전체 집단에 대한 사정, 집단외부환경에 대한 사정이 있다.

① 개별 성원에 대한 사정

집단에 참여하는 성원들의 상당수는 대인관계에서 스트레스를 야기하는 행동상의 역기능적인 측면을 가지고 있다. 따라서 집단사회복지사는 개별 성원들이 자신의 행동패턴을 인식하고, 행동을 변화시키도록 도와주어야 한다. 일반적으로 행동패턴은 집단성원과 상호작용하는 방식을 관찰하거나 집단에서의 역할을 확인함으로써 알 수 있다. 집단에서의 역할은 곧 다른 사회적 상황에서의 역할을 그대로 반영하는 것이므로 집단 내 역할에 대한 사정은 매우 중요하다.

또한 집단사회복지사는 각 집단회기에서 나타난 개별 성원의 기능적 행동과 역기능적 행동을 파악하여 개인별 프로파일을 작성하는 것이 좋다. 이를 통해 개인별 장단점을 한눈에 알아볼 수 있고, 집단성원의 변화와 성장을 쉽게 확인할 수 있다(전남련 외, 2014).

② 전체 집단에 대한 사정

전체 집단에 대한 사정은 집단의 행동양식, 하위집단, 집단규범 등을 포함한다.

첫째, 집단의 행동양식에 대한 사정은 집단 내 상호작용 방식, 집단 내 의사소통 유형, 집단에 대한 매력과 응집력, 집단의 목표달성 진행 정도, 집단 내 권력이나 자원의 독점 혹은 공유 여부, 집단진행에 방해가 되는 장애요소 등의 영역에서 이루어진다. 이때 상호작용차트를 활용하여 일정 시간 동안 집단성원 간 발생한 특정 행동의 빈도를 측정할 수 있다.

둘째, 하위집단 형성 여부에 대한 사정은 집단 사정도구인 소시오그램을 통해 파악할 수 있다. 시기를 달리하여 여러 번 소시오그램을 작성해 보면, 집단의 특징적 상호작용과 집단성원 간 결탁, 수용, 거부 등을 발견할 수 있다.

셋째, 집단규범에 대한 사정은 집단에서 허용되는 감정 혹은 허용되지 않는 감정표현이나 이야기 주제, 그리고 집단활동에 대한 성원의 태도 등을 통해 집단의 규범을 확인하는 것으로 이루어진다. 역기능적인 집단규범이 있을 경우 사회복지사는 집단규범을 변화시키기 위한 긍정적 분위기를 만들어야 한다.

③ 집단외부환경에 대한 사정

집단외부환경에 대한 사정은 기관 사정, 기관 간의 환경사정, 지역사회 환경사정 등을 포함한다.

첫째, 기관 사정은 집단을 인가하고 지원하는 기관의 목표, 집단에 배분된 자원, 기관 내에서 사회복지사의 지위를 사정한다.

둘째, 기관 간의 환경사정은 비슷한 목적을 가진 집단이 다른 기관에서 운영되고 있는지, 다른 기관에서도 집단활동에 대한 욕구가 있는지, 다른 기관의 집단활동에서 사용하는 프로그램 중에서 자신의 집단에 유용한 프로그램이 있는지, 타 기관과 협력함으로써 얻을 수 있는 이점은 무엇인지 등을 사정한다.

셋째, 지역사회 환경사정은 집단의 관심이나 문제에 관계된 지역사회의 태도에 대해 사정한다.

(3) 집단 사정도구

집단 사정도구로는 소시오그램, 소시오메트리, 의의차별척도, 상호작용차트 등이 있다.

① 소시오그램

소시오그램(sociogram)은 사회도라고 하며, 모레노와 제닝스(J. Moreno & H. Jennings)가 개발한 집단 사정도구이다. 소시오그램은 집단성원들의 선호도와 무관심, 배척 등의 상호관계를 선으로 표시하는 것이다. 즉, 집단성원들 간의 상호작용을 도식화하여 성원의 지위, 성원 간의 관계, 하위집단의 유무 등을 파악하는 데 유용한 사정도구이다. 소시오그램을 통해 알 수 있는 내용은 성원의 성별, 하위집단의 존재(하위집단 형성 여부), 삼각관계 형성 여부, 성원 간의 호감도, 성원 간의 갈등관계, 성원 간의 관계유형, 집단성원 간 결탁, 수용, 거부 등이다.

❙그림 9-1❙은 소시오그램의 예를 나타낸 것이다. 이 소시오그램을 해석하면, 철수가 이 집단의 리더로서의 역할을 하며, 집단 내에서 다른 성원들과의 상호작용은 매우 긍정적이다. 그리고 영희, 수진, 영호는 집단 내에서 하위집단을 이루고 있으며, 수정과 진희는 집단에서 소외되어 있음을 알 수 있다.

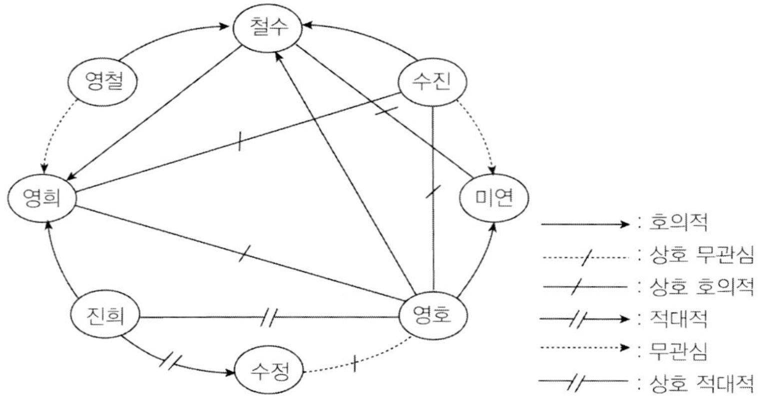

┃그림 9-1┃ 소시오그램의 예

② 소시오메트리

소시오메트리(sociometry)도 모레노와 제닝스(J. Moreno & H. Jennings)가 개발한 집단 사정도구이다. 소시오메트리는 집단성원 간 관심 정도를 측정하기 위한 방법으로, 각 성원에 대한 호감도를 1점(가장 싫어함)에서 5점(가장 좋아함)으로 평가한다. 소시오메트리를 통해 집단성원 간 관심 정도, 매력, 호감도, 하위집단 형성 여부 등을 파악할 수 있다. 이러한 소시오메트리 질문을 활용하여 정보를 파악한다. 예를 들어, 집단성원이 8명이라면 자신을 제외한 나머지 7명에 대한 호감도 점수를 기록하여 제출한다. 각각의 집단성원이 받은 점수의 총점을 합산한다. 가장 높은 점수를 받은 사람이 호감도가 높은 사람이며, 전체 성원의 총점을 합산한 점수가 높을수록 집단응집력이 높다고 할 수 있다.

③ 의의차별척도

의의차별척도(semantic differential scale)는 의미분화척도라고도 하는데, 태도를 측정하는 집단 사정도구이다. 의의차별척도는 집단성원이 동료성원에 대하여 평가하는 것으로, 두 개의 상반된 입장에서 하나를 선택하도록 요청한다. 좋다－나쁘다, 크다－작다, 빠르다－느리다, 강하다－약하다 등과 같은 상반된 입장을 평가하기 위해 5개 혹은 7개의 응답범주를 갖는다. 의의차별척도는 동료성원에 대한 평가, 동료성원의 잠재력에 대한 인식, 성원의 활동력에 대한 인식 등을 평가하는 것이다. 〈표 9-4〉는 의의차별척도의 예를 나타낸 것이다.

〈표 9-4〉 의의차별척도의 예

※ 당신이 ○○○에 대해 느끼는 바를 가장 잘 묘사하는 곳에 (✔)표 하세요.

	7 매우 그렇다	6 그렇다	5 약간 그렇다	4 모르겠다	3 약간 그렇다	2 그렇다	1 매우 그렇다	
1. 큰								1. 작은(잠재력)
2. 가치 없는*								2. 소중한(평가)
3. 빠른								3. 느린(활동력)
4. 차가운*								4. 뜨거운(활동력)
5. 행복한								5. 슬픈(평가)
6. 약한*								6. 강한(잠재력)
7. 좋은								7. 나쁜(평가)
8. 긴장한								8. 느슨한(활동력)
9. 강인한								9. 부드러운(잠재력)
10. 적극적인								10. 소극적인(활동력)
11. 무거운								11. 가벼운(잠재력)
12. 공정한								12. 불공정한(평가)

*역점수 계산

잠재력=(　)+(　)+(　)+(　)
활동력=(　)+(　)+(　)+(　)
평　가=(　)+(　)+(　)+(　)

출처 : Toseland, R. W. & Rivas, R. F.(2001), 엄명용 외(2015) 재인용.

④ 상호작용차트

성원 간의 상호작용이나 집단성원과 사회복지사 간의 상호작용의 빈도를 기록하는 것이다. 집단성원의 집단참여 수준 분석 및 성원 간 상호작용 빈도 측정이 가능하다. 특정 행동이 발생할 때마다 기록하는 방법이나 일정한 시간 동안 특정 행동의 발생빈도를 기록하는 방법이 있다.

4) 중간단계

집단발달의 중간단계는 집단응집력이 높아지는 시기로, 집단성원들은 자신이 계획한 목표를 달성하기 위해 이전보다 더 노력하게 된다. 중간단계의 주요 특징은 성원의 투쟁과 집단에 대한 저항의 존속, 집단의 신뢰감과 응집력의 강화, 집단과 개별문제의 관련, 상호 원조, 하위집단의 형성[14] 등이다. 그리고 이 단계에서는 성원들이 사회복지사에게 덜 의존하게 되고 자신의 의사표현을 시작하며, 성원의 자기노출 수준은 초기단계보다 높아진다.

중간단계의 주요 과제는 다음과 같다(김혜란 외, 2002; 생각의마을, 2017a; 손광훈, 2013; 이영실 외, 2015; 전남련 외, 2014; Toseland & Rivas, 2001).

① 프로그램 활동이나 역할극 등 집단모임을 준비하고, 적절한 시간배분을 한다.

② 집단성원의 토론을 자극하고 흥미를 유발할 수 있는 여러 가지 재료를 준비한다.

③ 모든 집단성원이 참여할 수 있는 기회를 부여하도록 토론과정을 구조화한다. 즉, 성원들이 바람직한 방향으로 변화해 가도록 원조하기 위하여 계획적이고 체계적이며 시간제한적인 개입을 한다.

④ 집단의 목적과 개인목표를 재확인하면서 성원들의 참여를 촉진하기 위해 집단의 목적을 상기시킨다. 이때 성원들의 집단참여 감소에 대해 사회복지사가 고려해야 한다. 필요하다면 성원의 내적 변화를 파악하기 위해 개별상담을 한다.

⑤ 성원의 목적성취를 원조한다(집단목표 달성 원조). 목적성취를 원조하기 위한 활동에는 성원들이 자신의 목적을 인식하고, 구체적인 치료계획을 발전시키며, 그들이 직면할 수 있는 문제를 극복하고 치료계획을 실행

14) 하위집단은 집단성원들과 만남을 가지고 관계를 맺어가는 과정에서 형성되는 것으로, 서로에 대해서 잘 알지 못하고, 자기노출이 적고, 일정 정도의 경계심을 가지고 있는 초기단계보다는 중간단계에 더 잘 형성된다. 그러나 초기단계라고 하위집단이 형성되지 않는 것은 아니다. 형성된 집단 내에 사전에 아는 사람이 있다거나 하는 경우도 있기 때문이다(사회복지교육연구센터, 2018a).

에 옮기려는 의지를 증진시키고, 치료계획을 실행에 옮길 수 있도록 원조하는 것을 포함한다.

⑥ 집단의 현 위치, 즉 집단의 상호작용, 갈등, 진행상황, 협조체계 등을 파악한다.

⑦ 집단성원 간의 공통점과 차이점을 파악한다.

⑧ 집단성원이 다양한 경험을 할 수 있도록 돕는다. 이때 개별 성원의 의도적인 집단경험을 유도할 수 있다. 그리고 집단경험에 대한 재검토가 필요하다.

⑨ 성원들의 노력을 지지하여 집단의 역동성과 응집력을 향상시킨다.

⑩ 집단성원이 집단과정에 적극 활동하도록 촉진한다. 집단과정을 촉진하기 위해 공동지도자를 둘 수 있다.

⑪ 저항하는 집단성원을 독려한다.

⑫ 집단진행과정을 점검(모니터링)하고 평가계획을 수립한다. 그리고 개별 성원의 태도, 관계, 행동, 동기, 목표 등을 평가한다. 또한 하위집단의 의사소통과 상호작용 빈도를 평가한다.

5) 종결단계

집단발달의 마지막 단계인 종결단계는 집단의 목적과 개인목표를 달성하고 끝을 맺음과 동시에 새로운 사회환경에 적응해 가는 단계이다. 그러나 집단성원이 중도탈락하거나 집단이나 성원의 목적을 달성하지 못한 채 종결하기도 한다.

종결의 유형에는 계획된 성공적인 종결, 성원들의 중도탈락에 의한 종결, 사회복지사에 의한 종결, 그리고 다른 기관이나 다른 사회복지사로의 의뢰 등이 있을 수 있다(김현호 외, 2013; 이영실 외, 2015).

① 계획된 성공적인 종결

집단과 성원이 목표를 성취하는 동시에 성취감에 만족을 느끼며 자존심이 향상된 종결이다. 이러한 경우 목표달성에 대한 만족감도 있지만 이별에 대한 상실감도 겪을 수 있으므로 정서적인 반응을 다루어 주어야 한다.

② 성원들의 중도탈락에 의한 종결

집단발달의 과정이 계속되고 있는데 일부 성원들의 중도탈락으로 집단활동이 종결되는 경우이다. 성원 간의 갈등이 심하여 성원들의 중도탈락으로 조기종결을 할 수 있다. 이러한 경우 사회복지사는 중도탈락하는 성원들에 대한 정보를 수집하여 원인을 파악하고 대처하여 계속 집단활동을 할 수 있도록 원조해야 한다.

③ 사회복지사에 의한 종결

사회복지사의 개인적 사정(이직, 부서이동 등)으로 종결하게 되는 경우이다. 이러한 경우 사회복지사는 집단성원에게 이직이나 부서이동에 대한 설명을 함으로써 이해를 구하고, 만남과 헤어짐에 대한 긍정적인 표현으로 그들이 정서적 안정을 가질 수 있도록 원조해야 한다.

④ 다른 기관이나 다른 사회복지사로의 의뢰

집단성원들이 공감할 수 없다고 느끼는 경우, 사회복지사의 성격적인 문제로 치료적 도움을 제공할 수 없다고 느끼는 경우, 사회복지사와 집단성원들 간에 긍정적 관계형성이 어려운 경우 등 사회복지사는 집단대상의 실천개입을 유사한 다른 기관에 의뢰할 수도 있고, 같은 기관 내의 다른 사회복지사로 교체할 수도 있다.

집단사회복지사는 종결단계의 과제를 잘 수행하여 집단성원이 종결을 성공적으로 끝날 수 있도록 하는데, 종결단계의 주요 과제는 다음과 같다(김혜란 외, 2002; 생각의마을, 2017a; 손광훈, 2013; 이영실 외, 2015; 전남련 외, 2014; Toseland & Rivas, 2001).

① 집단종결 준비

집단의 종결이 임박함을 알린다.

② 성원들의 성취된 변화들을 유지하고 일반화하기

사회복지사는 성원들의 변화 유지 능력을 확인하고, 주요 변화 결과를 생활영역으로 일반화(혹은 변화 노력의 일반화)할 수 있도록 돕는다. 그리고 변화를 통해 일어나는 긍정적인 결과에 초점을 맞추도록 한다. 또한 성원에게 그동안 배운 것을 요약해 주거나, 대처기술을 이용하는 데 자신감을 북돋워 주어 스스로 자신의 문제를 해결할 수 있도록 한다.

③ 집단에 대한 의존성 감소시키기

사회복지사는 집단성원에게 집단종결 몇 주 전부터 집단의 종결을 알리고 이에 대해 논의하게 한다. 집단에서 성취한 것을 상기시켜 더 이상 집단이 필요하지 않음을 토론하게 한다. 외부 자원을 활용하고 외부 활동 참여를 독려하여 집단 의존성을 감소시킨다. 종결단계에서는 이전보다 회합의 빈도는 드물게, 시간은 짧게 구성한다.

④ 종결에 따른 감정 다루기

종결에 대한 양가감정을 이해하고 이를 반영하여 다룬다. 집단의 종결 시점에 이르러서 성원과 사회복지사는 긍정적인 감정과 부정적인 감정을 동시에 느낀다. 긍정적인 감정은 자신감, 유능감, 목표를 성취했다는 만족감 등이고, 부정적인 감정은 거부되었거나 상실감, 유대가 깨어진다는 불안감 등이다. 사회복지사는 집단성원들이 느끼는 이러한 다양한 감정에 대해 서로 토론해 보도록 격려해야 한다.

⑤ 성원 간 피드백 교환

집단성원들은 집단모임 때마다 자신들의 감정과 생각 등을 주고받아 왔지만 종결단계에서 집단성원들이 자신들에 대해 어떻게 인식하고 어떤 갈등이 명확해졌고 무엇이 전환점이었으며, 집단에서 배운 것을 토대로 무엇을 할 계획인지 등을 이야기하게 하는 것은 집단활동의 의미를 되새기는 데 도움이 된다.

⑥ 미래에 대한 계획수립 및 미완성 과제의 완수

집단종결 이후 자조집단을 형성하도록 도와주고, 위기를 경험하거나 문제가 재발했을 때 부가적인 서비스를 받을 수 있는 방법에 대해 설명해 주며, 조기에 종결하는 성원에게 필요한 서비스를 받을 수 있도록 알려주고, 집단경험을 통해 학습한 내용의 활용계획을 세우는 등 미래에 대한 계획을 세워야 한다.

또한 집단성원들 사이의 상호작용에서 완결되지 않은 과업이나 집단의 목적과 관련하여 해결되지 않은 과제에 대해 이야기하는 시간이 필요하다. 비록 이러한 미해결 과제들은 집단종결 이전에 해결하기는 어려울지라도 집단 내에서 미해결된 부분을 인정하고 남겨두는 것도 하나의 중요한 마무리 과정으로서 의미를 갖는다.

⑦ 의뢰의 필요성 검토

추가적인 서비스나 자원의 필요성을 검토한 후, 필요한 경우 사회복지사는 그 기관의 다른 서비스 혹은 다른 기관에 성원을 의뢰한다.

⑧ 집단경험 평가하기

측정도구를 통해 성원 개인별 변화를 평가한다. 계획된 목표달성 여부에 집중하며 의도하지 않은 결과도 확인한다. 사회복지사는 집단과정 진행에 대한 과정평가, 개별 성원의 목표달성 정도와 집단 전체의 목표달성 정도 등에 대한 결과평가를 시행한다. 이러한 평가를 통해 집단성원 간 피드백을 교환한다.

⑨ 사후관리

집단을 종결할 때는 집단종결 후의 경험에 대해 이야기하고 점검할 수 있는 사후관리 모임을 위한 일시를 결정하는 것이 필요하다.

다음은 종결단계에서 활용할 수 있는 활동기법을 소개한 것이다.

종결단계에서 활용할 수 있는 활동기법(이영호, 2015)

활동명 : 최상급 표현

- 목적 : 긍정적으로 집단을 종결하기
- 준비물 : 모든 집단성원의 이름이 적힌 종이와 필기구
- 방법
  - 집단을 종결하고자 하는 마지막 회기에 집단성원들에게 자신을 포함한 모든 집단성원의 이름이 적힌 목록을 나누어 준다.
  - 각 집단성원에게 집단경험을 하고 난 후 그 사람이 성취할 수 있어 보이는 긍정적인 행동을 '가장 …할 것 같다'라는 최상급의 표현을 사용하여 적어준다. 예컨대, '준수는 미루는 버릇을 가장 먼저 없앨 것 같다', '영미는 가장 먼저 학교를 졸업할 것 같다'라고 쓰도록 한다.
  - 모든 집단성원이 다 쓴 후에 이름이 적혀 있는 성원에게 돌려준다.
  - 내용을 읽어보고 느낀 점과 생각한 바를 함께 이야기하고, 이에 대해 피드백한다.
  - 이와 같이 긍정적으로 확신을 주는 말과 집단으로부터 피드백을 받음으로써 종결을 맞는 것은 모든 집단성원에게 매우 긍정적인 효과를 가져올 수 있다.

기출문제

1. 집단 사회복지실천에 대한 이해

01 집단 프로그램 활동을 선택할 때 사회복지사가 우선적으로 고려해야 하는 사항이 아닌 것은? 〈2015 실천기술론〉

① 집단규범과의 적합성
② 집단성원의 동의
③ 집단지도자의 가치
④ 수행의 안전성
⑤ 시기의 적절성

02 다음 사례에 해당하는 집단의 유형은? 〈2015 실천기술론〉

> 장애인복지관에서 발달장애아동의 비장애 형제를 대상으로 주 1회 8회기 집단을 운영하였다. 집단의 목적은 비장애 형제의 장애 형제와 관련한 부적응적 사고와 신념의 변화였다. 이를 위해 자기 모니터링, 인지재구성, 의사소통훈련, 문제해결훈련을 활용하였다.

① 성장집단
② 치료집단
③ 지지집단
④ 과업집단
⑤ 참만남집단

03 집단대상 사회복지실천 접근방법 중 상호작용모델에 관한 설명으로 옳지 않은 것은? 〈2015 실천기술론〉

① 개인과 사회의 조화가 장기적 목적이다.
② 문제해결을 위한 상호 원조체계 개발에 초점을 둔다.
③ 사회복지사는 집단성원과 집단 사이의 중재자 역할을 한다.
④ 정해진 목표달성을 위해 구조화된 개입을 한다.
⑤ 사회복지사와 집단성원 간의 협력을 통해 집단목표를 설정한다.

정답 01 ③ 02 ② 03 ④

04 **토스랜드와 리바스(R. Toseland & R. Rivas)가 분류한 세 가지 집단사회복지 실천기술 중 집단과정 촉진기술에 해당하지 않는 것은?** 〈2015 실천기술론〉

① 성원의 말이나 행동에 집중하는 반응을 한다.
② 개방적 의사소통을 위해 사회복지사가 먼저 자기노출을 할 수 있다.
③ 토론범위를 제한하여 집단목표와 관련 없는 의사소통을 감소시킨다.
④ 성원이 문제 상황을 긍정적으로 인식하도록 재정의한다.
⑤ 성원이 의견을 분명하게 표현하도록 의사소통의 내용을 명확히 한다.

05 **자조모임(self-help group)의 특성에 해당하지 않는 것은?** 〈2016 실천기술론〉

① 자기노출을 통해 문제의 보편성을 경험한다.
② 집단성원 간의 학습을 통해 모델링 효과를 얻는다.
③ 집단과정 촉진을 위해 성원 간의 의사소통이 요구된다.
④ 과업달성을 위해 집단사회복지사의 주도성이 요구된다.
⑤ 집단성원의 자율적인 참여를 위해 동기부여가 필요하다.

06 **집단 사회복지실천의 원칙에 관한 설명으로 옳은 것을 모두 고른 것은?** 〈2016 실천기술론〉

> ㄱ. 집단활동에 필요한 최소한의 규범을 설정한다.
> ㄴ. 집단이 직면하는 어려움을 해결하기 위해 개입한다.
> ㄷ. 집단성원의 참여를 촉진하기 위해 지지한다.
> ㄹ. 집단성원의 성장을 돕기 위하여 개인의 욕구에 대응한다.

① ㄱ, ㄴ, ㄷ
② ㄱ, ㄷ
③ ㄴ, ㄹ
④ ㄹ
⑤ ㄱ, ㄴ, ㄷ, ㄹ

정답 04 ④ 05 ④ 06 ⑤

07 토스랜드와 리바스(Toseland & Rivas)가 분류한 집단유형 중 다음 설명에 해당하는 것은? 〈2016 실천기술론〉

- 비슷한 문제를 경험한 사람들로 집단을 구성한다.
- 유대감 형성이 쉽고 자기개방성이 높다.
- 상호 원조하면서 대처기술을 형성하도록 돕는다.

① 교육집단(educational group)
② 치료집단(therapy group)
③ 과업집단(task group)
④ 지지집단(support group)
⑤ 사회화 집단(socialization group)

08 집단유형별 특성에 관한 설명으로 옳지 않은 것은? 〈2017 실천기술론〉

① 치료집단은 자기노출 정도가 높아서 비밀보장이 중요하다.
② 과업집단은 성원의 발달과업 완수를 위해 조직구조의 영향을 최소화한다.
③ 자발적 형성집단은 성원들이 설정한 목적을 보호하는 것이 중요하다.
④ 자조집단에서 사회복지사의 역할은 공유된 문제에 대한 지지를 하는 것이다.
⑤ 비자발적 집단에서는 협상 불가능영역이 있음을 분명히 한다.

09 집단 프로그램 유형별 지도자의 역할로 옳지 않은 것은? 〈2017 실천기술론〉

① 한부모가족 자조모임 – 감정이입적 이해와 상호 원조의 촉진자
② 중간관리자 역량강화 프로그램 – 집단토의를 위한 구조제공자
③ 에니어그램을 통한 자기인식향상 프로그램 – 통찰력 발달의 촉진자
④ 우울증 인지행동집단치료 프로그램 – 무력감 극복을 위한 옹호자
⑤ 중도입국자녀들의 한국사회적응 프로그램 – 프로그램 디렉터

10 집단 프로그램 참여자에 대한 사전면접의 중요성에 관한 설명으로 옳지 않는 것은? 〈2017 실천기술론〉

① 관계형성을 하고 개별적인 관심사를 찾아낼 수 있다.
② 추가정보를 얻어서 개입의 방향을 조정할 수 있다.
③ 참여자에 대한 사전지식으로 집단 내 행동의 의미를 빨리 파악할 수 있게 한다.
④ 참여자들이 집단 내에서 좀 더 쉽게 개방적이 되도록 돕는다.
⑤ 패턴화된 집단행동을 확인하고 성장을 지원할 수 있다.

정답 07 ④ 08 ② 09 ④ 10 ⑤

11 자살유가족지지집단 참여자의 자기개방수준이 낮아 효과적인 개입이 이루어지지 않고 있다. 간접적 자기노출을 활용하는 기법은? 〈2017 실천기술론〉

① 무기명 질문목록카드로 도출된 문제에 대해 토론한다.
② 이야기막대를 잡은 사람의 자기표현을 독려하고 다른 성원들은 이에 집중하도록 한다.
③ 감정목록표로 자신의 감정과 유사한 표현을 활용하여 구체적으로 어려움을 표현하도록 한다.
④ 위기카드를 활용하여 반복되는 문제 상황의 재발을 방지한다.
⑤ 재구성하기 기법으로 현 상황에 대한 다른 해석을 촉진한다.

12 집단과정을 촉진하기 위한 사회복지사의 실천활동으로 옳은 것은? 〈2018 실천기술론〉

① 원만한 관계 유지를 위해 추상적이고 우회적인 피드백 제공
② 집단성원이 전달하는 메시지 사이에 불일치가 있을 경우, 이를 확인
③ 집단성원의 긍정적 변화를 위해 그의 단점을 중심으로 피드백 제공
④ 자신의 경험, 감정, 생각 등을 집단성원에게 지속적으로 상세하게 노출
⑤ 다차원적인 내용의 여러 가지 피드백을 한 번에 제공

13 집단 사회복지실천기술에 관한 설명으로 옳은 것은? 〈2019 실천기술론〉

① 집단과정의 명료화기술은 성원들이 어떻게 상호작용하고 있는지를 인식하도록 돕는 기술이다.
② 사회복지사와의 의사소통을 집단성원들 간 의사소통보다 중시해야 한다.
③ 사회복지사는 특정한 집단과정에 선택적으로 반응해서는 안 된다.
④ 직면은 집단 초반에 구성원의 참여를 촉진하는 기술이다.
⑤ 집단의 목표는 집단과정을 통해 성취하면 되므로 처음부터 설명할 필요는 없다.

해설 ④ 직면은 집단성원들이 행동, 사고, 감정 간의 불일치가 발생할 때 이를 알아차리고 극복할 수 있도록 원조하는 기술로서, 집단 초반보다는 중간단계 이후 개입하는 기술이다. 집단 초반에 구성원의 참여를 촉진하기 위해서는 '참여 촉진하기', '집단성원에게 집중하기', '지지하기' 등의 기술을 사용하는 것이 좋다.
⑤ 집단의 목표는 초기단계에서 설명해야 한다.

정답 11 ① 12 ② 13 ①

14 집단성원의 주도성이 높은 것부터 순서대로 나열한 것은? 〈2020 실천기술론〉

ㄱ. 자조집단	ㄴ. 성장집단
ㄷ. 치료집단	ㄹ. 교육집단

① ㄱ－ㄴ－ㄹ－ㄷ
② ㄱ－ㄷ－ㄴ－ㄹ
③ ㄱ－ㄹ －ㄷ－ㄴ
④ ㄴ－ㄱ－ㄹ－ㄷ
⑤ ㄴ－ㄹ－ㄱ－ㄷ

15 토스랜드와 리바스(R. Toseland & R. Rivas)가 분류한 성장집단에 관한 설명으로 옳지 않은 것은? 〈2020 실천기술론〉

① 촉진자로서의 전문가 역할이 강조된다.
② 성원 간의 상호작용이 중요한 도구가 된다.
③ 개별 성원의 자기표출을 긍정적으로 인식한다.
④ 공동과업의 성공적 수행이 일차적인 목표이다.
⑤ 공감과 지지를 얻기 위해 동질성이 높은 성원으로 구성한다.

16 집단유형별 특성에 관한 설명으로 옳지 않은 것은? 〈2021 실천기술론〉

① 지지집단은 유사한 문제와 욕구를 가진 사람들로 구성하여 유대가 빨리 형성된다.
② 성장집단은 집단 참여자의 자기인식을 증가시켜 개인의 잠재력을 최대화하는 데 초점을 둔다.
③ 치료집단은 성원의 병리적 행동과 외상 후 상실된 기능을 회복하는 데 초점을 둔다.
④ 교육집단은 지도자가 집단성원의 문제와 욕구를 해결하기 위해 필요한 기술과 정보를 제공한다.
⑤ 자조집단에서는 전문가가 의도적으로 집단을 구성하여 정서적 지지와 문제해결을 지원한다.

정답 14 ① 15 ④ 16 ⑤

17 **집단과정을 촉진하기 위한 직면하기에 관한 설명으로 옳은 것을 모두 고른 것은?**

〈2021 실천기술론〉

> ㄱ. 시작단계에서 가장 많이 쓰는 기법이다.
> ㄴ. 집단성원이 아직 인식하지 못했던 부분을 볼 수 있도록 한다.
> ㄷ. 말과 행동의 불일치를 밝히고 이를 해결할 수 있도록 원조한다.
> ㄹ. 행동을 구체적으로 지적하고 집단에 미치는 영향을 설명한다.

① ㄱ, ㄴ　② ㄴ, ㄹ　③ ㄱ, ㄷ, ㄹ
④ ㄴ, ㄷ, ㄹ　⑤ ㄱ, ㄴ, ㄷ, ㄹ

해설 직면은 클라이언트의 말과 행동이 불일치할 때 이를 인식하도록 돕기 위한 개입기법으로, 그러한 행동을 구체적으로 지적하고 집단에 미치는 영향을 설명하여야 한다. 그러나 사회복지사와 클라이언트의 신뢰관계 형성이 미미한 시작단계에서 사용할 경우 클라이언트가 방어적 반응을 보일 수 있으므로 주의할 필요가 있다.

18 **지지집단의 주요 목적으로 옳은 것은?** 〈2022 실천기술론〉

① 구성원의 자기인식 증진　② 클라이언트의 병리적 행동치료
③ 구성원에게 기술과 정보제공　④ 사회적응 지원
⑤ 동병상련의 경험으로 해결책 모색

19 **사회목표모델에 관한 내용에 해당하지 않는 것은?** 〈2023 실천기술론〉

① 자원 개발의 과제　② 민주적 의사결정 방식
③ 인본주의이론에 근거　④ 사회복지사의 촉진자 역할
⑤ 성원 간 소속감과 결속력 강조

20 **토스랜드와 리바스(R. Toseland & R. Rivas)가 분류한 집단모델에 관한 설명으로 옳은 것은?** 〈2024 실천기술론〉

① 치료모델은 집단의 사회적 목표를 강조한다.
② 상호작용모델은 개인 치료를 위한 수단으로 집단을 강조한다.
③ 상호작용모델은 개인의 역기능 변화가 목적이다.
④ 사회적 목표모델은 민주시민의 역량개발에 초점을 둔다.
⑤ 사회적 목표모델은 집단성원 간 투사를 활용한다.

정답 17 ④　18 ⑤　19 ③　20 ④

21 자조집단이 갖는 특징으로 옳은 것을 모두 고른 것은? 〈2025 실천기술론〉

ㄱ. 동병상련의 경험에 기반을 둔다.
ㄴ. 집단사회복지사의 주요 역할은 변화매개인이다.
ㄷ. 집단 내 원활한 의사소통과 상호작용을 위해 공동지도자를 둔다.
ㄹ. 노아방주의 원칙(Noah's ark principle)에 따라 성원을 모집한다.

① ㄱ ② ㄴ, ㄷ ③ ㄴ, ㄹ
④ ㄴ, ㄷ, ㄹ ⑤ ㄱ, ㄴ, ㄷ, ㄹ

2. 집단역동성과 집단의 치료효과

01 집단과정을 촉진하기 위한 피드백에 관한 설명으로 옳지 않은 것은? 〈2015 실천기술론〉

① 집단성원의 요청이 있을 때 피드백을 제공한다.
② 구체적인 행동이나 관계에 대한 피드백을 제공한다.
③ 집단성원으로 하여금 상호 간에 피드백을 제공하도록 한다.
④ 집단성원이 활용할 수 있는 만큼의 피드백을 제공한다.
⑤ 집단성원의 문제해결능력 향상을 위해 단점에 초점을 둔다.

02 집단역학(group dynamics)의 구성요소가 아닌 것은? 〈2018 실천기술론〉

① 긴장과 갈등 ② 가치와 규범 ③ 집단목적
④ 의사소통 유형 ⑤ 지식 및 정보 습득

03 집단 사회복지실천에 관한 설명으로 옳지 않은 것은? 〈2018 실천기술론〉

① 집단이 개방적일 경우, 발달단계를 예측하는 것이 용이하다.
② 하위집단의 발생은 필연적이기 때문에 전체 집단에 부정적 영향을 주는지 파악하는 것이 필요하다.
③ 집단의 규범은 집단 내부를 통제하기 때문에 외적 통제의 수준을 감소시킨다.
④ 집단 내 공동지도자의 참여는 집단지도자의 역전이를 막을 수 있다.
⑤ 자기애적 성향을 가진 성원의 경우 집단에 적절한 행동과 사고를 할 수 있도록 돕는다.

정답 21 ① 01 ⑤ 02 ⑤ 03 ①

04 **집단 사회사업의 장점에 관한 설명으로 옳지 않은 것은?** 〈2018 실천기술론〉

① 타인에게 도움을 줄 수 있는 기회를 통해 이타성이 향상된다.
② 집단 내에서 서로 공통된 문제를 확인함으로써 자신의 문제를 일반화할 수 있다.
③ 타인의 행동을 관찰하는 과정에서 자신의 잘못된 생각을 고쳐 나갈 수 있는 치료적 효과를 가진다.
④ 성원과 자신의 문제를 분석하고 역전이를 통해 해결하는 보편성을 경험한다.
⑤ 집단 내에서 역기능적인 경험을 재현함으로써 이를 통해 성장의 기회를 가진다.

05 **집단 사회복지실천에서 하위집단에 관한 설명으로 옳은 것을 모두 고른 것은?** 〈2019 실천기술론〉

ㄱ. 집단 초기단계에 나타나 집단응집력을 촉진한다. ㄴ. 정서적 유대감을 갖게 된 집단구성원 간에 형성된다. ㄷ. 적게는 한 명에서 많게는 다수로 구성된다. ㄹ. 소시오메트리를 통해 측정 가능하다.

① ㄱ, ㄴ
② ㄴ, ㄹ
③ ㄱ, ㄷ, ㄹ
④ ㄴ, ㄷ, ㄹ
⑤ ㄱ, ㄴ, ㄷ, ㄹ

해설 ㄱ. 하위집단은 집단 초기단계에도 나타나지만 초기단계보다는 중간단계에 더 잘 나타나며, 집단응집력을 촉진할 수도 있고, 약화시킬 수도 있다. 이 문제의 의도는 '집단응집력을 촉진한다'고 단정적으로 표현하고 있기 때문에 옳지 않은 것으로 판단된다. 즉, 하위집단은 집단에 배타적인 경우에는 집단응집력에 방해요인으로 작용할 수도 있기 때문이다.
ㄷ. 하위집단은 적게는 두 명에서 서너 명으로 구성된다.

06 **집단을 활용한 사회복지실천의 치료적 효과 요인으로 옳지 않은 것은?** 〈2019 실천기술론〉

① 고유성
② 이타성 향상
③ 실존적 요인
④ 재경험의 기회 제공
⑤ 희망고취

정답 04 ④ 05 ② 06 ①

07 다음에서 설명하는 집단의 치료적 효과는? 〈2021 실천기술론〉

> 집단 내 상호작용 과정에서 그동안 해결되지 않은 원가족과의 갈등에 대해 탐색하고 행동패턴을 수정할 기회를 갖게 된다.

① 정화　② 일반화　③ 희망증진
④ 이타성 향상　⑤ 재경험의 기회 제공

08 집단역동에 관한 설명으로 옳지 않은 것은? 〈2021 실천기술론〉

① 하위집단은 집단에 부정적인 영향을 미치기 때문에 사회복지사가 개입하여 만들어지지 않도록 한다.
② 집단성원 간 직접적 의사소통을 격려하여 집단역동을 발달시킨다.
③ 집단응집력이 강할 경우, 집단성원들 사이에 상호 의존하려는 경향이 강해진다.
④ 개별 성원의 목적과 집단 전체의 목적의 일치 여부에 따라 집단역동은 달라진다.
⑤ 긴장과 갈등을 적절하고 건설적인 방법으로 해결할 때 집단은 더욱 성장할 수 있다.

09 집단응집력을 향상하는 요인이 아닌 것은? 〈2021 실천기술론〉

① 이질적 집단으로 구성
② 집단에 대한 자부심 고취
③ 집단성원 간의 다른 인식과 관점의 인정
④ 집단성원 간 공개적이고 활발한 상호작용
⑤ 집단의 참여를 통해 얻게 되는 보상, 자원 제공

10 집단응집력에 관한 설명으로 옳은 것을 모두 고른 것은? 〈2022 실천기술론〉

> ㄱ. 구성원 간 신뢰감이 높을수록 응집력이 높다.
> ㄴ. 응집력이 높은 집단에서는 자기노출을 억제한다.
> ㄷ. 구성원이 소속감을 가지면 응집력이 강화된다.
> ㄹ. 응집력이 높은 집단이 낮은 집단보다 생산적인 작업에 더 유리하다.

① ㄱ　② ㄱ, ㄷ　③ ㄴ, ㄹ
④ ㄱ, ㄷ, ㄹ　⑤ ㄱ, ㄴ, ㄷ, ㄹ

정답 07 ⑤ 08 ① 09 ① 10 ④

11 집단대상실천의 장점으로 옳지 않은 것은? 〈2023 실천기술론〉

① 타인의 문제에 관심을 갖고 공감하면서 이타심이 커진다.
② 유사 경험을 가진 사람들을 만나면서 문제의 보편성을 경험한다.
③ 다양한 성원들로부터 새로운 행동을 학습하면서 정화 효과를 얻는다.
④ 사회복지사나 성원의 행동을 모방하면서 사회기술이 향상된다.
⑤ 성원 간 관계를 통해 원가족과의 갈등을 탐색하는 기회를 갖는다.

12 역기능적 집단의 특성으로 옳은 것은? 〈2024 실천기술론〉

① 자발적인 자기표출
② 문제해결 노력의 부족
③ 모든 집단성원의 토론 참여
④ 집단성원 간 직접적인 의사소통
⑤ 집단사회복지사를 존중

13 집단 사회복지실천의 장점에 관한 설명으로 옳지 않은 것은? 〈2024 실천기술론〉

① 모방행동 : 기존의 행동을 고수한다.
② 희망의 고취 : 문제가 개선될 수 있다는 희망을 갖게 한다.
③ 이타심 : 위로, 지지 등으로 서로 도움을 주고 받는다.
④ 사회기술의 발달 : 대인관계에 관한 사회기술을 습득한다.
⑤ 보편성 : 다른 사람들도 비슷한 경험을 하는 것으로 위로를 받는다.

14 집단문화에 관한 설명으로 옳지 않은 것은? 〈2025 실천기술론〉

① 집단 고유의 스타일이나 독특성을 만들어낸다.
② 집단응집력은 집단문화 형성에 영향을 미치는 요인이다.
③ 성원들의 가치가 혼합되면서 타 집단과 구분되는 특성이 만들어진다.
④ 다양한 성원들이 참여하는 개방형 집단에서 빠르게 형성된다.
⑤ 고정관념이나 편견이 많은 성원들은 집단문화 형성에 방해가 된다.

15 집단대상 실천의 치료적 효과에 해당하는 것을 모두 고른 것은? 〈2025 실천기술론〉

ㄱ. 정보 습득	ㄴ. 보편성
ㄷ. 이타심	ㄹ. 정화

① ㄱ
② ㄴ, ㄷ
③ ㄴ, ㄹ
④ ㄴ, ㄷ, ㄹ
⑤ ㄱ, ㄴ, ㄷ, ㄹ

정답 11 ③ 12 ② 13 ① 14 ④ 15 ⑤

3. 집단발달단계별 사회복지실천기술

01 사회복지사가 다음의 과업을 수행하는 집단발달단계는? 〈2015 실천기술론〉

- 집단성원 간의 공통점과 차이점을 파악한다.
- 집단성원이 다양한 경험을 할 수 있도록 돕는다.
- 집단의 상호작용, 갈등, 진행상황, 협조체계 등을 파악한다.
- 개별 성원의 태도, 관계, 행동, 동기, 목표 등을 평가한다.

① 계획단계 ② 초기단계 ③ 사정단계
④ 중간단계 ⑤ 종결단계

02 초등학교 학교사회복지사가 학교폭력 피해아동의 외상(trauma) 치유를 위한 소집단을 구성할 때, 집단구조에 관한 설명으로 옳은 것은? 〈2015 실천기술론〉

① 한 학급 정원 20~30명을 하나의 단위로 운영한다.
② 아동의 기능수준을 고려하여 매 회기 3시간으로 운영한다.
③ 아동의 참여가 가능한 방과 후에 모임시간을 가진다.
④ 아동 행동의 의미 있는 변화를 위해 개방형 집단으로 한다.
⑤ 개별 아동과의 눈 맞춤과 상호작용을 위해 사회복지사는 아동들을 일렬로 앉히고 마주 본다.

03 사정도구 중 집단성원들 간의 상호작용을 도식화하여 성원의 지위, 성원 간의 관계, 하위집단 등을 파악하는 데 유용한 것은? 〈2016 실천론〉

① 가계도(genogram) ② 소시오그램(sociogram)
③ 생태도(ecomap) ④ PIE(person in environment) 체계
⑤ 생활력표(life history grid)

04 집단 사회복지실천의 종결단계 과업이 아닌 것은? 〈2016 실천기술론〉

① 미래에 대한 계획
② 변화 유지 능력의 확인
③ 평가계획의 수립
④ 변화결과를 생활영역으로 일반화하기
⑤ 종결에 따른 감정 다루기

정답 01 ④ 02 ③ 03 ② 04 ③

05 집단 사회복지실천과정에서의 개입기술로 옳지 않은 것은? 〈2016 실천기술론〉

① 자료수집 – 요약하기
② 초기과정 – 재구조화
③ 과제수행 – 코칭
④ 집단과정 촉진하기 – 초점화
⑤ 종결 – 집단경험 평가하기

06 집단을 구성할 때 고려할 내용으로 옳지 않은 것은? 〈2016 실천기술론〉

① 집단의 응집력을 높이기 위해 참여 동기가 유사한 성원을 모집한다.
② 다양한 집단성원의 참여를 유도하기 위해 폐쇄형 집단으로 구성한다.
③ 집단성원의 동질성을 높이기 위해 사전에 욕구 수준을 파악한다.
④ 집단의 목표에 따라 집단의 크기를 융통성 있게 정한다.
⑤ 집단의 정서적 안정감을 높이기 위해 쾌적한 장소를 선정한다.

07 집단구성 단계에서 유의할 점으로 옳지 않은 것은? 〈2017 실천기술론〉

① 인구학적 특성, 문제 유형 간의 동질성과 이질성의 균형을 고려한다.
② 의사결정의 역효과 예방을 위해 성원들의 집단의사결정방법을 확인한다.
③ 응집력과 신뢰감을 발달시킬 만큼 충분한 회기로 계획한다.
④ 회합의 빈도구성은 성원들의 욕구나 문제를 다루기에 적절해야 한다.
⑤ 집단크기는 목적을 달성할 만큼 작고 경험의 다양성을 제공할 만큼 크게 구성하는 것이 좋다.

08 집단의 종결단계에서 사회복지사의 역할에 관한 설명으로 옳은 것은? 〈2017 실천기술론〉

① 계획된 목표달성 여부에 집중하며 의도하지 않는 결과는 확인하지 않는다.
② 참여자 간 서열화 투쟁이 시작되므로 책임을 설정한 계약을 재확인시킨다.
③ 집단의 목적에 따른 집단구성과 성원의 목적성취를 원조한다.
④ 종결에 대한 양가감정을 이해하고 이를 반영하여 다룬다.
⑤ 도움을 많이 받은 사람은 종결의 어려움을 덜 느끼므로 그렇지 않은 사람에게 집중한다.

정답 05 ② 06 ② 07 ② 08 ④

09 다음의 집단사회복지사의 활동이 주로 나타나는 단계는? 〈2018 실천기술론〉

> • 집단성원의 불안감, 저항감을 감소시키기 위해 노력
> • 집단성원 간 공통점을 찾아 연결시킴
> • 집단의 목적을 집단성원 모두가 공유하게 함

① 준비단계 ② 초기단계 ③ 중간단계
④ 종결단계 ⑤ 사후관리 단계

10 집단사정을 위한 활동으로 옳지 않은 것은? 〈2018 실천기술론〉

① 개별 성원에 대해서는 기능적 행동과 비기능적 행동을 파악하여 개인별 프로파일을 작성
② 소시오그램을 활용하여 집단성원 간 결탁, 수용, 거부 등을 파악
③ 의의차별척도(semantic differential scale)를 활용하여 집단의 전반적 상호작용 양상을 평가
④ 상호작용차트를 활용하여 일정 시간 동안 집단성원 간 발생한 특정 행동의 빈도를 측정
⑤ 집단에서 허용되지 않는 감정표현이나 이야기 주제, 그리고 집단활동에 대한 성원의 태도 등을 통해 집단의 규범을 확인

11 집단 사회복지실천에서 집단구성과 구조에 관한 설명으로 옳지 않은 것은? 〈2019 실천기술론〉

① 일반적으로 사회적 목표모델보다 치료모델의 집단규모가 더 작다.
② 아동집단은 성인집단에 비해 모임 시간은 더 짧게, 빈도는 더 자주 설정한다.
③ 집단구성원의 동질성이 강할수록 성원 간 방어와 저항도 더 많이 발생한다.
④ 물리적 공간을 결정할 때 좌석배치까지 고려한다.
⑤ 개방형 집단이 폐쇄형 집단에 비해 위기상황에 처한 사람들에게 더 융통성 있는 참여기회를 제공한다.

정답 09 ② 10 ③ 11 ③

12 집단사정이 개별 성원 – 전체 집단 – 집단외부환경 차원에서 수행될 때 '전체 집단' 사정에 해당하는 것을 모두 고른 것은? 〈2019 실천기술론〉

ㄱ. 집단을 인가하고 지원하는 기관의 목표
ㄴ. 하위집단 형성
ㄷ. 집단구성원의 변화와 성장
ㄹ. 집단 내 상호작용 방식

① ㄱ
② ㄴ
③ ㄴ, ㄹ
④ ㄴ, ㄷ, ㄹ
⑤ ㄱ, ㄴ, ㄷ, ㄹ

13 집단의 종결단계에서 집중적으로 수행해야 하는 과업으로 적절하지 않은 것은? 〈2019 실천기술론〉

① 집단 의존성 감소
② 의뢰의 필요성 검토
③ 변화노력의 일반화
④ 구성원 간 피드백 교환
⑤ 집단성원 간 공통점과 차이점 파악

해설 ⑤ 집단성원 간 공통점과 차이점 파악 – 중간단계의 과업

14 집단회기를 마무리하는 방식으로 옳은 것을 모두 고른 것은? 〈2019 실천기술론〉

ㄱ. 회기에 대한 사회복지사의 관찰과 생각을 전달한다.
ㄴ. 회기 중 제기된 이슈를 다 마무리하지 않고 회기를 마쳐도 된다.
ㄷ. 회기에서 다룬 내용을 집단 밖에서 어떻게 적용할지에 대한 계획을 묻는다.
ㄹ. 다음 회기에 다루기 원하는 주제나 문제를 질문한다.

① ㄱ, ㄷ
② ㄱ, ㄹ
③ ㄷ, ㄹ
④ ㄱ, ㄷ, ㄹ
⑤ ㄱ, ㄴ, ㄷ, ㄹ

정답 12 ③ 13 ⑤ 14 ⑤

15 **집단성원 간의 관계를 파악하는 사정도구에 관한 설명으로 옳은 것은?**

〈2020 실천기술론〉

① 소시오메트리 : 성원 간의 상호작용 빈도를 기록한다.
② 상호작용차트 : 집단성원에 대한 다양한 측면의 인식 정도를 평가한다.
③ 소시오그램 : 성원 간의 관계를 표현한 것으로 하위집단의 유무를 알 수 있다.
④ 목적달성척도 : 목적달성을 위한 집단성원들의 협력과 지지 정도를 측정한다.
⑤ 의의차별척도 : 가장 호감도가 높은 성원과 호감도가 낮은 성원을 파악할 수 있다.

해설 ① 소시오메트리 : 성원 간의 관심 정도를 측정하기 위한 것으로, 가장 호감도가 높은 성원과 호감도가 낮은 성원을 파악할 수 있다.
② 상호작용차트 : 성원 간의 상호작용이나 집단성원과 사회복지사 간의 상호작용의 빈도를 기록하는 것이다. 특정 행동이 발생할 때마다 기록하는 방법이나 일정한 시간 동안 특정 행동의 발생빈도를 기록하는 방법이 있다.
④ 목적달성척도 : 사회복지사와 클라이언트가 함께 설정하였던 개별목표의 달성 정도를 평가하는 것으로, 대인관계, 직무수행, 양육행동 등 클라이언트의 주요한 기능수행 영역에 관한 것으로 구성할 수 있다(교재 11장 사회복지실천의 평가 참조).
⑤ 의의차별척도 : 집단성원이 동료성원에 대하여 평가하는 것으로, 두 개의 상반된 입장에서 하나를 선택하도록 요청한다.

16 **집단사회복지실천의 중간단계에 해당하는 내용으로 옳은 것을 모두 고른 것은?**

〈2020 실천기술론〉

ㄱ. 성원의 내적 변화를 파악하기 위해 개별상담을 한다.
ㄴ. 성원들의 참여를 촉진하기 위해 집단의 목적을 상기시킨다.
ㄷ. 하위집단의 의사소통과 상호작용 빈도를 평가한다.
ㄹ. 집단에 대한 의존성을 감소시키기 위해 모임주기를 조절한다.

① ㄱ, ㄷ
② ㄴ, ㄹ
③ ㄱ, ㄴ, ㄷ
④ ㄴ, ㄷ, ㄹ
⑤ ㄱ, ㄴ, ㄷ, ㄹ

17 **집단을 대상으로 한 실천의 내용으로 옳지 않은 것은?** 〈2020 실천기술론〉

① 성원 간의 갈등이 심하여 조기종결을 하였다.
② 집단과정을 촉진하기 위해 공동지도자를 두었다.
③ 적정규모를 유지하기 위해 신규 회원을 받았다.
④ 집단규칙은 사회복지사가 제공하였다.
⑤ 개별 성원의 의도적인 집단경험을 유도하였다.

정답 15 ③ 16 ③ 17 ④

18 **가정폭력 피해경험이 있는 사회복지사가 자기노출을 고려하는 목적으로 옳은 것은?** 〈2020 실천기술론〉

① 역전이를 활용하기 위해
② 클라이언트의 표현을 촉진하기 위해
③ 자신과 비슷한 경험인지 알아보기 위해
④ 클라이언트의 자기합리화를 돕기 위해
⑤ 사회복지사가 자신의 문제를 극복했는지 확인하기 위해

19 **집단구성에 관한 설명으로 옳지 않은 것은?** 〈2021 실천기술론〉

① 집단이 커질수록 구성원의 참여의식이 증가하고 통제와 개입이 쉽다.
② 집단상담을 위해 가능하면 원형으로 서로 잘 볼 수 있는 공간을 만들 수 있는 장소가 바람직하다.
③ 집단성원의 유사함은 집단소속감을 증가시킨다.
④ 개방집단은 새로운 정보와 자원의 유입을 허용한다.
⑤ 비구조화된 집단에서는 집단성원의 자발성이 더욱 요구된다.

해설 ① 집단이 커질수록 구성원의 참여의식이 감소하고 통제와 개입이 어렵다.
⑤ 비구조화된 집단은 집단의 목표, 과제, 활동방법 등에 대해 미리 정해놓지 않고 집단 스스로 정해나가는 과정에서부터 시작하기 때문에 집단성원의 자발성이 더욱 요구된다. 반면, 구조화된 집단은 사회복지사가 집단의 목표와 과정 등을 정해놓고 집단을 주도적으로 이끌어 가는 형태로, 집단사회복지사가 조직적인 프로그램에 의지해서 집단을 진행시킨다.

20 **집단 초기단계에 나타나는 특성으로 옳은 것을 모두 고른 것은?** 〈2021 실천기술론〉

ㄱ. 집단성원의 불안감과 저항이 높다.
ㄴ. 집단에 대한 오리엔테이션이 필요하다.
ㄷ. 사회복지사보다는 다른 집단성원과 대화하려고 시도한다.
ㄹ. 문제해결과정에서 나타나는 갈등과 차이점을 적극적으로 표현한다.

① ㄹ　② ㄱ, ㄴ　③ ㄴ, ㄹ
④ ㄷ, ㄹ　⑤ ㄱ, ㄷ, ㄹ

정답 18 ② 19 ① 20 ②

해설 ㄷ. 초기단계에서는 보통 성원들 간에 정보가 없기 때문에 대화가 많지 않다. 서로에 대한 탐색 정도만 이루어진다.
ㄹ. 초기단계에서는 아직 문제해결과정이 본격적으로 진행되지 않는다. 문제해결과정에서 나타나는 갈등과 차이점을 적극적으로 표현하는 것은 중간(개입)단계 이후에 진행된다.

21 집단 초기단계에서 사회복지사의 역할을 모두 고른 것은? 〈2022 실천기술론〉

> ㄱ. 집단과 구성원의 목표를 설정한다.
> ㄴ. 지도자인 사회복지사를 소개하며 신뢰감을 형성한다.
> ㄷ. 구성원 간 유사성을 토대로 응집력을 형성한다.
> ㄹ. 구성원이 집단에 의존하는 정도를 감소시킨다.

① ㄱ, ㄴ ② ㄴ, ㄷ ③ ㄷ, ㄹ
④ ㄱ, ㄴ, ㄷ ⑤ ㄱ, ㄴ, ㄷ, ㄹ

22 집단목표에 관한 설명으로 옳은 것은? 〈2022 실천기술론〉

① 목표는 구체적으로 수립한다.
② 한 번 정한 목표는 혼란 방지를 위해 수정하지 않는다.
③ 집단 크기나 기간을 정할 때 목표는 고려하지 않는다.
④ 집단목표는 구성원의 목표와 관련 없다.
⑤ 목표는 집단과정에서 자연스럽게 형성되므로 의도적인 노력은 필요 없다.

23 집단활동 중 발생하는 저항에 관한 설명으로 옳지 않은 것은? 〈2022 실천기술론〉

① 구성원이 피하고 싶은 주제가 논의될 때 일어날 수 있다.
② 사회복지사가 제안한 과업의 실행방법을 모를 때 발생할 수 있다.
③ 목표달성을 위해서는 저항 이유를 무시해야 한다.
④ 효과적으로 해결하면 집단활동이 촉진될 수 있다.
⑤ 다른 구성원의 의견을 통해 해결방안을 찾을 수 있다.

정답 21 ④ 22 ① 23 ③

24 집단사정을 위한 소시오그램에 관한 설명으로 옳은 것은? 〈2022 실천기술론〉

① 구성원 간 호감도 질문은 하위집단을 형성하므로 피한다.
② 구성원 모두가 관심을 갖는 주제를 발견하는 데 목적이 있다.
③ 소시오메트리 질문을 활용하여 정보를 파악한다.
④ 구성원 간 상호작용을 문장으로 표현한다.
⑤ 특정 구성원에 대한 상반된 입장 중 하나를 선택하는 것이다.

25 집단을 준비 또는 계획하는 단계에서 고려할 사항으로 옳은 것을 모두 고른 것은? 〈2023 실천기술론〉

ㄱ. 집단성원의 참여 자격	ㄴ. 공동지도자 참여 여부
ㄷ. 집단성원 모집방식과 절차	ㄹ. 집단의 회기별 주제

① ㄱ ② ㄱ, ㄷ
③ ㄴ, ㄹ ④ ㄱ, ㄷ, ㄹ
⑤ ㄱ, ㄴ, ㄷ, ㄹ

26 집단발달의 초기단계에 적합한 실천기술에 해당하는 것을 모두 고른 것은? 〈2023 실천기술론〉

ㄱ. 집단성원이 신뢰감을 갖고 참여할 수 있는 분위기를 조성한다.
ㄴ. 집단성원이 수행한 과제에 대해 솔직하고 구체적인 피드백을 준다.
ㄷ. 집단역동을 촉진하기 위해 사회복지사가 의도적인 자기노출을 한다.
ㄹ. 집단성원의 행동과 태도가 불일치하는 경우에 직면을 통해 지적한다.

① ㄱ ② ㄱ, ㄷ
③ ㄴ, ㄹ ④ ㄱ, ㄷ, ㄹ
⑤ ㄱ, ㄴ, ㄷ, ㄹ

27 집단의 성과를 평가하는 방법으로 옳지 않은 것은? 〈2023 실천기술론〉

① 사전사후 검사 ② 개별인터뷰
③ 단일사례설계 ④ 델파이조사
⑤ 초점집단면접

정답 24 ③ 25 ⑤ 26 ① 27 ④

28 집단에 관한 설명으로 옳은 것은? 〈2024 실천기술론〉

① 개방형 집단은 폐쇄형 집단에 비해 집단성원의 중도 가입이 어렵다.
② 개방형 집단은 폐쇄형 집단에 비해 응집력이 강하다.
③ 개방형 집단은 폐쇄형 집단에 비해 집단성원의 역할이 안정적이다.
④ 폐쇄형 집단은 개방형 집단에 비해 집단발달단계를 예측하기 어렵다.
⑤ 폐쇄형 집단은 개방형 집단에 비해 집단규범이 안정적이다.

29 집단 사회복지실천 사정에 활용되는 것을 모두 고른 것은? 〈2024 실천기술론〉

ㄱ. 집단사회복지사의 관찰	ㄴ. 외부 전문가의 보고
ㄷ. 표준화된 사정도구	ㄹ. 집단성원의 자기관찰

① ㄱ, ㄴ
② ㄱ, ㄹ
③ ㄴ, ㄷ
④ ㄱ, ㄷ, ㄹ
⑤ ㄱ, ㄴ, ㄷ, ㄹ

30 집단 중간단계의 개입기술에 관한 설명으로 옳지 않은 것은? 〈2024 실천기술론〉

① 집단성원 간 상호작용을 향상시킨다.
② 집단성원을 사후관리 한다.
③ 집단의 목표를 달성하도록 원조한다.
④ 집단의 응집력을 향상시킨다.
⑤ 집단성원이 집단과정에 적극 활동하도록 촉진한다.

31 집단 종결단계에서 사회복지사의 역할로 옳은 것을 모두 고른 것은? 〈2024 실천기술론〉

ㄱ. 집단과정에서 성취한 변화를 지속적으로 유지하도록 돕는다.
ㄴ. 집단성원의 개별목표를 설정한다.
ㄷ. 종결을 앞두고 나타나는 다양한 감정을 토론하도록 격려한다.
ㄹ. 집단에 대한 의존성을 서서히 감소시켜 나간다.

① ㄱ, ㄴ
② ㄷ, ㄹ
③ ㄱ, ㄴ, ㄹ
④ ㄱ, ㄷ, ㄹ
⑤ ㄴ, ㄷ, ㄹ

정답 28 ⑤ 29 ⑤ 30 ② 31 ④

32 집단 사정도구의 활용 목적으로 옳은 것은? 〈2025 실천기술론〉

① 소시오메트리 : 개별 성원의 행동패턴 분석
② 소시오그램 : 성원 간 상호작용 빈도 측정
③ 사회적 관계망표 : 집단성원 활동에 대한 상호 평가
④ 상호작용차트 : 성원의 집단참여 수준 분석
⑤ 의의차별척도 : 하위집단의 구성 여부 파악

33 집단의 종결단계에서 수행하는 과업으로 옳은 것을 모두 고른 것은? 〈2025 실천기술론〉

ㄱ. 성원 간의 이해를 돕기 위해 자기노출의 기회를 갖는다. ㄴ. 집단경험을 통해 학습한 내용의 활용계획을 세운다. ㄷ. 공통의 관심사를 찾기 위해 개방적 토론 시간을 늘린다. ㄹ. 측정도구를 통해 성원 개인별 변화를 평가한다.

① ㄱ
② ㄴ, ㄷ
③ ㄴ, ㄹ
④ ㄴ, ㄷ, ㄹ
⑤ ㄱ, ㄴ, ㄷ, ㄹ

정답 32 ④ 33 ③

03
PART

사회복지실천의 기록과 평가

제10장 사회복지실천의 기록
제11장 사회복지실천의 평가

10 CHAPTER 사회복지실천의 기록

학습목표

1. 기록의 중요성과 목적을 설명할 수 있다.
2. 기록의 요소를 설명할 수 있다.
3. 기록의 종류를 설명할 수 있다.

1. 기록의 중요성과 목적

1) 기록의 중요성

사회복지실천에서 기록은 전문성과 서비스의 질을 향상시키기 위해 중요한 요소이다. 왜냐하면 사회복지실천에서 기록은 클라이언트의 상황을 확인하기 위해 초기 면접지 작성단계에서 수집한 정보를 기록하고, 서비스 형성단계에서 나타나는 사정과 계약을 위한 기록을 작성하고, 서비스 실행단계에 나타나는 목표달성과 클라이언트의 변화에 대한 정보를 기록하고, 그리고 서비스 종결단계 및 평가에 대한 정보를 기록하는 등 각 단계마다 시간이 경과됨에 따라 지속적으로 문서화되기 때문이다(최경화 외, 2010).

2) 기록의 목적

사회복지실천 기록의 목적은 다음과 같다(김현호 외, 2013; 사회복지교육연구센터, 2018a; 윤현숙 외, 2001; 이영실 외, 2015; 이영호, 2015; 전남련 외, 2014; Kagle, 1991; Wilson, 1976).

① 책임성의 확보

책임성의 확보는 기록의 일차적인 목적이다. 사회복지사는 기관과 클라이언트, 지역사회에 대해 법적이고 윤리적인 중요한 책임성을 가지고 자신들이 제공하는 서비스나 개입에 대해 기록하고 설명하며 평가함으로써 전문직을 수행하게 된다.

② 정보제공 및 클라이언트 당사자와 정보공유

기록은 클라이언트와 그 가족, 대리인, 고용주에게 정보를 제공한다. 특히 클라이언트의 알 권리를 존중하기 위해 정보를 개방하고 공유하며, 치료적인 목적에 활용하기도 한다.

기록은 사회복지사가 클라이언트와 목표 및 개입방법 공유 등 의사소통하는 도구로 활용한다. 최근 소비자 권리를 존중하는 경향에서 기록을 클라이언트나 가족에게 공개하는 경우가 증가하고 있다. 이런 경우 사회복지사는 클라이언트와 정보를 공유한다는 것을 염두에 두고 기록해야 한다.

③ 개입이나 서비스의 과정 점검 및 평가

기록은 서비스의 효과성을 높이고, 개입과정을 점검하고, 서비스의 효과성을 지속적으로 평가하고 점검(모니터링)하기 위해 사용된다.

④ 서비스의 연속성 유지

기록은 담당 사회복지사의 휴가, 부서의 재배치, 사직, 이직 등이나 돌발적 상황으로 인하여 다른 사회복지사가 일시적 또는 영구적으로 클라이언트를 맡게 되었을 때, 클라이언트가 다른 기관으로 의뢰되었을 때, 현재까지의 진행과정을 파악할 수 있게 하여 지속적이고 연속적인 서비스의 제공을 가능하게 한다.

⑤ 클라이언트에 대한 이해 증진

사회복지사는 클라이언트가 무엇을 원하는지 욕구를 파악하고 개입의 방향을 설정하는 데 도움을 받는다. 클라이언트는 자신에 대한 기록을 보거나 기록과정에 참여함으로써 자신에 대한 이해를 높일 수 있다. 기록은 사회복지사와 클라이언트 간 의사소통을 원활하게 한다.

⑥ 전문직 간 의사소통 촉진과 협조체계 구축

사회복지실천 활동을 기록하면 여러 명의 다양한 전문가 간 의사소통을 원활히 하는 데 도움이 된다. 다양한 전문직이 함께 일하는 사회복지실천현장에서 기록은 학제 간의 원활한 의사소통을 가능하게 하며, 협조체계를 구축하는 데 도움을 준다. 예를 들어, 사회복지 전담공무원이 사회복지관 직원이 작성한 개입기록을 활용하여 수급자를 선정할 수도 있다.

⑦ 지도감독(슈퍼비전) 및 교육 활성화

기록은 학생이나 실습생, 초보 사회복지사들에게 사회복지실천과정을 가르치는 슈퍼비전의 도구로 활용된다. 즉, 기록은 실습생이나 초보 사회복지사들이 담당교수나 실습지도자, 기관의 슈퍼바이저들이 읽고 교육, 지도할 수 있는 자료로 활용된다. 일선 사회복지사로 기관의 관리자나 슈퍼바이저에게 자신의 활동에 대해 피드백을 받으면서 훈련할 수 있다.

⑧ 근거자료

기록은 수급자격 입증자료로 활용되기도 하고, 프로그램 예산 확보와 기관의 프로그램 수행 자료로 보고하며 기금을 조성하는 근거자료로 활용한다. 또한 기록은 서비스의 질을 관리하고 조사연구를 위한 자료로 활용되기도 한다.

⑨ 효과적인 사례관리

클라이언트에게 제공되는 서비스나 개입 등이 기록됨으로써 클라이언트가 타 전문가에게 의뢰될 경우 서비스가 끊기지 않고 연결될 수 있다. 서비스나 개입에 대해 문서화함으로써 서비스의 중복이나 누락을 막아 효과적으로 사례를 관리할 수 있다.

⑩ 사회복지실천 활동의 문서화

사회복지사는 클라이언트의 욕구 및 문제를 파악하고, 사정하고, 실천하고, 종결 및 평가하는 과정에 관한 모든 사항을 문서화하게 된다. 문서화된 자료는 사회복지사의 전문적 활동을 입증하는 자료로 활용한다.

2. 기록의 요소

1) 사회복지실천과정별 기록 내용

사회복지실천과정은 서비스 탐색단계, 형성단계, 실행단계, 종결단계의 서비스 전달 중심으로 구분한다. 〈표 10-1〉은 실천과정별 기록 내용을 요약한 것이다.

〈표 10-1〉 실천과정별 기록 내용

<table>
<tr><th>단계</th><th>기 록</th><th>내 용</th></tr>
<tr><td rowspan="5">탐색 단계</td><td>클라이언트의 특성</td><td>이름, 주소, 생년월일, 성, 교육수준, 가족구성, 직업, 수입, 종교, 결혼상태 등</td></tr>
<tr><td>서비스 개시 이유</td><td>클라이언트가 직접 의뢰하였는가? 다른 기관에서 의뢰하였는가? 의뢰하게 된 이유는 무엇인가?</td></tr>
<tr><td>사회력</td><td>클라이언트의 문제(욕구)를 역사적 · 생태학적 맥락에서 이해하기 위해 클라이언트의 현재와 과거의 정보 기록</td></tr>
<tr><td>자원과 제약</td><td>이용 가능한 공식적 · 비공식적 자원은 무엇인가? 자원 활용에 제약이 있는가? 자원이 구체적으로 어떻게, 얼마나 클라이언트에게 도움이 되는가?</td></tr>
<tr><td>사정</td><td>클라이언트의 현재 상황, 문제의 원인과 개입계획에 대한 사회복지사의 소견과 사정 등 기록</td></tr>
<tr><td rowspan="4">형성 단계</td><td>서비스에 영향을 미치는 결정</td><td>클라이언트에게 제공되는 서비스에 영향을 미치는 중요한 결정과 그 정당성 등 기록</td></tr>
<tr><td>서비스의 목적</td><td>사회복지실천을 통해 무엇을 달성할 것인지를 구체적이고 명확하게 기록</td></tr>
<tr><td>서비스의 계획</td><td>어떻게 사회복지실천의 목표를 달성할 것인지를 기록</td></tr>
<tr><td>서비스의 특성</td><td>많은 기관들이 표준화된(구조화된) 서비스 특성에 대한 기록양식(체크목록)을 활용</td></tr>
<tr><td rowspan="2">실행 단계 (개입 단계)</td><td>중간노트</td><td>계획된 서비스가 시작되면 클라이언트와의 활동, 개입과정의 진전 상황, 클라이언트의 문제에 관한 추가 정보, 클라이언트에게 제공한 자원과 서비스 등에 대해 정기적으로 사정하고 기록</td></tr>
<tr><td>서비스 재검토 (중간요약)</td><td>서비스 결정과 활동에 대한 공식적 재평가에 대한 기록. 일반적으로 날짜, 참여자, 제안내용, 결정내용 등 기록</td></tr>
<tr><td rowspan="3">종결 단계</td><td>서비스 종결의 방법과 사유</td><td>서비스 종결 이유와 방법 등 기록. 책무성과 평가, 향후의 계획을 위해 필요</td></tr>
<tr><td>서비스 활동과 결과요약 (종결요약)</td><td>서비스 개시 이유, 진행 동안의 클라이언트 상황, 서비스의 목적, 계획과 과정, 중요한 사건, 종결 시의 클라이언트 상황, 서비스에 대한 평가, 향후 서비스와 사후지도를 위한 제안 등 기록</td></tr>
<tr><td>사후지도</td><td>클라이언트의 현재의 상황과 향후의 서비스에 대한 제안 등을 기록</td></tr>
</table>

출처 : 이영실 외(2015); 이영호(2015).

2) 좋은 기록의 특징

① 서비스의 결정과 실행에 초점을 둔다.
② 사정, 개입, 평가의 기초가 되는 클라이언트와 상황에 관한 정보가 들어 있다.
③ 각 단계에서 목적, 목표, 계획과정과 진행에 대한 내용이 들어 있다.
④ 상황묘사와 사회복지사의 견해가 구분되어 혼돈되지 않게 정리되어야 한다.
⑤ 사회복지사의 전문적 견해에 기초를 두지만, 클라이언트의 관점을 배제하지 않는다.
⑥ 표현이 간결한 기록이어야 한다. 모든 문제나 상황을 가능한 자세하고 풍부하게 기술할 필요는 없다.
⑦ 표현이 논리적 기록이면서, 사실에 근거한 기록이다.
⑧ 구조화된 기록으로 정보를 효과적으로 문서화할 수 있고 쉽게 찾아볼 수 있다.
⑨ 기록의 방법과 과정, 결과 등 기록 전반에 걸쳐 전문가적 윤리를 준수하였다.

3) 좋지 않은 기록의 특징

① 내용이나 과정상 윤리적 문제가 있다.
② 표현이 과장되고 진부하며 반복적으로 잘못된 표현이 많은 기록이다.
③ 수동태 문장 사용으로 행위의 주체를 파악하기 어렵다.
④ 비밀보장을 위해 정보를 쉽게 분류할 수 없게 한다.
⑤ 클라이언트를 비난하거나 낙인화된 기록이다.
⑥ 기록이 조직화 및 구조화되지 않아서 필요한 내용을 찾기 쉽지 않다.
⑦ 내용의 초점이 불분명하고 기록자의 편견이 들어 있다.

4) 기록 시 유의사항

① 면접 사전에 클라이언트의 동의를 얻어 기록한다. 기록의 목적과 이유에 대해 충분히 설명해야 한다.
② 녹음이나 녹화를 할 경우, 반드시 사전에 허락을 구한 후 시작한다. 중간에 클라이언트가 불편해하면 중단한다.
③ 면접을 하면서 기록을 할 경우 메모하는 것은 최소한으로 줄인다. 정확한 기록을 위해 면접이 이루어지는 동안 계속적으로 기록에 치중할 경우 클라이언트는 사회복지사가 자신에게 관심이 없다고 느낄 수 있고, 면접의 진행에 방해를 주기도 하기 때문이다.
④ 면접이 끝난 후, 잊어버리기 전에 간단하게라도 빨리 메모해 두는 습관을 갖는다.
⑤ 클라이언트의 사적 정보가 노출되지 않도록 유의한다.

3. 기록의 종류

사회복지실천에 있어서 대표적인 기록의 종류에는 과정기록, 요약기록, 문제중심기록, 녹음 및 녹화기록, 시계열기록, 컴퓨터와 표준화된 기록, 복지정보시스템을 이용한 기록 등이 있다.

1) 과정기록

(1) 과정기록의 방법

과정기록(process recording)은 사회복지사와 클라이언트 간에 있었던 일을 있는 그대로 기록하고, 면담전개 과정을 시간의 흐름에 따라 기술하는 방식이다. 기록은 개입과정에 관한 분석과 권고를 포함하여 중요한 점을 총망라한다. 과정기록에는 의사소통의 내용이나 비언어적 표현까지도 포함된다. 그리고 면접에서 나눈 이야기를 구체적으로 기록하기 때문에 일반적으로 대화체로 작성하며, 사회복지사와 클라이언트의 상호작용에 대한 이해를 높일 수 있다.

과정기록은 사회복지사가 동료직원이나 슈퍼바이저에게 클라이언트의 사례를 의논하려고 할 때 기초자료로 사용한다. 즉, 사회복지실습, 교육 및 슈퍼비전에 유용하게 사용되는 기록방법이다.

그러나 과정기록은 사회복지기관에서 사회복지사들이 많이 사용하지 않는다. 그 이유는 사회복지실천이 전문적으로 변화하면서 기록방식도 변화하여 오늘날에는 기록의 초점이 클라이언트 및 그 상황으로부터 서비스 교류로 확대되었고, 효율성을 위하여 정보도 간결화하는 경향이 있기 때문이다.

〈표 10-2〉는 대화체 사용 과정기록의 예를 나타낸 것이다.

〈표 10-2〉 대화체 사용 과정기록의 예

면접 내용	사회복지사 의견 및 분석	슈퍼바이저 코멘트
사회복지사 : 어떻게 여기 오시게 되었죠? 클라이언트 : 남편이 일을 하지 않아서요. 사회복지사 : 실직을 하셨나요? 아니면 일하기 싫어 하시는 것인가요? 클라이언트 : 둘 다인 것 같아요. 병원만 다니면서…	문제가 단순하지 않다는 생각에 약간 혼란스러웠지만, 문제의 가닥을 잡기 위해 차근차근 질문해 가기로 했다.	…

(2) 과정기록의 장점

① 과정기록은 사회복지실습이나 교육과 훈련의 중요한 수단이며, 자문의 근거자료로 유용하다.

② 사회복지사와 클라이언트 사이의 활동을 개념화 · 조직화함으로써 사례에 대한 개입기술을 향상시키는 데 도움이 된다. 사회복지사 자신의 행동분석을 통해 사례에 대한 개입능력 향상에 도움이 된다.

③ 기록자나 슈퍼바이저는 기록 내용을 보면서 사례진행에 대해 점검하고, 잘못된 경우가 있으면 사전에 문제를 예방할 수 있다.

(3) 과정기록의 단점

① 과정기록은 시간과 비용이 너무 많이 소요되어 비효율적이다.

② 면접에서 실제로 일어난 일을 완벽하게 기록하기는 어렵다. 따라서 불완전하고 왜곡된 정보를 제공할 수도 있다.

2) 요약기록

(1) 요약기록의 방법

요약기록(summary recording)은 클라이언트와의 면담 내용을 요약체로 기록한다. 즉, 개입기간 동안 계속적인 진행의 요약을 하는데, 주제별로 조직화하여 작성한다. 다음은 요약기록의 주요 특징이다.

- 날짜와 클라이언트의 기본사항을 기입하고 개입 내용과 변화를 간단히 기록한다.
- 시간 흐름에 따라 변화된 상황, 개입 활동, 주요 정보 등의 요점을 기록한다.
- 이야기하듯 작성하는 문체인 이야기체를 사용하여 기록한다.

다음은 주제별 제목하에 조직화하여 기록한 요약기록 양식의 예를 나타낸 것이다.

주제별 제목하에 조직화하여 기록한 요약기록 양식의 예

20××년 ×월 ×일 오전 10시
클라이언트(○○○씨, 35세, 여)와의 개별면접

• 제시된 문제 :

• 가족기능 :

• 현재 상태에 대한 클라이언트의 인식 :

• 사정 :

• 계획 :

(2) 요약기록의 장점

① 사례가 장기간 지속될 경우 유용하다.
② 사회복지사가 중요하다고 생각하는 내용을 선택하여 작성하는 융통성이 있다.

(3) 요약기록의 단점

① 이야기체 요약기록은 사회복지사의 재량에 의존하기 때문에 추후에는 원하는 정보를 찾기 어렵다.
② 이야기체 요약기록은 대화를 그대로 기록하는 것이 아니라 이야기하듯 풀어서 쓰기 때문에 정보복구가 어렵다.
③ 클라이언트의 언어적 표현이나 비언어적 표현 등이 자세하고 사실적으로 기록되지 않을 수 있다.

3) 문제중심기록

(1) 문제중심기록의 방법

문제중심기록(problem-oriented recording)은 클라이언트의 현재 문제를 중심으로 문제영역을 규정하고, 사정하고, 목록화해서, 각 문제해결을 위해 무엇을 할 것인지 계획하고, 진행사항을 작성하는 기록이다. 문제중심기록은 병원 또는 정신건강센터 등에서 여러 전문직이 함께 일할 때 광범위하게 사용되는 기록의 형태이다.

문제중심기록은 크게 두 가지로 구성되는데, 문제목록과 진행기록이다. 첫째는 문제를 목록화하는 것이다. 즉, 클라이언트의 문제 상황을 진단하고 개입계획을 포함한 문제의 목록을 작성한다. 둘째는 각 문제에 대해 무엇을 할 것인지 계획하고 그 진행사항을 기록하는 진행기록이다. 진행기록은 보통 SOAP 형태를 따른다(생각의마을, 2017a). 여기서 SOAP는 Subjective Information(주관적 정보 : 클라이언트가 느끼는 인식과 감정 등), Objective Information(객관적

정보 : 전문가의 관찰, 검사결과, 체계적인 자료수집의 내용 등), Assessment(사정 : 전문가의 해석이나 결론), Plan(계획 : 문제를 해결하기 위한 방법이나 계획)을 의미한다. 다음은 문제중심기록에서 사용하는 문제목록과 진행기록의 예를 나타낸 것이다.

문제중심기록에서 사용하는 문제목록과 진행기록의 예

데이터베이스(20××년 6월 1일 접수면접에서 얻은 정보에 의해 작성됨)

이름 : ○○○ 나이 : 35세

클라이언트의 기본 정보

문제목록

번호	문 제	확인된 날짜	중단/ 해결된 날짜
1.	남편의 음주 문제	6/1	6/15
2.	클라이언트의 정서적 어려움	6/1	
3.	클라이언트의 결혼지속 의사 여부 불분명	6/1	6/20

초기계획(문제별로 초기계획을 수립함)
문제 1.
문제 2.
문제 3.

진행 노트
날짜 : 6월 1일 클라이언트와의 첫 번째 개별면담
문제 1. 남편의 음주 문제
S : 허구한 날 술만 먹고 남편 구실을 해야지요. 돈 한번 제대로 벌어온 적이 없어요. 매일 잔소리 해봐야 먹히지도 않고, 죽는다, 헤어지자… 그래도 들은 척도 안 해요. 애들 때문에 살지…
O : 문제성 음주, 사회적 역할수행 기능약화, 가족의 대응기제 결핍
A : 알코올 의존(alcohol dependence), 가족대처기술의 결핍(deficit of family coping skill), 질병에 대한 이해 부족
P : ① 주 1회 알코올 교육집단 참여, ② 가족교육(질병의 이해, 대처기술)

문제 2. 클라이언트의 정서적 어려움(이하 문제별로 진행 노트를 작성함)

다음은 2019년 사회복지사 1급 기출문제의 예시이다.

다음을 문제중심기록의 S-O-A-P 순서대로 배치한 것은?

ㄱ. 질문에만 겨우 답하고 눈물을 보이며 시선을 제대로 마주치지 못함
ㄴ. "저는 이 문제를 해결할 수 없어요. 저를 도와줄 사람도 없고요."
ㄷ. 우울증 검사와 욕구에 따른 인적, 물적 자원연결이 필요함
ㄹ. 자기효능감이 저하된 상태로 지지체계가 빈약함

① ㄱ-ㄴ-ㄷ-ㄹ
② ㄱ-ㄹ-ㄴ-ㄷ
③ ㄴ-ㄱ-ㄷ-ㄹ
④ ㄴ-ㄱ-ㄹ-ㄷ
⑤ ㄴ-ㄹ-ㄱ-ㄷ

정답 : ④
해설 : ㄱ. O(Objective Information, 객관적 정보 - 전문가의 관찰 결과)
ㄴ. S(Subjective Information, 주관적 정보 - 클라이언트가 느끼는 감정)
ㄷ. P(Plan, 계획 - 문제를 해결하기 위한 계획)
ㄹ. A(Assessment, 사정 - 전문가의 해석이나 결론)

(2) 문제중심기록의 장점

① 문제중심기록은 기록이 간결하고 통일성이 있어 팀 접근 시 활용이 용이하다. 즉, 슈퍼바이저, 조사연구자, 외부자문가 등이 함께 검토하는 데 용이하다.

② 정신보건 분야나 의료 분야에 유용성이 높고 타 전문직과의 의사소통을 촉진하고, 문제유형의 파악이 용이하며 책무성이 명확해진다.

(3) 문제중심기록의 단점

① 문제의 목록화와 진행을 중심으로 기록하는데, 문제의 사정이 부분적이거나 단순화되어 서비스 전달의 복잡성을 간과하는 경향이 있다. 즉, 현상의 복잡성을 단순화시키고 부분화를 강조하는 단점이 있다.

② 클라이언트의 강점, 욕구, 자원보다는 문제를 강조함으로써 사회복지실천의 관심 폭을 한정시킨다.

4) 녹음 및 녹화기록

녹음 및 녹화기록은 음성녹음과 화면녹화를 이용하여 면접과정을 관찰하고 재조사하며 분석하는 것이다. 이러한 기록의 장점은 교육용으로 유용하고, 가족치료 및 실천에 대한 과정지향적 접근법을 지도감독할 때 유용하다는 것이다. 반면, 단점은 클라이언트가 녹음이나 녹화를 지나치게 의식하여 집중력이 떨어지거나 긴장할 수도 있다는 것이다. 녹음이나 녹화 시 클라이언트에게 사전에 알리고 반드시 동의를 구해야 한다(이영실 외, 2015).

5) 시계열기록

시계열기록은 개입의 표적이 되는 행동이나 태도 등을 시간의 흐름에 따라 반복적으로 되풀이해서 기록하는 것이다. 시계열기록은 사회복지실천 개입 전, 개입 중, 서비스 종결 후까지 클라이언트 상황을 파악 · 기록하여 서비스 목적이 달성되었는지를 보여준다.

6) 컴퓨터와 표준화된 기록

현대사회는 컴퓨터에 의한 사무자동화로 업무의 효율성이 증대되고 있다. 사회복지실천 분야에서도 컴퓨터를 사용해서 표준화된 문서형식을 통하여 많은 정보들을 기록하고 있다. 최근에는 기관 및 부서의 특성에 따라 환경에 맞는 사무자동화를 추진하여 기록하고 있는 추세이다(김현호 외, 2013).

7) 복지정보시스템을 이용한 기록

복지정보시스템을 이용한 기록은 실천과정에 따라 정해진 양식에 내용을 입력함으로써 정보 검색이 용이하고 관련 정보를 한 번에 보다 수월하게 조회할 수 있다.

다음은 2025년 사회복지사 1급 기출문제의 예시이다.

클라이언트의 개인정보 보호를 위한 기록 방법으로 옳지 않은 것은?

① 정확한 정보를 기록하고, 부정확한 것으로 확인되면 삭제나 수정할 수 있다.
② 서비스 신청에 필요하더라도 민감한 사적 정보는 제외한다.
③ 개인정보가 담긴 사례기록을 방치하는 것은 위법 행위이다.
④ 클라이언트의 사생활이나 비밀스러운 내용은 일반적인 용어로 바꾸어 기록한다.
⑤ 전산화된 기록에 대한 접근 권한을 제한하기 위해 암호화한다.

정답 : ②

해설 : 서비스 신청에 필요한 정보라면 민감한 사적 정보라 하더라도 기록해야 한다. 다만, 개인정보 보호를 위해 최소한의 정보만 수집하고, 필요 이상으로 과도한 정보를 요구해서는 안 된다. 따라서 필수적인 정보까지 제외하는 것은 적절한 기록 방법이 아니다.

10 CHAPTER

기출문제

01 **사회복지실천 기록의 목적과 용도에 해당하는 것을 모두 고른 것은?** 〈2015 실천기술론〉

ㄱ. 수급자격 입증자료	ㄴ. 슈퍼비전의 활성화
ㄷ. 프로그램 예산 확보	ㄹ. 클라이언트 당사자와 정보 공유

① ㄱ, ㄴ, ㄷ　　② ㄱ, ㄷ
③ ㄴ, ㄹ　　④ ㄹ
⑤ ㄱ, ㄴ, ㄷ, ㄹ

02 **사회복지실천에서 기록의 목적으로 옳지 않은 것은?** 〈2016 실천기술론〉

① 학제 간의 원활한 의사소통
② 클라이언트와 목표 및 개입방법 공유
③ 서비스의 연속성 유지
④ 클라이언트의 전문적 활동 입증
⑤ 슈퍼비전의 도구로 활용

03 **다음 기록의 유형은?** 〈2017 실천론〉

사회복지사 : 어떻게 여기 오시게 되었죠? 클라이언트 : 남편이 일을 하지 않아서요. 사회복지사 : 실직을 하셨나요? 아니면 일하기 싫어하시는 것인가요? 클라이언트 : 둘 다인 것 같아요. 병원만 다니면서…	*문제가 단순하지 않다는 생각에 약간 혼란스러웠지만, 문제의 가닥을 잡기 위해 차근차근 질문해 가기로 했다.*

① 이야기체기록　　② 문제중심기록
③ 과정기록　　④ 요약기록
⑤ 상호작용기록

정답 01 ⑤ 02 ④ 03 ③

04 좋은 기록의 특징으로 옳은 것은? 〈2017 실천기술론〉

① 서비스의 결정과 실행에 초점을 둔다.
② 상황묘사와 사회복지사의 견해를 구분하지 않는다.
③ 비밀보장을 위해 정보를 쉽게 분류할 수 없게 한다.
④ 모든 문제나 상황을 가능한 자세하고 풍부하게 기술한다.
⑤ 클라이언트의 관점은 배제하고 전문적 견해를 강조한다.

05 사회복지실천 기록의 목적에 해당하는 것을 모두 고른 것은? 〈2018 실천기술론〉

ㄱ. 개인적 보관 및 활용	ㄴ. 지도감독 및 교육 활성화
ㄷ. 책임성의 확보	ㄹ. 정보제공
ㅁ. 클라이언트에 대한 이해 증진	

① ㄴ, ㄹ ② ㄱ, ㄷ, ㅁ ③ ㄱ, ㄴ, ㄷ, ㄹ
④ ㄴ, ㄷ, ㄹ, ㅁ ⑤ ㄱ, ㄴ, ㄷ, ㄹ, ㅁ

06 다음을 문제중심기록의 S-O-A-P 순서대로 배치한 것은? 〈2019 실천기술론〉

ㄱ. 질문에만 겨우 답하고 눈물을 보이며 시선을 제대로 마주치지 못함
ㄴ. "저는 이 문제를 해결할 수 없어요. 저를 도와줄 사람도 없고요."
ㄷ. 우울증 검사와 욕구에 따른 인적, 물적 자원연결이 필요함
ㄹ. 자기효능감이 저하된 상태로 지지체계가 빈약함

① ㄱ－ㄴ－ㄷ－ㄹ ② ㄱ－ㄹ－ㄴ－ㄷ ③ ㄴ－ㄱ－ㄷ－ㄹ
④ ㄴ－ㄱ－ㄹ－ㄷ ⑤ ㄴ－ㄹ－ㄱ－ㄷ

07 문제중심기록의 특성으로 옳지 않은 것은? 〈2020 실천기술론〉

① 현상의 복잡성을 단순화시키고 부분화를 강조하는 단점이 있다.
② 문제유형의 파악이 용이하며 책무성이 명확해진다.
③ 클라이언트의 주관적 진술과 사회복지사의 관찰과 같은 객관적 자료를 구분한다.
④ 클라이언트의 문제 상황을 진단하고 개입계획을 제외한 문제의 목록을 작성한다.
⑤ 슈퍼바이저, 조사연구자, 외부자문가 등이 함께 검토하는 데 용이하다.

해설 ④ 클라이언트의 문제 상황을 진단하고 개입계획을 포함한 문제의 목록을 작성한다.

정답 04 ① 05 ④ 06 ④ 07 ④

08 기록의 목적과 용도에 관한 설명으로 옳은 것을 모두 고른 것은? 〈2021 실천기술론〉

ㄱ. 사회복지사의 전문적 활동을 입증하는 자료로 활용한다.
ㄴ. 기관 내에서만 활용하고 다른 전문직과는 공유하지 않는다.
ㄷ. 기관의 프로그램 수행 자료로 보고하며 기금을 조성하는 근거로 활용한다.
ㄹ. 클라이언트와 정보를 공유하고 의사소통하는 도구로 활용한다.

① ㄷ
② ㄱ, ㄹ
③ ㄱ, ㄷ, ㄹ
④ ㄴ, ㄷ, ㄹ
⑤ ㄱ, ㄴ, ㄷ, ㄹ

09 다음 설명에 해당하는 기록방법은? 〈2022 실천기술론〉

• 날짜와 클라이언트의 기본사항을 기입하고 개입 내용과 변화를 간단히 기록함
• 시간 흐름에 따라 변화된 상황, 개입 활동, 주요 정보 등의 요점을 기록함

① 과정기록
② 요약기록
③ 이야기체기록
④ 문제중심기록
⑤ 최소기본기록

10 다음에 해당되는 기록방법은? 〈2023 실천기술론〉

• 교육과 훈련의 중요한 수단이며, 자문의 근거자료로 유용
• 면담전개 과정을 시간의 흐름에 따라 기술하는 방식
• 사회복지사 자신의 행동분석을 통해 사례에 대한 개입능력 향상에 도움

① 과정기록
② 문제중심기록
③ 이야기체기록
④ 정보시스템을 이용한 기록
⑤ 요약기록

정답 08 ③ 09 ② 10 ①

11 **사회복지실천과정의 개입단계 기록에 포함될 내용으로 옳지 않은 것은?**

〈2024 실천기술론〉

① 클라이언트와의 활동
② 개입과정의 진전 상황
③ 클라이언트의 문제에 관한 추가 정보
④ 클라이언트에게 제공한 자원들
⑤ 클라이언트에 관한 사후지도 결과

12 **클라이언트의 개인정보 보호를 위한 기록 방법으로 옳지 않은 것은?** 〈2025 실천기술론〉

① 정확한 정보를 기록하고, 부정확한 것으로 확인되면 삭제나 수정할 수 있다.
② 서비스 신청에 필요하더라도 민감한 사적 정보는 제외한다.
③ 개인정보가 담긴 사례기록을 방치하는 것은 위법 행위이다.
④ 클라이언트의 사생활이나 비밀스러운 내용은 일반적인 용어로 바꾸어 기록한다.
⑤ 전산화된 기록에 대한 접근 권한을 제한하기 위해 암호화한다.

정답 **11** ⑤ **12** ②

11 CHAPTER 사회복지실천의 평가

학습목표

1. 평가의 개념과 필요성을 설명할 수 있다.
2. 평가의 유형을 설명할 수 있다.
3. 단일사례설계를 설명할 수 있다.

1. 평가의 개념과 필요성

사회복지실천 평가는 사회복지실천 개입의 효과성과 효율성을 측정하는 것이다. 효과성은 목표달성 정도를 말하며, 효율성은 투입된 비용(시간, 노력, 금전적 비용)과 산출된 성과 간의 비율을 말하는 것이다.

사회복지실천 평가는 개입과 목표달성 간 상호관련 정도를 알아보기 위해 실시한다. 사회복지실천 평가의 일차적 목적은 기관과 클라이언트 및 사회에 대한 책무성의 이행과 효과성 입증에 있다.

사회복지실천에 있어서 평가의 필요성은 다음과 같다.

① 평가는 사회복지실천방법과 기술의 효과성을 증진시킨다. 또한 서로 다른 문제나 특성을 가진 클라이언트에게 상대적으로 효과적인 개입방법을 선정하는 데 도움이 되는 정보를 제공한다.

② 평가는 목표의 효율성을 명확화하고 입증한다. 즉, 동일한 비용으로 높은 산출을 내었을 때 효율성이 증가함으로써 평가과정을 통해 사회복지실천의 효율성을 객관적으로 측정할 수 있다.

③ 평가는 기관, 클라이언트, 전문가 집단 및 사회에 대한 책무성 향상에

도움이 된다.

④ 평가는 개입의 지속 또는 변경 여부 판단에 필요한 정보를 제공한다. 또한 클라이언트를 포함해서 실천가, 프로그램 관리자, 자원 제공자, 정책 수립자 등 평가와 관련된 사람들에게 정보를 제공한다.

⑤ 평가는 사회복지사의 전문성 강화에 기여한다.

⑥ 평가는 다양한 자원동원 증진에 기여한다.

⑦ 평가는 사회복지실천과정을 모니터링하고 개선한다.

2. 평가의 유형

사회복지실천 평가의 유형은 평가 자료의 속성에 따른 유형, 평가 차원에 따른 유형, 평가 목적에 따른 유형, 평가 주체에 따른 유형 등으로 나눌 수 있다.

1) 평가 자료의 속성에 따른 유형

① 양적 평가

양적 평가(quantitative evaluation)는 획득되는 자료의 속성이 계량화가 가능한 측정을 말한다. 주로 설문조사나 클라이언트 만족도 등 표준화된 척도를 사용하며, 객관적인 자료를 수집하는 평가방법이다.

② 질적 평가

질적 평가(qualitative evaluation)는 획득되는 자료의 속성이 계량화가 곤란한 경우를 말하며, 심층면접이나 참여관찰 등 비구조화된 면접과 관찰을 통해 자료를 수집하는 평가방법이다. 예를 들어, 클라이언트의 주위 사람들의 질적 평가, 클라이언트의 인식에 기초한 질적 평가 등이 있다. 여기서 클라이언트의 인식에 기초한 질적 평가의 목적은 의도된 성과 외에 부가적인 성과 확인, 기여요인과 방해요인에 대한 피드백, 변화의 일반적인 요인 외에 특수한 요인을 발견하고 실천에 통합, 클라이언트의 시각에서 프로그램 의미 도출 등이다.

2) 평가 차원에 따른 유형

① 성과평가

성과평가(outcome evaluation)는 결과평가라고도 하는데, 사회복지실천이 종결되었을 때 개입이 목표로 하는 바를 얼마나 잘 성취했는지, 즉 사회복지실천의 결과를 평가하는 것이다. 일반적으로 사회복지실천의 효과성과 효율성을 평가하는 것이다(생각의마을, 2017a).

다음은 성과평가의 예를 나타낸 것이다.

성과평가의 예

예 1.

청소년을 위한 10주간의 진로집단활동 전 · 후에 진로 효능감 검사를 하여 결과를 비교하였다면 이 평가방법은 사전-사후 비교방법을 사용한 성과평가이다.

예 2.

알코올 중독 노숙인의 자활을 위해 다차원적으로 개입한 후, 단일사례설계를 활용하여 사업의 성과를 평가하려고 한다. 이때 성과지표로 사용 가능한 자료는 ① 밤사이 숙소 밖에 버려진 술병의 수, ② 직업훈련 참여 시간, ③ 스스로 측정한 자활의지, ④ 단주모임에 나간 횟수 등이다.

② 과정평가

과정평가(process evaluation)는 사회복지실천과정을 평가하는 것이다. 계획된 대로 서비스가 전달되고 있는지, 프로그램이 진행되고 있는지, 그 과정에서 어떤 일이 일어나고 있는지가 평가의 대상이다. 사회복지사와 클라이언트가 개입 중간중간에 주기적으로 평가한다(생각의마을, 2017a).

③ 사회복지사 평가

사회복지사 평가는 개입과정에서 사회복지사의 행동이나 태도 등이 개입에 어떠한 영향을 주었는지 알아보기 위해 클라이언트로부터 피드백을 받는 것이다. 클라이언트의 긍정적 피드백은 사회복지사로서 자기 강점을 더 잘 알게 하고 미래에 자주 활용하게 되며, 부정적 피드백은 때로 고통스럽지만 사회복지사의 주의산만, 반치료적 행위나 태도, 매너리즘을 알려준다는 점에서 매우 도움이 된다(이영실 외, 2015).

3) 평가 목적에 따른 유형

① 형성평가

형성평가는 사회복지실천 개입이 이루어지는 동안 발생하는 자료를 수집하여 환류하는 것을 중시한다. 형성평가는 현재와 미래에 관련된 프로그램 수행상의 문제해결이나 결정을 내리기 위해 실시하고, 프로그램의 전달체계, 기관의 운영상황, 클라이언트의 욕구 등을 염두에 두고 시행한다. 또한 서비스 이용자의 욕구를 반영하여 사회복지사가 기대했던 진전이 이루어지고 있는지를 사정한다.

형성평가는 대부분의 경우 그 범위가 크지 않기 때문에 프로그램을 운영하고자 하는 조직의 구성원에 의해서 수행된다. 그러나 때로는 국가적인 차원에서 수행되는 대규모 프로그램일지라도 프로그램을 실행하기 전에 욕구조사에 기초한 형성평가를 수행하는 것이 중요하다. 프로그램의 실패는 계획한 대로 실행이 되지 않는 경우가 많기 때문에 프로그램 수혜자에 대하여 형성평가를 실시하는 것이 바람직하다(김치영·황인옥, 2015).

② 총괄평가

총괄평가는 사회복지실천 활동이 종결되었을 때, 프로그램의 최종 목표 달성 여부를 효과성과 효율성 측면에서 평가하여 평가의 결과를 성질이 비슷한 다른 프로그램, 상황 또는 대상에 대하여 일반화시키려는 평가이다. 따라서 이와 같은 총괄평가는 프로그램을 종료한 후 이를 다시 시작할 것인지, 수정하여 시작할 것인지 또는 완전히 종결할 것인지 등을 결정할 때 유용하다. 이러한 이유로 총괄평가는 조직 내의 구성원보다는 외부 전문가들에 의해 수행되는 경우가 많다(김치영 · 황인옥, 2015).

4) 평가 주체에 따른 유형

① 내부평가

사회복지실천의 결정, 집행을 담당하고 있는 사람들이나[1] 또는 같은 조직 내의 다른 성원이 행하는 평가이다. 내부평가는 사회복지실천 관련 정보에 대한 접근성이 용이하고, 사회복지실천에 관한 많은 지식을 가지고 있으며, 현실적인 제약요건들을 융통성 있게 감안하여 평가할 수 있고, 사회복지실천 운영자로부터 평가에 대한 협조를 구하기가 수월하다는 장점이 있다. 반면에 평가 수행에 있어서 해당 평가기관으로부터 객관성과 독립성을 유지하기 어렵고, 압력을 받을 수 있다는 단점이 있다. 따라서 신뢰성, 객관성, 프로그램에 대한 이해, 이용 목적, 자율성 등을 감안해서 평가 주체를 적절하게 선택하여야 한다(김치영 · 황인옥, 2015).

② 외부평가

사회복지실천을 수행하는 조직의 성원이 아닌 대학교수, 전문가, 조사연구기관 등 조직 외부의 제3자가 행하는 평가이다[2](김치영 · 황인옥, 2015).

---

1) 프로그램의 결정, 집행을 담당하고 있는 사람들이 하는 평가는 내부평가 내에서도 자체평가라 할 수 있다. 자체평가는 많은 정보를 얻을 수 있고, 평가비용을 절약할 수 있으며, 장기적으로 계속할 수 있다는 장점이 있는 반면에 평가의 공정성이 문제가 된다.

2) 한편 제3평가자가 평가를 잘했는지에 대한 평가, 즉 평가에 대한 평가를 하는 경우가 있는데, 이를 메타평가(meta evaluation)라 한다. 이는 평가계획서나 평가결과를 다른 평가자에 의해 점검받는 것으로, 평가의 신뢰도, 타당도, 유용성, 평가비용, 평가의 방식, 보고의 문제, 적정성 등을 재평가하는 것이다(나눔의집, 2011).

3. 단일사례설계

1) 단일사례설계의 개념

단일사례설계는 사회복지실천뿐만 아니라 심리학이나 교육학 등 다양한 행동과학 분야에서 사용되는 연구방법으로, 하나의 사례를 분석하여 표적행동의 개입의 효과성을 분석하는 실험설계방법이다. 단일사례설계는 무작위로 선정된 집단을 대상으로 하지 않고, 개인이나 가족 또는 소집단의 표적행동에 대한 개입 전후를 반복 측정한 결과에서 개입에 따른 표적행동의 변화를 분석하여 개입효과를 조사하는 방법이다(김치영 · 황인옥, 2015).

2) 단일사례설계의 특성

단일사례설계는 조사연구 과정과 실천과정이 분리되지 않고 통합될 수 있다는 것이 중요한 특징이다. 다른 조사설계는 대개 개입이 끝난 후에 그 결과를 두고 평가하게 되지만, 이 설계는 실천개입이 계획되고, 실행되는 과정 속에 포함되어 있어 실천개입의 효과성에 대한 지속적인 피드백 정보를 제공해 줄 수 있다.

단일사례설계는 다른 조사방법 설계와 다른 독특한 특성을 지니고 있다(남세진 · 최성재, 1996).

① 가설 검정이 필요 없다. 단일사례설계의 목적은 표적행동의 개입의 효과성을 분석하는 데 있으며, 가설의 검정이나 인과관계 규명에 있는 것이 아니다. 그리고 외적 타당도가 낮아 일반화하기 어렵다.

② 단일사례이다. 조사대상이 되는 사례는 개인, 가족, 집단, 단체, 조직, 지역사회 등이다. 이때 가족, 집단, 단체, 조직, 지역사회도 대상이 될 수 있지만 이 경우 집단 전체를 하나의 사례로 취급한다. 집단성원의 정보는 개별적으로 취급되는 것이 아니라 집단 전체의 평균이나 전체 빈도 등으로 요약하여 하나의 사례로 취급한다. 조사대상자의 표적행

동을 중심으로 반복 측정할 경우 독립변수와 종속변수의 대상과 사례는 동일하다. 따라서 단일사례설계는 주로 하나의 클라이언트체계의 변화를 측정하는 것이다.

③ 반복 측정을 행한다. 실험집단만 있고, 통제집단이 없지만, 실험집단에 개입 전후의 표적행동의 변화에 대해 반복 측정을 하므로 통제집단 효과를 볼 수 있다. 개입의 효과성을 알기 위해 반복 측정을 해야 한다. 반복적 시행으로 개입 효과성의 일반화가 가능하다.

④ 개입효과에 대한 즉각적인 환류(feedback)가 이루어진다. 반복적이고 연속적으로 자료를 수집하기 때문에 개입으로 인한 조사대상의 변화를 주기적으로 파악할 수 있고, 개입 도중에 자료를 검토할 수 있어 개입방법을 수정하여 효과적인 개입을 할 수 있다. 또한 개입의 지속 또는 사후계획을 세울 수 있다.

⑤ 측정을 위한 비관여적 관찰도 가능하다. 비관여적 관찰은 관찰자가 관찰대상의 행동에 어떠한 영향도 미치지 않은 상태에서 관찰하는 것으로, 단일사례설계는 비관여적 관찰도 가능하다(김치영 · 황인옥, 2015).

⑥ 반응성을 배제하지 못한다. 즉, 반응성 연구의 한 유형이다. 반응성은 외적 타당도 저해요인으로서, 연구대상자가 자신이 연구의 대상자임을 인식하여 부자연스럽게 응답하거나 왜곡된 행동을 나타낼 가능성을 말한다. 단일사례설계는 이러한 반응성을 완전히 배제하지 못한다. 이에 반해, 2차 자료분석이나 내용분석과 같은 방법은 비반응성 연구에 해당한다(김치영 · 황인옥, 2015).

3) 단일사례설계의 구조

단일사례설계의 구조는 ① 기초선 국면, ② 개입 국면, ③ 표적행동으로 구성되어 있다(김기원, 2001).

① 기초선 국면

기초선 국면(baseline periods)은 계획된 개입을 실시하기 전 표적행동의 상태를 관찰하는 기간 또는 단계를 의미한다. 일반적으로 A로 표시한다. 기초선이 안정화될 때까지 반복 측정하는 것이 최선이며, 최소한 관찰횟수는 3회 이상 측정하여야 한다. 그리고 기초선은 통제집단과 같은 성격을 가진다. 따라서 기초선으로 성숙효과를 통제할 수 있다.

② 개입 국면

개입 국면(intervention periods)은 클라이언트의 변화를 위해 사회복지사가 사용하는 여러 가지 형태의 개입들의 적용 기간 또는 단계를 의미한다. 일반적으로 B로 표시한다. 여기서 개입이란 조사대상자의 표적행동을 변화시키기 위한 실험적 조작, 프로그램 자극, 환경변화 등을 말하며, 개입단계에서도 표적행동에 대하여 3회 이상 측정한다. 단, 개입은 안정적인 경향을 기초선이 나타낸 후에만 실행하고, 개입 이후에도 기록점이 안정될 때까지 계속되어야 한다. 그렇게 하여야 기초선과 개입 이후의 경향 사이에 대한 명확한 비교가 가능하기 때문이다.

③ 표적행동

변화의 대상이 되는 문제들, 즉 개입에 의해 변화가 의도되는 대상이 표적행동이다. 이러한 표적행동은 분명하게 측정 가능한 것이어야 한다. 개입 전의 조사대상자들에 대한 표적행동과 개입 이후의 조사대상자들에 대한 표적행동 두 가지가 있다. 이때 개입 후의 표적행동은 종속변수의 성격을 띠고 있다.

4) 단일사례설계의 유형

단일사례설계의 유형은 ① AB설계, ② ABA설계, ③ ABAB설계, ④ BAB설계, ⑤ 다중요소설계, ⑥ 복수기초선설계 등 매우 다양하다.

① AB설계 : 기초선 → 개입단계

AB설계는 기초선과 개입의 두 국면으로 이루어진 가장 기본적 설계유형이다. 다만, 개입은 기초선에서의 안정적인 경향이 발생한 후에만 실행된다. 기초선의 안정적 경향이 확보되면 개입이 이루어지고, 개입 이후의 자료기록은 기록점이 안정이 될 때까지 계속되어야 한다. 그렇게 하여야 기초선과 개입 이후의 경향들 사이에 대한 명확한 비교가 가능하기 때문이다.

설계의 단순성으로 인하여 실천현장에서 적용하기 용이하여 가장 많이 이용되는 설계이다. 이 설계의 장점은 여러 유형의 문제와 장소에서 적용 가능하다는 점이고, 단점은 한 시점의 개입이 이루어졌기 때문에 그 시점에 우연히 다른 외부적인 사건이 동시에 개입되어 이러한 변화가 발생했을 가능성을 배제하기 어렵다는 점이다. 즉, 인과관계를 추정하는 데 신빙성이 낮다. 그러나 AB설계는 간단한 절차로 이루어지므로 재현이 용이하여 동일한 개입전략이 다양한 클라이언트에게 효과적인지를 평가할 수 있도록 해준다(김치영 · 황인옥, 2015).

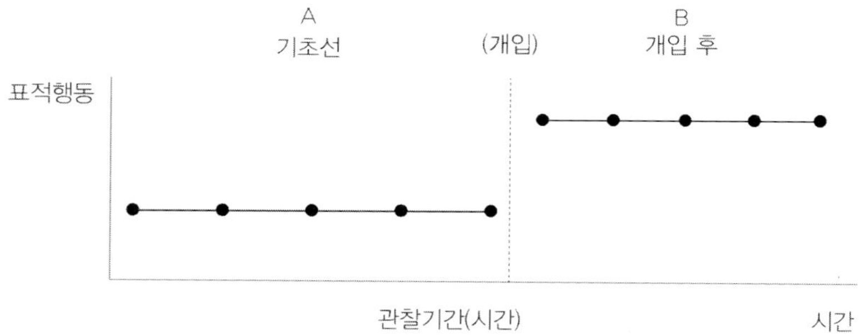

┃그림 11-1┃ AB설계의 예

② ABA설계 : 기초선 → 개입단계 → 제2기초선

ABA설계는 AB설계에 개입을 중단하는 제3의 국면 A(제2의 기초선)를 추가하는 설계이다. 즉, 개입을 중단한 후 표적행동의 양상이 다시 개입 이전과 유사한 양상으로 돌아오는지를 살펴봄으로써 개입단계에서의 개입의 효과성을 확인할 수 있게 만든 설계이다. 이 설계의 장점은 변화의 개입효과성 파악이 가능하다는 점이다. 그러나 인과관계 추론을 위하여 제3의 국면(제2 기초선)을 도입하는 것은 다음과 같은 문제점이 발생할 수 있다.

첫째, 변화가 일어난 클라이언트에게 개입을 중단함으로써 그를 또 다시 문제 상황에 빠뜨릴 수 있다는 점에서 윤리적 문제가 발생할 수 있다. 둘째, 개입을 철수해도 개입효과가 지속될 수 있고, 조사기간이 길어진다(김치영 · 황인옥, 2015).

다음은 ABA설계의 예를 나타낸 것이다.

ABA설계의 예

김모씨는 대인관계에 어려움이 있어서 지역사회복지관에서 실시하는 사회기술훈련프로그램에 참여하였다. 개입 전 4주간(주2회) 조사를 실시하고 4주간(주2회) 개입의 변화를 기록한 후 개입을 멈추고 다시 4주간(주2회)의 변화를 기록하였다.

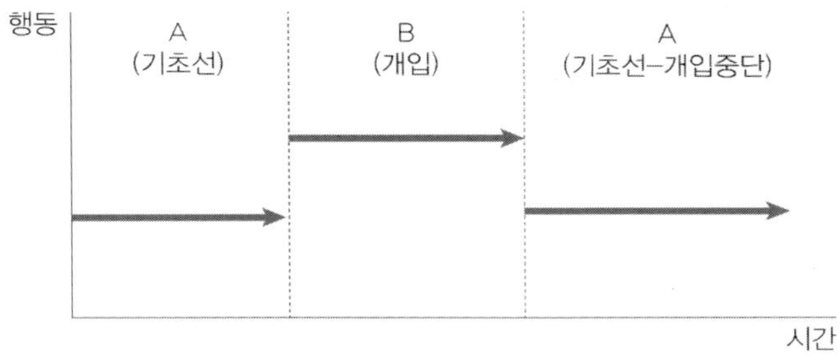

❙ 그림 11-2 ❙ ABA설계의 예

③ ABAB설계 : 기초선 → 개입국면 → 제2기초선 → 개입단계

ABAB설계는 ABA설계에 다시 개입을 재개하는 B국면(제2개입단계)을 추가한 설계유형으로, 개입(B)과 개입철회(두 번째 A)를 반복할 수 있는 설계이다.

ABAB설계는 AB설계의 약점이었던 개입 전후 시점에서의 외부사건의 개입 가능성을 확인할 수 있다. 외부사건의 개입 가능성을 확인해 줄 수 있다는 근거는 다음과 같다. 두 번째 A단계(개입중단－기초선)에서 행동들이 개입 이전의 상태로 되돌아가는 경향이 발생하면 B단계에서 나타나는 경향만큼의 개입효과가 있음을 확인할 수 있다. 그리고 다시 두 번째 B단계에서 또 다시 행동의 변화를 보인다면, 외부 효과들이 우연히 발생하는 것이라고 보기 어렵다. 따라서 ABAB설계는 외부적 사건들에 의한 설명을 확인하는 데 매우 적절하게 사용될 수 있다.

이 설계의 장점은 ① AB설계의 약점이었던 개입의 효과에 대한 인과관계 파악이 용이하며, ② 특정한 문제를 가진 클라이언트에 대한 특정 개입효과를 알 수 있으므로 해당 분야의 이론축적에 용이하고, ③ 클라이언트와 사회복지실천가의 관계가 지속되고 있는 상황에서 두 번째 기초선이 설정되고 개입이 이루어지므로 지속적인 관찰이 가능하다는 점이다. 단점은 ① ABA설계보다 시간이 오래 걸리기 때문에 2번에 걸친 기초선, 개입기간을 모두 일정하게 유지하기가 어려우며, ② 개입지속효과(carry over effect)로 인해 개입의 효과가 무의미하게 될 경우가 발생하고, ③ ABA설계와 마찬가지로 윤리적인 문제가 발생할 수 있다는 점이다(김치영 · 황인옥, 2015).

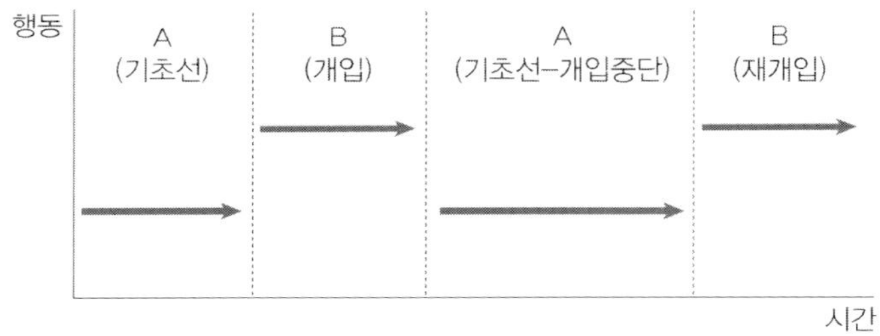

| 그림 11-3 | ABAB설계의 예

④ BAB설계 : 개입국면 → 기초선 → 개입국면

BAB설계는 처음에 기초선 기간을 설정하지 않고 바로 개입단계로 들어간다. 다시 개입을 중단하는 기초선 국면을 가진 후 다시 개입을 재개하는 개입국면을 도입한다. 이 설계는 사전자료가 없는 경우 개입 이후에 기초선 자료를 수집할 수 있다는 것을 의미한다.

이 설계의 장점은 반복된 개입을 통해 개입의 효과를 가져올 수 있고, 바로 개입단계에 들어감으로써 조속한 개입에 유용하다는 점이다. 즉, BAB설계는 위기상황에서 개입을 먼저 하는 것으로, 이런 경우 개입초기의 기초선은 반드시 측정될 필요가 없음을 보여준다. 단점은 외생변수를 통제하기 어려운 것과 개입의 효과가 지속적인 경우 기초선 단계와 제2개입에서 표적행동의 상태가 유사하므로 개입효과를 평가하기 어렵다는 점이다(김치영 · 황인옥, 2015).

다음은 BAB설계의 예를 나타낸 것이다.

도벽습관이 있는 아동에 대한 행동치료 평가 시 활용한 BAB설계의 예

- 아동의 도벽행동에 대한 치료를 먼저 시행한 후, 문제행동 변화를 측정한다.
- 개입효과를 확인하기 위해 치료를 잠시 중단한다.
- 다시 치료를 시행하면서 아동의 행동변화를 관찰한다.

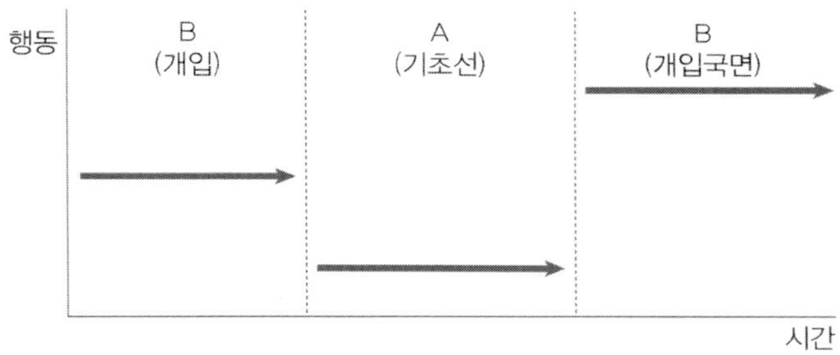

| 그림 11-4 | BAB설계의 예

⑤ 다중요소설계

다중요소설계는 ABC, ABCD, ABACA, AB1B2B3 등과 같이, 하나의 기초선 자료에 대해 다수의 각기 다른 개입방법들을 연속적으로 도입하는 설계이다. 다중요소설계에는 B, C, D라는 각기 다른 개입들을 적용하여 비교하는 개입대치설계와 B1, B2, B3라는 개입의 강도를 변화시키는 강도변화설계가 있다(생각의마을, 2017a). 이 설계는 어떤 개입이 대상문제의 변화를 설명하는지 알 수 있다는 점과 개입과정에 개입의 강도나 방식을 바꿀 수 있다는 장점이 있다. B, C, D 개입방법이 모두 효과성이 없었지만, D 개입기간에 우연한 외부적인 사건의 개입 가능성을 배제할 수 없으며, D 개입기간에 나타난 변화가 B와 C 개입의 효과일 가능성을 배제할 수 없다는 단점이 있다(김치영 · 황인옥, 2015).

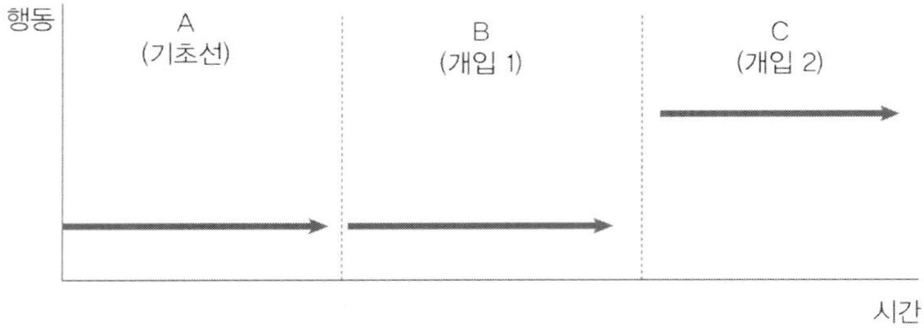

| 그림 11-5 | ABC설계의 예

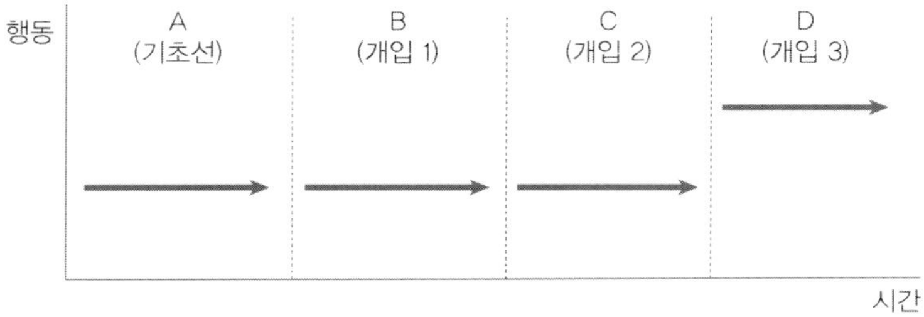

| 그림 11-6 | ABCD설계의 예

다음은 ABC설계와 ABAC설계의 예를 나타낸 것이다.

ABC설계의 예

독거노인의 우울감 해소를 위해 5주간의 전화상담(주 1회)에 이어 5주간의 집단활동(주 1회)을 진행했다. 참가자 5명을 대상으로 프로그램 시작 3주 전부터 매주 1회 우울증검사를 실시했고, 프로그램 시작 전, 5주 후, 10주 후에 삶의 만족도를 조사했다.

ABAC설계의 예

노인복지관 사회복지사가 어르신들의 우울감 개선 프로그램을 계획하였다. 프로그램 시작 전에 참여하는 어르신들의 심리검사를 행하였고, 2주간의 정서지원 프로그램 실시 후 변화를 측정하였다. 1주일 후에는 같은 어르신들을 대상으로 2주간의 명상 프로그램을 진행하여 우울감을 개선하고자 한다.

⑥ 복수기초선설계

복수기초선설계는 다중기초선설계라고도 하며, 몇 개의 기본형 AB설계들로 구성된 설계이다. 복수기초선설계는 하나의 동일한 개입방법을 여러 대상(사례)이나 상황, 표적행동에 적용하여 개입의 효과를 측정하는 것이다. 즉, 이 설계는 둘 이상의 클라이언트, 둘 이상의 상황이나 문제에 적용 가능하고, 다수의 클라이언트의 변화를 점검할 수 있으며 비교할 수 있다. 그리고 여러 개의 표적행동에 대해 기초선을 설정할 수 있다. 이러한 복수기초선설계는 사회복지실천가에게 널리 사용될 수 있는 실용성을 가지고 있다.

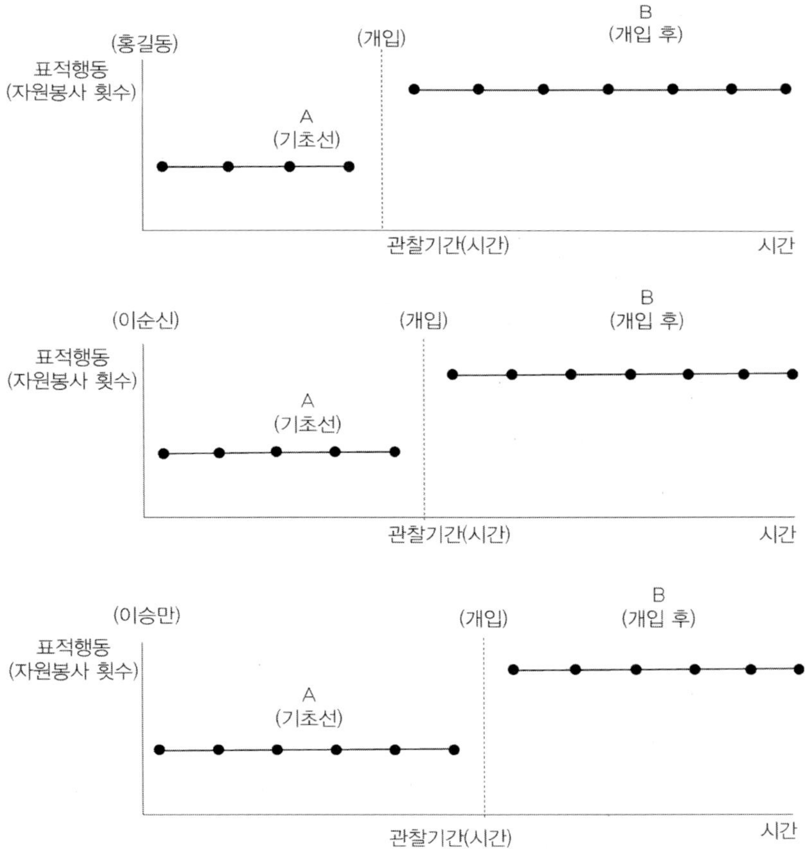

▌그림 11-7▐ 복수대상기초선설계의 예

다음은 대인관계 문제로 어려움을 겪던 재훈이와 수지의 사례로서, 두 명의 클라이언트에게 사회기술훈련이라는 개입을 서로 다른 시기에 실시하여 사회성의 변화추이를 측정하고자 하는 복수기초선설계의 사례이다.

복수기초선설계의 사례

사례 1.

대인관계 문제로 어려움을 겪던 재훈이와 수지는 사회성 측정 후 사회기술훈련에 의뢰되었다. 재훈이는 곧바로 사회기술훈련을 시작하여 사회성의 변화추이를 측정해 오고 있으며, 수지는 3주간 시간차를 두고 사회기술훈련을 시작하면서 변화추이를 관찰하였다.

사례 2.

친구를 사귀는 데 어려움을 갖고 있는 여름이와 겨울이는 사회복지기관을 찾아가 대인관계향상 프로그램에 참여하게 되었다. 먼저 두 사람은 대인관계 수준을 측정하였으며, 여름이는 곧바로 대인관계 훈련을 시작하여 변화정도를 측정하고 있다. 3주간 시간차를 두고 겨울이의 대인관계 훈련을 시작하고 그 변화를 관찰하였다.

이 설계의 장점은 ABAB처럼 개입 도중에 개입을 중단하고 다시 개입하는 등 인위적인 조작으로 인해 발생하는 비윤리적인 문제가 없으며, 복수의 행동들, 개인들, 환경에 대한 개입의 효과를 한 번에 보여줄 수 있기 때문에 비용적으로 효율적이고, 그리고 다양한 조건에서 개입의 효과를 평가할 수 있기 때문에 다양한 연구나 문제들에 대한 사회복지서비스 개입방법의 일반화 가능성을 보여주는 데 효과적으로 사용될 수 있다는 것이다. 단점은 동일한 개입방법을 여러 사례에 적용한 후 표적행동의 변화를 비교하는 것이므로 대상, 상황, 문제 등의 사례 간에 상호작용이 있어서는 안 되지만, 종종 상호작용이 일어난다는 점이다. 그리고 개입이 진행되는 표적행동, 상황, 문제 등의 사례에만 적용되어야 하는 개입효과가 기초선 상태에 머물러 있는 두 번째 표적행동, 상황,

문제 등의 사례에도 적용되는 효과의 일반화라는 문제가 발생하여 개입의 효과를 파악할 수 없게 만들 수도 있다(김치영 · 황인옥, 2015).

5) 단일사례설계의 결과 분석

개입 이후에는 개입이 클라이언트의 문제를 감소시키는 데 효과가 있었는지 평가를 해야 한다. 즉, 개입의 유의성을 판단해야 하는데, 개입의 유의성은 개입과정의 변화정보를 제공해 준다. 먼저, 그래프 모양을 보며 시각적 유의성을 판단하고, 이에 더하여 통계적 유의성, 실질적 유의성, 이론적 유의성을 평가한다(생각의마을, 2017a).

① 시각적 유의성

기초선과 개입선을 그려놓은 그래프를 보면서 분석하는 것으로, 개입 이전에 비해 개입 이후의 표적행동들에서 상당한 변화를 시각적으로 확인하는 것이다. 즉, 시각적인 변화의 수준, 파동, 그리고 경향에 의해 효과 여부를 결정하는 것이다(김치영 · 황인옥, 2015).

② 통계적 유의성

시각적 유의성은 그래프의 모양을 통해서 손쉽게 개입의 효과를 파악할 수 있다는 장점이 있는 반면에 시각적으로 눈에 띄는 특별한 경향을 발견할 수 없는 경우에는 결론을 내리기 어렵다는 문제가 있다. 그래서 이런 문제를 해결할 수 있는 방법이 통계적 유의성 분석방법이다. 즉, 자료들에게서 나타나는 변화들이 통계적으로 의미 있는 것인지를 판단하는 분석이다(김치영 · 황인옥, 2015). 예를 들어, 통계적 유의성은 클라이언트의 변화가 우연히 일어난 것이 아닌지, 확률적 판단에서 나오는 절차인지 살펴본다.

③ 실질적 유의성

실질적 유의성은 임상적 유의성, 실용적 유의성이라고도 하며, 변화의 크기를 임상적인 기준에서 판단해 보는 것이다. 즉, 실질적 유의성은 클라이언트의 문제에 얼마나 의미 있는 변화가 일어났는지 알아보는 것으로, 드러난 객관적(시각적, 통계학적)인 변화가 클라이언트에게 진정한 원조로 작용하였는지, 그것이 비용·효과성의 문제는 없는지를 분석하여야 한다. 이러한 여러 가지 고려사항들을 가지고 개입의 변화를 파악하는 것을 실질적 분석이라고 한다(김치영·황인옥, 2015).

④ 이론적 유의성

이론적 유의성이란 특정한 개입의 기초가 되는 이론이 클라이언트 변화의 방향에 대해 명확히 제시하고 있는 경우 단일사례설계상의 결과가 이론에서 제시하는 방향과 같게 나타나는 것이다(생각의마을, 2017a).

이상의 유의성 분석들은 서로 상호보완적인 관계에 있으며, 어떤 분석이 중요한지는 말할 수 없지만, 다만 분석의 순서에서 시각적 분석이 가장 우선시된다. 즉, 시각적 분석을 통해 의미 있는 경향성의 변화가 느껴지면, 그 후에 필요에 따라 나머지 분석을 사용하는 것이 보통이다(김치영·황인옥, 2015).

6) 단일사례연구의 기초선 자료수집방법

단일사례연구의 기초선 자료수집방법에는 ① 목표달성척도, ② 과제성취척도, ③ 개별화된 척도, ④ 표준화된 척도, ⑤ 클라이언트의 만족도나 클라이언트의 주관적 사고나 감정 척도 등의 기존척도를 사용하거나 설문조사를 하는 방식도 있고, ⑥ 행동빈도의 직·간접 관찰을 통한 자료수집방법도 있다. 측정지수에는 긍정적 지표와 부정적 지표가 있다. 여기에서는 ① 목표달성척도와 ② 과제성취척도에 대해 간단히 살펴보기로 한다.

① 목표달성척도

목표달성척도(GAS : Goal Attainment Scale)는 사회복지사와 클라이언트가 함께 설정하였던 '개별목표'의 달성 정도를 평가하기 위한 것이다. 목표달성척도는 계약 및 목표 설정 단계에서부터 적용되기 시작한다. 이 척도는 클라이언트의 기능수행 영역을 세분화하여 개입 후에 각 영역의 기능이 어느 정도 향상되었는지를 평가한다. 예를 들면, 각 척도는 대인관계, 직무수행, 양육행동 등 클라이언트의 주요한 기능수행 영역에 관한 것으로 개입에 의해 영향을 받을 것으로 예상할 수 있다. 목표달성의 결과에 대해 주로 5점 척도(① 가장 바람직하지 않은 결과, ② 기대한 성공 수준보다 낮음, ③ 기대한 성공 수준, ④ 기대한 성공 수준보다 높음, ⑤ 가장 바람직한 결과)로 나누어 평가한다(이영실 외, 2015).

② 과제성취척도

과제성취척도(TAS : Task Achievement Scaling)는 사회복지사와 클라이언트가 합의한 개입과제를 성취한 정도를 평가하는 방법이다. 이때 과업중심실천은 목표를 위한 작업을 여러 개의 독립적인 활동과 과제로 세분화하고 이를 약 1~2주 안에 수행한다. 과제성취척도는 일반적으로 각 면접 세션의 진전을 평가하기 위해 사용되는데, 각 과제의 진척을 평가하기 위해 4점 척도(① 완전 성취, ② 상당히 성취되었으나 아직 행동이 필요함, ③ 부분적으로 성취되었으나 할 일이 남아 있음, ④ 아직 성취되지 않았음)로 나누어 평가한다(이영실 외, 2015).

11 CHAPTER

기출문제

01 단일사례설계의 활용에 관한 설명으로 옳은 것을 모두 고른 것은? 〈2015 실천기술론〉

> ㄱ. 어떤 개입이 대상문제의 변화를 설명하는지 알 수 있다.
> ㄴ. 둘 이상의 클라이언트, 둘 이상의 상황이나 문제에 적용 가능하다.
> ㄷ. 행동빈도의 직·간접 관찰, 기존척도, 클라이언트 자신의 주관적 사고나 감정 등의 측정 지수를 사용한다.
> ㄹ. 반복적 시행으로 개입 효과성의 일반화가 가능하다.

① ㄱ, ㄴ, ㄷ
② ㄱ, ㄷ
③ ㄴ, ㄹ
④ ㄹ
⑤ ㄱ, ㄴ, ㄷ, ㄹ

02 단일사례설계에 관한 설명으로 옳지 않는 것은? 〈2016 실천기술론〉

① 개입 이후에 기초선 자료를 수집할 수 있다.
② 다수의 클라이언트의 변화를 점검할 수 있다.
③ 개입의 효과성을 알기 위해 반복 측정을 해야 한다.
④ 측정지수에는 긍정적 지표와 부정적 지표가 있다.
⑤ 개입과정에 개입의 강도나 방식을 바꿀 수 없다.

03 클라이언트의 인식에 기초한 질적 평가의 목적이 아닌 것은? 〈2017 실천기술론〉

① 긍정적 피드백으로 사회복지사의 소진 예방
② 의도된 성과 외에 부가적인 성과 확인
③ 기여요인과 방해요인에 대한 피드백
④ 변화의 일반적인 요인 외에 특수한 요인을 발견하고 실천에 통합
⑤ 클라이언트의 시각에서 프로그램 의미 도출

정답 01 ⑤ 02 ⑤ 03 ①

04 가정폭력 가해자를 대상으로 다음의 훈련을 실시하였다. 평가 시 '암시적 행동에 대한 개별측정척도'를 활용하지 않는 것은? 〈2017 실천기술론〉

① 폭력을 유발하는 단서를 식별하는 훈련
② 긴장고조 상황에서 타임아웃 하는 훈련
③ 분노를 피하는 자기대화훈련
④ 시각적 현상화훈련
⑤ 사회기술훈련

05 알코올 중독 노숙인의 자활을 위해 다차원적으로 개입한 후, 단일사례설계를 활용하여 사업의 성과를 평가하려고 한다. 이때 성과지표로 사용 가능한 자료가 아닌 것은? 〈2018 실천기술론〉

① 밤사이 숙소 밖에 버려진 술병의 수
② 직업훈련 참여 시간
③ 직업훈련의 성격
④ 스스로 측정한 자활의지
⑤ 단주모임에 나간 횟수

06 다음 사례에 해당되는 단일사례설계 평가유형은? 〈2019 실천기술론〉

> 대인관계 문제로 어려움을 겪던 재훈이와 수지는 사회성 측정 후 사회기술훈련에 의뢰되었다. 재훈이는 곧바로 사회기술훈련을 시작하여 사회성의 변화추이를 측정해 오고 있으며, 수지는 3주간 시간차를 두고 사회기술훈련을 시작하면서 변화추이를 관찰하였다.

① AB 설계
② ABAB 설계
③ BAB 설계
④ 다중(복수)기초선 설계
⑤ 다중(복수)요소 설계

정답 04 ⑤ 05 ③ 06 ④

07 다음 사례에 해당하는 단일사례설계의 유형은? 〈2020 실천기술론〉

> 노인복지관 사회복지사가 어르신들의 우울감 개선 프로그램을 계획하였다. 프로그램 시작 전에 참여하는 어르신들의 심리검사를 행하였고, 2주간의 정서지원프로그램 실시 후 변화를 측정하였다. 1주일 후에는 같은 어르신들을 대상으로 2주간의 명상프로그램을 진행하여 우울감을 개선하고자 한다.

① AB
② BAB
③ ABA
④ ABAB
⑤ ABAC

08 다음 사례에 해당되는 단일사례설계의 유형은? 〈2022 실천기술론〉

> 독거노인의 우울감 해소를 위해 5주간의 전화상담(주 1회)에 이어 5주간의 집단활동(주 1회)을 진행했다. 참가자 5명을 대상으로 프로그램 시작 3주 전부터 매주 1회 우울증검사를 실시했고, 프로그램 시작 전, 5주 후, 10주 후에 삶의 만족도를 조사했다.

① AB설계
② ABC설계
③ ABAB설계
④ ABAC설계
⑤ 다중(복수)기초선설계

09 다음에 해당하는 단일사례설계의 유형은? 〈2023 실천기술론〉

> 친구를 사귀는 데 어려움을 갖고 있는 여름이와 겨울이는 사회복지기관을 찾아가 대인관계향상 프로그램에 참여하게 되었다. 먼저 두 사람은 대인관계 수준을 측정하였으며, 여름이는 곧바로 대인관계 훈련을 시작하여 변화 정도를 측정하고 있다. 3주간 시간차를 두고 겨울이의 대인관계 훈련을 시작하고 그 변화를 관찰하였다.

① AB
② BAB
③ ABC
④ ABAB
⑤ 다중기초선설계

정답 07 ⑤ 08 ② 09 ⑤

10 다음에 해당하는 단일사례설계유형에 관한 설명으로 옳지 않은 것은? 〈24 실천기출론〉

> 김모씨는 대인관계에 어려움이 있어서 지역사회복지관에서 실시하는 사회기술훈련프로그램에 참여하였다. 개입 전 4주간(주2회) 조사를 실시하고 4주간(주2회) 개입의 변화를 기록한 후 개입을 멈추고 다시 4주간(주2회)의 변화를 기록하였다.

① 기초선을 두 번 설정한다.
② 통제집단을 활용한다.
③ 개입 효과성에 대한 파악이 가능하다.
④ 표본이 하나다.
⑤ 조사기간이 길어진다.

11 단일사례설계에 관한 설명으로 옳지 않은 것은? 〈2025 실천기출론〉

① 동시에 여러 문제의 변화를 측정하는 것이 불가능하다.
② 개입의 효과성을 파악하기 위해 반복 측정을 한다.
③ 기초선 자료수집은 개입 이전이나 이후에도 가능하다.
④ 개입과정에서 개입의 강도나 방식을 바꿀 수 있다.
⑤ 조사대상은 개인뿐 아니라 가족, 집단, 기관도 가능하다.

정답 10 ② 11 ①

부록

부록1 가족조각[1)]

1. 제1단계 : 준비단계

① 치매를 앓고 계시는 할머니를 제외한 가족 4인이 가운데 의자를 놓고 거실에 둘러앉는다.

② 그 의자 위에 곰 인형을 놓아 IP(Identified Patient－지명된 환자)를 대신한다.

③ 가족성원들에게 사티어(Satir)와 하트만(Hartman)의 역기능적인 의사소통의 네 가지 유형을 소개한다.

④ 네 가지 유형은 다음과 같다.

첫째, 위로자(곰 인형을 안고 고개를 끄덕이면서 인형의 머리를 쓰다듬어 주는 조각)

둘째, 비난자(의자에 올라서서 화난 얼굴로 한쪽 손가락을 뻗고, 다른 손은 허리에 대고 있는 조각)

셋째, 계산자(두 손을 양 옆에 세우고 두 발은 모으며 군인처럼 경직되게 서서 턱은 아래로 내리는 조각)

넷째, 혼란자(앉아서 손을 계속 움직이며 이쪽저쪽을 보는 조각)

⑤ 가족성원 간의 친밀도/ 거리감, 상하관계, 소외감, 결속감 등의 가족구조와 감정적인 것을 표현하는 행동적인 특성을 비언어적인 자세로 표현하도록 독려한다. 특히, 조각은 상황을 현실과 꼭 같이 만들고 정확하게 설명할 필요는 없으며, 가족조각의 목적이 각자 내면에 가지고 있는 정확한 것을 묘사하는 데 있는 것이 아니라 자신이 인식하고 있는 것을 다른 사람이 있는 데서 표현하는 것이고, 자신과 다른 감정과 생각을 표현하는 데 있다는 것을 강조한다.

1) 출처 : http://cafe.naver.com/goondae/906961

2. 제2단계 : 조각 완성

가족성원들이 다른 성원들을 표현하는 조각 단계

① 아버지를 조각함

처는 남편인 아버지를 위로자(곰 인형을 안고 고개를 끄덕이면서 인형의 머리를 쓰다듬어 주는 조각)로 조각하였고, 아들은 비난자(의자에 올라서서 화난 얼굴로 이렇게 한쪽 손가락을 뻗고, 다른 손은 허리에 대고 있는 조각)으로 표현하여 아버지는 아들이 아직 철이 없어 아버지의 마음을 이해 못해 주는 것이 약간 서운하였다. 또한 매우 사랑하는 딸이 자신을 비난자로 표현하여 큰 충격을 받았다.

② 어머니를 조각함

남편을 비롯한 모든 가족이 위로자로 표현하여 그동안 아내로, 어머니로 역할을 충실하게 생활하였다는 것을 단적으로 증명해 주었다.

③ 아들을 조각함

모든 가족이 혼란자로 표현하여 대상자인 아들은 불만이 많았지만, 조각 대상자인 아들이 그동안 학업에 불성실하고, 오락에 열중하며 아직도 부모로부터 용돈을 받아 쓰는 행동을 나이 어린 동생도 인지를 하고 있었다.

④ 딸을 조각함

모든 가족이 위로자로 표현하여 온 가족으로부터 사랑을 받고 있다는 것에 대해 몹시 기뻐하였다.

표현가족 / 대상가족	아버지	어머니	아들	딸
아버지	본인	위로자	비난자	비난자
어머니	위로자	본인	위로자	위로자
아들	혼란자	혼란자	본인	혼란자
딸	위로자	위로자	위로자	본인

3. 제3단계 : 성숙 및 변화단계

① 모든 가족원이 조각을 한 이후에 조각한 입장에서, 조각에 참여한 입장에서, 여러 개의 조각 작품에 관하여 설명을 하는 시간을 가졌다.

② 각 가족원들은 가족에 대한 개인의 위치, 입장, 감정, 생각 등을 자유스럽게 표현하고 다른 가족원들의 조각을 보는 과정에서 내면의 통찰력, 이해, 공감, 동정, 후회, 사과 등의 과정을 경험할 수 있는 시간을 갖고자 노력하였다.

③ 상담자는 가족과 가족성원들에게 다음과 같은 질문을 한다.

㉠ 각 가족원에게 : 가족구조 내에서 현재의 위치에 대한 감정은 어떠한가?

㉡ 가족 전체에게 : 조각을 만든 가족원이 가족을 이와 같이 인식하고 있었는가?

㉢ 각 가족원에게 : 조각을 만든 가족원이 당신을 이와 같이 인식하고 있었는가?

㉣ 가족 전체에게 : 당신은 이와 같은 가족의 기능에 동의하는가? 불편한 것이 무엇인가?

㉤ 조각가 혹은 가족에게 : 가족의 기능이나 구조가 어떻게 변화하기를 원하는가? 희망과 기대하는 것은 무엇인가?

④ 결과

㉠ 아들은 자신의 조각을 하면서 가족들이 자신과 멀찍이 떨어져 있다는 것을 보고 서운하기도 하고 미안하다고 말하며 앞으로는 오락에 너무 열중하지 않고 학교생활에 충실하겠다는 말을 하였다.

㉡ 아들 조각을 하는 어머니는 '아들에게 자신이 이렇게까지 해야 하나?' 하는 생각에 마음이 아팠다고 말했다.

㉢ 딸은 오빠의 조각을 보고 오빠가 안됐다는 생각과 미안하다는 생각이 들었다고 말하면서 오빠에게 미안하다는 말을 하였다.

㉣ 아버지는 가족 모두에게 미안하다는 말과 앞으로는 강압적인 지시보다는 부드러운 안내로 행동을 바꾸어 보겠다는 말을 하였다.

4. 제4단계 : 종결단계

가족조각 사용 이후 가족의 변화, 달라진 점

외부로 비춰지는 가족의 모습에는 평안하고 자율적인 개방적 구도로 비춰질 수 있으나, 가족성원 모두가 간섭을 싫어하기 때문에 서로 간 자율적인 행동을 묵인하는 것은 자율이 지나쳐 방임으로 흐를 수 있다. 따라서 가족성원들의 행동에 오해를 가져올 수 있는 위험을 차단하고자 가족성원들은 앞으로 조금 더 밀착된 관심과 언어, 단어 사용에 조금 더 주의하기로 하였다.

5. 가족조각의 유용성

가족조각은 전체적으로 가족구조나 기능을 살펴보는 사정도구로서 잘못된 가족관계를 돌아보며 재조정의 필요성을 인식시키고 논의함으로써 건강한 가족구조의 재구성을 도모할 수 있는 유용성이 있다. 또한 정서적인 가족관계를 언어를 사용하지 않고 신체적(몸)으로 상징화하기 위하여 사람이나 대상물들을 배열함으로써 가족구조 내에서 개인이 가지고 있는 위치를 각 가족성원들이 말없이 행위와 감정을 표현하고 가시적인 장면에서 생각을 정리하고 투사할 수 있다.

가족조각은 어떠한 주어진 공간에서 가족 간의 관계유형을 볼 수 있고, 가족성원들 상호 간의 친밀도/ 거리감, 가족성원들의 감정, 가족규칙, 가족구조 내의 위계질서, 비언어적 의사소통의 유형 등과 같은 것을 파악할 수 있다.

부록2 버지니아 사티어(Virginia Satir)의 의사소통 유형 모델 Test[2)]

A	나는 상대방이 불편하게 보이면 비위를 맞추려고 한다.
B	나는 일이 잘못되었을 때 자주 상대방의 탓으로 돌린다.
C	나는 무슨 일이든지 조목조목 따지는 편이다.
D	나는 생각을 자주 바꾸고 동시에 여러 가지 행동을 하는 편이다.
E	나는 타인의 평가에 구애받지 않고 내 의견을 말한다.
A	나는 관계나 일이 잘못되었을 때 자주 내 탓으로 돌린다.
B	나는 다른 사람들의 의견을 무시하고 내 의견을 주장하는 편이다.
C	나는 이성적이고 차분하며 냉정하게 생각한다.
D	나는 다른 사람들로부터 정신이 없거나 산만하다는 소리를 듣는다.
E	나는 부정적인 감정도 솔직하게 표현한다.
A	나는 지나치게 남을 의식해서 생각이나 감정표현을 두려워한다.
B	나는 내 의견이 받아들여지지 않으면 화가 나서 언성을 높인다.
C	나는 나의 견해를 분명하게 표현하기 위해 객관적인 자료를 자주 인용한다.
D	나는 상황에 적절하지 못한 말과 행동을 자주하고 딴전을 피우는 편이다.
E	나는 다른 사람이 내게 부탁을 할 때 내가 원하지 않으면 거절한다.
A	나는 사람들의 얼굴 표정, 감정, 말투에 신경을 많이 쓴다.
B	나는 타인의 결점이나 잘못을 잘 찾아내 비판한다.
C	나는 실수하지 않으려고 애를 쓰는 편이다.
D	나는 곤란하거나 난처할 때 농담이나 유머로 상황을 바꾸려 하는 편이다.
E	나는 나 자신에 대해 편안하게 느낀다.
A	나는 타인을 배려하고 잘 돌보아 주는 편이다.
B	나는 명령적 · 지시적인 말투를 자주 사용한다.
C	나는 불편한 상황을 그대로 넘기지 못하고 시시비비를 따지는 편이다.
D	나는 불편한 상황에서는 안절부절 못하거나 가만히 있지를 못한다.
E	나는 모험하는 것을 두려워하지 않는다.
A	나는 다른 사람들이 나를 싫어할까 두려워서 불안을 느낄 때가 많다.
B	나는 사소한 일에도 잘 흥분하거나 화를 낸다.
C	나는 현명하고 침착하지만 냉정하다는 말을 자주 듣는다.
D	나는 한 주제에 집중하기보다는 화제를 자주 바꾼다.
E	나는 경험도 많고 개방적이다.

2) 출처 : http://blog.naver.com/PostView.nhn?blogId=jun2kong&logNo=10187311701

결과를 보기 전에 A~E까지 나온 개수를 헤아려 본다.

A~E 중에서 가장 많이 나온 항목의 유형이 여러분이 주로 쓰는 의사소통 방식이라고 볼 수 있다.

〈결과〉

A 눈치형(회유형, 아첨형)	B 비난형
C 초이성형(계산형)	D 산만형(혼란형)
E 일치형	

■ 유형별 설명

A 눈치형 상대방의 의견에 동의하지 않을지라도 동의하는 시늉을 하고 항상 자신의 욕구보다는 상대방의 욕구에 맞춰 대화를 한다. 다른 사람을 배려하는 마음이 강하다. 대체로 갈등을 회피하고 타인으로부터 받은 상처를 감춘다.	**B 비난형** 자신이 다른 사람들보다 우월하다는 것을 보여주기 위해 타인의 말이나 행동을 인정하는 대신 비난하고 통제한다. 자신의 상황을 중요하게 여기지만 내면적으로는 자신이 이해받지 못한다는 느낌을 가지고 있다.
C 초이성형 감정보다는 모든 것을 이성적으로 이해하려는 태도다. 스트레스 상황에서 합리적인 수준을 고수하면서 자기와 타인의 감정을 무시하고 상황만을 중시한다. 무심하게 행동하지만 내면적으로는 쉽게 감정에 휘말린다.	**D 산만형** 대화에 일관성이 없으며 대화 중 산만하게 다른 주제를 꺼낸다든지 다른 행동을 하여 대화에 집중하지 못한다. 스트레스 상황에서 내적인 고통을 두려워하고 외적으로는 다른 사람들과 연결되는 것을 어려워한다.
E 일치형 감정과 대화의 내용이 일치하여 상대방에게 명확하며 일관된 메시지를 전달한다. 의사소통의 내용과 내면의 감정이 일치하는 것을 말한다. 진솔한 의사소통을 하며 알아차린 감정이 단어로 정확하며 적절하게 표현된다. 심리적으로나 신체적으로 건강한 상태다.	

부록3 보웬(M. Bowen)의 자아분화 척도[3)]

전혀 그렇지 않다: 1점, 그렇지 않은 편이다: 2점, 그러한 편이다: 3점, 아주 그렇다: 4점

번호	내 용	1점	2점	3점	4점
1	나는 중요한 결정을 내릴 때, 마음 내키는 대로 결정하는 일이 많다.				
2	나는 말부터 해놓고 나중에 가서 그 말을 후회하는 일이 많다.				
3	나는 비교적 내 감정을 잘 통제하는 편이다.				
4	나는 화가 나면 물불을 가리지 않고 행동하는 편이다.				
5	나는 욕을 하고 물불을 가리지 않고 행동하는 편이다.				
6	나는 욕을 하고 무엇이든 부수고 싶은 충동을 자주 느낀다.				
7	나는 대수롭지 않은 일에도 화를 잘 내는 편이다.				
8	나는 남이 지적할 때보다 내가 틀렸다고 여길 때 의견을 더 잘 바꾼다.				
9	나는 대다수 사람들의 의견보다 내 의견을 더 중시한다.				
10	논쟁이 일더라도 필요할 때는 내 주장을 굽히지 않는다.				
11	내 말이나 의견이 남의 비판을 받으면 얼른 바꾼다.				
12	내 계획이 주위 사람의 인정을 받지 못하면 잘 바꾼다.				
13	주위의 말은 참고는 하지만 어디까지나 내 소신에 따라 결정한다.				
14	자라면서 부모님이 나에 대해 근심을 하는 것을 많이 보아왔다.				
15	부모님은 내가 미덥지 못해서 지나치게 당부하는 일이 많았다.				
16	우리 부모는 형제들 중 유독 나 때문에 걱정이 많으셨다.				
17	부모님은 내게만 문제가 없다면 아무 걱정이 없겠다는 말을 많이 하셨다.				
18	내가 처한 상황은 부모님이 전부터 입버릇처럼 말해오던 그대로다.				
19	내 걱정이나 근심은 부모님이 전부터 말해오던 그대로이다.				
20	부모님과 떨어져 살면 대단히 불편하리라 생각한다.				
21	가정을 떠나는 것이 독립할 수 있는 좋은 기회이다.				
22	나는 부모님으로부터 하루빨리 독립했으면 하는 생각이 많았다.				
23	부모님과 자주 다투기보다는 안 보는 것이 상책이라 생각했다.				
24	나는 자라면서 집을 나가고 싶은 충동을 많이 느껴왔다.				
25	나는 자라면서 부모님과 별로 대화를 나누지 않았다.				

3) 김현호 외(2013)에서 인용함.

26	내가 자랄 때 우리 가족은 자신들이 각자 해야 할 일을 스스로 하는 편이다.				
27	우리 가족은 심각한 일이 있어도 가족 간에 금은 잘 가지 않는다.				
28	가족 간에 말썽이 있어도 서로 상의해 가면서 잘 해결해 왔다.				
29	우리 가정에는 소리를 지르거나 주먹다짐을 하는 일은 드물었다.				
30	가정에 어려운 일이 있어도 부모님은 차분하게 잘 처리하셨다.				
31	우리 가정은 대체적으로 화목하고 단란했던 편이다.				
32	우리 가족은 각자 의견이 달라도 서로 존중해 주는 편이다.				
33	나는 어릴 때 다른 가정에서 태어났으면 하는 생각이 들었다.				
34	우리 가족은 사소한 문제 때문에도 잘 싸웠다.				
35	부모님은 나를 낳았을 뿐 교육에는 별로 관심이 없었다.				
36	우리 가족은 서로에게 별 관심이 없었다.				

- 정서인지분화 영역 7문항(1~7번)
- 자아의 통합 영역 6문항(8~13번)
- 가족투사 영역 6문항(14~19번)
- 정서적 단절 영역 5문항(20~24번)
- 가족퇴행 12문항(25~36번)

※ 역채점 문항 : 1, 2, 4, 5, 6, 7 / 11, 12 / 14, 15, 16, 17, 18, 19 / 21, 22, 23, 24 / 25, 33, 34, 35, 36번 문항

※ 각 하위 척도의 점수를 합산한 것이 전체 자아분화 수준을 나타내며, 부정적인 문항은 역으로 채점하였기 때문에 점수가 높을수록 자아분화가 잘되어 있음을 뜻한다.

※ 점수 계산 방법

① 각 문항 점수의 합을 구한다.

② 백분위 점수 = 원점수 × 100/144(예 원점수의 총합이 110인 경우, 100점 만점의 자아분화 점수는 110 × 100/144 = 76.38이다)

③ 계산된 점수를 해당하는 범주에서 찾는다. → 8장 3절 3) 보웬의 세대 간 가족치료 (2) 주요 개념의 ① 자아분화 수준의 범위별 특징을 참조하기 바란다.

부록4 한국형 자아분화 척도[4)]

다음은 자신이나 다른 사람들과의 관계에 대한 귀하의 생각이나 느낌을 묻는 질문입니다. 귀하의 생각이나 행동, 느낌에 가장 가깝다고 판단되는 번호에 ✔표 하여 주십시오.

NO.	항 목	0	1	2	3	4	5
1	사람들은 내가 감정을 잘 통제하지 못하는 편이라고 말한다.						
2	배우자가 나를 비난하면, 한동안 마음이 괴롭다.						
3	나는 결정을 내리도록 도와줄 사람이 옆에 없으면, 종종 확신이 안 선다.						
4	누군가와 논쟁을 벌이는 와중에도, 나는 감정에 치우치지 않고 내 입장을 분명히 할 수 있다.						
5	나는 감정이 격해졌을 때에는 제대로 생각하기가 어렵다.						
6	나는 살면서 만나는 대부분의 사람들에게 인정을 받고 싶어 한다.						
7	내 자존심은 다른 사람들이 나를 어떻게 생각하느냐에 따라 달라진다.						
8	나는 어떤 일이 일어나도 별로 흔들리지 않는다.						
9	배우자가 이해하지 못할까 봐, 내 속마음을 솔직히 드러내지 못한다.						
10	때로는 나는 감정의 기복이 너무 심하다고 느낀다.						
11	다른 사람이 나를 비판하는 것에 대해 지나치게 민감하다.						
12	나는 뭔가 결정을 내릴 때 다른 사람들이 그것을 어떻게 생각할지 걱정이 된다.						
13	다른 사람이 뭐라 하던 개의치 않고 대부분 내 생각대로 한다.						
14	배우자가 나한테 너무 많은 것을 바란다는 느낌이 들어 부담스러울 때가 있다.						
15	나는 스트레스가 오래 계속되면, 이성보다 감정에 따라 행동하게 된다.						
16	누군가에게 화가 나면, 쉽게 그것을 풀지 못한다.						

4) 정혜정 · 조은경(2007).

17	큰일을 시작할 때, 나는 주변사람들로부터 많은 격려를 받아야 안심이 된다.						
18	스트레스를 받는 상황에서도, 내 감정을 부인하지 않고 합리적으로 반응할 수 있다.						
19	배우자가 함께 있을 때, 때로 나는 가슴이 답답하거나 숨이 막힐 것 같은 때가 있다.						
20	나는 중요한 결정을 내려야 할 때도 즉흥적으로 처리하는 일이 많다.						
21	나는 예민한 편이어서 다른 사람들로부터 상처를 잘 받는다.						
22	나는 사람들에게 말부터 해놓고 나중에 후회하는 일이 많다.						
23	아직도 나는 부모님이나 형제자매와 다투고 나면, 기분이 엉망이 된다.						
24	나의 말이나 의견이 남에게 비판을 받으면 잘 바꾸는 편이다.						
25	대부분의 경우 내 감정이나 생각 따위로 고민하지 않고 단호하게 행동할 수 있다.						
26	배우자가 나를 너무 구속하지 않으면 우리 부부관계는 더욱 좋아질 것 같다.						
27	나는 화가 나면 물불을 가리지 않고 행동하는 편이다.						
28	배우자를 포함한 가까운 사람과 말다툼을 하고 나면, 하루 종일 그 일을 생각한다.						
29	스트레스를 받아도 나는 별로 흔들리지 않는다.						
30	나는 대수롭지 않은 일에도 화를 잘 내는 편이다.						
31	나는 배우자가 내 생각이나 기분을 인정해 주지 않으면 마음이 불편하다.						
32	나는 화가 나면 혼자 해결하지 못하고 누군가가 해결해 주기를 바란다.						
33	누군가가 압력을 가해도, 내 감정과 신념을 분명히 드러낼 수 있다.						
34	나는 자라면서 집을 나가고 싶은 충동을 자주 느꼈다.						
35	나는 차근차근 따져 생각하기보다 느낌과 감정에 따라 행동한다.						
36	나는 누군가에게 무시를 당하면 자존심이 상한다.						
37	내 의견이 배우자나 주위 사람과 비슷해야 안심이 된다.						
38	나는 자기주장이 강하고 지배적인 사람을 대할 때에도, 분명한 사고와 편안한 마음을 유지할 수 있다.						
점수의 총합 (총 자기분화)							

한국형 자아분화 척도 구성

자기분화 차원	하위요인	문항수	문항
심리 내적 차원	정서적 반응	9	1*, 5*, 10*, 15*, 20*, 22*, 27*, 30*, 35*
	자기입장	8	4, 8, 13, 18, 25, 29, 33, 38
대인관계 차원	타인과의 융합	7	3*, 7*, 12*, 17*, 24*, 32*, 37*
	정서적 단절	5	9*, 14*, 19*, 26*, 34*
심리 내적 + 대인관계 차원	정서적 융합	9	2*, 6*, 11*, 16*, 21*, 23*, 28*, 31*, 36*
총 자기분화		38	위 문항 전체

1. 숫자 옆에 표시(*)가 있는 문항은 역채점 문항이다.

   예 역채점하는 방법

   5점→0점, 4점→1점, 3점→2점, 2점→3점, 1점→4점, 0점→5점으로 계산한다.

   만약 문항 1번에 답을 조금 그렇다(4점)에 체크하였다면 실제점수는 1점으로 계산해야 한다.

2. 점수가 높을수록 총 자기분화 수준은 높으며, 정서적 반응, 타인과의 반응, 정서적 단절, 정서적 융합은 낮은 반면, 자기입장은 높다.
3. 일반적으로 평균을 사용할 수 있으며, 보웬(Bowen)의 제안에 따라 자기분화 수준을 0~100점 사이의 백분위 점수로 환산하기 위한 계산방법

   ⇒ 백분위 점수 = 원점수(범위 0~190) × 100/190

   [예 원점수의 총점이 110점으로 나온 경우 : 110(원점수) × 100/190 = 57.9점]

참고문헌

1. 국내문헌

구혜영(2010). **사회복지실천기술론**. 서울 : 신정.

김기원(2001). **사회복지조사론**. 서울 : 나눔의집.

김용태(2004). **가족치료이론**. 서울 : 학지사.

김용환 · 김승돈 · 안외자 · 양정안(2013). **사회복지실천론**. 서울 : 동문사.

김융일 · 조흥식 · 김연옥(2000). **사회복지실천론**. 경기 : 나남출판.

김춘경 · 이수연 · 이윤주 · 정종진 · 최웅용(2016). **상담학 사전 세트**. 서울 : 학지사.

김치영 · 황인옥(2015). **사회복지조사론**. 서울 : 동문사.

김현호 · 어흥선 · 이용환 · 전대성 · 현영렬(2013). **사회복지실천기술론**. 경기 : 정민사.

김혜란 · 홍선미 · 공계순(2002). **사회복지실천기술론**. 경기 : 나남출판.

나눔의 집(2011). **사회복지조사론**. 서울 : 나눔의집.

남세진 · 최성재(1996). **사회복지조사방법론**. 서울 : 서울대학교 출판부.

사회복지교육연구센터(2010). **사회복지실천기술론**. 서울 : 나눔의집.

____________________(2018a). **사회복지실천기술론**. 서울 : 나눔의집.

____________________(2018b). **사회복지실천론**. 서울 : 나눔의집.

사회복지사 국가자격시험 연구회(2025). **사회복지실천기술론**. 경기 : 공동체.

생각의마을(2017a). **예시가 풍부한 사회복지실천기술론**. 경기 : 공동체.

__________(2017b). **현장감이 묻어나는 사회복지실천론**. 경기 : 공동체.

__________(2018a). **사회복지실천기술론**. 경기 : 공동체.

__________(2018b). **사회복지실천론**. 경기 : 공동체.

서혜석 외(2010). **사회복지실천기술론**. 경기 : 양서원.

설진화(2011). **사회복지실천기술론**. 경기 : 양서원.

손광훈(2013). **사회복지실천기술론**. 경기 : 공동체.

양옥경 외(2005). **사회복지실천론**. 서울 : 나남출판.

어대훈(2016). **어대훈의 HUMAN 사회복지학 제2교시 사회복지실천**. 서울 : 미래가치.

엄명용 외(2001). **사회복지실천의 이해**. 서울 : 학지사.

엄명용 외(2005). **사회복지실천기술의 이해**. 서울 : 학지사.

엄명용 외(2015). **사회복지실천기술의 이해**. 서울 : 학지사.

오봉욱 · 전동일 · 서대석 · 한주빈 · 최종복 · 전수미 · 성치상(2022). **사회복지실천기술론**. 서

울 : 동문사.
윤선오 · 김현진(2013). **사회복지실천기술론**. 경기 : 양서원.
윤현숙 외(2001). **사회복지실천기술론**. 서울 : 동인.
이문국 외 역(1998). **사회복지대백과사전**. 서울 : 나눔의집.
이영실 · 윤대중 · 강윤경 · 임정문 · 황치정 · 김성철 · 김지철(2011). **사회복지실천기술론**. 경기 : 양서원.
이영실 · 윤순이 · 신준옥 · 오현숙 · 노길희 · 조명희 · 홍성희(2015). **사회복지실천기술론**. 경기 : 양서원.
이영호(2015). **사회복지실천기술론**. 경기 : 공동체.
이애재(2013). **사회복지실천기술론**. 경기 : 양서원.
이윤로(2007). **사회복지실천기술론**. 서울 : 학지사.
임안나 외(2011). **사회복지실천기술론**. 경기 : 공동체.
임은희(2005). **사회복지실천론**. 서울 : 학지사.
전남련 · 박정란 · 윤기종 · 이효수(2014). **사회복지실천기술론**. 경기 : 정민사.
전남련 외(2007). **사회복지실천기술론**. 경기 : 학현사.
전재일 · 이성희(2004). **사회복지실천기술론**. 경기 : 형설출판사.
정문자 외(2008). **가족치료의 이해**. 서울 : 학지사.
정원철(2005). **사회복지실천과 상담**. 경기 : 양서원.
정혜정 · 조은경(2007). 한국형 자기분화 척도 개발과 타당성에 관한 연구. **한국치료학회지, 15**(1), 19-46.
조미숙 · 유용식 · 윤춘모 · 현영렬(2020). **사회복지실천기술론**. 서울 : 동문사.
최경화 외(2010). **사회복지실천기술론**. 서울 : 도서출판 신정.
최선화(2010). **풀어쓴 사회복지실천기술**. 경기 : 공동체.
한국교육심리학회(2000). **교육심리학 용어사전**. 서울 : 학지사.
한국전문대학사회복지교육협의회(2005). **사회복지실천론**. 경기 : 양서원.
한인영 외 공역(2002). **위기개입**. 서울 : 나눔의집.

2. 국외문헌

Bowen, M.(1978). *Family Therapy in Clinical Practice*. New York: Jason Aronson.
Compton, B. R., & Galaway, B.(1994). *Social Work Processes*(5th ed.). Belmont: Wadsworth.
Corey, G.(1991). *Theory and Practice of Counseling and Psychotherapy*(4th ed.). Pacific

Grove, CA: Brooks/Cole. 조현춘 · 조현재 역(1996). 심리상담과 치료의 이론과 실제. 시그마프레스.

Corey, M. S., & Corey, G.(1997). *Groups: Process and Practice*(5th ed.). Pacific Grove, CA: Brooks/Cole Publishing Company.

Duvall, E., & Miller, B.(1985). *Marriage and Family Development*. New York: Harper & Row.

Ellis, A.(1962). *Reason and Emotion in Psychotherapy*. New York.

Germain, C. B., & Gitterman, A.(1980). *The Life Model of Social Work Practice*. NY: Columbia University Press.

Goldenberg, I., & Goldenberg, H.(2000). *Family Therapy: An Overview*(5th ed.). Belmont, CA: Wadsworth/Thomson Learning.

Greenwood, E.(1957). Attributes of a profession. Social Work, 2(3), 45-55.

Hollis, F.(1970). The Psychosocial Approach to The Practice of Casework. In Robert, R., & Nee, R.(Eds.), *Theories of Social Casework*. Chicago: University of Chicago Press.

Johnson, L. C.(2001). *Social Work Practice-a General Approach*. Boston: Allyn & Bacon.

Kagle, J.(1991). *Social Work Records*(2nd ed.). Prespect Heights: Waveland Press.

Lantz, J.(1996). Chapter 5: Cognitive theory and social work practice(pp.94-115). In F. Turner (Ed.), *Social Work Treatment*. New York: The Free Press.

Minuchin, S.(1974). *Families and Family Therapy*. Cambridge: Havard Univ. Press.

Morales, A., & Sheafor, B. W.(1988). *Social Work : A Profession of Many Faces*. Boston: Allyn & Bacon INC.

Nichols, M. P., & Schwartz, R. C.(2001). *Family Therapy : Concepts and Methods*(4th ed.). Boston and London: Allyn & Bacon.

Northern, H., & Kurland, R.(2001). *Social Work with Groups*(3rd ed.). New York: Columbia University Press.

Payne, M.(1997). *Modern Social Work Theory*. New York: MacMillan Pub. 서진환 · 이선혜 · 정수경 역(2001). 현대사회복지 실천이론. 나남출판.

Perlman, H. H.(1972). The Problem Solving Model in Social Casework. In Roberts, R. W., & Nee, R. H.(Eds.). *Theories of Social Casework*. Chicago and London: University of Chicago Press.

Pincus, A., & Minahan, A.(1973). *Social Work Practice: Model and Method*. Itasca: F. E. Peacock.

Rapoport, L.(1970). Crisis intervention as a mode of brief treatment. In Roberts, R. W. & Nee, R. H.(Eds.). *Theories of Social Casework*. Chicago: University of Chicago Press.

Reid, K. E.(1997). *Social Work Practice with Groups: A Clinical Perspective*(2nd ed.). Pacific Grove, CA: Brooks/Cole.

Reid, W. J., & Epstein, I.(1992). *Task-Centered Practice*. NY: Columbia University Press.

Rogers, C. 1961). *On Becoming a Person*. Boston: Houghton Mifflin.

Shazer, S.(1985). *Clues: Investigating Solutions in Brief Therapy*. New York: Norton.

Studt, E.(1968). Social Work Theory and Implications for the Practice of Methods. *Social Work Education Review*.

Toseland, R. W., & Rivas, R. F.(2001). *An Introduction to Group Work Practice*(4th ed.). Needham Heights, MA: Allyn and Bacon.

Wilson, J.(1976). *Recording: Guidelines for Social Works*, New York: The Free Press.

Yalom, I. D.(1995). *The Theory and Practice of Group Psychotherapy*(4th ed.). New York: Basic Books.

3. 인터넷 사이트

머레이 보웬(Murray Bowen) 사진 출처

http://blog.naver.com/moon_124?Redirect=Log&logNo=220869734500

버지니아 사티어(Virginia Satir) 사진 출처

https://en.wikipedia.org/wiki/Virginia_Satir

살바도르 미누친(Salvador Minuchin) 사진 출처

https://en.wikipedia.org/wiki/Salvador_Minuchin

아론 벡(Aaron Beck) 사진 출처

https://en.wikipedia.org/wiki/Aaron_Beck

알버트 엘리스(Albert Ellis) 사진 출처

https://en.wikipedia.org/wiki/Albert_Ellis

제이 헤일리(Jay Haley) 사진 출처

https://en.wikipedia.org/wiki/Jay_Haley

지그문트 프로이트(Sigmund Freud) 사진 출처

https://en.wikipedia.org/wiki/Sigmund_Freud

플로랜스 홀리스(Florence Hollis) 사진 출처

http://www.naswfoundation.org

가족조각 출처

http://cafe.naver.com/goondae/906961

버지니아 사티어(Virginia Satir)의 의사소통 유형 모델 Test 출처

http://blog.naver.com/PostView.nhn?blogId=jun2kong&logNo=10187311701

찾아보기

인명

내용

저/자/소/개

■ **황인옥**
부산대학교 사회복지학과(학사, 석사, 박사)
가야대학교 사회복지학과 교수
전 사상구종합사회복지관 및 몰운대종합사회복지관 근무

<주요 저서>
사회복지학개론(공저)
사회복지조사론(단독)
사회복지법제론(공저)
사회복지정책론(공저)
자원봉사론(공저)
사회복지프로그램 개발과 평가(공저)
청소년프로그램 개발과 평가(단독)
모금전문가의길(공저) 외 다수

【제2판】

사회복지실천기술론

|저자| 황인옥

|1판 1쇄| 발행 2023년 2월 28일
|2판 1쇄| 발행 2025년 8월 25일

|발행인| 김동훈
|발행처| 공동체

|주소| 경기도 고양시 일산동구 호수로 358-39, 동문타워 1차 905호(백석동)
|전화| 031)814-3000(대표)
|팩스| 031)814-3100
|홈페이지| http://www.compub.co.kr
|전자우편| compub@naver.com
|출판등록| 2005년 10월 6일
|등록번호| 제396-2005-36호

|ISBN| 979-11-6725-954-7
정가 23,000원